# 缅怀玛丽娜·茨维塔耶娃

## 女儿的回忆

（俄）阿里阿德娜·艾伏隆 著 谷羽 译

广西师范大学出版社
·桂林·

Ариадна Эфрон
О Марине Цветаевой：Воспоминания дочери
Москва：Советский писатель，1989
本书据莫斯科作家出版社 1989 年版译出

图书在版编目（CIP）数据

缅怀玛丽娜·茨维塔耶娃：女儿的回忆／（俄）艾伏隆著；谷羽译．—桂林：广西师范大学出版社，2015.6（2019.8 重印）
ISBN 978－7－5495－6509－2

Ⅰ．①缅… Ⅱ．①艾… ②谷… Ⅲ．①茨维塔耶娃（1892～1941）－回忆录 Ⅳ．①K835.125.6

中国版本图书馆 CIP 数据核字（2015）第 069236 号

出 品 人：刘广汉
策　　划：魏　东
责任编辑：魏　东
装帧设计：赵　瑾
广西师范大学出版社出版发行
（广西桂林市五里店路 9 号　　邮政编码：541004
网址：http://www.bbtpress.com）
出版人：张艺兵
全国新华书店经销
销售热线：021－65200318　021－31260822－898
山东鸿君杰文化发展有限公司印刷
（山东省淄博市桓台县寿济路 13188 号　邮政编码：256401）
开本：690mm×960mm　1/16
印张：37.5　字数：420 千字
2015 年 6 月第 1 版　2019 年 8 月第 2 次印刷
定价：69.00 元

在严酷的未来，
你要记住我们的往昔：
我——是你的第一个诗人，
你——是我最好的诗！

——玛丽娜·茨维塔耶娃

俄文版封面

# 目　录

# 插图目录

# 阿里阿德娜·谢尔盖耶夫娜·艾伏隆

## （1912—1975）

玛丽娅·别尔金娜[①]

母亲领着女儿行走，两个人，
艰苦平凡中透露出尊严。
也许，上帝正注视着我们，
也许，我们只能留下悲叹……

1918 年

“在严酷的未来，你要记住我们的往昔：我——是你的第一个诗人，你——是我最好的诗。”这是玛丽娜·伊万诺夫娜·茨维塔耶娃当年为年幼的女儿阿莉娅写的诗句，阿莉娅长大以后牢牢记着母亲的嘱托，并把这些诗

① 玛丽娅·别尔金娜（1916—2008），俄罗斯作家，1940 年毕业于高尔基文学院，主要作品有《草原故事》、《没有尽头的道路》、《人与山》、《雨霁》、《命运的洗礼》等，长期研究茨维塔耶娃的生平与创作，与阿里阿德娜·艾伏隆交往多年，一直关注艾伏隆一家人的遭遇。——译者注

行引用在献给母亲的回忆录当中。在革命岁月和二十年代初,在莫斯科,凡是遇见玛丽娜·伊万诺夫娜的人,都会记得她的女儿——两条腿很长,身材瘦瘦的小姑娘,天生一双蓝得出奇的大眼睛,目光锐利,严肃,那神情完全不像是个女孩子。

明眸——两汪宁静的湖水,
蕴藏着造物主神奇的发现……

无论走到什么地方,她们母女俩都形影相随:她们一起去艺术宫(如今作家协会设在那座楼房里)参加文学晚会,诗人巴尔蒙特、勃洛克、别雷、茨维塔耶娃常在晚会上朗诵他们的诗歌作品;她们一起去蒙苏罗夫斯基剧院创作室;一起去沙地尼古拉大街,到巴尔蒙特家里去做客。巴尔蒙特曾写道:"这母女俩,更像是两姐妹,生就的诗人心灵,力图完全摆脱平庸的现实,在幻想之中自由生活,目睹这种精神不能不让人感动,在类似的艰苦条件下,换了别人,准会垂头丧气,在贫病交加中等待死亡……这母女俩却是苦行修炼、具有奉献精神的人,看到她们,我心头不止一次重新鼓起勇气,而在此之前,内心的锐气和力量几乎丧失殆尽……在大饥荒的日子里,如果玛丽娜还有六个土豆,她会分给我三个。"母亲把食物送给别人,会得到年幼的女儿阿莉娅的默许,尽管这女孩儿才七岁,她自己也在挨饿,就已经懂得了有饭吃要跟别人分享;她常常把自己少得可怜的食物分给身体瘦弱的妹妹伊丽娜,妹妹饿极了会哭闹喊叫,1920 年伊丽娜饿死在保育院里,还不到三岁……

玛丽娜·伊万诺夫娜和阿莉娅当年在鲍里斯格列勃巷的住所既舒适又宽敞,对开的双扇门颜色雪白,前庭楼梯上铺着地毯,住宅里房间很多,坐落在不同的楼层,小小的楼梯、台阶,上上下下,从一个地方通向另一个地方,恰好能适应演员们古怪的癖好。现在,这所住宅里来了一些新住户,厨房成了公用的厨房。玛丽娜·伊万诺夫娜整个冬天都住在一个房间里，她害怕去以前的育儿室取她需要的书籍，因为那里比大街上还要寒冷。一个白铁打造的小火炉，起了个名字叫“资本家”，它几乎吞噬了所有的家具，女主人不加分别地劈、砍、锯，把桌子、凳子、柜子全都弄成劈柴，以便生炉子做饭取暖。

“没有面粉，没有面包，跟邻居借来的一普特[①]土豆，只剩下十二磅，放在书桌下边，这就是全部的储存了！……无政府主义分子沙尔利拿走了谢廖沙那块布瑞考特牌老式金表，妈妈去找过他上百次，既要不回表来，也见不到钱。（这种牌子的金表现在值一万两千卢布，能买一普特半的面粉。）”

玛丽娜·伊万诺夫娜还曾坐火车到乡下去，指望用东西交换食品。不料每次出行的结果都跟期望相悖，也不像别人那样多少都有所收获……她过于相信别人，日常生活能力太差。她耐着性子排长队买定量供应的鲱鱼，买面包，用小雪橇往家里拉烂土豆，那些土豆是从公家贮存土豆的地下室里挖出来的，按着名单出售。然后她和阿莉娅再进行挑选，几乎要扔掉一半，剩下能吃的，就从小火炉里夹出几块燃烧的煤炭，点燃茶炊，在里面煮土豆。玛丽娜·伊万诺夫娜试图用茶炊熬黄米土豆粥，弄得堵塞了水龙头，茶炊再也不能流水了，结果，茶炊变成了煮饭锅。

“阿莉娅，清洗东西，准备去幼儿园！”

阿莉娅收拾几个盆儿、一只小桶、一个军用铜水壶，把它们清洗干净。玛丽娜·伊万诺夫娜就带着这些家什出门，去坐落在莫恰诺夫卡街的幼儿园，凭借就餐证领取午饭，然后去普列齐斯金卡街的食堂，多少还能得到一点儿食物，那是几个好心人安排的。顺路她还要排队买面包，把背包、桶都装满，踩着街上的雪堆、顶着呼啸的风雪回家，走路特别小心，生怕摔跟头，怕盛在桶里的汤撒出来。阿莉娅在家里等候，房间里不开灯，很黑，她害怕老鼠，就

---

① 普特，又称俄担，俄国重量单位，等于16.38公斤，40俄磅。——译者注

用被子把头蒙起来,房子里的老鼠到处乱跑,胆子大极了。妈妈终于回来了,她点燃小火炉,把汤和粥一股脑儿都倒进一口锅里,在火炉上加热,然后母女俩坐下来吃饭。如果有人帮忙,或者能弄到吃的东西,这样的日子凑合着能"填饱肚子",不过,常常遇到什么东西也弄不回来的时候,那样的日子只好忍饥挨饿了……

所有这些经历都属于**日常生活**!至于说到**生存意识**:"……精神生活有进展,我写诗,写剧本,阿莉娅写她的笔记。"

一张红木桌子,玛丽娜·伊万诺夫娜既在上面切菜做饭,也在上面洗衣服,洗衣服的方法独出心裁:她把衣服平铺在桌子上,用刷子蘸上肥皂水使劲刷。日常生活容易对付,很快就会清洗完毕。母亲和女儿坐下来,打开自己的笔记本。阿莉娅面前的笔记本很薄,是带横格的练习本,玛丽娜·伊万诺夫娜使用她自己的手稿本。小火炉的温度有限,房间里总是寒气逼人,只有把皮袄披在身上才暖和一点儿。阿莉娅写字很认真,不遗漏一个词,她知道,母亲写作的时候,自己不能打扰她,不能让她分神。阿莉娅所写的,全都跟她的玛丽娜有关。她知道,卡萨诺瓦是什么人。她知道剧本《奇遇》、《凤凰》。她知道长诗《少女王》、《跨上红骏马》、《叶果鲁什卡》。她知道,在那饥饿寒冷可怕的年代里,母亲写了多少首诗。她知道,她全都知道!她常常是第一个听母亲朗诵的人,有时候还会提出自己的看法,给母亲出主意,因为她随时都在母亲身边。

"阿列奇卡,你说,剧本《奶奶》*最后一个词,她说的最后一句话,该是什么呢?是不是叹息?或许她在叹息中咽了最后一口气,这样写是不是更准确?"

---

* 玛丽娜·伊万诺夫娜·茨维塔耶娃创作的剧本,没有写完,后来草稿也丢失了。(此类注释为原书脚注,后同,不另标出)

“最后一个词，当然应该是——爱！”

“说得对，说得对，刚才我只顾考虑小爱神阿摩耳了。”

母亲给女儿解释什么是“化身”：

“爱——是概念，阿摩耳——是化身。概念，是一般化的，概括性的；化身，是有锋芒的，尖锐的，具体的！把所有的东西汇集到一点。你明白吗？”

“噢，玛丽娜，我听明白了！”

“既然听明白了，你给我举个例子。”

“我怕说不准。两个词都挺难理解的。”

“没关系，没关系，你说吧。说得不准确，我告诉你。”

“音乐——是概念，声音——是化身。玛丽娜，多么奇妙啊！功勋——是概念，英雄——是化身。”

说这些话的时候，阿莉娅才七岁！出人意料的是，母亲跟女儿说话，从来不迁就她的年龄，不考虑她能不能接受，玛丽娜跟女儿说话，一直像跟同龄人交谈，女儿很小的时候，她说的话，阿莉娅还不能完全理解，玛丽娜竟然会因此而生气。

阿莉娅不到四岁，玛丽娜·伊万诺夫娜就教她读书，五岁，学会写字，六岁开始写日记。七岁，小女孩儿极其聪慧，跟她天才的妈妈一样早熟，苦难的岁月，一连串的不幸降临，她成了母亲惟一的依靠和精神支柱。那时候，她们的谢廖沙，玛丽娜的丈夫——谢尔盖·雅可甫列维奇·艾伏隆，白军军官，杳无音信。伊丽娜已经夭折……

我不知道，你在哪里？我在哪里？
还是同样的歌曲，同样的忧虑。
你的身边依然是往日的朋友！
你家中的孩子都成了孤儿！

就这样我们母女俩相依为命——
无家可归,孤苦伶仃,无依无靠……
像两只鸟儿：睁开眼睛就唱歌儿,
可怜母女俩四处流浪、乞讨……

在那些艰难的岁月里,玛丽娜·伊万诺夫娜为女儿写了很多首诗。阿莉娅也写诗,当然是写她的妈妈,她的玛丽娜!

您睡吧,玛丽娜,
您睡吧,海洋女神。
您的面容隐藏在天空的大海。
年轻人在教堂里向您盟誓。
世界各地的野兽纷纷吼叫,
在爱情的茨冈星座下聚集。

———

不在墓地,而在洞穴里面,
您睡着了,海洋女神。
大海在海底为您修筑宫殿……

### 您的房间

散发着祖国和玫瑰香味儿,
散发诗意,总是缭绕烟雾。
烟雾中有灰眼睛的天才,
注视着房间,目光痛苦。

他那纤细的手指
变成了粗糙的树皮。

而在威严的山顶
银光闪闪——黑夜之王
鹰已经降临。

“灰眼睛的天才”——指的是谢廖沙,阿莉娅的父亲谢尔盖·雅可甫列维奇·艾伏隆。下面一首诗就是献给“谢廖沙”的。

这颗心掩饰一切烦恼。
浓浓的眉毛透露悲哀。
细细的手指握成拳头,
猜测——她可会到来,
嘴唇为英雄衔来玫瑰。
这玫瑰生在热情之海,
这朵玫瑰花深藏着爱。

还有一首诗写给自己——七岁的小姑娘!

**给自己**

我厌倦了当女王。
做个奴仆倒更好。
为的是眼含泪水,

手能够使用镰刀。
我厌倦了当女王。
做个奴仆倒喜欢。
为的是会纺麻线,
临死前手不停闲。

既然这小姑娘四岁就能背诵席勒的诗、茹科夫斯基的诗,听过瓦丽娅·帕尼娜演唱激动人心的茨冈歌曲,你还有什么话好说呢……

诗人巴尔蒙特曾经描述过阿莉娅,说她写的诗"非常迷人。我立刻想起了一首,这首诗放在日本俳句杰作当中,也毫无愧色:

爱情的森林——
树根缠在一起,
树枝缠在一起。"

下面这首短诗出自小诗人手笔,写得同样出色,既涉及她所处的时代,又抒发了自己的真情实感。

谁的马在远方嘶鸣?
战争。
远方传来什么人可怜的声音?
那是母亲、是寡妇的声音,——
是未婚妻,是女儿,是我们。

1923年,玛丽娜·伊万诺夫娜在柏林出版了她的诗集《普叙赫》,其中收入了阿莉娅写的二十首诗,标题是“我女儿的诗”,并且注明了女儿才七岁。

不过,小女孩阿莉娅写的散文,写的日记,更让人惊奇。写这些作品的时候,她在鲍里斯格列勃巷那间房子里,忍饥挨饿,披着件旧皮袄,还冻得瑟瑟发抖……母亲双手扶着前额,低头盯着稿本,她在写作思考。阿莉娅也在**写作**……她的作品多么珍贵呀!我们真应该感谢这个创造奇迹的小姑娘,是她为我们再现了**那个**时代的真实气息,描绘了那些早已沉入忘川者的生动形象,描写了值得我们缅怀、让我们倍感亲切的人!茨维塔耶娃、勃洛克、“年轻诗人、大男孩儿一样的叶赛宁”、巴尔蒙特、维亚切斯拉夫·伊万诺夫,还有她本人——阿莉娅!在那些岁月里,原本属于索洛古勃家族的宅邸,被艺术宫占据,那里的墙壁裱糊着花缎子,四处挂着明亮的大镜子,出入豪华大厅的全都是声名显赫的人物,尽管这名人星座光辉闪耀,小小的阿莉娅并没有迷失自我;她觉得自己跟这些名人有关,正是在名人成群的环境当中,她开始了自己的生活。她描写那些名人,写得那样轻松随意、那样自由自在。她描写瓦赫坦戈夫戏校如何排练《穿靴子的人》,描写1919年5月1日大街上的节日情景,她想出了个主意——给马耳朵系上玫瑰花儿,让所有在场的人都感到惊喜,她描写战士们夜晚举着火把游行,描写救世主教堂上空罕见的绚丽焰火。

玛丽娜·伊万诺夫娜曾设想发表阿莉娅写的散文。1923年她准备付印散文集《尘世特征》(1917年春至1919年秋),其中包括两部分,第一部分是她自己的散文随笔,第二部分题为“儿童笔记”——收入的都是阿莉娅的笔记。“**世界上**没有这样的文集。这是她写给我的书信,描写苏维埃体制下的日常生活(街道、市场、幼儿园、排队、乡村等等),还写梦境、读书感想、人物印象——所有文字都准确地反映了一个六岁孩子充实的内心生活。真想把她手写的笔迹复制出来,她所有的笔记全都在我手边。”

可惜,这样的设想未能实现。

在一个条格本里,孩子的笔体写出了这样的词句:“跟普希金一样,亚历山大·勃洛克是伟大的诗人……”接下来描述诗人的相貌:“拉长的脸没有表情。一双黑眼睛有些浮肿。嘴唇干燥,没有光泽。棕褐色的脸。五官都仿佛拉长了似的,眼睛、嘴唇和整个面部都是死气沉沉的呆板表情……”

再看有关别雷的描述:“他个子不高,秃顶,动作敏捷,一双疯狂的、像猫一样的眼睛……”

下面是描写维亚切斯拉夫·伊万诺夫的一段文字:“……一双目光游移神色朦胧的眼睛,鹰钩鼻子,长满皱纹的黄面孔。不知所措隐忍的笑容。讲话带有轻微的停顿,不开玩笑,无所不知,什么都懂,有学问——不是语法之类的学问,而是像学者那样有学问。沉稳,走路沉稳,目光沉稳,并非热情如火的人,而是单调乏味的人……”

美好的童年,当时还不知道什么话能说,什么话不能说,也还不懂得,什么是忌讳!……六十年代,“长大成人”的阿莉娅,曾经给本文作者朗读阿莉娅小时候写的日记,她说:

“多讨厌的女孩子呀!简直是放肆无礼,无拘无束,什么都不怕!看看她都写了些什么呀!……哎,放到现在,我可不敢这么写。”

阿莉娅说,现在她不敢这么写。其实,她敢写,而且写得很出色!小姑娘阿莉娅早年显露的天赋,并没有随着年岁的增长而泯灭,《往日生活片段》,还有这本书所收集的阿里阿德娜·谢尔盖耶夫娜写给鲍里斯·帕斯捷尔纳克的那些书信,都是她才华未泯的最好证明。当然,阿里阿德娜·谢尔盖耶夫娜能够写出许多风格鲜明、才华横溢的书籍,给我们带来快乐,她本来可以写出更多的著作,不过,在“残酷的未来”,她不得不承受和反抗这种难以想象的残酷,十六岁的时候,她差一点丧失了性命……不过,这是后话。此刻的阿莉娅依然是个小姑娘。

1921年,多亏爱伦堡的帮助,终于找到了谢尔盖·雅可甫列维奇。白卫军被红军击溃以后,作为白卫军的军官,他先是逃到了黑海对岸的盖利博卢半岛,从那里辗转流亡到了捷克。第一次世界大战爆发的时候,他是莫斯科大学一年级的学生。他以志愿军的身份离开大学,直接上了前线,而现在,他成了布拉格大学的大学生。1922 年春天,得到苏维埃政府的批准,玛丽娜·伊万诺夫娜带着女儿离开了莫斯科,到国外去找丈夫。她先到柏林,然后去布拉格。谢尔盖·雅可甫列维奇当时住在所谓的"自由房",其实就是大学生宿舍,那里每个大学生都有个只能放下一张单人床的小房间。在布拉格租房子住吧,可是没有钱,没办法,只好住在离城市不远的乡村。为了找到一处合适的住所,他们先后换过几个村庄和好几处房舍!这里不妨引用玛丽娜·伊万诺夫娜一封书信的片段:"新洞穴的头一个夜晚。天花板弯曲,墙壁歪斜,地板和床铺凹凸不平。不过,出了房门,风景美妙……

如今,房子靠近小河,在这边河岸上,它显得有些破旧,一棵高大的合欢树笼罩着低矮的石头房舍,没办法下河游泳……

假如没有这条河,就能到田野里去游玩。田里堆放着一捆捆收割了的庄稼,光线刺目……"

玛丽娜·伊万诺夫娜招呼所有的人——谢尔盖·雅可甫列维奇、阿莉娅、她认识的熟人,走出乡村房舍,到野外、到山上、到森林里去游玩散步。"光荣属于步兵营牢不可破的兄弟情!"草稿本,外出远游——能使人暂时忘却乡下日常生活的平庸无聊、柴米油盐的拖累,暂时忘却日子的艰难。住的是租来的房屋,日日夜夜操劳,操心大人孩子吃什么、穿什么衣服、买什么样的鞋子、用什么取暖、怎么样挣钱,——她命中注定一辈子要受苦受累,可是竟然还那样开朗乐观。让人惊讶的是,虽然肩负着母亲、妻子、家庭主妇的沉重负担,她居然还有时间写作,竟创作了那么多作品,写得那样出类拔萃!为我们留下了多卷本的宝贵著作。

阿莉娅的童年日记为我们讲述了玛丽娜·伊万诺夫娜非凡的筹划能力,罕见的自律性,她决不允许自己懒惰,不在草稿本上写点什么,这一天就不能算完。她特别擅长安排时间,既安排自己的时间,也安排好她的小助手阿莉娅的时间。她们母女俩的日常作息时间是铁定不变、雷打不动的。阿莉娅跟妈妈一样,很早就起床,她知道,她该做什么事。母亲做早饭的时候,阿莉娅要收拾房间,拿"房东的扫帚"扫院子,打水,取牛奶。吃完早饭,她要刷锅洗碗。做午饭之前一段时间,母亲坐下来写作。"我也写自己的日记,哪怕只写几行也好……"母亲打开她的"捷克"草稿本,阿莉娅翻开属于她的日记本。午饭以后,可以出门散步或者游玩。谢尔盖·雅可甫列维奇一周大部分时间都在布拉格,在大学里学习。母亲和女儿总是迎接他回家,然后再送他出门。一家人赖以维持生计的收入少得可怜——除了谢尔盖·雅可甫列维奇的助学金,作为俄罗斯侨民,玛丽娜·伊万诺夫娜还能从马萨里克政府领取一点儿救济金。稍后,偶尔举办诗歌朗诵晚会,但是自己得想办法推销门票,而收入的钱有限,因此这一家三口始终摆脱不了贫困,过着半饥半饱形同乞丐的苦日子。

后来回忆起这段岁月,阿里阿德娜·谢尔盖耶夫娜说道,父亲和母亲年轻的时候经历过许多坎坷与苦难,因此,在他们心目中,此时的贫困也是"苦中有甜"!小小的阿莉娅当时非常心疼父母,一直盼着能拣到一个百万元的大钱包,可惜,这样的钱包始终没有碰到……诚然,过了不久,阿莉娅就学会了用毛线织帽子的手艺,挣一点儿钱多少也能贴补家用。

阿莉娅不仅能把她看到的情景写下来,显示出写作的才华,同时还会编童话故事,并且能画画儿,为那些故事配插图。她已经十一岁了,可是从来没有上学校去读书。附近没有俄罗斯人办的学校,再说,母亲认为,女孩子不一定非得上学念书不可,但是父亲坚持要送女儿去学校。1923 年秋天,阿莉娅被父母送到摩拉瓦特热博瓦小城,到那里的俄罗斯人子弟住宿学校去读书。玛丽娜·伊万诺夫娜写道:"未来一段日子我会很难过,我送阿莉娅去学校,不得不让她离开我。"接下来又写道:"学校同意阿莉娅入学,她很快就适应了,很高兴,同学们异口同声地说,她的两只眼睛像明亮的星星。孩子们(多达五百个!)问,她是什么人?从什么地方来?她立刻回答:'我是星星,来自天空!'她很美,无拘无束,一点儿也不怯懦,天真直爽,她不会招惹任何人,因此同学们都喜欢她……"稍后还提到:"阿莉娅有一则笔记:'这里每当有女生刚来上学,同学们都会问:好看不好看?是不是爱打扮?会不会跳舞?——真无聊!'这里使用的破折号和惊叹号让我喜欢,标点符号透露了学校生活的单调……"

不过,阿莉娅在这所寄宿学校只上了一个冬季。放暑假的时候,她回到父母身边,就再也没有返回摩拉瓦特热博瓦小城。玛丽娜·伊万诺夫娜得出了最终的结论:这个学校的老师不能给她女儿传授任何知识。她要行动起来,亲自担负起教育女儿的责任。阿莉娅虽然没有中学毕业,也没有上过大学,但是她对历史、文学、语言拥有丰富的知识,不愧是个有高度文化修养的人。母亲把自己丰厚的学识,都认真仔细地教给了她。日后阿莉娅还上过一所学校,那是在巴黎,在附设于卢浮宫的实用美术专科学校学习绘画。

1925 年,儿子穆尔出生,家里成了四口人,小穆尔长到八个月时,他们举家搬到了巴黎。继续在乡村生活,让玛丽娜·伊万诺夫娜感到难以容忍:"在这里过冬:死路一条,我连想都不敢想。为了一家人能活下去,无论如何也要搬家。不然的话,阿莉娅头脑越来越迟钝(总干粗活,像鹅一样笨),我常常发脾气,谢尔盖已经筋疲力尽,可怜的穆尔,我可不愿意让他待在这个烟熏火燎、既潮湿又寒冷的肮脏地方。"阿莉娅像个"灰姑娘"一样,在伏谢诺雷村,在伊洛维希峡谷,一直处在贫困寒碜的环境当中,所有这些情况都让玛丽娜·伊万诺夫娜感到极度痛苦,她在给亲友的书信中不止一次写到这种凄惨和悲凉。"可怜的阿莉娅像蹬车轮子的松鼠,整天忙碌,除了学法语,就是拿笤帚扫地,干不完的家务活儿,自己收拾不利索,别人弄乱的东西,也靠她来整理。我非常渴望,将来她能够嫁给一个'有钱人',经历了不幸的童年,现在只有这么一点儿指望了。”

不过，阿莉娅希望得到的是棵小枞树：“已经在扳着手指头数日子啦。”

“生活虽然很苦，可她心地善良，从来不怨恨我，因为是我把她生到了这个世界上。”她摆脱不了水桶，也离不开抹布，在这种情况下还奢谈什么展示聪明才智呢？阿莉娅惟一感到开心的事——就是去拣干树枝！因此玛丽娜·伊万诺夫娜格外苦恼，常常抱怨命运，既然赏赐给她这么有才华的女儿，怎么又让她在童年吃苦受累呢？……有些侨民家庭富裕，他们的孩子却又笨又懒，生活无忧无虑，要什么有什么！但是，如果不让阿莉娅帮忙做家务，完全不让她干家务活儿，那么茨维塔耶娃自己就没有时间写作了！……

玛丽娜·伊万诺夫娜认为，如果能住在城市里，无论阿莉娅，还是她本人，生活都会轻松一点儿。后来，她跟谢尔盖·雅可甫列维奇都满怀期待，指望搬到巴黎以后，他们夫妇俩能多挣点儿钱。谢尔盖·雅可甫列维奇学的是语文专业，留在布拉格，很难找到工作，看不到任何前景和希望。当然，迁居巴黎，以他所学的专业，虽然花费了很多时间与精力，却无助于他安顿下来。他的收入是不稳定的，有时候拍摄电影，有时候带着摄像机在城市里到处乱转，他曾经想当演员，有时候写文章，甚至还办过杂志，可杂志没有带来什么收益，不久就停刊了。根本找不到长期而稳定的工作——失业的浪潮当时正席卷法国。

在法国，玛丽娜·伊万诺夫娜头两年事业进展还算顺利。巴黎有俄国侨民居住区，有很多俄罗斯侨民。她能够成功地举办诗歌朗诵晚会，虽然每次组织晚会，她本人和全家人都感受到巨大的压力，晚会门票需要自己推销，给人写信，低三下四地求人买票，到了朗诵诗歌那一天，阿莉娅就坐在售票处，充当售票员，不管怎么说，这样的晚会毕竟能挣些钱，带来一些收入。巴黎有很多俄文报纸、杂志，起初报刊乐意刊登茨维塔耶娃的作品。可是，读者对她的诗歌的兴趣逐渐减弱，用她自己的话说：“侨民界把我变成了散文作家。”不幸的是,散文作品的境况也不好。她跟从俄国流亡出来的一些侨民作家关系紧张,后来竟衍变成了相互敌对与仇视。俄国侨民文学界有些头面人物很富有,为了请求他们帮助,茨维塔耶娃不得不低下高傲的头颅,这种情况时常重演。她家里实在太穷了。"我们过的日子很苦,比去年的情况还要糟。连马肉饼(阿莉娅百吃不厌的美食)都吃不起了,肉和鸡蛋太贵,我们从来都不吃……"第二道菜是煮土豆汤,怎么也得有几滴油水;绿叶菜买最便宜的,发蔫的。"衣服是别人不要的旧衣服,鞋子是别人穿过的旧鞋子……"刚刚出国、在捷克那段时间,乐观开朗、勇于面对苦难,现在,那种轻松的情绪消失了,为了生存,不得不拼命挣扎,随之而来的是疲惫、厌倦与烦躁,在法国期间的贫困,用成年以后阿莉娅的话说,已经是"耻辱的乞讨生涯!……"

1926 年秋天,玛丽娜·伊万诺夫娜在一封书信中提到,阿莉娅即将在多布仁斯基和比利宾美术学校学习。"比寄宿学校好——有名气,将来能多挣钱。"

谢尔盖·雅可甫列维奇的姐姐伊丽莎白·雅可甫列夫娜,小名莉莉娅,住在莫斯科,1928 年谢尔盖给她写信说:"阿莉娅开始去舒哈耶夫画室学习,至于找工作,缺乏真正的意愿。"玛丽娜·伊万诺夫娜附笔写道:"阿莉娅跟舒哈耶夫学绘画,不过是随心所欲,自作聪明(舒哈耶夫一个星期去一次画室——十五分钟),阿莉娅有点儿懒惰。"阿莉娅还到画家娜塔丽娅·冈察罗娃的画室去上课。

1929 年 1 月 1 日,母亲写道:"阿莉娅画出了非常美妙的图画:新的一年每个月都充满了朝气。一月是个从壁炉里出来的婴儿,二月是袜子里喷出来的雨滴,三月坐在树上把所有的叶子都涂成绿色,如此等等,还有好多幅……

她有无穷的天赋,简直是**才华横溢**[*]。"

---

* 此处原文为德语。

1930年谢尔盖·雅可甫列维奇写信告诉姐姐说,阿莉娅在美术学校学习,“拿到六项法国奖学金”。1931年他在一封书信中写道:“不久前,阿莉娅让我很开心。她在法国人办的学校里学习画插图。那里前不久举办年度绘画比赛,阿莉娅的绘画得了头等奖。由于这次获奖,推荐她免费学习版画。”稍后又在信中写道:“孩子们长大了。阿莉娅——成了大姑娘,我常常觉得奇怪:她竟然是我的女儿。我们俩常被人误认为是兄妹。她继续学习画版画,总是头一个到学校。尽管在学生中她是第一名,可是我不大相信,绘画就是她的使命。她的作文更出色,超过绘画,与绘画相比,也许她更适合从事文学创作。”

父亲的判断是正确的。六十年代,在莫斯科,有人问阿莉娅一个问题,是不是她生来就为了绘画。阿里阿德娜·谢尔盖耶夫娜回答,对她来说,写作具有更强烈的吸引力。当然,假如她从美术学校毕业以后,留在巴黎,能够立刻开始专业性的工作,随后在俄罗斯也能从事绘画,没有后来多年的间断,我想,她会成为一个杰出的插图画家。阿莉娅热爱书籍,拿到一本书,总是首先审视这本书的装帧和插图,如果画家缺乏艺术品位和技巧,她会非常扫兴。

1935年谢尔盖·雅可甫列维奇曾筹划阿莉娅绘画展览,然后出版她的绘画作品集。可惜,展览未能办成,而她的许多绘画插图都没有带回国内来。不过,后来她确实参加过绘画展。许多著名俄罗斯画家举办画展,谢尔盖·雅可甫列维奇写道:“阿莉娅第一次有绘画作品参加展出,并且得到了很高的评价。近两年,阿莉娅的内心在快速成长(对于亲人说来,情况往往是这样),表面上看不出什么变化,不知不觉,转眼之间她就长大了。忽然发现,她成熟了,是成年人了,跟我格外亲近。

在属于她的绘画领域——她是第一流的插图画家。除此之外,她很聪明,简直是个机灵鬼,论写作,文笔出色。总而言之,阿莉娅——是我的期待,是我巨大的希望。”

阿莉娅尽管多才多艺，却找不到一份能发挥专长的工作，这在前面已经说过。迫于无奈，她只能做临时的缝纫工，把填充物塞进动物玩偶的肚子，为这些玩具缝肚子、缝耳朵、缝尾巴。1933 年玛丽娜·伊万诺夫娜写道，阿莉娅“由于生活**走投无路**——只好给一个牙科医生当助手”。而 1934 年整个夏天，作为家庭教师，她跟随一家德国侨民去海滨消夏。用她自己的话说，她的职责是给几个孩子擦鼻涕，教会他们洗手洗脸，还要做家务活儿，附带教给老奶奶说法语。玛丽娜·伊万诺夫娜写道：“月薪一百五十法郎，可吸引人的条件是——大海！何况饮食很好（一家人整天不停地吃东西），跟主人的关系倒也融洽。”

阿莉娅从小还学会了一门挣钱的手艺——织毛衣，有人订购毛织外套、上衣、帽子，她就着手编织。此外，她还兼职当记者，进行采访，为《为了你们》、《今日俄罗斯》等杂志写报道文章。她把自己的全部力量都奉献给家庭，挣来的钱如数交给母亲。她穿的是旧鞋子，改做过的旧衣服，如果有一件新衣裳——必定是某个女朋友赠送的礼物。碰到母亲过生日，得到五十法郎，舍不得给自己买东西，所有的钱全都买成毛线，织成漂亮、时髦的毛衣送给母亲，送给弟弟穆尔。

母亲在笔记中描写十九岁的阿莉娅：“为家里的事尽心尽力，极其可爱。她很漂亮，个子跟我一般高，不胖，但是像古代希腊妇女一样，身体很壮实。”

不过，在写于三十年代的书信当中，玛丽娜·伊万诺夫娜提到阿莉娅的时候，并非总是赞许。她也常常生女儿的气，口出怨言。她抱怨说，阿莉娅做事粗心，处在同样的年龄，没有她当年做事那么得体。阿莉娅身上有很多她看不惯的地方，惹她生气……或许玛丽娜·伊万诺夫娜还没有完全意识到，阿莉娅已经是成年人，她有自己独立的人格和意识！

“我在家里心情沉重——跟所有的家庭一样——我们大家都很古怪，性格独特，彼此难以调和……每个人都需要一个地方，这是身体的需求，可是不具备这样的空间：相互之间难免胳膊肘撞到胳膊肘，难免产生矛盾和冲突……”这是玛丽娜·伊万诺夫娜写的一段文字。是她的切身感受，她本人的处境当然比别人更艰难。或许，有时候情绪需要宣泄，因为她实在是太疲惫，太苦闷。岁月蹉跎，生活却不见轻松，日常家务占用了过多的时间，没有工夫写作，还有一种可能，那段时间写作不顺利。她宠爱穆尔，体谅谢尔盖·雅可甫列维奇，而阿莉娅一向顺从听话……写信也是消除烦躁情绪的一种方式。玛丽娜·伊万诺夫娜写信时异常坦率，常常直截了当地描述当时的心态。大概是基于这种原因，她不止一次请求收信人读后销毁信件……后来，根据同时代人的回忆，玛丽娜·伊万诺夫娜经常向朋友和亲人提出**令人难以接受的请求**！阿莉娅多次流着眼泪离家出走，躲到女友或熟人家中暂时居住，等待家庭的暴风雨平息。对于这些家庭矛盾，无论当时，还是事后，她从来都不抱怨，从很小的时候，她就知道，她母亲**性格特殊**、**与众不同**，她对母亲的忠诚一辈子始终如一。

1937年，阿莉娅最早离开家，返回祖国。按照法国的法律，达到成年人的年龄，她有选择国籍的权利，可她毫不犹豫地申请了苏联国籍。她在莫斯科度过童年，俄罗斯书籍一直陪伴着她，父亲喜欢有朝气的苏维埃俄罗斯，他极度渴望回到家乡，在那里生活——所有这些都对阿莉娅回归祖国产生了影响。早在1922年，当艾伏隆跟妻子、女儿重逢团聚的一刻，他就意识到，自己逃离俄罗斯，导致玛丽娜·伊万诺夫娜和阿莉娅跟随他一起流亡，这一步铸成了终生大错。日后他在给姐姐的书信中多次提到这件事。

阿莉娅离开巴黎的时候，高高兴兴，满怀期望，即便布宁告诫她的一番话，也没有引起她的怀疑与惊恐。她曾经亲口告诉我，她去跟布宁告别的时候，布宁说：

“傻瓜，你走吧，会把你遣送到西伯利亚去的！”沉默了片刻，他以忧虑的口吻补充说：“假如我也是你这般年龄……哪怕是西伯利亚，哪怕遭受遣送，我也认了！因为那毕竟是俄罗斯啊！……”

父亲、母亲、朋友、熟人，纷纷给阿莉娅赠送礼物。从来没有一件新衣服的她，这一天从头到脚装扮一新，竟然拥有了一堆装满“嫁妆”的皮箱。用玛丽娜·伊万诺夫娜的话说：“她忽然拥有了一切：皮大衣、衣服、睡衣、毛毯、钟表、手提箱，东西质量都很好，有些礼物数量可观。有些礼物是临上车时送来的……

这是一次快乐的离别——大概只有举办婚礼的蜜月旅行才有这种气氛，再说并非所有的婚礼都这么欢快。”

3 月 18 日，阿莉娅到达莫斯科，这一天正好是巴黎公社纪念日。后来她常常笑着说，为了迎接她的到来，到处悬挂旗帜，以后每到这一天总是彩旗飘扬！……

谢尔盖的姐姐伊丽莎白·雅可甫列夫娜·艾伏隆，住在莫斯科梅尔兹利亚科夫巷，她就是阿莉娅的姑妈莉莉娅。一回到莫斯科，阿莉娅直奔姑妈的家，姑妈发现，站在她面前的姑娘一头金发，两只天蓝色的大眼睛，穿着一身新衣服，既文雅，又漂亮。姑妈的住房很小，一间隔成了两间，跟她一起住的女朋友，也上了年纪，跟她一样，身体也不好。伊丽莎白·雅可甫列夫娜是剧院的导演，擅长朗诵，那时候，几乎所有杰出的朗诵演员都在这“小小洞穴”里接受过训练，阿里阿德娜·谢尔盖耶夫娜把姑妈伊丽莎白·雅可甫列夫娜坐落于梅尔兹利亚科夫巷的房子戏称为“小小洞穴”。伊丽莎白·雅可甫列夫娜的家里总是人来人往，相当热闹，来找她的大多是些演员、画家、作家，其中也包括鲍里斯·列昂尼多维奇·帕斯捷尔纳克。空间狭小，客人不得不坐在床上，更准确地说，坐在临时用箱子、凳子搭成的卧榻上，房间里摆满了东西，后来还存放过玛丽娜·伊万诺夫娜的手稿资料。姑妈立刻成了侄女最亲近、最敬重的人，在未来严酷的岁月里，姑妈将成为阿莉娅和穆尔的精神支柱。其实，早在革命年代，她就曾给予玛丽娜·伊万诺夫娜很多帮助，当时谢尔

盖 · 雅可甫列维奇杳无音信，下落不明，家里只剩下茨维塔耶娃带着两个年幼的孩子。未来她还会帮助茨维塔耶娃……茨维塔耶娃和阿莉娅谈起伊丽莎白 · 雅可甫列夫娜，都认为她是家里最善良、最有才干的人。

阿里阿德娜 · 谢尔盖耶夫娜刚回到国内，差不多立刻就找到了工作：为法语版的《莫斯科》杂志翻译稿件。开始的时候，在家里翻译，后来编辑部就录用了她。

1937 年晚秋季节，阿莉娅的父亲出人意料地回到了莫斯科。谢尔盖 · 雅可甫列维奇一生遭遇悲惨，未来的结局更是难以预料。毫无疑问，他这个人是有才华的，有弱点，但是精神很坚强。不过，他从出生就连遭挫折，他意识到自己是个失败者。他在奔波挣扎中寻找自我，不幸的是，始终没有找到他一生真正的使命所在。他爱俄罗斯，爱到狂热的程度。因此，他参加了白卫军，坚信能够拯救俄罗斯，白卫军让他大失所望，回过头来又为新生的苏维埃俄罗斯效力，同样狂热、轻率、缺乏远见……

女儿跟父亲住在市郊鲍尔舍沃的别墅里，在那里生活了一个冬天和一个夏季。女儿每天乘车进城。法语版《莫斯科》杂志社位于斯特拉斯特街心花园，在同一座大楼里，还有《星火》、《在国外》以及其他杂志编辑部。这幢大楼单独设立了一个舒适的会客厅，那里经常举办文学晚会，出席晚会的都是莫斯科有名的作家，因此阿里阿德娜 · 谢尔盖耶夫娜立刻就融入了小时候早就熟悉的那种环境，只不过现在的名人换成了另外一些面孔罢了。

阿莉娅工作起来轻松、愉快，她把交给她的稿件翻译成法语，即便翻译普希金的诗歌，也毫不胆怯，这样的事若推迟几年，无论如何她也不敢再冒风险。有家出版社还答应让她担任图书的装帧设计。在法国失业，走投无路的日子，再也不会对她构成威胁。她挣的工资很多，可以高高兴兴花钱买糖果、甜食，在巴黎的时候，她和穆尔难以购买这些东西。所有好吃的食品，比如蛋糕、菠萝，她都带回别墅，给父亲品尝。穆尔也迫不及待地想见到她。1939 年夏天,玛丽娜·伊万诺夫娜带着儿子也回到了国内。一家人再次团聚了,他们都住在鲍尔舍沃。阿里阿德娜·谢尔盖耶夫娜有很多崇拜者,在工作单位,所有的人都喜欢她,最主要的原因是,她满怀爱心,因此也有人追求她。爱慕她的小伙子就在同一个单元,他是《在国外》杂志的编辑。他们俩立刻看中了对方。起初,阿莉娅在家里翻译稿件,很少去编辑部。1938 年临近春天,小伙子已经知道,这姑娘是个什么样的人,阿莉娅也意识到,这是永远陪伴她的人。虽然年轻的时候屡犯错误,把初次的强烈印象当成真正的爱情,但是这一次决不会发生误判,对于她来说,这是永远的爱,一辈子矢志不移的爱……这个人就是她的穆里亚,萨姆伊尔·达卫多维奇·古列维奇,玛丽娜·伊万诺夫娜见了这个小伙子也觉得合乎心意,穆尔对他很依恋,父亲对他态度也很殷切。现在,阿莉娅和穆里亚两个人,常常成双成对来到别墅,有时候穆里亚就留下来在这里过夜,早晨,他们俩再一道做伴去上班。他们已经租赁了房子,打算等到 9 月去城里居住,他把自己的住所留给了第一个妻子,阿里阿德娜·谢尔盖耶夫娜觉得幸福。"当时,我感到真正的幸福,意识到自己的幸福,并非通过比较,才有幸福感,而是简单朴素的生活,每天都觉得幸福——这是一种实实在在的幸福感。"

不料,这种幸福,猝然之间就破灭了……

"后来我过的日子,不堪回首!……"这是阿莉娅日后的说法。

茨维塔耶娃和艾伏隆这一家人回国时正赶上严酷的时代。告密、怀疑,成了生活的常态。正直诚实、没有任何罪行的人被关进监狱,审判、枪毙,被宣告为"人民公敌"。从国外回来的人,或者曾经到国外出差的人,往往被视为外国的间谍、特务。

简而言之,1939 年 8 月 27 日,阿里阿德娜·谢尔盖耶夫娜被逮捕。"凌晨时刻,我被押进一辆小汽车离开了鲍尔舍沃,那个早晨我最后一次看到妈妈、爸爸和弟弟。一生当中的很多事情,在那个早晨突然之间都被切断了……"

大约有一年半甚至更长的时间，玛丽娜·茨维塔耶娃得不到女儿的任何消息。长年累月的痛苦等待，那是最折磨人、最难熬的一段日子，她不仅要往监狱里送东西，求人转交给女儿，还要给谢尔盖·雅可甫列维奇送东西，女儿被捕后不久，1939 年 10 月 10 日，他也被逮捕，1941 年惨遭枪决。

得知阿莉娅被流放到劳改营以后，玛丽娜·茨维塔耶娃还没有弄清楚确切的地址，就匆匆忙忙写信，一张接一张把明信片寄往科米自治共和国，寄往克尼亚日波戈斯特镇。

1941 年 4 月 11 日，茨维塔耶娃收到了阿莉娅寄来的第一封书信。终于可以通信了。母亲、弟弟、穆里亚、两个姑妈，都给阿莉娅写信。阿莉娅长时间不知道亲人们的生活状况，现在急切地想了解他们的各种信息，她向妈妈承认，当她收到亲人来信的时候，既高兴，又难过，情不自禁回想起往日的生活情景……

战争爆发了。往劳改营寄信的邮路中断了。只有等到 1942 年夏天，阿莉娅才收到信件，知道了穆里亚和两个姑妈的消息。但是，妈妈没来信，穆尔也没来信……得不到母亲和弟弟的音信，让阿莉娅特别痛苦，她一封接一封地写信，反复询问："从战争开始，怎么一直没有妈妈和弟弟的消息呢？……""穆里亚写信说，妈妈和弟弟还活着，身体健康，他们疏散去了某个地方……"，"妈妈和穆尔究竟在什么地方哪？已经两年啦，没有他们的任何音信……"但是谁都不忍心写信把真实情况告诉她，早在 1941 年 8 月 31 日，玛丽娜·伊万诺夫娜·茨维塔耶娃已经在叶拉布加上吊自杀了。最终打破沉默的是姑妈伊丽莎白·雅可甫列夫娜，不过，她并没有把全部实情都告诉阿莉娅。1942 年 7 月 13 日，阿莉娅给两个姑妈写信说：

"我亲爱的莉莉娅和济娜！昨天收到了你们的来信，知道母亲已经不在了。谢谢你们，终于结束了愚蠢的游戏，为了隐瞒妈妈的死讯，长期保持沉默。有时候怜悯也很残忍！

恳求你们把我母亲死亡的详细情况告诉我——地点、时间,得的什么病?什么人在她身边?穆尔是不是跟她在一起?是不是她只有孤零零一个人?1939年她带回来的那些**手稿**,最后的作品,主要是翻译,还有相片、书籍、物品,现在都存放在什么地方?务必要妥善保存,尽力保持原状。请写信告诉我,最后一次见到她是什么时候?她说过什么话没有?请写信告诉我,小弟弟穆尔在哪里?是不是发生了什么意外?他的生活条件怎么样?我知道,穆里亚经常帮助他,可是有人帮助难道就够了吗?

看了你们的来信,我痛苦得要命。我从来没有想过,妈妈会死亡,从来没有想过,父母会离开人世……"

阿莉娅在另一封信里写道:"假如我跟妈妈在一起,可能她就死不了。我们一起生活,她背负沉重的十字架,我能跟她分担,苦难再深重,不至于压垮她……"

母亲的档案资料存放在什么地方,具体有多少文档,这些疑问一直让阿里阿德娜·谢尔盖耶夫娜放心不下。这时候她还不知道,玛丽娜·伊万诺夫娜随身带到叶拉布加的手稿和文件,被穆尔带回了莫斯科,存放在姑妈莉莉娅家里,而母亲匆忙离开莫斯科时留给熟人保管的资料,被穆里亚取了回来,全都搬运到梅尔兹利亚科夫巷保存。

穆尔开始给姐姐写信,他被疏散到塔什干,在那里上中学。起初,他不敢给姐姐写信,怕她猜到母亲已经死亡。现在,一家人生离死别,活下来的人只有他们姐弟了。作为姐姐,阿里阿德娜·谢尔盖耶夫娜多么渴望离开劳改营,回去照顾弟弟呀!她在写给穆里亚、写给姑妈的书信当中,总是不放心,非常惦记穆尔。

而时光流逝……穆尔中学毕业了,他又回到了莫斯科,考进了高尔基文学院。应征入伍的年龄到了。1944年2月26日,他被征集参军,上了前线。7月7日作战牺牲……

战争结束了。阿里阿德娜・谢尔盖耶夫娜还被关押在劳改营里。她被判刑八年——怀疑她是特务。一直等到 1947 年 8 月 27 日才获释。

从 1939 年起,就禁止阿莉娅在莫斯科居住。母亲没了,弟弟没了,至于父亲,——她还抱着一丝渺茫的希望,盼望他被关押在某个地方的劳改营里。无权通信。那么丈夫呢?穆里亚呢?她给一位熟人写信时提到了他:"从前的丈夫(可惜,是'从前的',溶溶月光之下,没有什么东西是持久不变的,更不用说是男人了!)见了面很热情,还像朋友一样,至于共同生活,那就连想也不要想了,他的工作,他的党员身份,使得他难以离开莫斯科,而我呢——却是个劳改释放犯,真是一言难尽。当我去莫斯科跟他见面的时候(平均一个月两次),真是又高兴,又难过,咳!随他去吧,生活当中有一堵堵的墙,用头去硬撞,墙倒不了,只会让自己头破血流……"

如今,梁赞成了阿莉娅的居住地。她在州立艺术师范学校当美术教师,给四年级学生上绘画课。以前在卢浮宫美术学校学的本领如今派上了用场。不过,多年不画画儿,很多知识和技法都淡忘了。再说,没有教科书,也没有参考资料。学生水平参差不齐——有些是不久前上过前线的退伍军人,上学期间耽误了学业,有些是刚刚中学毕业的半大小子和女孩子。阿莉娅没有任何教学经验,不知道该从哪里入手,从什么地方开始讲解,怎么讲才有意思,归自己管教的学生,性格多样,缺乏知识,怎么样才能使学生团结好学呢,这些问题都让她颇费心思。好在阿莉娅天生有组织才能,无论做什么事情,她总能够想办法做好。阿莉娅不仅教学生学习专业技能,同时向他们传授文化知识,培养他们热爱读书的习惯,引导学生,让他们的视野逐渐变得开阔,关心爱护学生,跟他们交谈,毫无保留地跟学生分享人生感受和丰富的精神体验。没过多久,作为老师的阿莉娅就成了学生们的伙伴,学生们常常来找她,向她诉说他们的不幸、烦恼、苦闷,希望得到她的帮助。因此,当阿莉娅再次被捕的时候,她的学生毫不畏惧地去监狱看望老师,还从他们少得可怜的助学金中凑钱送她上路,她被流放到遥远的图鲁汉斯克边疆区……

阿莉娅在生活中遭受迫害,一个人承受痛苦孤独,她从工作中寻求安慰,年轻学生渴望知识,尚未被那个时代完全驯服,跟他们的交往让她感到愉快。利用在梁赞"自由生活"这段短暂的时间,她想方设法力图找到一两个人,他们在妈妈临终之前的最后岁月,曾经跟妈妈见过面,在莫斯科、在叶拉布加肯定有这样的人。基于这样的想法,她给作家西科尔斯卡娅写信,因为疏散时,她曾跟玛丽娜·茨维塔耶娃一起乘船,沿着伏尔加河、卡马河航行。她甚至"偷偷逃脱",在莫斯科跟西科尔斯卡娅会面(按法律规定她无权进入首都)。可惜,她所作的笔记,第二次被捕时被没收销毁了。

1949 年,那些原先遭受清洗、刑期已满获得释放的人,再次被捕,或者被关进监狱,或者流放边远地区。2 月 22 日,阿里阿德娜·谢尔盖耶夫娜被逮捕。她说过,在书信中也写过,母亲预见到了这个日子。2 月 17 日她梦见了妈妈,妈妈提醒她说,将有人来抓她,还说,一开始路途艰难,泥泞,但这只不过是"春天的暴雨",雨过天晴,一切都会好转,一切都会顺利……母亲经常在她睡梦中出现,尤其是在走投无路的绝望时刻,女儿不由自主地思念母亲,在冥冥之中求助,从渺无行迹的精神交流中汲取力量……阿里阿德娜·谢尔盖耶夫娜曾经说过,她很小的时候,当时还住在鲍里斯格列勃巷,母亲就教导她克服困难,锻炼意志,以便应付未来岁月的磨难,当时还不清楚,这将是些什么样的磨难。对于阿莉娅说来,母亲没有死,她永远活着,活在女儿心中。"有宗教信仰的人,会随时悼念谢世的亲人,我常常去森林里缅怀妈妈,在那里,她还活着,活在生机勃勃的树木之间。我想念她,她就站在眼前,甚至不是'想念',而是用一颗心,用整个身体,去亲近她。"这段话摘抄自阿莉娅从图鲁汉斯克的来信,她被流放到那里,长期囚禁在那里。

沿着叶尼塞河顺流而下,一直向北漂流,越漂越远,要抵达的是流放地点,那地方要等到六月春天才会来临,九月就已经进入寒冬。阿莉娅难以想象，这就是她要**永久居住**的地方！她说，第六感觉在悄悄地暗示她，这样的噩梦不会持续太久，仿佛快要淹死的人抓住一根救命稻草，她暗暗地怀着一种自信，既然梦见了母亲，她的头一个预言能在22日得到验证，并非虚妄，那么，她所说的苦难不过是“春天的暴雨”，为什么就不能应验呢？……

阿里阿德娜·谢尔盖耶夫娜决不让绝望情绪主宰自己的心灵。任何苦难的环境，她都能适应，善于以坚韧的意志承受命运的打击，从来不把个人沉重的精神负担推到别人的肩上。相反，她常常安慰和鼓励身边的难友，让他们保持希望，相信未来会有美好的日子。她从流放地，从集中营寄出的信件，从来不诉苦抱怨。她也从不因怨恨而发脾气。她倒是不止一次地质问：究竟什么人愿意承受这种种苦难？这一切灾难究竟是怎么造成的？……

在遥远的边疆，在图鲁汉斯克，阿莉娅心情非常郁闷，最难适应的是当地的气候——刺骨的严寒，最冷的时候零下五十度，凛冽的寒风从北冰洋刮过来，漫长的冬季昼短夜长，有段日子二十四小时黑咕隆咚都像夜晚。受父亲的遗传，她的肺部和气管常常生病，在劳改营里又患过心脏病。但是，她从小就善于苦中求乐，当地有一种个子矮小的马，用来拉雪橇，马脖子上系着小铃铛，走起路来发出叮呤呤的响声，听见这清脆的铃铛声她就高兴；看到她自己写的红彤彤的标语，看到白茫茫的雪地上点燃的篝火，她都觉得开心……她在俱乐部里组织新年枞树晚会，孩子们和大人的欢笑，让她感到愉快，而在这之前，这里从来没有像这样欢度节日！每到夜晚，她剪纸，粘贴玩具，用彩色铅笔或学校里的水彩涂抹颜色。俱乐部没有钱，就连答应给她的少得可怜的一点报酬每个月都不能按时发放。起初，她在学校里做清扫工，擦洗地板，从叶尼塞河里取水，粉刷墙壁，到草地去割草。“我所有的品质当中，最突出的要数骆驼的坚韧与人的忍耐……”后来，她被当地的文化之家录用，担任俱乐部美工，俱乐部的所有工作实际上都由她一个人承担。节日之前，布置会场，出墙报，既是通讯员，又是诗人、画家、编辑。她组织文学晚会，排演自己编写的戏剧，自己画布景，白手起家，制作演出服装。当地居民原本对文化活动缺乏兴趣，她就尽力推动他们参与到俱乐部里来，吸引他们跟自己一道排练节目。总之，在这个偏远的北方乡村，她起到了一个文化启蒙者的作用。她离开那里的时候，当地居民会长久地怀念她……为了工作，可以说她倾尽了全部精力，她常常生病，而工作却很多，休息日她也不得休息，只能在俱乐部里度过。但是，“所有的日子，工作多得不得了，超负荷运转，可是在我看来，实际上都空洞无聊”。“劳动日多么可怕，其目的仅仅是为了吃饱饭和睡好觉。在我苏醒的那一天之前，一切都在梦中沉睡，待到清醒的那一刻，忽然明白了，过去白白丧失的每个小时、每一天、每个月，无论如何也没有办法弥补了……”她已经快要四十岁，由于近几年的坎坷经历，由于过度疲惫，看上去就像五十岁的样子。她天生向往创作，从童年起就走上了创作的道路，不幸半路途中遭遇迫害，现在明白了，已经丧失的时光，再也无法挽回、无法补救了。不能创作让她深感忧虑，渴望与有文化素养的人交往——“连个说话的人都没有……”不能画画儿吗？但是，要画画儿，需要颜料、纸张、画布，要花很多钱，可是却没有地方去弄钱……不能写作吗？在被流放的那种特殊条件下，这种想法简直是白日做梦：每隔十天，她必须到内务部设在当地的机关去报到，检察人员有权随时搜查她的住处，稍有不慎，就会第三次去坐牢，而被捕的时候，所有文件一律没收。“想创作，外部条件不允许，上帝保佑，与其写出作品遭到毁灭，还不如我自己索性不写。”

不过，阿莉娅经常写信……书信寄往“辽阔的地域”，寄往她魂牵梦萦的莫斯科。她的主要收信人有两个——一个是姑妈，伊丽莎白·雅可甫列夫娜·艾伏隆，另一个是鲍里斯·列昂尼多维奇·帕斯捷尔纳克。现在，她已经意识到父亲已不在人间，对他的生存再不抱任何希望，因此，姑妈莉莉娅和鲍里斯·帕斯捷尔纳克就成了她“心灵当中最亲近的亲人”。在这两个收信人当中，鲍里斯·列昂尼多维奇显得“更重要”，阿莉娅思念他，像思念富有创见的作家,她在书信中跟他交谈,或在想象中自言自语,经常不知不觉说出他们的名字,她好像在攀登一座高高的山峰,她已经习惯了跟随她的妈妈攀登这样的高峰。

"你很久很久以前就已经融入了我的血液和躯体。在你之前,我只记得妈妈,只爱妈妈。"阿莉娅从小时候就习惯了读帕斯捷尔纳克写的诗,习惯了读妈妈写给他的诗,听惯了有关他的谈论,不过,跟他见面,充其量只有不多的几次,他们之间的友谊,心灵的亲近,起始于书信往来,就像在他跟玛丽娜·伊万诺夫娜之间所发生的那样。当阿里阿德娜·谢尔盖耶夫娜还被关押在劳改营里的时候,鲍里斯·帕斯捷尔纳克就给她邮寄自己的著作,可能也写过信,但是,我们能够看到的、最早的书信开始于 1948 年。帕斯捷尔纳克给阿莉娅往梁赞寄过自己写的诗、翻译作品,还有尚未写完的长篇小说《日瓦戈医生》的手稿,附带说,阿莉娅在一封书信当中曾对这部小说给予准确而精辟的评价。帕斯捷尔纳克还往梁赞、往图鲁汉斯克给阿莉娅寄过钱,后来在莫斯科也曾帮助她。在最悲惨的岁月里,可以说帕斯捷尔纳克是她的"精神支柱和物质上的接济者"。正是帕斯捷尔纳克帮助阿莉娅保持了她天生的气质,帮助她在绝境中承受黑暗与孤独,那里"原始森林中飘荡忧愁,叶尼塞河上寒风呼啸",那里"除了严寒,还是严寒、严寒……"

"……我们在寒冷的雾气中醒来,透过迷茫的雾看见相距不远的、散发出微弱白光的太阳和月亮,还有两三颗巨大的星星一动不动,就像在伯利恒看到的星星一样……一切都发出响声——你去抱劈柴,点燃炉火御寒,劈柴有声响;你踩着雪走路,脚下的雪有响声;远处传来狗的叫声,你自己的呼吸,还有烟囱里冒出来的烟,都有响声。雾气白天也不消散,只是变得更加明亮,到傍晚又是那种情景,太阳、月亮和三颗很亮的星,随后不见了太阳,只看见月亮和星星。大约再过几天,暴风雪又来逞凶,原本熟悉的小路,忽然变得高低不平,出现了一个个雪堆,走起路来咔咔作响犹如刀砍鲜白菜的声音,我们的小房子完全被厚厚的积雪掩埋了。……”“到处是雪、雪、雪，没完没了地下雪，河流穿上铠甲，坚硬犹如坦克，树木冻得像玻璃，房舍歪歪扭扭，像压瘪的面包……就在这偏僻荒凉噩梦般的环境里，忽然收到了你两卷本的译作，目睹你飞扬的笔迹，立刻如梦初醒，眼前雾霭消失，心头亮堂起来，精神振作，挺直了腰板……”

阿莉娅写信，从不等待回信，因为书信要走两三个月，甚至四个月才能到达，书信往来需要的时间很长很长。她写信谈自己的情况，写个人想些什么，回忆什么，思绪常常回到童年，怀念母亲，谈母亲的诗歌，谈他——鲍里斯·列昂尼多维奇的诗歌，谈他和妈妈是世界上最值得敬重的两个人，是最值得热爱的两个诗人。她还写春天，北方边疆的春天总是姗姗来迟，写色调灰暗的短暂夏天，写大雁飞走的季节，令人心碎的忧愁。“这些成群的候鸟排成楔形队列，宛如战士们寄的三角信……”没有发生什么意外事件，所有能发生的，都已经发生了，并且留在了镜头之外。读这样的书信，你会爱不释手。描写自然景色的文字很优美，那是当地的“蛮荒之美”，色彩鲜明，如诗如画。语言准确形象；观察细致有趣，对生活渗透着哲理思考，但这些都不是最重要的，至关紧要的——是作者个性的魅力，人道主义心胸的博大，内心世界的丰富与美丽，来源于大自然的赏赐，这种气质和品格是任何监狱、任何流放，都无法剥夺的。真正的画家，说她自己的时候，也在说你，说我们大家……总而言之，那个从几岁就善于交往的小姑娘阿莉娅，不知不觉竟然变成了一个作家。

阿里阿德娜·谢尔盖耶夫娜从图鲁汉斯克往回寄信，寄了一封又一封，她不知道，那些书信怎么样翻山越岭、涉水渡河，才能抵达“辽阔的地域”，不知道，那一封接一封的书信，就是一本书一章接一章的手稿。后来，当她又回到莫斯科，恰逢鲍里斯·列昂尼多维奇心情沉重，因为他打算在国内出版长篇小说《日瓦戈医生》，却遭到拒绝，为了安慰他，使他振作起来，阿莉娅说：“**写出来**才显得尤为重要，须知所谓奇迹就蕴含在写作当中……”其实，她自己的写作同样创造了奇迹。个人的奇迹……不过,此时此刻她还没有意识到这一点。

意识到这一点的是鲍里斯·帕斯捷尔纳克。他陆续收到阿莉娅的来信,给她的回信中曾经写道:“你又一次令人惊奇地描述了自己的生活”,“啊,写得太美了!啊,太深刻了!”“你的观察能力多么出色,让我感到格外亲切……”“你是个绝顶聪明的姑娘,这样的天赋务必要珍惜。你对很多问题的观察、判断、见解都很深刻,你的写作能力非常出色!……”帕斯捷尔纳克对自己的稿件、信函、个人档案资料,向来不大重视,常常随手送人,经常丢失,但他却细心保存了阿莉娅的书信,多亏了他,我们现在才能汇集成书,献给读者,引起关注。

1955 年 3 月,阿里阿德娜·谢尔盖耶夫娜得到“无罪”释放,彻底平反,6 月,乘第一艘轮船,沿叶尼塞河溯流而上,返回家乡。“春天的暴雨”终于结束了……

北方边疆地区十六年漫长的艰难生活历程走过来了,阿莉娅终于回到了莫斯科——“我心爱的城市,我母亲心爱的城市,**我的**城市……”但是,在这座城市里,除了梅尔兹利亚科夫巷那所小房子里有她的落脚之处,她已经**一无所有**;除了两个姑妈,**已经没有任何亲人**,在她流放外地的这些年,两个姑妈已经老了,头发都白了。她得到信息,父亲也已平反昭雪,恢复名誉。

必须重新开始生活……回顾 1937 年,当时阿莉娅刚从巴黎回到国内,她还年轻,精力充沛,满怀希望,无论做什么,都觉得轻松愉快,反观现在,却要付出极其艰苦的努力。她说:“平反的喜悦过去了,随之而来的是适应新环境,新状况。为此,必须突破原先狭小空间所形成的自我封闭心理,勇敢地迈步朝前走,不过,究竟走向何方,心里没底,有些盲目,需要摸索,习惯了黑暗的眼睛一时还不适应刺目的光亮,戴惯了镣铐的手脚,镣铐一旦解除,也有个适应的过程。从一种心理状态转化到另一种心态,甚至连体力都感觉难以适应,对于失重状态的心理体验,我们人比松鼠、比仪表的指针更灵敏……”

应该鼓起勇气去趟编辑部,谈谈事务性的工作,走访一下过去的熟人,朋友聚会时露个面,到别人家里去做做客,可是,最近这些年,“已经习惯了克服难以克服的困难,再也不敢跨越工作机关与人际关系并不太高的门槛,只想躲进一个小小的洞穴……”

正是那一年夏天住在莫斯科的几个月,阿莉娅第一次接触到母亲的档案资料。以前住在梁赞那两年,禁止她到莫斯科来,想做这件事,也没有机会。看到档案资料很费事,装材料的箱子压在铺板下面,姑妈在搭成的床铺上睡觉,要找材料,必须先拆床铺,撤去压在箱子、柜子上的床垫、铺板,把这些东西放到另一个姑妈的床铺上,那个姑妈有病,几乎长年累月卧床不起。

“……我瞎摸着往外拿妈妈的手稿本——有早年的,有晚期的,晚年翻译诗歌的底稿整整齐齐,空白处用工整的字体记载了给父亲和我往监狱里送什么东西,还有身处绝境时向上层人物申诉的草稿,其中有写给斯大林的,也有写给法捷耶夫的书信。有一本笔记上写着这样一段话:‘以后再也不写诗歌了。这是最后一首。’”每到夜晚,等公用住宅里再也听不见人声嘈杂,阿莉娅就开始看母亲的笔记、手稿。她说:“原来我以为,自己的泪水已经流干了,再也不会哭泣了。面对手稿,却泪流不止。可所有痛苦需要的不是眼泪,而是行动,不是哭哭啼啼,而是让手稿复活,重见天日。”

阿里阿德娜·谢尔盖耶夫娜回到莫斯科的时间是1955年6月,同年9月,她已经着手编辑母亲去世后的第一本诗集,而到了11月底,她就把编好的茨维塔耶娃诗选送到了国家文学出版社。(这部诗稿的遭遇及编辑过程的曲折,后文还会提到。)

回到莫斯科的头几个月,阿里阿德娜·谢尔盖耶夫娜就收到出版社寄来的外国诗歌作品,请她翻译,她开始了翻译文学作品,翻译的数量很多,因为需要挣钱,——再不能住在梅尔兹利亚科夫巷那所小房子里了,她感到愧对两个姑妈，房间太狭小，她们连转身的空间都没有了，再说，她没有一个地方能坐下来处置那些资料和手稿。这时候恰巧有个机会，在塔鲁萨可以修建一座小型别墅，修建在原属于瓦列丽娅·伊万诺夫娜·茨维塔耶娃的土地上，瓦列丽娅是玛丽娜·茨维塔耶娃同父异母的姐姐。这样一来，阿里阿德娜·谢尔盖耶夫娜夏天和冬天就可以住在塔鲁萨，在小别墅里，点燃炉子，从井里打水，能集中精力埋头工作，不停地工作。她翻译文学作品很细心，就像母亲当年翻译诗歌时那样，翻译出一种底稿，接着又译出第二稿。她对自己要求很严格，对于已经译出的文稿，总觉得不满意。还在图鲁汉斯克的时候，她寄给鲍里斯·帕斯捷尔纳克的书信，文笔那么优美，让他赞赏不已，大声朗读给朋友和熟人。现在，她却常常抱怨，说自己忘记了该怎么写作，说她成了“拙口笨舌的傻瓜”，说她“笔已经生锈”，“词语变得贫乏”，还说由于“多年哑口无言”，她变成了野蛮人，头脑里想好的句子，落到纸上变成的文字竟那么生涩、干瘪。不过，我们依然相信，所有这些波折，都不过是“创作的烦恼”。现在，她遇到的问题是缺乏自信，自我怀疑，在她看来，“排成行的词语死气沉沉，使用的韵脚也很勉强”。思来想去，费尽心机，却难以找到那个惟一合适的字眼儿！“坐在那里，内心焦虑，就像一条蹲在火车站的狗：各种各样的气味儿，乱糟糟的声音，跟它想要寻找的，全不一样……”可是，她翻译出来的作品质量上乘，既有高超的艺术技巧，又有文化内涵，很快就赢得了优秀翻译家的名声，因而被批准加入了作家协会。依据别人提供的翻译初稿，由她加工润色的诗歌作品很多，其中有中国诗人、波罗的海沿岸国家的诗人、意大利诗人、西班牙诗人，当然，最多的，也是她最喜欢翻译的，是法国诗人的作品——比如波德莱尔、魏尔伦、戈蒂耶；她也翻译当代诗人的作品——比如阿拉贡、儒韦、雷韦尔蒂、特里斯丹·蒂扎尔等。她翻译的诗歌足以出版厚厚的一卷，在这里只想引用保尔·魏尔伦的一首诗，内容跟阿莉娅的遭遇有近似之处。

可怜的心与注定的苦难结盟，
想重新修建已被焚毁的宫殿，
把祭坛熄灭的神香重新点燃，
栽培新花朵绽放在深渊上空，
可怜的心与注定的苦难结盟！

振作的歌手，为上帝唱赞歌！
变颜变色，满脸皱纹的骗子！
流浪乐师，旧风琴弹奏乐曲！
穿上一身红色衣裳，漂泊者！
振作的歌手，为上帝唱赞歌！

把所有的钟都敲响，大小教堂……
肉体与血液渴望难以实现的梦！
我要敞开胸怀拥抱展翅的爱情。
我把幸福引诱到这贫困的山乡……
把所有的钟都敲响，大小教堂！

跟幸福并肩而行，我广受赞扬……
但命运冷酷，从来不迁就宽容。
果实里有蛀虫，瞌睡也会苏醒，
这就是法则，爱情中包含绝望！
跟幸福并肩而行，我广受赞扬……

但是，阿里阿德娜·谢尔盖耶夫娜觉得，她的主要工作根本不该是翻译，而是整理母亲的手稿,出版她的作品。玛丽娜·伊万诺夫娜曾为五岁的阿莉娅写道:“总有一天——如同引你下水——踏上永恒之路。为蛇的血统辩护,忘记家,忘记我和我的诗。”而阿莉娅无论小时候,还是长大以后,从来都不曾忘记母亲写的诗歌。实际上,她是向苏联读者介绍茨维塔耶娃诗歌的第一人。当时这样做并不容易,诚然,如今任何一家出版社都乐意出版茨维塔耶娃的作品,因为这样做能“提高知名度”,增加经济收入,广播电台和电视台时不时播放茨维塔耶娃的诗歌,播放苏联作曲家为茨维塔耶娃的诗谱写的歌曲,剧院里上演茨维塔耶娃的剧作,各种杂志争先恐后连续刊登茨维塔耶娃的作品,学校里的学生背诵茨维塔耶娃的诗,时至今日,二十世纪诗歌殿堂的名人榜,已经永远铭刻上了茨维塔耶娃的名字,可是,决不该忘记,在五十年代,她的诗(更不用说她的散文了)被贴上了“形式主义”的标签,认为“广大读者看不懂”——而真正的读者有何感受,自然无人过问!更有甚者,指责她的作品“毒害”青年!……幸亏我们已经远离了那个时代,那时候,茨维塔耶娃的诗只能以手抄本形式流传。回到祖国以后,1940 年她自己曾编了一本诗歌选集,并把稿件交给了国家文学出版社,却一直未能面世。1955 年她女儿为她编的遗作集,交给了同样一家出版社,同样也未能付印。应当说,为出版母亲第一本遗作集,阿莉娅历尽了艰辛。

“……母亲写的全都是孤独心态,不过,这种心态今后再不会困扰她了,在我看来,母亲的每一首诗,都有挺直的脊梁……她创作的全部作品,现在属于所有的人,不为某一个人私有,任由褒贬、评论、解释,不管论者的趣味、倾向,不管局势的起伏、变迁。每个人……都可以借助于虚构的‘广大读者’的名义,有权利摧毁或歪曲作者的意志,忽视她的构思,吹毛求疵,张贴标签,耳提面命,高声斥责,或故意回避。正是在这种情况之下,我这个缺乏经验的人,很快心里就明白了,1955 年夏天,为母亲编一本诗集,就是我最重要的任务。母亲一生从事创作,我跟她几乎形影不离,能不能完成这艰巨任务?有没有这样的才华？时间是否允许？也许力不胜任，让骆驼穿过针眼儿，岂不是异想天开？……”

经过了“三次尝试”，直等到1961年，国家文学出版社才出版了一本茨维塔耶娃的诗集，很薄很薄，印数也很少！但是，诗集彰显出纯属茨维塔耶娃个人的顽强意志，正如阿里阿德娜·谢尔盖耶夫娜所言，这种意志由于得到诗歌爱好者顽强意志的响应，而声势日渐强大，茨维塔耶娃的诗歌终于为自己开辟了一条通向读者的道路。六十年代下半期，莫斯科和外地某些非主流杂志开始陆续刊登文章，评论茨维塔耶娃的诗歌创作，虽然仍不乏顾忌和疑虑。

大型丛书“诗人文库”出版了茨维塔耶娃的散文集《我的普希金》、翻译文集《单纯的心》，还有《茨维塔耶娃作品选集》。所有这一切都需要时间、精力，更重要的是拼争的勇气。有些词句，编辑主张删去，有些诗行，通不过书报审查，有些段落只有删节，才能放行，阿里阿德娜·谢尔盖耶夫娜说：“茨维塔耶娃每一本作品问世，都难以绕开石头的碰撞……”所有这些经历，都令人痛苦、烦恼，甚至感觉屈辱，尽管她心里十分明白，茨维塔耶娃的时代即将到来，不过只隔着一道门槛……

用阿里阿德娜·谢尔盖耶夫娜自己的话说，她觉得一天天，一年年，不知为什么过得那样快！时光在飞速流逝，很多事情要做，她担心时间来不及……她常常抱怨血压高，抱怨眼睛的视力越来越不济，双腿走路吃力，心跳常常出现间歇，可是还不到退休的年纪……的确，忠实于自己的信念，即便从生活中得到的回报不多，也应该感到满意，临终前不久，她身患重病，在一封书信中写道：“只要眼睛能看（哪怕是戴着眼镜！），只要胸膛还能呼吸（哪怕是夹杂着喘息声！），只要我们还没有丧失欣赏和喜悦的能力，我们就拥有无穷的财富！！”在不该衰老的年龄，磨难使得她早早地就疲惫衰竭了！

我们大家都期待阿里阿德娜·谢尔盖耶夫娜写一本书，写她母亲茨维塔耶娃，她确实有这种打算，可是写作计划一直向后拖延……在她刚从图鲁汉斯克回来那几年，她曾经向我讲述过一些往事，写成的回忆文章，有些后来收入了《往日生活片段》，有些没有收入。她当时讲的话，给我一种印象，需要的只是坐在书桌旁边，拿起笔就能写。我把自己的感觉告诉她，不料她回答说："哎，离那一天还远着呢……难道您当真不知道，有时候，你跟书桌之间隔着一条难以逾越的鸿沟?！……"

"我想活到退休的年龄，"阿里阿德娜·谢尔盖耶夫娜写道，"一边靠退休金生活，一边写作，回忆妈妈，能想起来的，都写出来。能记住的事情很多，不是'干干巴巴的概括'，而是具体细致的回忆，她**怎么样**写作，**为什么**写某些作品，受什么因素影响，掌握了哪些素材等等。要知道，我跟妈妈几乎一辈子都在一起生活啊……"这些话，她在书信当中不止一次地重复过。她一直渴望写成这本书，与此同时，似乎又在回避，不断地**往后**拖延。当然，妨碍撰写这本书的原因也不少：比如，翻译，是她的职业，必须依靠翻译挣钱，才能维持生活；准备出版茨维塔耶娃的作品，整理她遗留的手稿、资料，都要花费大量的时间；再说，她在塔鲁萨的生活总是安顿不下来，必须不断地在莫斯科和塔鲁萨之间来回往返，开始坐汽车，后来乘火车。一直等到1965年，在集资合作建造的住宅里分到一个房间，她在莫斯科总算有了个栖身之处。她不太善于处理"次要的事务性工作"，可这些琐碎事务"侵吞大量时间，干正经事的宝贵时刻，很容易被它们侵占。当年妈妈特别擅长处理这些日常杂务！不管事情多么杂乱，都能从容应对，该做的事情，都能及时做完！或许，她在这一方面的才干，丝毫不逊色于她的写作才能！……"那几年的社会风气也值得一提，让人灰心丧气的事很多，而振奋人心的事很少。共产党第二十次代表大会后不久，人们觉得终于盼来了透明性、公开性时期，——这段时间，阿里阿德娜·谢尔盖耶夫娜刚刚安顿下来，过上了自由的生活，——不料，随之到来的却是停滞时期……再加上"时代厌倦感"……她常常重复的一句话是："时代厌倦感让我厌倦！"

当然,写一本书,要求全身心的投入,要求内在精神的自由,而得到这些,并不那么容易,或许,还有一些我们不了解的、更深层次的原因,但是我们不难猜测和想象,重新触及至亲骨肉悲剧性的遭遇,阿里阿德娜·谢尔盖耶夫娜该有多么痛苦,用笔墨描述这些亲人非同凡响的、极其复杂的个性,该有多么艰难!举凡每个家庭,都有些成员性格特殊、难以相处,现在执笔的不是别人,而是女儿,而且要面向时代说话……

不过,我猜想,阿里阿德娜·谢尔盖耶夫娜最后几年已经开始了这本书的写作。书信是起步阶段的证明,她经常写信,从塔鲁萨写信,后来住在莫斯科,也常写信,或许,这些书信,在某种程度上取代了日记,我们知道,她从童年就养成了写日记的习惯。在这些书信当中,有很多细腻、准确的文字,描写母亲的创作,写她的习惯,写她的日常生活,写她在什么时候写了什么作品,写她的外貌。阿里阿德娜·谢尔盖耶夫娜就在退休那一年,写了一篇特别富有诗意的随笔,题为"萨莫特拉斯胜利女神",回忆了两位诗人——玛丽娜·伊万诺夫娜和阿维季克·伊萨基扬——会面的情景,这也是开始写作书稿的证明。《往日生活片段》同样是书稿写作的证明,这些回忆文字写得极其精彩,高度凝练,每一页都包含着极为丰富的信息,形象特别鲜明,语言异常优美。阿里阿德娜·谢尔盖耶夫娜不是研究者,她是身兼画家与作家双重身份的艺术家,从历史细节的角度考察,或许未必完全准确。不过,她善于调动读者的情绪,引领他们跟随自己前行……非常遗憾,她的写作只写到了弟弟穆尔出生,仅仅写到了1925年。

当她的回忆录第一部分在《星》杂志刊登出来的时候,所有的人都很兴奋,赞扬她的才华,为她的成就高兴。记得我给她打电话,祝贺她的著作有了良好的开端。

"您说什么呀,"她说,"杂志上发表的不过是初稿罢了……"

1975年夏天,《星》杂志刊载了阿莉娅回忆录的第二部分,人们在报刊亭争相购买,如饥似渴地阅读,可是她已经重病缠身,卧床不起。那一年 7 月 26 日她在塔鲁萨去世……

如今,在那里,在塔鲁萨,一块灰蓝色的石头旁边,有她的坟墓,一年四季总有来自远方的旅游者,乘汽车,或步行,来到她的墓碑前,瞻仰凭吊。导游会向游人讲述玛丽娜·茨维塔耶娃的故事,讲茨维塔耶娃的女儿——阿莉娅!

现在,我们把阿里阿德娜·谢尔盖耶夫娜写的书,第一次奉献给各位读者,希望引起诸位的关注,这本书分为三个部分。

第一部分汇集了作者生前回忆玛丽娜·茨维塔耶娃的文章,曾先后刊载于《星》杂志 1973 年三月号(《回忆片段》),和 1975 年五月号(《往日生活片段》),还有《萨莫特拉斯胜利女神》,原载于《亚美尼亚文学》(1967 年第 8 期)。前面曾经提到,阿里阿德娜·谢尔盖耶夫娜认为,这些不过是杂志上发表的初稿,草稿,属于一本书的前期准备阶段的文章,那本书是她想献给母亲的,却来不及写完,作者就抱憾离开了人世。

标题为《笔记与书信摘抄》一部分,包括日记、笔记、写给许多人的书信片段,其中涉及茨维塔耶娃的生活与创作。这些书信无疑具有文学价值,不过这本书目前还不宜把书信全文发表,将来,在适当时机,那些信件或许会单独成册出版。

第三部分——是阿莉娅跟鲍里斯·帕斯捷尔纳克之间的来往书信(遗憾的是,我们公布的帕斯捷尔纳克的信笺只有十五封,其他信函要等到 2000 年解禁之后,才可公开发表!)。即便不是每封信都提到玛丽娜·伊万诺夫娜,但随时随地能感觉她无形的存在,难怪作为女儿的阿莉娅总说,是母亲陪伴她度过人生各种最为艰难的考验。

1988 年

# 回　忆　录

玛丽娜·伊万诺夫娜·茨维塔耶娃。阿·谢·艾伏隆速写画。三十年代初。

# 回忆片段

## 她是个什么样的人?

我母亲,玛丽娜·伊万诺夫娜·茨维塔耶娃,个子不高,只有一米六三,体形跟埃及男孩子相像,肩膀宽阔,胯骨窄小,腰身纤细。少女时的圆润,很快就发生了变化,变得结实、消瘦,有贵族气质;她的踝骨和脚腕部位又硬又细,走起路来,步子轻快,举手投足动作频率极快,但是并不猛烈。当着人的面,感觉有人在看她,甚至频频注视她的时候,她会有意识地放慢脚步,尽力显得更温和。那时候,她的手势会变得小心谨慎,有所节制,但是从来不会拘谨呆板。

她的姿态一向端庄严肃,即便坐在书桌边低头看书,她的脊椎也不弯曲,“脊椎骨如钢铁铸就的一般”。

她的头发,颜色界于金色和深棕色之间,年轻时,头发柔软,卷曲如波浪,很早就出现了白发,这一点再次说明,她常在户外活动,由于光线照射,她的脸色微微发黑,因缺乏光泽又显得有些苍白;她的眼睛是绿色的,像葡萄一样,目光明亮,褐色的眼皮很少眨动。

面部的五官轮廓线条准确、清晰;如果比喻为雕塑,那么雕塑师考虑周到,没有任何疏忽,没有一刀飘忽游移,没有需要修改完善的地方:鼻子,鼻梁不宽,微微有点儿隆起,鼻端不尖不翘,鼻翼平缓,下面两个活动的鼻孔像翅膀一样自然,嘴巴显得柔软,双唇之间形成一条无形的曲线。

眉宇间有两条纵向的皱纹,两边是淡褐色的眉毛。

面孔初看上去孤僻、冷静,其实充满了内在的变化,隐含着丰富的表情,像天空,像水,瞬息万变。可惜,很少有人能读懂这张面孔的表情。

双手结实、干练、惯于劳动。两枚银戒指(一枚刻有小轮船图案,平滑的圆环上镶着玛瑙宝石雕刻的赫尔墨斯像,那是她父亲送的礼物),还有订婚戒指——三枚戒指一直戴在手指上,从不摘下来,三枚戒指并不引人注目,并非为了装饰,也不想束缚双手,而是很自然地跟双手融合为一个整体。

声音像女孩子一样高亢、响亮、柔韧。

语言——凝练,对话——准确。

善于倾听;交谈时从不盛气凌人,压制对方,但争论起来很可怕:在辩论、争论、讨论当中,态度恭敬而冷峻,常以闪电般的攻击置论敌于死地。

讲起故事来极其精彩。

她朗诵诗歌不像室内音乐,而像面对大庭广众。

朗诵富有激情,若有所思,不"故意压低声音",诗行末尾从来不降低音调;即便最复杂的内容一瞬之间能表达得脉络清晰。

喜欢主动、热情地朗诵,只要有人请求,甚至不等请求,自己出面说:"想不想听我来给你们朗读诗歌?"

终生迫切需要读者,需要听众,对此永不满足,写完的作品,需要迅速、直接的反响。

对待刚刚起步的诗人，态度和蔼，无比宽容，只要从他们身上发觉（或者想象）“天才的火花”；每每把这样的人看作兄弟，看作继承人——不是自己的继承人！而是诗歌的继承人！但是，一旦认清对方的渺小，便会毫不留情地断绝来往，无论他们处于开始阶段，还是已经达到了虚荣的巅峰。

她的为人确实善良、慷慨：乐于帮助、支援、救济别人，恨不得使出浑身力量；最后的急需物品，能跟别人分享，因为她没有多余的东西。

善于付出，善于索取，不讲客套；长时间相信“善有善报”，相信人与人之间存在着绵延不尽的伟大人性。

从来不软弱无力，但终生孤独无助。

对外人，态度谦卑，对亲人、朋友、孩子，像对自己一样，要求严格，甚至过分严厉。

她对时尚并不反感，不像有些见解肤浅的同时代人所非议的那样，不过，她没有物质条件享受时尚，追求时尚；她爱整洁，厌恶模仿时尚的伪劣赝品，侨居国外期间，为了尊严，她甚至常穿从别人那里借来的服装。

对于物品，最看重的是它的结实耐用：不喜欢容易破碎、容易损坏的东西，一句话，不喜欢“华而不实的物品”。

上床就寝很晚，睡觉前看书，很早起床。

习惯于斯巴达式的简朴，饮食不太讲究。

抽烟：在俄罗斯——抽自己卷的烟卷儿，到了国外——抽男人们抽的气味呛人的香烟，一次抽半支烟卷儿，使用樱桃木雕刻的普通烟嘴。

喝不加奶的咖啡：把浅色的咖啡豆炒成深褐色，很耐心地磨咖啡，使用老式的土耳其小磨子，铜制的，状如圆柱，上面刻有东方的花纹图案。

天生与大自然血肉相连，她爱大自然——爱山峦、爱悬崖、爱森林——如同多神教教徒，奉大自然为神灵，自然征服了她，发自内心的挚爱，不掺杂任何直觉，因此，面对大海，她不知道该做什么，既不能步行穿越，又不会下水游泳。木然的观赏,她又不喜欢。

平原上呆板的风景让她沉闷厌倦,就像看到沼泽里灰蒙蒙的芦苇地那种感觉,又像一年当中潮湿的月份,脚下的土地变得松软,仿佛随时可能陷进去似的,远处的地平线摇摇晃晃。

在她的记忆当中,永远感到亲切的是童年的塔鲁萨,年轻时的科克捷别里,她一直在寻找,偶尔会发现类似的风景,比如莫顿森林丘陵起伏的"皇家狩猎园区",还有地中海沿岸一带山岭连绵的景色和气息。

她不太害怕炎热,却特别害怕寒冷。

对于剪下来的花枝、花束,对于开放在花瓶里或养在窗台上陶瓷盆里的花,她一向态度冷淡;她更喜欢生长在花园里的花朵,喜欢常春藤、野生杜鹃、野葡萄藤、灌木丛,看重它们枝干遒劲,寿命长久。

她珍视人对自然的明智干预,赞赏人与自然合作的产物——公园、堤坝、道路。

对待狗和猫,她始终如一地满怀温情、亲切、理解(乃至尊重!),狗和猫也以同样的情感回报她。

外出散步,常常预先设定一个目标:比如走到某个地点,攀登到某个高度;得到"猎获物"比看到买来的东西更高兴:摘采的蘑菇、浆果,在捷克期间,生活艰难,当时我们住在城市郊区贫困的乡村,能拣到干树枝就很开心,点火炉有用。

在城市里常常转向,有时在熟悉的街道也会走错路,这让她常生闷气,可一旦到了城外,她的方向感却很好。

她害怕高楼,害怕人群(拥挤),害怕汽车、电梯、自动扶梯。在所有的城市交通工具当中,只敢坐公共汽车和地铁(独自出门,无人陪伴)。如找不到公共汽车和地铁,宁愿步行走路。

缺乏数学才能,对任何技术都没有兴趣。

痛恨日常家务——恨它没完没了，难以脱身，恨它无谓重复，天天操心，恨它大量占用时间，妨碍必须做的正经事。但是，耐着性子，克制反感，还得操持家务——操持了一辈子。

喜欢交往，殷勤好客，爱主动结识朋友，不喜欢跟熟人断绝联系。疏远由“一贯正确的人”组成的团体，更爱接近脾气古怪者形成的圈子。何况她本人就以“怪人”闻名。

无论友好，还是敌对，往往爱走极端，爱恨的态度也并非始终如一。“不为自己树立偶像”，时常违反这一戒律。

体谅青少年，尊重老年人。

讲究幽默感，但明显可笑，或者粗俗的玩笑，在她看来并不可笑。

对她的童年产生影响的两种因素——造型艺术（父亲的领域）和音乐艺术（母亲的领域），——她接受了音乐。形式与色彩，——凭借触觉和视觉获得的印象，她无动于衷。能够吸引她的只有故事情节，就像“小孩子看图画”一样，因此，跟油画相比，书里的插图，尤其是版画，更接近她的欣赏趣味（她喜欢丢勒①与多雷②的作品）。

早期一度迷恋戏剧，部分原因是受她年轻丈夫以及年轻朋友们的影响，不过这种痴迷仅限于在俄罗斯的青春时期，等到国外以后，随着年龄的成熟，她就不再关注戏剧了。

在所有供人观赏的艺术形式当中，她最喜欢电影，有趣的是，爱无声电影胜过有声电影，在她看来，无声电影为观众提供了更大的想象空间，有利于创作，有利于感觉。

对于从事创作的人，始终怀着深深的敬意，同行的敬意；游手好闲、寄生

① 丢勒（1471—1528），德国画家。——译者注

② 古斯塔夫·多雷（1832—1883），法国画家，笔法细腻，曾为《圣经》、《堂吉诃德》和很多童话插图。——译者注

性的吃喝玩乐，最让她反感，让她同样厌烦的还有散漫、懒惰、空话连篇。

她是擅长驾驭语言的人，擅长行动的人，有责任感的人。

始终为人谦逊，了解自己的价值。

## 她怎样写作？

天还不亮，一大早就起床，头脑清晰，干瘪的肚子空空，把所有不可推脱的事情，逐一开列出清单。

给自己杯子里注满滚开的、不加奶的咖啡，把它放在书桌上，一生当中，每天都要坐在书桌前，像工人守着机床——怀着**责任感**，习以为常，万难更改。

面对书桌的时刻，其他的一切事务均属多余，统统放到一边，心无旁骛，机械性的动作，这地方只容得下手稿本和胳膊肘。

手掌托着前额，手指伸进头发里，转瞬间集中精力，全神贯注。

闭目塞听，除了手稿，对一切都不闻不问，思绪和笔尖，全都渗入了稿本。

她不用零散的稿纸写作——要写，就写在稿本上，随便什么样的本子——从学生的练习册到记账用的账本，只要墨水不洇就行。在动荡的革命年代，草稿本都是她亲手制作、用线缝起来的。

她写作使用普通的木杆蘸水笔，笔尖细小（学生使用的）。她从来不用自来水钢笔。

时不时用打火机点着烟，抽上一支，偶尔喝口咖啡。推敲词语是否合适，常喃喃自语，或读出声音来。为寻找稍纵即逝的词句，不会突然跳起来，也不会在房间里来回走动，坐在书桌前面，一动不动，像钉在那里一样。

写重要作品，如灵感来临，思路顺畅，则书写起来异常迅速；若是写诗打草稿，寻找最确切的字眼儿、形容词、韵脚，或者修改、审核已经写出来的初稿，删削冗长啰嗦或含混不清的词句，那就一动不动，凝神思考。

为追求表达精确，语意和音响谐调一致，一页接一页写满了押韵的诗行，有的诗行有几个甚至十几个方案，要删去的诗行，通常并不一笔勾掉，而是在下面画条线，然后寻找新的诗句。

在着手创作一部重要作品之前，尽最大努力把构思具体化，写出提纲，有所遵循，不随意偏离，不让题材自身的发展衍变超出主观意愿，变得难以把握掌控。

她写字的笔体非常独特，字母写得圆圆的、小小的，字迹倒很清晰，三十二三岁以后，她的手稿使用缩写词越来越多，很多词只用头一个字母表示，读起来很难辨认；因此，很多草稿成了**只有她一个人才能看懂的手稿**。

有个性的笔体，早在童年时便已经确立下来。

通常说来，她认为笔迹潦草是书写者对读者不敬，是对收信人、编辑、排字工人缺乏尊重。因此，她写信总是笔迹清晰工整，寄给印刷所的手稿，则用印刷体字母誊写得清清楚楚。

回信，从不拖延。如果上午收到邮寄来的信件，往往立刻在笔记本里写出回复的草稿，仿佛列入当天的创作流程。她把写信也当成创作一样看待，几乎像对手稿那样严格挑剔。

一天当中，往往几次中断写作，然后又回到笔记本旁边。只有年轻的时候才连夜写作。

任何环境条件下，她都能写作，我想强调的是：**任何环境条件下**。

吃苦耐劳、内在的组织能力跟她的诗歌才华是相辅相成的。

合上笔记本，推开自己房间的门——承受各种家务与日常操劳。

## 她的家庭

玛丽娜·伊万诺夫娜·茨维塔耶娃出生的家庭，从某种意义上说，是由两个孤独的人联姻组成的家庭。父亲伊万·弗拉基米罗维奇·茨维塔耶夫，是个无私奉献的伟大学者和启蒙主义者，俄罗斯革命之前第一所国家造型艺术博物馆的缔造者，这座博物馆现在成了具有世界意义的文化中心。茨维塔耶夫的原配妻子瓦尔瓦拉·德米特里耶夫娜·伊洛瓦伊斯卡娅非常漂亮，丈夫格外疼爱她，不幸，她早早去世，给茨维塔耶夫留下一个女儿和一个刚刚出生的儿子。伊万·弗拉基米罗维奇第二次结婚，娶了年轻的玛丽娅·亚历山德罗夫娜·梅因。玛丽娅一进门就当继母，要照看前房生的女儿瓦列莉娅和

伊·弗·茨维塔耶夫。1903 年。

玛·亚·梅因

儿子安德列。茨维塔耶夫第二次结婚，难忘故去妻子的恩爱，他之所以愿娶玛丽娅·梅因，并非看她年轻，而是因为她的外貌跟原配夫人有点相像，跟瓦尔瓦拉一样，为人善良，富有自我牺牲精神。

不过，作为继母，玛丽娅·亚历山德罗夫娜的个性太强，外貌的相像（比如高高的前额、褐色的眼睛，带波纹的黑头发，微微隆起的鼻梁，嘴唇好看的曲线等）只不过凸现出两个人性格的反差：头一个妻子既优雅贤惠又温柔体贴，第二个妻子恰好相反，玛丽娅·亚历山德罗夫娜性格坚强，处事干脆利落像男人一样果断。再者说，她从小就失去了母亲；培养教育她的是来自瑞士的家庭女教师，那女人心气很高，但并不聪明，只能用“严格的规矩”管束她，从不妥协与退让。其他方面的能力全靠玛丽娅·亚历山德罗夫娜自己摸索学习了。

玛丽娅·亚历山德罗夫娜虽说嫁给了伊万·弗拉基米罗维奇，但她爱的却是另外一个人，爱那个人，对方却不能娶她为妻，为摆脱这种尴尬的处境，她只好出嫁。她极其敬重伊万·弗拉基米罗维奇，又觉得他两个没娘的孩子很可怜，因此想陪伴他们度过一生，从日常生活中寻求人生的价值和意义。

家里摆放的家俱陈设，几乎都是瓦尔瓦拉·德米特里耶夫娜从娘家带来的陪嫁，处处仿佛还有她的手留下的余温，在这样的环境中，年轻的主妇要来建立自己的一套秩序，并非凭借经验，只不过是自己内心确信有必要建立起这样的秩序，而她想建立的秩序却引起了很多人的不满，不仅家里的仆人不高兴，瓦尔瓦拉·德米特里耶夫娜的亲戚不喜欢，最主要的是，这让九岁的瓦列莉娅非常反感。

瓦列莉娅从小就恨这个继母，恨玛丽娅·亚历山德罗夫娜，一直恨了一辈子，虽说长大后多了几分理智，对继母多少有些理解，但是她的心从来不接受这个继母，也从不原谅她：最主要的原因是她自己的个性跟继母的秉性格格不入，互不相容，继母的个性很强，这种个性混合着叛逆与自律，执著与克制,专断与任性,对人对己都有极其严格的要求。继母带来的这种严加管教的方式,跟瓦尔瓦拉·德米特里耶夫娜在世时的家庭气氛形成了鲜明的对照。那时候家里充满了友爱,轻松欢乐,非常和谐。这样的管教其实有些过分,家里的秩序全都乱了套。或许,让瓦列莉娅难以接受的还有一点,玛丽娅·亚历山德罗夫娜有音乐天才,弹奏钢琴非常出色,弹起乐曲来响亮有力,可是女孩子更喜欢母亲瓦尔瓦拉·德米特里耶夫娜夜莺一般轻柔的歌声。

看到瓦列莉娅跟继母之间性格难以调和,她的外祖父,历史学家伊洛瓦伊斯基跟全家人商量,最后决定把瓦列莉娅送到叶卡捷林斯基"淑女"学校去读书,在那里她找到了很多知心的女友。安德列呢,倒是留在家里接受教育;他跟继母玛丽娅·亚历山德罗夫娜表面上关系还好,但是两个人始终没有感受到心灵的亲近:安德列不需要这样的亲近,玛丽娅·亚历山德罗夫娜对此也不强求。

瓦列莉娅· 茨维塔耶娃。1890 年。

受到家人疼爱的安德列，相貌好看，聪明，懂事，可是性格内向，孤僻，长大后也不爱交往，一辈子很少向什么人敞开心扉，也没有在哪一方面展示出自己的才华。

伊万·弗拉基米罗维奇第二次结婚后，又生了两个女儿，在父母看来，小女儿阿娜斯塔西娅（小名阿霞）似乎更让大人省心。小时候她比玛丽娜更单纯，更听话，也更可爱，因为小，有时受姐姐欺负，母亲更喜欢她，对阿霞，只要疼爱就够了。至于大女儿玛丽娜，玛丽娅·亚历山德罗夫娜很早就从她身上发现了自己小时候的影子：爱幻想，有隐秘的激情，跟自己一样有天赋，也有明显的缺点，有自己的巅峰与深渊，所有这些都带有玛丽娜个人的特点！因此母亲就尽力调教她，约束她。当然，这种管教也体现了母爱，或许，从更高的层次着眼，这也是另一种形式的自我斗争。孩子的性格尚未定型，为她的未来，也是为自己的未来进行约束管教——但希望渺茫！母亲为了玛丽娜而想改变她的个性——不料却屡次失败，拗不过她，这反倒让母亲在内心深处感到骄傲！

玛丽娅·亚历山德罗夫娜的两个女儿小时候常常吵架，稍后，十岁以后才彼此亲近，其中有一个原因：玛丽娜小时候嫉妒阿霞（她很容易得到母亲的宠爱与迁就！）。另外，玛丽娜喜欢跟比她年龄大的孩子玩，希望跟他们一样聪明，喜欢跟大人接触，以便了解更多的事情。她好强争胜，总想超过同龄的孩子，不是超过较弱的，而是超过最强的，因此，小小年纪，她就很有主意，一点儿也不喜欢阿霞离不开妈妈常常撒娇的样子。只有等到十二岁，阿霞才能成为玛丽娜少女时代的好朋友，那时候阿霞内在的精神成长已经超越了自我，智力发展跟比她年长两岁的姐姐已经十分接近。而母亲的早逝让两个失去母爱的女孩子关系更加亲密。

在青春时期，玛丽娜和阿霞这姐妹俩外貌和性格都有些相似之处，两个人最大的不同在于，玛丽娜很早就表现出多种才能，但她的才华汇集成一条深深的河流;阿霞也很有天赋,却沿着多条渠道向前发展。未来她们的生活道路各不相同。

瓦列莉娅真挚地爱着父亲,对同父异母的两个妹妹也真心喜欢。她从学校放假回到家里,以后从学校毕业回家,总是疼爱两个妹妹,不偏不倚,免得引起继母的不满,让她挑剔,跟她的弟弟安德列一样,在家里充分利用自己独立自主、不受约束的地位。阿霞对瓦列莉娅真心喜欢,格外依恋。玛丽娜跟瓦列莉娅的关系有点微妙:她能体验到姐姐的纵容,利用她的暗中保护,借以摆脱母亲的约束管教,挑战家长的权威,也挑战自我,逃离处处服从管束,让人厌烦的道路,走上一条充满诱惑的小径——品尝瓦列莉娅给的糖果,还能看她收藏的图书。

由于得到姐姐的同情与纵容,玛丽娜变得越来越难管教,她成了瓦列莉娅对抗继母的一杆枪,动摇了母亲对两个女儿的影响。过了不久,玛丽娜意识到,在背叛与忠实、诱惑与义务之间有一条难以逾越的鸿沟,她就开始疏远这个同父异母的姐姐了,她对瓦列莉娅的态度由短暂的、看来也是表面的同情,很快转向冷淡甚至怨恨,最后的结果是厌恶姐姐的人品,觉得她不仅仅是

玛丽娜与阿娜斯塔西娅·茨维塔耶娃。1905 年。

存在缺点，而是用心险恶——处心积虑与继母为敌。

瓦列莉娅是个一条路走到底的人，从年轻时跟玛丽娜分手，以后再也不想跟这个妹妹见面，只有等到周围的人都在谈论茨维塔耶娃，她才对这个妹妹的创作产生了兴趣，而那时候，玛丽娜·茨维塔耶娃已经去世很多年，她自己也走近了生命的尽头。瓦列莉娅跟阿霞，跟安德列及其一家倒是保持了来往，不过——始终保持着距离。

伊万·弗拉基米罗维奇对自己的几个孩子都很疼爱；为了家庭幸福，他尽了最大的努力，家庭不和睦，让他深感痛苦。他和玛丽娅·亚历山德罗夫娜夫妻之间，彼此敬重，满怀善意。玛丽娅·亚历山德罗夫娜是丈夫的助手，全力支持他所从事的博物馆事业，理解他人生的远大目标，谅解他工作繁忙、无暇顾及家务琐事；伊万·弗拉基米罗维奇对于音乐始终缺乏兴趣，但却尊重妻子对音乐的痴迷，同情她无处施展才华的悲哀，因为在那个年代，尽管他妻子具有非凡的音乐天赋，可惜女钢琴家的活动范围只能局限于居室与客厅的四壁之内。在为听众演奏的音乐大厅里，作为女人，她只能以欣赏者的身份出现在那里。尽管她对音乐的理解能力出众，感悟能力超群，也只能默默地坐在那里，一个人独自品味。

玛丽娅·亚历山德罗夫娜养育自己的孩子，不仅给她们面包，还引导她们开拓眼界，观察奇妙的大自然，告诉她们，大自然永远也不违背人的意愿，她带给孩子们很多童年的欢乐，让她们感受家庭节日的美好，圣诞节送给她们小枞树，把世界上最好的图书送到孩子们手里，领略第一次阅读的快乐；在她身边生活，心灵、智慧、想象力的发展得到了广阔的空间。

临终一刻，她为不能看到两个女儿长大成人而悲伤；不过，据玛丽娜·茨维塔耶娃证实，母亲说的最后一句话是："我只为音乐和太阳感到惋惜。"

## 她的丈夫。他的家庭

玛丽娜·茨维塔耶娃的丈夫谢尔盖·雅可甫列维奇·艾伏隆比她小一岁,出生于1893年,两个人的生日是同一天——9月26日(旧历)。谢尔盖·雅可甫列维奇共有九个兄弟姐妹,他排行第六。

谢尔盖的母亲伊丽莎白·彼得罗夫娜·杜尔诺沃(1855—1910),出生于古老的贵族家庭,是家中的独生女,父亲曾担任沙皇尼古拉一世的侍从副官,早早从军中退役。谢尔盖的父亲雅可夫·康斯坦丁诺维奇·艾伏隆(1854—1909),曾是莫斯科技术学院的旁听生。雅可夫·艾伏隆和伊丽莎白·杜尔诺沃夫妻俩都是"土地与自由社"[①]成员,1879年一起秘密加入了"土地平分社"。他们俩是在彼得罗夫斯基-拉祖莫夫斯基家一次秘密集会时认识的。伊丽莎白是个身材苗条、满头黑发的漂亮姑娘,她刚刚参加了贵族会议,偷偷地来出席秘密集会,身上还穿着舞会盛装,身披天鹅绒斗篷,给雅可夫·康斯坦丁诺维奇留下了难忘的印象,以为她来自"另一个星球";后来他们明白了,他们俩拥有同一个星球——这星球的名字叫作"革命"。

伊丽莎白·彼得罗夫娜的政治观点深受彼得·阿列克谢耶维奇·克鲁泡特金[②]的影响,在他的引导之下参加了革命民主运动。由于克鲁泡特金的介绍,伊丽莎白·杜尔诺沃年纪轻轻就成了第一国际的成员,从而确定了她的人生道路。克鲁泡特金为自己的学生感到自豪,十分关切她的遭遇。他们

---

① "土地与自由社",十九世纪七十年代俄国民粹派革命组织,1876年在彼得堡建立,1879年分裂为"民意党"和"土地平分社"两个组织。——译者注

② 彼得·阿列克谢耶维奇·克鲁泡特金(1842—1921),俄国革命家,无政府主义理论家。——译者注

伊·彼·杜尔诺沃。1900年。

之间的革命情谊终生不渝。

雅可夫·康斯坦丁诺维奇和伊丽莎白·彼得罗夫娜想方设法完成组织上交给他们的种种最危险、最艰难的任务。比如，雅可夫·康斯坦丁诺维奇跟他的两个同志，及时执行了“土地与自由社”革命委员会的判决，捕获了打入莫斯科地下组织的暗探局密探莱因施坦因。1879年2月26日将其处死。他们的行动没有被警察发现。

1880年7月，伊丽莎白·彼得罗夫娜从莫斯科往彼得堡偷运违禁书籍和地下印刷所使用的印刷机，不幸被捕，被关进了彼得保罗要塞监狱。对于毫不知情的父亲说来，女儿的被捕无疑是一次可怕的打击，既伤害了作为家长的情感，也伤害了他坚定的保皇党信念。多亏他社会交往广泛，得以使女儿保释；伊丽莎白·彼得罗夫娜逃到了国外，雅可夫·康斯坦丁诺维奇紧跟着也离开了俄罗斯，他们俩在境外举行了婚礼，侨居国外长达七年，其间生了三个孩子——安娜、彼得和伊丽莎白。

回到俄罗斯以后，艾伏隆一家人的日子过得并不轻松：民粹派运动遭到了镇压，往日的朋友——有些被关进监狱，有些身遭流放，有些逃到了国外。雅可夫·康斯坦丁诺维奇受到警察监视，除了做保险公司代理人，其他行业都不能干。工作无聊，也没有前途，家庭人口又不断增加，吃穿日用、孩子上学、看病，全靠这点微薄的收入。伊丽莎白·彼得罗夫娜的父母上了年纪，也不太富裕，跟女儿一家很少来往，想不到他们生活的艰难；女儿也不想请求父母的接济。

尽管日常生活十分艰难又连遭不幸（三个孩子相继夭折——阿廖沙和塔尼娅死于脑膜炎，受到全家人疼爱的格列勃七岁时死于先天性心脏病），艾伏隆一家人却出奇地平和，在这个家庭里，父母对孩子从不打骂、呵斥、惩罚，每个家庭成员，包括最小的孩子，都能自由地成长，只有良心和爱——是必须遵循的信念，对于个性的形成与发展而言，这是最起码的要求，也是最严格的要求，因为要做到这一点，必须自觉自愿。

这一家人大人孩子都拥有罕见的人品——爱别人，因为这是他人的需要，是无私的奉献；具有自我牺牲的精神，毫不犹豫的慷慨，热情，擅长行动，由此具备了勇于献身的气质，更确切地说，善于把个人融入共同的事业，完成个人承受的义务。所有这些品质和能力绝不意味着“精神偏执”；一家大小都是精力充沛的人，富有激情，敢爱，敢恨，当然，他们也善于把握自己，有很强的自制能力。

九十年代末，伊丽莎白·彼得罗夫娜再次投身于革命活动。年龄较大的孩子也跟她一起走上了这条道路。雅可夫·康斯坦丁诺维奇依然在那个保险公司任职，还做保险代理人，以他的收入支撑这个“革命家庭”。他们租赁的房子经常搬迁，家里聚会的既有父母的老战友，也有年轻一代的同学、同志，其中有大学生，也有中学生；他们在贝克沃别墅印传单，制造炸弹，贮藏武器。

安·雅·艾伏隆。1900年。

彼·雅·艾伏隆。1900年。

维·雅·艾伏隆。1900年。

伊·雅·艾伏隆。1900年。

谢·雅·艾伏隆。1899年。

康·雅·艾伏隆

维拉,谢尔盖,伊丽莎白,雅可夫·艾伏隆。

玛丽娜·茨维塔耶娃和谢尔盖·艾伏隆。莫斯科。1911 年。

谢·雅·艾伏隆。科克捷别里。1911 年。

谢·雅·艾伏隆。军官学校毕业生。1917年。

谢尔盖·雅可甫列维奇·艾伏隆。巴黎。三十年代。

伊丽莎白·彼得罗夫娜当时和稍后几年的照片有幸保存了下来，她是个决不肯弯腰屈服的倔强女人，我们能看到她柔中带刚的形象：前额又高又窄，面露倦容，鬓发斑白，目光锐利、深沉，嘴角早早就出现了皱纹，身体瘦弱，穿的衣服十分简朴；身边是她的丈夫，他的脸盘宽阔，嘴倒是不大，嘴唇抿得紧紧的，一双眼睛非常明亮，流露出欢快的神色，小小的鼻子有点上翘。他的鬓角也早早出现了白发，脸上也有皱纹，从面部表情也能看出他坚韧但决不屈从的性格。

围绕着他们的是几个孩子：大女儿安娜，领导着一个工人小组，还跟鲍曼的妻子负责修筑街垒；长子彼得，勇敢地参加了反抗政府的活动，被捕后得以逃脱，等到第一次世界大战前夕才获准返回祖国，不久在国内去世；二女儿维拉，起这个名字是为了纪念母亲的战友维拉·扎苏里奇，当她还是个梳辫子的小姑娘时，她的人生道路就跟监狱以及流放有了联系；三女儿伊丽莎白(后来玛丽娜·伊万诺夫娜·茨维塔耶娃把她称呼为“家庭的太阳”)是父母可靠的助手，长于照料弟弟妹妹；小儿子谢廖沙，命中注定一生坎坷，道路曲折，最终走向革命，并为此葬送了性命；最小的儿子康斯坦丁，少年时不幸夭折，带走了疼断心肠的母亲……

1905年革命期间，伊丽莎白·彼得罗夫娜及其子女积极参与政治活动达到了顶峰与极限。革命遭遇镇压之后，他们一家人也受到了警察的政治迫害，不得不四分五散各自逃奔躲避。连续不断的搜查、逮捕，以及接下来的流放、监狱，让全家人为每个成员揪心，也让每个人为家人的安危感到惊恐忧虑。雅可夫·康斯坦丁诺维奇及时通知伊丽莎白·彼得罗夫娜离开了布狄罗克地区，如果她被逮捕，就会被判处流放服苦役的重刑，在朋友帮助之下，他不惜倾家荡产地借债，想方设法让身体有病、精神忍受折磨的妻子逃亡到国外，再也不必回来。侨居国外期间，她为丈夫担心，但时间并不太久，他们最小的儿子，也是她最后的精神支柱，不幸夭折，仅仅过了一天，她也撒手人寰随之而去了。

俄罗斯第一次革命时期,谢廖沙才刚满十二岁,根本不可能直接去参加革命活动,对于革命事件充其量仅有只言片语的了解,他意识到自己对父母,对他们的事业,一点儿也帮不上忙,为此感到很痛苦。大人以为他仍然是个孩子,可是经历了一系列悲惨的事件,童年已不复存在,他对父母、姐姐和哥哥的活动已有所了解,他渴望赶快长大成人,渴望投入暴风骤雨式的斗争,渴望建立功勋,普通学校里的日常学习已经难以满足他的急切心愿!何况,自从伊丽莎白·彼得罗夫娜逃亡国外以后,谢廖沙的学习和生活已经失去节奏,几乎乱了套;今天在这家借宿,明天在那家暂住,不断变换生活环境,让他心烦,温馨的家庭气氛已经再难寻觅。不错,有段时间比较安定,他跟随姐姐哥哥在母亲身边生活了一个夏天,那是在瑞士,那些地方的生活,使他回想起青春和初当侨民的一段经历。

少年谢廖沙得了肺结核病。疾病和对母亲的思念一直折磨着他。母亲去世后,家里人一直瞒着他,怕他陷入绝望加重病情。后来他还是知道了母亲已离开人间,他沉默不语。泪水和言辞都难以表达内心的悲痛。

少年时代的谢廖沙表面看似乎外向开朗,其实内心深处一直惊恐不安,非常孤独。

只有玛丽娜才能打破这种孤独的心态。

1911 年 5 月 5 日,他们俩相遇了,谢廖沙十七,玛丽娜十八,相遇在科克捷别里空旷的海岸边,海滩上布满了砾石,离沃洛申居住的地方不远。玛丽娜收集好看的小石头,谢廖沙帮她寻找,小伙子像个大男孩儿,忧郁、温和,反倒增添了几分英俊(玛丽娜觉得他很快乐,更确切地说是——兴奋!),他的两只眼睛大得出奇,看到这样的眼睛,难免对未来心驰神往。玛丽娜心中暗想:如果他能找到一块红玛瑙宝石,我就嫁给他!说来也巧,这样的红玛瑙他立刻就找到了,是用手摸索到的,因为他那双灰色眼睛一直凝视着她绿莹莹的明眸，他把挺大的一颗红玛瑙宝石放到她的手心里，粉红色的玛瑙晶莹剔透，她一辈子带在身边，流传至今，堪称神奇……

1912年1月，谢廖沙和玛丽娜举办了婚礼，从他们俩邂逅相逢，到第一次世界大战爆发，这短暂的几年是他们一生当中惟一的一段安稳幸福的日子。

1914年，谢廖沙刚上莫斯科大学读一年级就遭遇战争，他以救护列车男护士的身份奔赴前线。他渴望投入战斗，不过受健康状况所限，难以参加阵地作战，只能一班接一班地执行医疗看护的任务。后来，他进入军官学校接受训练，这对他日后的遭遇产生了致命的影响，由于受到其他军官忠君保皇思想的感染，国内战争爆发后，他站在了白卫军阵营一边。信守誓言、信守战斗情谊，导致他很快走上了"白卫军运动"溃败覆灭的道路，走上了世界上最艰难、最悲惨的流亡之路，经过盖利博卢半岛和君士坦丁堡，辗转漂泊到捷克，以后又到了法国，像幽灵一样，没有国籍，没有公民身份，肩负着过去无比沉重的负担，一辈子将在痛苦与前途渺茫中度过……

国内战争那几年，我的父母几乎完全丧失了联系；始终不能通信，偶然得到的信息也是"捎信人"带来的口信或传闻，与真实情况出入很大，未必可信。两个人的命运也许会是另外一种结局，谁又能料到呢！多亏他们有坚定的信念。即便玛丽娜这边得不到任何消息，她还是写出了颂扬"白卫军运动"的诗歌《天鹅营》，而那一边，她的丈夫，则一步步，一天天走向最后的溃败与逃亡。

当确信谢尔盖·雅可甫列维奇跟溃败的白军将士一起流亡到了土耳其，玛丽娜拜托到国外出差的爱伦堡帮助她寻找丈夫；爱伦堡不负重托，找到了谢尔盖·雅可甫列维奇，经过长途跋涉，他已经到了捷克，成了布拉格大学的学生。玛丽娜当即决定——出国去跟丈夫团聚，既然他身为白军军官，在那个年代，要想返回祖国——根本是不可能实现的事情。

我记得跟随母亲刚刚出国见到父亲后他们之间的一次谈话：

听母亲朗诵了《天鹅营》组诗里的几首诗，父亲那双大眼睛里充满了无限的痛苦，他说："……玛丽诺奇卡，可实际上完全不是这样。""那究竟是怎么一回事？""这是兄弟残杀，是自杀式的战争，我们打仗，得不到人民的支持；我们对人民缺乏了解，我们自己觉得似乎是在为人民战斗。不是'我们'为人民作战——而是我们当中的精英分子为人民战斗。其他的人作战只不过为了把失去的东西从人民手里重新夺回来，重新得到多数人奉献给他们的东西——这就是他们的全部目的之所在。的确有'为信念、为沙皇、为祖国'的战斗，然而那些人遭到了枪决、绞刑和抢掠。""不是还有英雄吗？""的确有英雄。可惜，人民不承认他们是英雄。曾经作出的牺牲就更不必提了……"

"谢廖仁卡，您，您到底怎么啦？……""是这样，您不妨想想，战争期间一个车站上的情景——这是个很大的枢纽站，站台上挤满了士兵、背着布袋的小商贩，妇女、孩子，一片惊恐，混乱不堪，拥来挤去，互相推撞拉扯，争先恐后想挤进车厢……你也裹挟在人群当中，第三遍铃声响了，列车已经启动——突然感到一阵轻松，上帝保佑！你总算上了火车，不料，你却在一瞬间意识到，你跟很多人一起，慌乱之中上错了火车，刹那间吓得要死……你的队伍开往另一个方向，要想回去已绝不可能——那是两条不同的路线。玛丽诺奇卡，要想回去，只有步行，——沿着枕木，走一辈子……"

这次谈话以后，玛丽娜写了抒情诗《铁轨上的黎明》。

此后我父亲的全部生活就是——沿着枕木往回走，走向俄罗斯，经过了数不清的坎坷、艰难、危险与牺牲，他终于回到了祖国，他是祖国的儿子，而不是一个无家可归的弃儿。

## 最早的记忆

回想小时候的情景，并非像模糊的梦，而是生活中最初的、印象鲜明的真实经历，是一连串的发现——先发现周围的事物，稍后发现生活当中的自我。

在最早的源头，这个世界还说不上大小与好坏，它只不过是一种无可争辩的存在，它处于比较和评价之外。世界上存在的还有一双全新的、孩童的眼睛，凝视着所能看到的一切，惟独看不到自己，因为这两只眼睛长在一个小女孩儿的脸上。小女孩儿仿佛藏在自己瞳孔的深处，直到有一天她在镜子里看见另外一个女孩儿，跟自己长得一模一样，才忽然意识到“我”的存在，知道了镜子里那个小孩儿跟自己一模一样。镜子里的女孩儿不怎么好看：浅色头发，皱着眉头，身穿带条格的绒布连衣裙，脚上穿一双带纽扣的皮鞋，故意跺脚，吐舌头，出丑样，活该到墙角去罚站。站在那里，仍然跺脚、吐舌头，直到她脑子里一闪，忽然意识到镜子里的女孩儿原来就是自己。那一刻她变得平静了，带着几分好奇心的“我”走到镜子跟前，抚摩着影像，很友好地去触摸，像抚摸卷毛狗杰克，一边抚摸，一边轻轻地说：“真可爱！”

这是后来发生的事，而在这之前，只有妈妈知道该做什么，活动范围也全由妈妈安排，妈妈的名字叫玛丽娜。一切都取决于妈妈，白天到夜晚孩子该做什么，什么时候把玩具从柜子里拿出来，什么时候再放回去，都得遵照她的意愿（“玩”玩具，我还不会，损坏玩具——又不允许），其实玩具也没什么意思，后来就换成了玛丽娜带领我到外面去游玩，这可真叫人兴奋——可是出门前往往要戴上风帽、围巾、护腿套、胶皮套鞋、手套，穿保暖的裤子，还要扣紧扣钩、扣环、纽扣，没完没了地系纽扣，所有这些都让小孩子厌烦，如果不这么麻烦,那就更开心了!

按照玛丽娜的意愿,活动范围局限于婴儿室的四壁之内,或者到街上去玩,冬天变成了夏天,门窗关紧又敞开,常常一动不动待在家里,偶尔出门乘坐马车,走很远的路,为了让小孩子安静下来,忽然会说出"别墅"或者"科克捷别里"。说出地名。因为正是按照玛丽娜的意愿,一切看得见的东西,都要用语言表达出来,变成实实在在的物质,获得形式、色彩和意义。看不见的、抽象的概念也从语言开始——支撑日常生活的有三根支柱:"不行"、"必须"、"可以",其中第一个词重复的时候最多,跟其他两个词比较,这个词学会得最早。

玛丽娜对我这个小女孩儿的影响非常大,不受任何人、任何事的干扰,这种影响总是处于至高无上的位置。尽管她跟我在一起的时间并不多,很少带我出去散步,不迁就,也不娇惯;照料孩子的事大都由保姆来管,可是几个保姆都没有给我留下多么深刻的印象,因为常常换保姆,她们在家里工作的时间都不太长。

头一个保姆被辞退,原因是本该带我去遛狗广场的小花园里玩,她却自作主张领着我进了沙地尼古拉教堂,去看那里追荐亡灵的弥撒。玛丽娜知道了很生气,保姆一边收拾餐具一边解释说:"这有什么不对的呢,太太。慈悲的祈祷,上帝很快就能感知,就是说,小孩子站在棺材旁边没有什么过错,比您吩咐的在遛狗的广场——呸!说来罪过!——去玩强多了!"

第二个保姆被辞退是因为她的手总洗不干净,说话也不清楚,比如她把"黑熊"说成"狠熊",把"裤子"说成"裤丝",我也跟着她说"狠熊","裤丝";第三个保姆还有后来那几个,好像都是她们自己不想干了才走的。

这几个还有后来不断变换的保姆,没有一个人让我特别喜欢,因而暂时忘记妈妈,玛丽娜像太阳一样浑身发光,光线能穿越所有的隔阂与阻碍,我像向日葵一样总是渴望见到她,跟随她,随时随地能预感到她什么时候出现,

阿莉娅。费奥多西亚。1914 年 4 月。

如同预感到良心的声音——声音是那样强烈，充满了力量，让你听从，让你信服。那是爱的力量。

当我躺在摇篮里，还是个婴儿的时候，玛丽娜就用她固有的品质来培育我：让我具备克服困难的能力，独立思考与行动的能力。她讲故事或者解释什么，从来不是肤浅的，表面的，往往更深刻，超出儿童所能理解的深度，目的是让幼儿依靠自己的智力破解遇到的疑问，或许，不仅能解除疑难，甚至有所超越。她教我把看到、听到、感受到或者想到的事情，用连贯、清晰的语言讲出来。从来不降低水平，迁就孩子，而是不知疲倦地尽力去提高孩子的理解力，以便达到一个极点，让成年人的智慧与孩子的超前理解力，让成年人的个性与孩子的个性，在这个极点上汇合。

完成了某些吩咐，克服了什么困难，表现好，就给予奖励，不给糖果或者别的礼物，而是高声朗诵童话故事，一起出门散步，再有就是请你到她的房间里"做客"。"随随便便"跑到那里去是不允许的。那个房间仿佛是菱形的，有很多角落，天花板上悬挂着伊丽莎白式神奇的枝形吊灯，低矮的沙发旁边铺着一张狼皮，看上去有点儿吓人，可又很想看；走进那个房间，我总是有几分胆怯，可心里又很喜欢……记得母亲会急忙俯下身子迎接我，她的脸贴近我的脸，有股"科西嘉茉莉花儿"的香味儿，衣服发出窸窸窣窣的声音，似乎她还保留着孩童时期养成的习惯，盘起两条长长的腿坐在地板上，坐椅子或坐沙发的时候很少。我们俩谈话，接下来她大声朗诵，读童话故事，读莱蒙托夫、茹科夫斯基的叙事谣曲……这些故事和诗歌，我能很快从头到尾地背诵，感觉内容好像都能明白。不错，六岁以前，朗读"崇高的理想不会屈服，理想的风向标高声喧哗"，我以为"风向标"是个勇于反抗的人，在船帆中间弯着腰，仍然忠于沙皇，不肯屈服，可叙事谣曲里并没有这种附加的美好想象。

玛丽娜偶尔叫我坐在她的书桌旁边，书桌紧挨着角落里的一扇小窗户，窗户外面总有咕咕叫的鸽子，我用铅笔画鸽子，有时候甚至画在她的笔记本上,恭恭敬敬地欣赏萨拉·贝尔纳和玛丽娅·巴什基尔采娃的画像,用手触摸生铁铸造的、可怕的镇纸"纽伦堡少女",那是外祖父从德国带回来的,还有铁铸的"沙皇阿列克谢·米哈伊洛维奇";还有夹文件的铁夹子,样子像两只手,手指头和真的一样,能把笔记或单据夹得很紧;还有个好看的纸板盒子,用来插铅笔,上面有1812年的将军图奇科夫四世的画像;再有就是一只泥做的西林鸟,浑身涂成银色,我也很喜欢。

从一个大肚子柜橱里翻出了一本红色封面厚厚的书——佩罗[1]童话,多雷画的插图,它是属于玛丽娜母亲的一本书,买这本书的时候,玛丽娜的年龄"就像我这么小"。我看书里的画,用刚刚洗干净的手,从图书的右上角小心翼翼地去翻页,要是粗心大意,不爱护书籍,会惹得玛丽娜很生气。玛丽娜有两个心爱的古瓷茶杯,有一次我不小心,摔碎了其中的一个,幸亏那上面画的是约瑟芬,而不是拿破仑,我很害怕,吓得一边哭,一边喊叫起来:"我把拿破仑的妻子打碎了,现在只剩下他一个人啦!"不料,我不仅没有挨骂,反而得到了安慰;有一本童话书叫《蓬头孩子斯焦普卡》,里面画的孩子头发乱蓬蓬的,长的脸很丑,让我讨厌,一生气撕毁了那本书,妈妈训斥说:"你不想洗脸梳头,就是这种样子!"我受到惩罚站在墙角,噘着嘴去抠石灰墙皮……可以看的还有果戈理单行本的画册(《田地》杂志附属出版的图画书)。书里的一切画得都很详细,笔道也很细,有些内容我还不能完全看明白。像游牧民族的人看到眼前出现的风景,情不自禁地要赞美歌唱,我也一样,根据个人的理解,看着插图拉长了声音进行解说:"看,这匹马在奔跑……看老爷正在跟夫人说话……这位小姐请求厨娘给她一只炸猴子……""小姐"是从棺材里复活的少女,"厨娘"是霍玛·布鲁特,而"炸猴子"是来去无踪会各种变化的妖怪。

---

① 夏尔·佩罗(1628—1703),法国作家,他写的童话《灰姑娘》、《蓝胡子》、《穿靴子的猫》和《鹅妈妈的故事》等驰名世界。——译者注

阿莉娅和妹妹伊丽娜。莫斯科。1919 年。

有时候,玛丽娜会把外祖母带铜针头的唱机搬出来,把唱针放到唱盘上,用力摇动把手,唱片就发出小步舞曲或者祖父舞曲的音调,旋律清晰,声音不大,就像春天的雨滴;有多少唱片,就有多少曲调。我觉得有一种带喇叭的茨冈式的留声机虽说不太新奇,但却更叫人感动,因为里面有茨冈人的声音。玛丽娜一辈子喜爱茨冈人:从普希金笔下的人物,到街头看手相算命的茨冈姑娘,还有在乡村偷盗马匹的茨冈窃贼,她喜欢茨冈人热爱自由的天性,与周围环境决然不同的个性,神秘的语言和歌曲,王子一般无忧无虑的生活态度……还有出尔反尔的不堪信任。

我记得有一天听完瓦丽娅·帕尼娜和维雅里采娃的唱片,声音忽而低沉、忧伤,忽而大胆、高亢!玛丽娜竟然对我这个还不满四岁的小女孩儿说起了最近一次音乐会的印象,好像说的是帕尼娜的音乐会。

“当年她年轻、漂亮,唱起歌来,让**所有的**听众像一个人一样如醉如痴!公爵、军官、有钱人纷纷拜倒在她的脚下,甘愿为她奉献出封号、财产,为她发疯,为她决斗……不料,事过境迁,连你也知道,时候已到,她的风光时代已成过眼云烟！她老了；美貌、财富、荣誉都已消失……只有**声音**依旧……那些崇拜者呢？崇拜者已分散各地，有些人变得老成持重，很多人已离开人世……可她还在演唱——不过，没有多少人愿意欣赏罢了，她那一代人已经消亡，至于说到孙子辈的一代人，他们决不会迷恋爷爷辈曾经痴迷的歌曲！可是她坚持要举办最后一场告别音乐会。登台时穿的依然是一身黑色长裙，身体发胖，满头白发，她确实老了！看长相，找不出一点儿过去的踪影，增添的——只有皱纹。坐在大厅里的只有几个最后的忠实观众……从这几个糟老头子身上谁还能认得出当年的骠骑兵军官和殷勤的美男子哪？不过是几个**幽灵**来到音乐厅跟一个**幽灵**见最后一面。幽灵在演唱，一支浪漫曲接着一支浪漫曲，唱的都是他们喜爱的歌曲，为了这些歌曲，他们捧她，抬举她！幽灵——是他们往日的所爱！幽灵——过去曾爱过他们！她在跟他们告别，告别生活，告别自己的爱情……音乐会的时间早已结束，伴奏的乐队已经走了，工作人员一盏一盏熄灭了大厅里的枝形吊灯。忽然间变得空无一人。但是她仍然不想走。她拒绝离开！歌曲脱口而出，从胸腔里流泻出来——她还要歌唱！在空荡荡的黑暗大厅里独自歌唱。黑暗与歌声，黑暗中的歌声。歌声——超越了黑暗！……”

玛丽娜看着我的脸坐下来，她问：

“你听明白了吗？”

“听明白了，”我回答，不由得笑了起来。“老太婆唱歌，唱啊唱，老头们全都走了，灯也熄灭了。”

“你走吧！”玛丽娜沉默了片刻说道。“你还太小。去婴儿室吧！”

于是我离开妈妈，去婴儿室见保姆，见“狠熊”和“裤丝”。

可怜的玛丽娜！经常会遇到这种情况，就连跟她交谈的成年人——尤其是成年人！——往往也理解不了她说话的涵义！

然而黑暗中的歌声却撞击心灵——或许，正因为并非立刻就能听见，立刻就能感悟，这正像玛丽娜的许多作品，像谜语一样，难以很快领悟。

现在我想：可能就在这里，就是这个在空旷、黑暗的大厅里唱歌的茨冈老太婆的形象，包含着茨维塔耶娃悲剧性的抒情诗《西比拉》的最初构思？

像灰色的巨石，
亲情与时代断绝，
你的身体——
是你声音的洞穴。

再说一回我可笑的经历，总之跟可笑的事有关。

玛丽娜第一次带我去马戏团看演出，一开始我不知道该往哪儿看，只顾瞪大了眼睛望着有灯光的包厢，替坐在那里的人们担心，怕他们摔下来；不知为什么，我觉得只有从外面才能爬到包厢里去，外面有梯子，爬梯子很危险，很吓人；可我们能坐在这里，我们真幸运！玛丽娜用两只手把我的脸扭过来，让我看演出场地：看这儿！但是我仍然想着有灯光的包厢；当老虎和低声吼叫的狮子忽然出现在眼前的时候，我不看那些可怕的动物，而是望着驯兽师，他们穿的服装让我想起大学生制服，跟爸爸和他的同学们穿的衣服一样：在场子上引逗老虎、狮子，踩着翻滚的大白木桶，在银色的箱子上蹿来跳去，那个人该不是谢廖沙吧？为什么大学生挥舞着鞭子把老虎、狮子赶出来呢？既然把它们赶到了场子上，怎么又轰下去呢？

看，有些人跑到圆场上，蹦蹦跳跳，翻跟头，他们穿的服装怪模怪样，令人惊讶：有的穿着又肥又大的外衣，手里拿着闪闪发光的枞树枝，有的穿着很短的坎肩和很肥的灯笼裤，脸上涂抹着花花绿绿的油彩。他们用酸酸的声音发出阵阵尖叫，动作夸张、笨拙，同时又很灵活，一会儿相互撕扯打架，一会儿又和好拥抱，让人想起那些“流浪街头的孩子”，我是个“听话的乖女孩儿”，只能从窗户里望见他们,想象他们怎么样玩耍。小丑!小丑!他们的表演比街头的野孩子有趣多了,因为——滑稽可笑!一些小丑蹦来蹦去,“无缘无故”地打架摔跤,另一些丑角推搡顶撞,用脚踹,扫堂腿下绊儿,互相扇耳光,每个动作都引起观众的哄堂大笑。除此之外,他们还不断地发生意外:忽而裤子掉了,忽而坎肩裂了,忽而袖子断了,忽而帽子飞了,忽而肚子爆了,忽而屁股上露出个大窟窿;坐的椅子忽然挪到一边,让他们摔跟头,脚下的土地忽然裂条大缝,吓得他们大声叫唤!

我看得入迷,刚开始脸上带着微笑,后来笑出了声音,最后哈哈大笑,跟所有的观众一样——所有的观众,但玛丽娜除外。

她用铁一样的手掌扭转我的脸,不再看场上的演出,她感到愤怒,压低了声音,斩钉截铁地说道:“听着,你要记住:嘲笑别人不幸的人,不是傻瓜,就是坏蛋,往往是傻瓜加坏蛋。一个人上当受骗,这并不可笑;一个人被别人泼了浑身脏水,这并不可笑;一个人被别人使绊摔了跟头,这并不可笑;一个人不小心掉了裤子,这并不可笑;一个人被扇耳光,这很卑鄙。**这样的笑声——是罪过。**”

这些话,我立刻就听明白了,记在心里,一辈子不敢忘记。在后来的岁月里,记着母亲说过的话,再不嘲笑小丑,不嘲笑那些像小丑一样的人。

……跟其他孩子一样,我也开始学习画画儿:使劲握住铅笔,在纸上乱画,画出来的都像龙卷风。像所有的孩子都有收获一样,忽然有一天,我画出了第一个像亚当一样的小人儿:有手、有脚、有身子——像根木棍儿,有头——像个皮球。我兴奋得几乎喘不过气来,接着在球上画上眼睛,画上鼻孔,还画上嘴,嘴画得很大,出了脸的边界,最后,画上牙齿。再添上手指和纽扣,我高兴极了,不由得大声喊叫:“玛丽娜!玛丽娜!快到这儿来呀!”玛丽娜的房间就在婴儿室隔壁,她惊慌地跑过来。“出了什么事?”“您看!您看!我画了个人儿!”

我站在自己的小桌子旁边,忍着呼吸,期待着夸奖。

玛丽娜俯下身体看那张画儿。“**哪儿**有人呀？这是人吗?”“是。”“不,阿列奇卡,不像！从来没见过这样的人。这不过是个——丑八怪。你看：他手上有多少手指头？你有几个手指头？你再看看,两条腿怎么能像火柴棍儿？你看看自己的腿。牙齿怎么能这样？真不害臊！像画篱笆一样。脑袋不能比人还大。这些圆圈是什么东西呢?”“纽扣。”我不高兴地小声说。“扣子能比肚子还宽？没有衣服,哪儿来的扣子？不,阿列奇卡,画得不好。你必须要多画,好好努力,画很长时间才行。在那之前,很难画好!”

对于逐渐增长的自尊心和自信心说来,这是多么大的打击啊。在我的想象中,这个小人儿画得挺漂亮,可是经过玛丽娜一番无情的指责,我清楚地发现它的确很丑,嘴歪眼斜,十分可怜……我很失望,深深叹了一口气,重新拿起了铅笔——决心掌握这支不听使唤的铅笔。

对于任何投机取巧的做法,玛丽娜都难以容忍。比如,有熟人送给我几本练习涂抹颜色的画册,她把画册收起来说:“你要自己画,画完后自己上颜色;什么人给别人的画稿上色,或者仿照别人的画涂抹颜色,还有临摹别人的作品,他就毁了自己,永远也当不了画家!”

偶然发现我已经能认识字母,玛丽娜就教我学习读单词,不把词分成音节读,而是立刻读完整的词,开头用心“默读”,然后大声念出来。她把一支笔塞到我手里,这支笔从来没有写过歪歪扭扭的单个字母,没有依照条格进行机械性的字体书写练习,我必须沿着一条线自己把字母组成词,把一个个单词连成句子。这样的训练让我不得不经常**思考**,我在**写什么**,该**怎么写**。玛丽娜的教学方法一劳永逸地排除了消极模仿的因素,培养孩子学习创造性的思维。代替那些无聊的例句,立刻转向写作,记一段话,写作文;学生使用的普通练习本变成了日记本;语法只学迫切需要的、不太复杂的规则。经常背诵的能力强化了记忆力,首先是视觉能力,就是观察力,这是大多数儿童天生就具备的才能,可惜很快就会丧失……

从教学链条中勇敢地抛弃了某些相互衔接的过渡性环节,我还不到四岁,玛丽娜就教我阅读——快速翻阅,边读边想就行,快五岁时——写作,六七岁时——开始记日记,写笔记,要求写得文字连贯(使用老式的拼写法),还要合乎语法。

由于我开始"书写"的时间跟爆发革命的时间相吻合,半个世纪已经过去,再看这些笔记或许会有点儿意思;下面从中挑选出十几篇,完全不作修改,只是在必要的地方有所删节。

## "我的母亲

我的母亲很怪。

我的母亲完全不像个母亲。母亲总是欣赏自己的孩子,通常也喜欢别人家的孩子,可是玛丽娜不喜欢小孩子。

她的浅褐色的头发从两侧弯曲下垂。她有一双碧绿色的眼睛,鼻梁高高隆起,还有玫瑰色的嘴唇。她的身材和臂膀匀称,这些我都喜欢。

报喜节——是她最喜欢的节日。她常常发愁,动作敏捷,爱好诗歌和音乐。她写诗。她能忍耐,往往忍耐到极限。她也爱生气。她总是匆匆忙忙出门去什么地方。她心胸博大。声音温柔。走路步子很快。玛丽娜的手一直戴着戒指。玛丽娜夜晚读书。她的眼睛几乎总有一种嘲笑的眼神儿。她不喜欢别人提出一些愚蠢的问题跟她纠缠,遇到这种情况,她会很生气。

走路的时候,她偶尔会走神儿,但是很快就清醒过来,开始说话,重新又走向要去的地方。

1918 年 12 月"

## “四叶草

一个温暖、轻松的日子，我跟随玛丽娜出门散步。她给我讲安徒生童话，说有个踩着面包走的小姑娘，说为了过一条小溪，她踩着面包走。还说，这是一种很大的罪过。我说：‘玛丽娜，现在，大概谁也不敢犯这样的罪过！’玛丽娜回答说，这是因为现在缺少面包，而从前面包多得吃不完，就把面包扔掉了。踩面包——就是犯罪，像杀人一样。因为面包能维持生命。

我们沿着一条灰暗的小路走向一座山丘。山顶上有座大教堂，在蓝天和白云衬托下，教堂显得很美。走到教堂跟前，我们才发现，教堂上了锁。我们朝教堂画了十字，然后坐在台阶上。玛丽娜说，我们俩就像坐在台阶上的乞丐。

四周很辽阔，但是远处的景物看不清楚，因为有一层薄雾。我想跟玛丽娜说说话，可是她说，希望我不要打扰她，我就走到一边去玩了。我不想玩耍，而是想要摘花。忽然，我看见脚边有一丛丛的三叶草。台阶下面平放着一些古老的石头，每一块石头四周都长着一圈茂密的三叶草。如果仔细打量这些石头，它们构成了一条条带花纹的绿色图案。我蹲下身子，开始寻找四叶草，想送给玛丽娜祝她幸福。我找了很长时间，耳朵里嗡嗡直响。我都想要离开了，忽然发现了一棵四叶草，我感到非常高兴，甚至吓了一跳，生怕失去这棵四叶草。我跑到玛丽娜面前，把我找到的宝贝送给她。她很开心地看着我的四叶草，问我在哪儿找到的。我回答了她的问话。她向我表示感谢，把四叶草夹在笔记本里留做纪念。

1918 年 8 月”

玛丽娜·伊万诺夫娜和阿莉娅在森林里。捷克。1924 年。

很久以前那一天写的这篇笔记,究竟能引发出什么故事呢?

引出了茨维塔耶娃一首诗,这首诗写于1918年8月14日,是我最喜欢的作品之一:

诗句生长,像星星,像玫瑰,
像家庭不需要的动人之美。
至于桂冠以及那壮丽的颂歌——
我只回答:要这些干什么?

我们酣睡,天外来客化作四叶草,
穿过石板缝隙出现在大地。
世人啊!你可知道,诗人在梦中
发现星星的公式及花朵的规律。

三叶草当中自己滋生出四叶草,这种事过去确实也有过,遇见它无疑很幸运,何况这次是在圣母大教堂台阶下面普普通通的三叶草丛中找到的呢!

四叶草——的确是幸运草,虽然我还小,玛丽娜就多次跟我说过,她小时候,她母亲告诉她说,四叶草——是善良的标志,成功的象征,庆祝新年的明信片常常画着四叶草,把它画在护身符上,画成镜框的花边,手镯或表链上的图案……

这棵四叶草带来双重的幸运,因为它的诞生,像小小的奇迹,引发了一首诗的诞生,这是又一个奇迹。

至于诗中写到"桂冠以及那壮丽的颂歌",这诗句或许来自大教堂的启迪?教堂傲然挺立,闪着红光、带有装饰花纹的圆顶是那样辉煌威严!

玛丽娜不喜欢过于欧化的、"纳雷什金风格的"教堂,菲利圣母教堂就是那种样子;它违背了自然率真,矫揉造作,追逐世俗的华丽,这些都让玛丽娜反感。她喜欢做圣饼的教堂,讨厌做馅饼的教堂,这种教堂看重情感的愉悦,缺乏高尚的精神追求。

“天外来客化作四叶草”——这是三重的幸运,在诗人的情怀中四叶草化作了高高耸立的钟楼!

## “瓦赫坦戈夫剧院第三创作室排练安托科尔斯基的《穿靴子的猫》

玛丽娜带我去剧院。我们出了门,是个美好的夜晚,月亮很圆,教堂的尖顶闪闪发光。夜空又蓝又亮,一座座楼房像生铁铸成的建筑一样。

我才六岁,玛丽娜眼睛近视,周围很暗,因此看不清我们走过的是什么街道,玛丽娜只好询问街上的行人。最后她说,总算走到了。我们按响了门铃,给我们开门的女人穿一身黑衣服,围着白围裙,她叫玛莎。她帮助我们脱去毛皮大衣。

我们走进大厅,那里响起了铃声,所有的人一阵忙乱,灯光熄灭了,大幕拉开——只见舞台上有张床,床上一个女人盖着毛毯躺在那里。她很年轻。忽然有人敲门,走进来一个驼背的老太婆,坐下就喝酒,而凯特(那个太太)用幽暗的眼光看着她。老太婆说话说了很长时间,然后开始跳舞,跳了很久,直到帷幕落下。灯光亮了,观众们开始说笑、交谈。接着新的一幕开场,我看见台上站着个可怜的年轻人,他旁边是穿靴子的猫,它的衣着很好看:毛皮裤子,暖和的短大衣。猫一直在说如何发财,可年轻人根本就不想听。他们忽然看见窗口有个人,猫就说:‘让我们接待这个人,像面对命运。’——说完话猫藏到了桌子下边。

走进来的人是个白头发老头儿,他是大夫,他要去给舞蹈演员凯特看病,他叫那个年轻人——磨房主的儿子,跟在自己身边。这时候发生了一点意外:猫从桌子下面钻了出来,它对大夫说:‘我主人为人很好,我能不能代替他走一趟?’大夫说:‘好吧!’年轻人脱下了皮袄,猫很快把皮袄穿在身上,它面带微笑用非常柔和的声音对自己的主人说:‘将来你还会收留我吗?’说完等着回答。主人的眼睛里流露出一丝忧愁,不过,愁情很快就消失了,他答应了猫的请求,把他们两个人推出了门外。然后他爬到桌子上,看着他们的背影跟他们挥手告别。

灯光又亮了,又是一阵喧哗,过了几分钟,大家都安静下来,灯光再次熄灭。舞蹈演员凯特又躺在床上,她用平静的声音说:‘我不给他们开门,不给他们开门!’恰巧在这个时候,响起了敲门声。那个老太婆起初坐在旁边,后来从凳子上跌倒在地,躺在床底下睡着了,这时候她站起来去开门。大夫走进来,打招呼,问好,随后把猫从门外拉进来。他们俩不用人请,就开始喝酒、大声喊叫:‘舞蹈演员凯特万岁!’所有的人都在活动,有的默默地走来走去,有的简短地说几句话,这样的场面重复了很久。接下来大夫给自己穿上了神甫的服装,他叫猫和凯特跪倒在地,他举着自己的高筒礼帽代替花环,为两个人主持婚礼,大家都说了些祝福的话。可是,过了几分钟,舞蹈演员忽然说:‘哦,上帝啊,原来它不是皮埃罗,它是猫,是骗子!’说完一下子晕倒在床上。

这时候,大夫跳到了摆着酒瓶子的小桌子上,用脚把所有的东西都踢下去,他从窗户里跳出去不见了。猫跑到舞蹈演员跟前大声喊叫:‘快醒醒!快醒醒!’但是她躺着一动不动,猫也从窗台上跳了下去,以至于窗外的楼房都开始摇晃。老太婆把大夫的高筒帽随手扔了出去,这时凯特抬起头来。——帷幕缓缓下落。

人们又开始说笑、交谈,谈看了演出的感想,我跟随玛丽娜去了一个房间,那里有些认识的演员小姐,有几个男演员,还有巴甫利克·安托科尔斯基，这出戏的剧本就是他写的。尤拉·扎瓦德茨基后来也来了，他看上去消瘦、年轻，长着卷曲的浅色头发，大眼睛，胳膊、腿细长，圆圆的脸，但很端正。

1919年3月15日”

玛丽娜第一次有意识地接触戏剧是在巴黎，那时她还很年轻，确切地说，几乎迷上了戏剧。那时候她崇拜拿破仑·波拿巴，不，不是崇拜，是爱上了他，甘愿为他献出生命。一百年过去了，所有的激情，都不是天职与使命，只不过是泛滥的洪水，跟所有的洪水一样，激情转眼之间就消失了。

在莫斯科，有关拿破仑的书，她都找来读，而这样的书有很多，能找到的拿破仑画像，她都看不够，相当迷恋，到了巴黎，她去朝拜拿破仑墓，像佩戴十字架的信徒，朝拜主的墓一样，她去巴黎还有一个目的——向赫赫有名的悲剧女演员萨拉·贝尔纳[1]致敬，罗斯丹的戏剧《雏鹰》就是由她主演的。

拿破仑墓到处是死气沉沉的大理石，肃穆、庄严、庞大，让人不寒而栗，尽管大理石上铭刻着这样的题词：“盼望我的遗骸能安息在塞纳河畔，安息在我深深热爱的法国人民中间！”

不对了，玛丽娜崇拜拿破仑，他的遗骸埋在圣赫勒拿岛上！

至于萨拉·贝尔纳，她确实让人感到震惊，与其说由于她成功地扮演了雷希施塔特亲王[2]，莫如说她具备了演员自我张扬的勇气，那时候她已经六十五岁，不久前一条腿做了截肢手术，借助假腿才能行动，即便这样——她仍然登台演出！在崇尚穿紧身胸衣，用鲸须扎腰，突显女子柔媚身段的时代，她居然扮演二十岁的小伙子，穿雪白的制服和瘦腿马裤；在玛丽娜看来，尽管萨拉的演技越老越纯熟，无比高超，但毕竟有些荒诞离奇，萨拉扮演罗斯丹笔下的

① 萨拉·贝尔纳(1844—1923)，法国著名女演员。——译者注

② 约瑟夫·波拿巴(1811—1832)，拿破仑之子，被封为雷希施塔特亲王、罗马王。——译者注

“雏鹰”，就是她为罗斯丹，为罗斯丹的“雏鹰”修建的陵墓，也是为演员盲目的英雄主义树立的纪念碑，既然还存在盲目的观众……

幸亏，巴黎自己的原貌还得以保存，它能为想象力带来极大的满足，对于各种年龄的心灵说来——它是历史永不知餍足的坚强学生。

玛丽娜结婚后不久，再次跟戏剧发生了稳固的联系，因为谢廖沙，还有他的两个姐姐都是戏剧学校的学生，经常参加戏剧工作室的排练。谢廖沙的大哥，早已去世的彼得，是职业演员，兄弟姐妹几个人以及围绕在他们身边的年轻人，全都推崇泰罗夫[①]，为阿丽萨·科宁[②]的演出而兴奋欲狂，离开了戏剧，在他们看来，生活就不可思议。玛丽娜对观众厅和排练厅都很满意，喜欢那里热烈、欢快、专注的气氛。

角色出场时间越短，心情激动得就越厉害。排练剧本《西拉诺·德·贝尔热拉克》，谢廖沙扮演一个士兵，在围困中忍饥挨饿，他无论如何也念不好一句台词，因而显得有点儿可笑。这句台词是：“既然现在我气力不济，我要像阿喀琉斯一样躲到帐篷里去。”——这个名叫卡卡希尔的士兵最终在排练中取得了胜利。一般说来，谢廖沙拥有出色的舞台表演才能，他在小型剧场演出《特技演员》中的一个角色，给观众留下了很好的印象。

那几年玛丽娜和谢廖沙跟一些演员经常来往，其中关系最好、交往时间最长的当数演员兼乐手阿·帕德加耶茨基-恰布罗夫[③]，他在哑剧《比埃列塔的被单》当中扮演的阿尔列金让人难忘，他是个喜怒无常、爱冲动、不安定的人。玛丽娜在二十年代把她写的长诗《小巷》献给了他，因为欣赏他不屈不挠

---

① 亚历山大·雅可甫列维奇·泰罗夫（1885—1950），苏联著名导演，俄罗斯联邦人民艺术家。——译者注

② 阿丽萨·格奥尔吉耶夫娜·科宁（1889—1974），苏联著名女演员，泰罗夫的妻子。——译者注

③ 阿列克谢·亚历山大罗维奇·恰布罗夫（原姓帕德加耶茨基，约1888—约1935），作曲家亚·尼·斯克里亚宾的朋友，玛丽娜·茨维塔耶娃除了把长诗《小巷》献给他，还为他写了抒情诗《别妒忌，莫发誓……》。

的个性，另一个原因是在那个无人送礼的岁月，有一天他居然送给她一支玫瑰花。

由于对戏剧舞台深感失望，他突发奇想，要创建属于自己的剧场，不受任何流派的左右，不受任何个人意志的操控，怀着这样的梦想，他移居国外做了侨民。等他清醒过来的时候，陷入了孤独、贫穷和绝望。对社会环境，对周围的人都不再信任，他转而信奉上帝，而且是天主教的上帝，做弥撒时辉煌宏大、戏剧般的场面，布景上绘制的高入云端的哥特式建筑，还有管风琴伴奏的具有异国情调的乐曲，所有这些都使他深受吸引。这时候那些天主教教士开始"捉弄"不幸的阿尔列金，他们哄骗他说，如果他放弃东正教，改信天主教，那么不仅将来能进天国，在人间也可以得到在梵蒂冈图书馆供职的机会。恰布罗夫就这样成了神甫。那些天主教教士给他穿上瘦瘦的教士长袍，这身打扮使他看上去比任何时候都更像个演员！头顶剃去了一片头发——以便接受圣灵的教诲，然后就打发他去科西嘉，去一个最遥远、最混乱的教区，受他管辖的教徒是几个凶恶的老太婆，还有不肯改悔的匪徒。

三十年代他找到了我们，每过一年或一年半，他就到巴黎附近的克拉马尔或者旺夫来看望我们，在我们家里做客，住几天，回忆剧院演出时期心灵受到的屈辱与伤害，以含蓄而生动的语言谴责天主教的种种弊端。我的父母非常同情他的遭遇。至于他后来的经历如何，我就不知道了。

玛丽娜对舞台艺术由衷地发生兴趣，最初的起因源自她狂热崇拜两位拿破仑——拿破仑一世和拿破仑二世；狂热的激情引发狂热的兴趣。迷恋戏剧的第二个时期除了自身的原因，还有一个因素——谢廖沙离开家上了前线。依恋戏剧的第三个，也是最后一个阶段才是发自内心的挚爱，因为这标志着她的创作生涯一个完整的阶段——浪漫主义时期。

出于浪漫主义的激情，在革命风暴中的莫斯科，她不顾一切地四处奔波，走遍了风雪掩埋的大街小巷，在诗人的笔记本，在剧院的舞台上，都留下了痕迹,尽管与那个季节相违背,首先是她融入了伟大变革和伟大事件的时空当中。

事情的起点可以追溯到跟一个诗人相遇,早在1917年,玛丽娜认识了非常年轻的诗人巴甫利克·安托科尔斯基,读了他尚且稚嫩,又光彩四射的诗歌。巴甫利克还有一重身份,原来他是剧作家和演员,是他把玛丽娜带进了他那些朋友的圈子,带进了瓦赫坦戈夫剧院第三创作室,使她身陷其中,难以脱离。

这个圈子之所以让玛丽娜着迷,沉醉其间,原因在于它是个创作室,而不是剧院,其宗旨在于探索,而并非用清规戒律约束人,有了这样的圈子,自然会觉得遇到了知音,心情舒畅(更何况玛丽娜的性情喜欢创作,因而很容易沉溺其中)。尽管创作室的剧作家、演员以及他们的工作具有强烈的吸引力,尽管玛丽娜以自己的浪漫主义激情回应他们的浪漫主义激情,但是她的潜意识并没有脱离那个时代,她并不完全认同创作室的"职业演出",她渴望自己写的剧本能有"演出"的机会。由此产生了情感的复杂多变——在她属于"创作室"阶段的很多抒情诗当中,忽而懊悔,忽而嘲讽,以戏谑的口吻为"戏剧才子"们写诗(组诗的标题"戏剧才子"[①]就隐含着嘲弄);由此产生了组诗《给索涅奇卡》当中某些诗篇的闪烁其词的诱惑语调,还有《残忍的罗曼司》当中戏剧性摹拟讽刺的形式,所有这些作品一如既往保持了语言的俏皮尖锐。玛丽娜当时的创作就题材而论,有多条渠道,"创作室"渠道只是其中的一条,然而这条渠道却最欢乐、最富有节日气氛,因为它具有喜剧色彩;这是她抒情诗中最后的欢乐、最后的华丽多彩,是喜剧性最初的、也是最后的呈现。

……他们是多么可爱、多么潇洒、多么优雅啊!因为他们年轻、活跃、善变、热情,他们对待事业的态度认真,甚至庄重。而他们的事业是——游戏。

---

① 玛丽娜·茨维塔耶娃的组诗《戏剧才子》是写给演员兼导演尤·亚·扎瓦德茨基的。

谢尔盖·雅可甫列维奇和女儿。巴黎。1925 年。

他们的游戏，是成年人的游戏，因而被说成——事业！我安静地待在角落里，免得被打发去睡觉，我看着他们，完全能听懂他们的谈话，虽然我年龄小，可是我也做游戏，跟他们一样，也迷恋童话。环境使得我能接触成年人的世界，我很快就学会了观察了解这些成年人，却不被他们察觉。巴甫利克介绍玛丽娜认识了女演员索菲娅·叶甫盖尼耶夫娜·果丽戴伊①，她成了玛丽娜的好朋友，玛丽娜为她写了组诗《给索涅奇卡》，只有她真正地喜欢我们，把我们和伊丽娜放在心上。她特别喜欢伊丽娜——喜欢她卷曲的头发，觉得她柔弱可怜。

除了索涅奇卡和巴甫利克，经常来看望我们的有三个尤里亚——三个人分别姓扎瓦德茨基、尼科尔斯基、谢罗夫，另外还有一个沃洛加·阿列克谢耶夫，不久他就退出了游戏，参加了国内战争，以后就再也没有他的消息了。我还记得创作室有个女演员叶莲娜·弗拉基米罗夫娜·施克②，爱称莉莉娅，外貌平常，没有什么吸引人的地方，但为人很善良，由于鼻子很长，脾气又随和，所以只要有老太婆的角色，都会由她来扮演。

来看望我们的人，有时带人来，偶尔也会把客人带走，位于一层半的那个陈旧的房间，里面有楼梯，上楼下楼总有人经过，戏剧《雅各的梦》里有几个小天使，爱坐在楼梯上，现在这房间里的楼梯就派上了用场，创作室的作家、演员常常在这个房间里住宿过夜。冬天我们住在楼下，那里最暖和，但是比较阴暗，夏天就搬到最上层的阁楼，房间又窄又长，有一个窗户，正冲着隔壁厢房的房顶。这个房间是玛丽娜心爱的房间，因为当初谢廖沙为自己挑选的恰恰就是这间房子。

---

① 索菲娅·叶甫盖尼耶夫娜·果丽戴伊（1896—1935），女演员，擅长朗诵，玛丽娜·茨维塔耶娃为她写了组诗《给索涅奇卡》、剧本《石雕天使》（1919），还有中篇小说《索涅奇卡的故事》，讲述诗人和她的友谊。

② 尼科尔斯基、谢罗夫、叶莲娜·弗拉基米罗夫娜·施克，都是瓦赫坦戈夫剧院创作室的演员。

我的宫殿阁楼,阁楼宫殿!
请您上楼。手稿堆积如山……
当心,靠右,请您靠右边走,
楼梯上有水,下雨房顶常漏。

现在请您坐在箱子上面欣赏,
蜘蛛如何为我编织奇妙图像。
且莫听无谓的碎语闲言,
说什么女人可以不要花边!……

交谈的声音编织成花边,各种各样的花边,这阁楼宫殿凝神倾听,什么样的声音没有听见过啊!——争论、叙谈、对白的排练,诗歌朗诵,还有轻微到不能再轻微的耳边絮语!说话的人都很年轻,谈戏剧、谈爱情,谈对诗歌、对戏剧的迷恋,谈诗歌和戏剧之外的爱好……可是,对于玛丽娜说来,离开了诗歌,爱——就化为乌有。

玛丽娜喜欢听这些声音,喜欢可信的语调,可信的词句,其中包含着真理……或者空空洞洞。

……借助古老的艺术反复练习
自我掩饰,像颗黑色的钻石,
我听你们说话,温柔又忧伤,
像古老的西比拉,像乔治·桑。

可是像古老的西比拉的人,只不过才二十六岁。

他们谈话当中,经常出现神奇的词语或人名,就像频频飞来火鸟一样:

“布兰姆比拉公主”和“阿德里安娜·勒库伏勒”，“法米拉·吉法列特”和“沙恭达罗”，“图兰朵公主”和“圣安东尼显灵记”，“卡基布克”和“大洪水”[①]等等……斯坦尼斯拉夫斯基、瓦赫坦戈夫、泰罗夫和梅耶霍德等导演，今天已经是声名显赫，可当时谈起他们来，却时而让人振奋，时而让人困惑……

有时候妈妈和她的朋友们会带我去看戏。我记得《巴杰林律师》[②]在某个动物园演出，舞台紧挨着关猛兽的铁笼子。我记得戏里中了魔法的两个小孩子叫丁零丁零和密吉尔，这名字让人想起铃铛的响声。我记得萨哈尔（糖）怎么样折断自己甜甜的手指，赫列勃（面包）怎么样从木桶里面爬出来，老爷爷和老奶奶搭好的栏杆怎么样出现在花花绿绿的糖果世界里，随后又怎么样融化了[③]……我记得曼苏罗夫巷一所独家住宅有个小小的舞台，演员们上场下场来来去去，有些身体灵活，有些动作笨拙，程式化的戏装十分鲜艳，那些面色苍白的漂亮女演员扮演的角色总是情绪激昂，向上举起她们苍白而漂亮的双臂，不知为什么她们总是披头散发，而且头发总是黑色的……

究竟是什么因素吸引玛丽娜愿意接近创作室呢？除了创作室的剧作家和演员，吸引她的是他们人际关系所蕴含的那种魅力吗？戏剧艺术当中“表演”的因素与她的天性相距较远，真正吸引她的是**台词**，那是她发自内心所关注的。对于玛丽娜说来，戏剧**归根结底**是剧本，是语言文字，换一种说法，剧本——是演员的起点。怎么样体验剧本中的人物，然后在舞台上活灵活现地演出，所有这些都是演员要走心思的事，而不是她玛丽娜的事，她所关注的是——剧本。

---

① “布兰姆比拉公主”和“阿德里安娜·勒库伏勒”，“法米拉·吉法列特”和“沙恭达罗”，“图兰朵公主”和“圣安东尼显灵记”，“卡基布克”和“大洪水”分别指斯坦尼斯拉夫斯基、瓦赫坦戈夫、泰罗夫和梅耶霍德导演的剧目。

② 《巴杰林律师》是法国中世纪的滑稽剧。

③ 此处指梅特林克（1862—1949）的剧本《青鸟》里的场景与情节。

诗歌——是没有形体参与的艺术,戏剧——是“形体”表演的艺术,两者之间隔着一道篱笆,玛丽娜平生第一次产生了一种心愿,把自己的探索跟演员的追求结合起来,克服他们之间存在的障碍,戏剧的诞生是奇妙的,她决心参与其中,看到自己的创作成果,破解戏剧的神秘,把隐秘的梦想化为现实。

她的创作才能是多方面的。她对创作剧本很有信心。

她为创作室的朋友写了六个剧本:《暴风雪》、《命运女神福尔图娜》、《石雕天使》、《红桃杰克》、《凤凰》和《奇遇》(后来这些剧本有了一个统一的名称——“浪漫剧”);其中两个剧本《石雕天使》和《红桃杰克》具有明显的象征主义特色,与创作室剧作家和演员当时所欣赏的艺术风格十分接近,之所以这样写剧本,就为了他们演起来比较轻松!

所有这几个剧本都充分顾及舞台演出的效果,对白很精彩,玛丽娜为创作室的朋友朗诵剧本,取得了巨大的成功,受到了很多人的赞扬;但是,出乎意料的是任何一个剧本都没有排演,没有搬上舞台。也许是因为演员们尚且不习惯在舞台上再现自我,展示他们自己的面貌、性格,还顾虑重重。也许是因为他们太粗心大意,没有意识到这些剧本是特意为他们创作的,是献给他们的礼物,玛丽娜很重视这几个剧本,希望朋友们能珍惜她的才华,接受她的奉献。不过,有关这些内心的想法,她都没有告诉创作室的朋友,跟往常一样,她既高傲,又胆怯,预先就料到自己的希望难以实现。

无论如何她的声音跟创作室朋友们的声音没有融合在一起,她写的台词没有借助演员的口发出声音。遗憾! 1922 年出版剧本《凤凰》的最后一幕,玛丽娜亲手引用了海涅的诗句作为题词:“剧场容不下诗人,诗人也难以容忍剧场。”[①]从这里不难看出她对创作遭遇的挫折深深地感到失望。

岁月流逝(这些年月,玛丽娜已经侨居国外,而创作室的朋友们则进入了

---

① 玛丽娜·茨维塔耶娃为剧本《卡萨诺瓦的结局》(莫斯科,星座出版社,1922)所写序言的题词。

新时代)——但是玛丽娜并没有忘记“青春时期的伴侣”。二十年以后，她写了篇幅很长的回忆散文《索涅奇卡的故事》，献给当年的朋友，这时候索·叶·果丽戴伊已经离开人世，可玛丽娜依然指望将来还有机会跟她再次“相逢”。至于说到“戏剧才子”，早在1918年他们之间的友情最为火热的时候，她就觉得那不过是“逢场作戏”，她写的诗有这样几行：“热情的安托科尔斯基，激情澎湃的缪斯的宠儿，话题要从您说起，只记得波兰小姐成了我的名字；这都怪兄弟的冷漠，有人从中作梗！把这些抛在脑后的——是扎瓦德茨基！——在所有的朋友当中，他最值得回忆。”[①]……

## “1919年5月1日

我们走到大街上，才发现碰到了节日。我们经过街心花园。忽然听见了军队在奏乐。玛丽娜跟我说：‘阿莉娅，多么好听的音乐啊！这样的音乐，无论在什么地方我都爱听！’走到护栏旁边，我们看见马队走过，白色的马，很漂亮。骑马的人穿着蓝色或者浅色的制服，看他们的脸，都是些平常的人。他们当中有几个人骑在马鞍上身体有些轻微的摇晃。有几匹马耳朵上拴着红色的玫瑰花。随后我们看见了走在后面的军队。走在前面的鼓手携带一个镀金的大鼓。军人的衣服一律都是蓝制服。一旦响起乐曲，鼓手就不再敲鼓。后来我们离开了护栏，开始在街心花园里散步。这时候我们听见了飞机的嗡嗡声。起初，我们没太在意，只是小声地交谈。忽然，飞机从我们头顶上空飞过，开始撒传单，传单在空中飘舞，像忽然涌现的乌云。到处都有落下来

① 这几行诗引自玛丽娜·茨维塔耶娃1919年所写的抒情诗《我的朋友们，亲爱的三位一体！……》，后来，1937年，她把这几行诗用在小说《索涅奇卡的故事》里。

的传单,有些落到了房顶上。

下午我们顺路去巴尔蒙特家,然后一起去艺术宫(过去是属于索洛古勃家族的楼房),许多诗人要在那里朗诵诗歌。我们走进了像花园一样的院落。院子里有灌木丛,房子前面矮小的树木像一圈篱笆一样。索洛古勃的楼房油漆成了浅黄色,带有白色条纹。玛丽娜和巴尔蒙特走近房门,我们进入了一个很小的房间,有人帮我们脱去大衣。巴尔蒙特在一个本子上写了我们的名字。我们沿着楼梯上楼,我看见了一座座很高大的壁钟。我们从前厅走进去,穿过一个很长、很狭窄的大厅,墙上蒙着红色的天鹅绒,从一扇宽大的窗户能看到花园,然后再上楼梯,走进一个宽敞的房间,里面摆着一张很大的圆桌。那里一个女人倒上茶水招待我们。她的名字仿佛叫作罗扎,就是玫瑰的意思,她是个演员。她的黑头发从前边编成了细细的发辫,身上穿一件粉红淡紫相间的连衣裙。我从来没有见过那么黑的眉毛。面孔又小又圆。我还看见一位已经退休的先生,又高又瘦,长得很像堂吉诃德。人们对他都很敬重。

倒茶的女人开玩笑说要给巴尔蒙特看手相算命,她多次重复一个词'阿波罗'。等结束了算命,她说:'谁愿意跟我一块儿去看教堂?'玛丽娜问:'是索洛古勃家族的教堂吗?'女人回答说:'是的。'我们大家都跟着那女人走。玛丽娜跟我说:'阿莉娅!这儿有楼梯,人们上楼下楼脚底板把楼梯都磨光了!'

教堂的门从里面锁着,后来有人开了门。我们走进去参加了合唱。那里的神香味儿很浓。有人把我抱起来,让我站在栏杆上,我看见下面很昏暗,一张小桌子上摆着本很大的、已经翻开的福音书,头顶上挂着盏不太大的玻璃枝形吊灯。木头墙壁上雕刻着花纹。人们都沉默不语。玛丽娜说:'是的,这里确实挺可怕!'

随后,我们离开那里,沿着黑暗的楼梯去前面临街的房间。所有的楼梯踏板中间部分都向下凹陷。楼梯还有很多拐弯。后来我们走进了一个大厅,里面有个很大的壁炉,上面摆放着几个带翅膀的黑狮子,从大厅里又进入另一个房间,里面有座面带沉思、很好看的白色雕像。玛丽娜说,那是普叙赫。

那个女演员让我们看看她的房间,原来是个平常的房间,有一扇窗户,普通的地板,还摆着一架钢琴。所有的家具都蒙着红绸子。

最后,我们走进了一个墙壁是粉红色的大厅。那里很多人已经在座位上落座,终于大家都坐了下来。壁炉里的火烧得很旺。

有个女诗人坐在小沙发上读诗,嗓音又尖又细,气息微弱,勉勉强强才听得清楚。诗的内容大致是说,她在墓园的门口睡着了,她的胸前佩戴着十字架,其余的人都没有戴,她有一颗善良而柔软的心,其他的人全都心肠冷酷。读完了诗,她站起来朝壁炉那边走过去。

然后上来个年轻人,其实像个大男孩儿,他是诗人叶赛宁。他读了一首诗,说月亮从天空跳下来,变成了小马驹,他套上小马驹让它拉车。

接着朗诵诗的是巴尔蒙特,他读的那首诗是描写工人的,我觉得他的诗好像希望工人能更加克制。

接下来那个外貌像堂吉诃德的先生跟玛丽娜打招呼,请她朗诵诗歌。玛丽娜跟我一起坐在窗户旁边的位子上,她站起身来开始朗诵,先读了一首诗,说我们俩像一本书当中连接在一起的两页,一起走过人生的道路,得到上帝的关爱,我们并不伟大,也不高傲;还读了有关莫斯科的诗,有关战无不胜的勇士戈奥尔基的诗。玛丽娜朗诵的声音洪亮有力。她读完最后一首诗,人们纷纷鼓掌,在我看来,他们所以鼓掌是因为觉得一个诗人朗诵完了,无声无息实在羞愧。

女演员穿的已经不是刚才那身衣服了。现在她头上戴一顶白色礼帽,穿一身宽松的白色连衣长裙,披着一条从上到下能遮盖连衣裙的黑色披巾。

那位女诗人又坐到了小沙发上,这次朗诵的诗比头一次读得好多了,其中一首说她住在森林里的钟楼上,那里不见一个人影儿。因此她坐在钟楼里,一直看着窗户,向外张望。

玛・伊・茨维塔耶娃和阿莉娅。巴黎。1926 年。

然后又有一个诗人朗诵诗歌，说他夜晚在森林里走路，忽然出现了一个姑娘，她的名字叫柳芭，她来自白色的童话王国。早晨，柳芭要走了，诗人求她留下来，但是她说“不行”，说完就走了。

还有很多各种各样的诗歌，可惜我记不清了，还有一个士兵也站起来讲了话。

我们离开这个大厅走到前厅，这时候叶赛宁朝我们走过来，他跟妈妈说了几句话。我没听清楚，所以不记得他说了些什么。

当我们从艺术宫走出来的时候，看见了天边的晚霞，巴尔蒙特的妻子指指空中，让玛丽娜看微微呈现出粉红色的月亮。我们走得很快，几乎是一路小跑，穿过院子，经过那些矮小的、剪成圆球形的小树。到处都钻出了又细又嫩的小草。

路过一间白色的小厢房，灯光映红了窗户，玛丽娜告诉我说，索洛古勃公爵夫人从规模宏大的宅邸搬到了这里居住，就在这间小房子里。厢房四周栽种着灌木。

我们跟巴尔蒙特夫妇一起走到了阿尔巴特街。现在已经走到救世主基督教堂跟前。

突然，在我们头顶上空轰隆隆响着飞过一道道红色火流，随后火流再次飞腾，红光像早晨的阳光一样照亮了教堂的尖顶，我有点儿害怕，怕火流掉下来会要了我的命。小公园的树木后边忽然升起了一片玫瑰色的雾，向上蔓延直达云霄。房顶和高台上都站满了人，都在观看。到处都红旗招展。有时候走过手持火炬列队行进的士兵。有时候空中闪现出一颗接一颗的小星星，刹那间又相继向地面坠落。

那些绚丽的火流被人称呼为焰火。

玛丽娜一直在说：‘哎，我们回不去了。大概检阅还没有结束！’后来她带着我走到广场上，从那里穿过街心花园往家走，花园里摆放着一些新的雕像，跟原先有的雕像不一样，在花园里走到一半路的时候，看见了标语上的字母和数字，上面装饰着很多闪闪发光的小灯泡。

那是布尔什维克的字母和数字。”

……“索洛古勃故居”，据说长篇小说《战争与和平》当中的罗斯托夫一家就曾住在这所宅邸里，从 1919 年早春开始变成了艺术宫所在地，直到如今仍归属于艺术：它的门口钉着一块写着“苏联作家协会”的牌子。1918 年民族事务人民委员会曾设在这座楼房里，玛丽娜曾在这个委员会里上班，那是她一生当中惟一供职的单位，或者说是她尝试上班的一次失败经历。

这幢大楼——是我童年的朋友，惟一的朋友，五十年来它的外貌保持原样，没有什么显著的变化。那时候它是座单独的、带廊柱的古建筑，是具有“莫斯科”古典建筑风格的优美典范；现在，它还跟过去一样，由两侧半圆形的翼楼构成了前面的院落；只不过如今通向门口台阶的道路铺上了沥青，楼房正面原来栽种的一排蓬松的小苹果树消失不见了。

大楼里房间墙壁上贴着花缎子或者呢绒，屋子里陈列着仿古风格的家具，给人的感觉“很安静”，大人们坐在楼里的房间开会、座谈、讲话、发言，或者玩弄乐器，我们几个小孩子就在大楼的地下室里玩捉迷藏，或者在院子里跑来跑去，那里是我们的第一所幼儿园，是我们的别墅，那里的树木、灌木丛、野花和野草都是属于我们自由活动的天地。

现在，当我从很远的地方来到这里，走进院子的大门，不由得会停下脚步，想入非非：我们，那些孩子，都到哪里去了呢？为什么这么寂静？

在那些年月，艺术宫不仅仅是一个机关，这里还有音乐厅、俱乐部，同时它还是工作人员居住的宿舍。1919 年夏天，罗森涅里①，卢那察尔斯基和他儿

---

① 娜塔丽娅·亚历山大罗夫娜·罗森涅里（1900—1962），苏联女演员，卢那察尔斯基的妻子。——译者注

子、侄子两个男孩儿,就住在右侧翼楼的第二层。两个男孩子刚刚来到这里,听到我们在院子里的喊叫声,就从楼上下来,二话不说跟我们一起做游戏:“圆面包,圆面包,喜欢谁——把谁挑!”他们俩穿的衣服比我们更整洁,最重要的是,他们俩穿的鞋更结实。为了不显得脱离“普通群众”,他们俩立刻抓起小石头或小铁片,很认真地刮去鞋底的泥土,跟我们一块儿奔跑。我们以为他们俩会跑丢了鞋子,结果猜错了,他们穿的鞋子很结实,一次也没有掉过!

左侧翼楼里狭长的单间居室分配给“后勤服务人员”居住,由于窗外有很多树木,房间里的空气呈现出暗绿的色调,刚刚起步的作家,还有歌手、画家们则住在旁边的房间里。最叫人惊讶的是那些房间里的火炉,火炉外面的瓷砖上画着讽刺漫画,还题写了神秘莫测的题词,比如:“坟里的妖怪来自衰老”,“这里的人不会巴结人”,“走过身边,请爱我们”,还有“洗脚的时候,不算生活”等等奇谈怪论。

翼楼窗外的栏杆上晾着写好的标语,挂着奇形怪状的标志牌,都是纸板做的,画上了花花绿绿的颜色,那是提前制作出来,为了过节或者平日急需时装点美化莫斯科的街道。舒伯特乐曲的华彩乐章不时从敞开的窗口流泻出来。这座大楼原来的女主人如今住在大门附近的小房子里度过她的晚年,与此同时,她过去的女仆,以前的女奴,现在已经半聋半瞎的老太婆,却住在过去属于伯爵官邸的一个房间里——这是苏维埃政权的判决。两个老太太各自拄着自己的拐棍,颤颤巍巍地走过整个院落,相互看望,到对方家里去做客。住在附近街巷的几个老太太有时也来看望她们俩,她们都身材矮小,穿着朴素,蒙着头巾,腰板倒挺得很直,像威严的将军一样,佩戴的玻璃珠串沙沙作响,带柄眼镜的链子也发出轻微的声音。“女奴”摸索着摆放好茶炊,大家一起用残存的、镶金边的茶杯喝胡萝卜茶,对于艺术潮流的变化,对于艺术爱好者的反复无常,她们都冷眼旁观。

楼房后面的小院子,原本是仆人们住的地方,外面紧挨着一片片的菜地,木桩子上拴着山羊,“猪圈里”的小猪发出吱吱的尖叫声。一对茨冈人夫妇把家安顿在这里,女的是清扫工安东尼娜·拉扎列夫娜,她丈夫当过司机、做过钳工,手很巧,什么活儿都能干,以前在索洛古勃府上当过马倌,他们家里还有两个孩子和老奶奶伊丽沙白·谢尔盖耶夫娜。这一家人无论老少都很善良、勤劳,人也长得漂亮,一辈子都不会忘记他们的模样。当然,玛丽娜经常去看望他们,甚至帮助安东尼娜·拉扎列夫娜缝补衣服,为的是能听她讲故事(类似列斯科夫写的故事)。玛丽娜曾经开玩笑说,一定要写一本《茨冈人的童话》。

在这个茨冈人居住的小院子里,艺术宫的第一任经理,未来主义诗人伊万·鲁卡维什尼科夫[①]曾经给红军战士上课,穿插讲解语法和枪械使用守则。他长着红褐色的头发,赤红脸,穿的裤子像军人,上衣像演员,披着几条长长的绸子,扎着皮带,让人联想到意大利卡拉布里亚半岛的土匪。他的妻子尼娜掌管着莫斯科的马戏团,有时候她坐着轻便马车来看望丈夫,拉车的都是马戏团不再演出、已经退役的马匹。玛丽娜开玩笑说:“罗斯托夫家里一切都乱套了!”鲁卡维什尼科娃手下的一匹马会跳华尔兹舞,后来玛丽娜用法语写了一篇小说描写这匹马,题目叫作《马的传奇故事》。

玛丽娜喜欢艺术宫,在那些年月,艺术宫仿佛处于日渐衰微的艺术和正在上升的艺术两者之间的交叉点上,她喜欢那里举办的音乐会、讨论会、朗诵会以及文学晚会的气氛,很高兴参加那样的活动,因为活动方式是室内的小型聚会,带有某种过渡性质,那种环境对于传统又具有包容性,何况还能暂时摆脱紧张生活的劳累与忧烦。

在这里,就在这座带有廊柱的大楼里汇集了第一个也是最后一个创作群

---

① 伊万·谢尔盖耶维奇·鲁卡维什尼科夫(1877—1930),诗人,接近象征派,曾在莫斯科勃留索夫高等文学院任教授,讲授诗歌课程。

体,其中也包括玛丽娜·茨维塔耶娃;在这众声喧哗的合唱中,也有她响亮而年轻的声音,用不了多久,这声音注定变成“荒野里号啕的哭声”——那是她侨居国外发出的声音。

“功　勋

我正在笔记本上写字,忽然听见玛丽娜的呼唤声:‘阿莉娅,阿莉娅,快到这里来!’我朝她走过去,看见厨房里的抹布上趴着一条湿淋淋的虫子。可我最害怕的就是虫子。玛丽娜说:‘阿莉娅,你要是爱我,就把这条虫子给拿走。’我说:‘我真心地爱您。’玛丽娜说:‘你要用实际行动来证明!’我蹲下身子看那条虫子,一边看一边想:拿它,还是不拿。我忽然发现,那虫子像鱼一样长着尾巴。我就说:‘玛丽娜,我抓住它的尾巴,行吗?’听她回答说:‘抓住它,抓哪儿都行!只要你把它抓走,你就是英雄,过后我给你讲故事。’

尽管她在鼓励,一开始我还是害怕,后来一咬牙抓住了虫子的尾巴,把它抓起来了,只听玛丽娜说:‘好样的,真是好样的,把它放到这儿,放到桌子上,这样放。把它放到这儿,千万别弄到我身上!(因为玛丽娜看见虫子同样非常害怕。)我把虫子放到桌子上,然后说:‘现在您真相信了吧?我确实爱您!’‘是的,现在我知道了。阿莉娅,可这不是一条虫子,这是鲱鱼的一截肠子。’我生气了,就说:‘玛丽娜,我也跟您说实话。为了以后不抓虫子,我打算说,我恨您。’

1919 年 5 月”

“虫子”事件都怨席勒和茹科夫斯基,茹科夫斯基翻译了席勒的叙事歌谣《酒杯》。“看谁是有名的骑士或者是普通的士兵?就看他敢不敢从高处跳进这无底深渊。”在规定必须学习的一个小时当中，我在厨房里摇头晃脑地朗诵。心里充满了阅读的兴奋，感觉自己仿佛亲身经历了诗中描写的事件，究竟有什么样的经历呢？觉得自己成了那个“少年侍从，一下子跳进了深渊……”

“多么精彩的诗歌啊，玛丽娜！多么令人敬佩的英雄人物！皇后居然出面为少年侍从辩护，这就像您一样！国王把酒杯抛进了汹涌的大海，假如他是您的父亲……”玛丽娜说道：“那么他就是你的外祖父！”“不，不必是外祖父！假定他仅仅是您的父亲，而我就是作品里的那个少年侍从，那么我也会，也会……”“别以为你能那样做，”玛丽娜以严肃的口吻回答，那时候我才六岁半，处处跟随着大人，还没有学会分析道理，不懂得人生道路该怎么走，看到我又小又弱，她的眼睛里充满了体谅和温柔。“第一，你怕水……再说，还不仅仅是水！那里还有海里的妖怪！你明白吗？”（怎么能不明白：“从黑暗中爬出来长着一百条腿的怪物，张开大口想要咬人……”一百条黏糊糊的腿！太讨厌，太吓人了！）“不管怎么说，反正我想跳！”我还在固执己见，声音依然热烈，可由于疑惑内心有点儿发凉了。“你看，如果我是那个皇后，后者是那个国王，我就不会允许你或者别的什么人跳进大海的深渊。爱，不能用跳海来证明，而要用做好每天该做的事情来证明。你最好坐到桌子旁边写你的笔记！”于是我坐到了桌子旁边，我没有想到——“功勋”并没有隔着大山，因为玛丽娜所承认的宣言，只能用行动来验证……

## “在乡村

玛丽娜决定让我去乡村，到给我们送牛奶的女人杜尼娅家里去做客。然后她亲自去接我。

我跟着杜尼娅搭乘拉货的火车上路了。有几个站停车的时间很长。我们要在森林里走五俄里的路,才能到达克兹洛沃村。有几个姑娘和老太婆走在前面。她们过一会儿就喊叫几声彼此呼应。不久我们走到了开阔地带,在那里看见了黑麦的金黄色的麦穗。大家都好奇地打量我。“这是谁家的小姑娘呀?”杜尼娅听了很神气地说:“应该叫小姐,从莫斯科来的。能读书,会写字。”有个男孩子说:“丑丫头!我们强迫她干活儿!”杜尼娅说:“真的吗?”在不太远的地方已经看得见土冈、房舍和克兹洛沃的篱笆墙了。

我们走进了房舍。看外表很破旧,让我感到失望。这是歪歪扭扭快要倒塌的小房舍,房顶上盖着发黑的茅草。小窗户也是歪斜的。里面只有一个房间,有俄罗斯式的炉子和几张长条椅子。

杜尼娅和她丈夫有五个孩子。她丈夫留着胡子,人很粗鲁,粗声粗气地跟杜尼娅和孩子们说话。有一次他动手打杜尼娅,还用头往炉子上顶撞她。我大声喊叫,使劲拉住他的衬衫。他冲我哼了一声就走了。夜里他打呼噜很可怕。

杜尼娅给我们吃土豆。大家都用手指头把土豆弄干净,每个人给自己的土豆撒盐。端上汤来的时候,都从一个盆子里喝汤,每个人使用自己的木勺。木勺子用起来很不方便,刚一开始的时候,我常常把汤弄洒了。

没过多久,我到了打麦场上。他们让我坐在麦秸垛上,就动手打麦子。我看得非常仔细。他们使用的连枷很像鞭子,只不过杆子顶端拴的是木棍儿。场上摆着一小捆一小捆的麦子,他们用力抽打麦穗,打下麦子就有了吃的。这样能得到粮食和面包。

我们有时候去森林里采蘑菇和坚果,但是我什么都采不到,因为只顾了看四周的美景。

最后一天我一个人单独待在村子里,那一天过得很有意思,灰色的云朵被月光镶上了寒冷的金边。夜里我醒了,看见亮着一盏小灯。“明天顺利,”

我心里想,一会儿就睡着了。

早晨我醒得很早。杜尼娅生着了俄罗斯式的火炉。我朝另一边看了看,看见了玛丽娜晒黑的脖子和她卷曲的头发。长椅上放着她的小手提箱和衣服,地上有两个烟头。

杜尼娅刚走出屋门,玛丽娜一下子坐了起来,像威严的狮子,摇了摇头发卷曲的脑袋。我悄悄地亲吻了她。

玛丽娜小声说:"你好,阿列奇卡。你过得怎么样?""还好。""你为什么从日记本里撕了好几张纸?""为了画画儿!"玛丽娜听了说:"猪一样愚蠢。"不过,很快她就变得温和了,听我给她讲杜尼娅的丈夫多么粗鲁。

早饭做得格外隆重,因为尊贵的"小姐"来了,那里的人都这么称呼玛丽娜。一家人都对她说好听的话,都客气地让她吃糖。然后我跟玛丽娜都坐在连着炉子的火炕上。欣赏他们擦得干干净净的茶炊,擦洗得一尘不染的地板。杜尼娅家的院子里生长着接骨木和向日葵,像个好看的小花园,中间摆着张蓝色的桌子,是她丈夫给桌子上的油漆。我们坐在院子里,玛丽娜把砸开的核桃分给杜尼娅的几个孩子,给瓦夏,给阿纽达,也给我。接下来我们开始各自看书——玛丽娜看的是一本有关法国革命的书,我看的是自己带来的《基督的孩子》。第二天、第三天也就这样平淡无奇地过去了,只是玛丽娜觉得时间缓慢很难熬。

启程的时刻终于来到了。我刚睡着不久,迷迷糊糊就被杜尼娅叫醒了。一家人差不多都起来了,连夜里睡得很香的主人也穿好了衣服。公鸡打鸣提醒我们已经是早晨了。给我穿了两层衣服,外面还套上了大衣,杜尼娅的大儿子谢廖沙陪我们一起上路。

我们走了还不到半俄里,我突然一脚陷进了水洼,膝盖以下都弄湿了,觉得很丧气。我们在路上走了很久,有些地方非常危险。水坑、水沟,再加上一片漆黑。谢廖沙走在前头,我在中间,玛丽娜走在最后边。遇到了几乎难以通行的沼泽地，幸亏谢廖沙总能找到狭窄的小路，我们跟随他亦步亦趋地朝前走。走过打麦场的时候，发现四周的田野雾气升腾，迷雾茫茫已经围拢了我们。天空还是棕褐色的，要目睹优美的风景还要耐心等待。

不久我们距离车站越来越近了。路旁有排列成行的几棵云杉，树梢白雾缭绕，云杉的上空出现了一道鲜亮通红的光带。我们好像一直从人家的菜地旁边经过。当我们就快走到车站的时候，我抬头看了看天空。只见一条条红、蓝、灰色的光带占据了大半个天。这时候我再也忍不住了，突然放声大哭起来。玛丽娜说："你哭什么呀？你最好欣赏空中的美景！"我觉得不好意思了。早晨寒冷的霞光柔和地照亮了我的面孔。

一列列从车站驶过的都是货车。倒数第二列火车装运的都是皇家的汽车，带有皇家徽章和标志。那些汽车很漂亮，车头和车门上贴着徽章。

终于等来了第一列客车。我们等了很长时间也上不去车，人们纷纷往上挤，我们挤不上去。好在上了后面开来的客车。

1919 年 8 月"

1919 年至 1920 年那个艰难的冬天之前，送牛奶的女人杜尼娅经常来看我们，来的时候手里提着牛奶桶，背后背着布袋；可是那个冬天她忽然消失了。我们一直不知道她出了什么事，是不是还活在人间？

那个冬天我的妹妹伊丽娜死了——就是她，大脑门儿的小姑娘喜欢喝牛奶，她的浅黄色的头发又亮又密，还有卷儿，一双灰色的眼睛，不停地重复说："玛耶娜，我的玛耶娜！"（我的玛丽娜！）她需要喝牛奶，可是供应牛奶的人不见了，这一切发生得很突然，可在当时又好像是再正常不过的事情了。

杜尼娅常常来我们家，待一会儿就走，她带来无比珍贵的牛奶，拿走的却是贬值的、不值钱的钞票：几千卢布或者百万卢布。所有的"乡下人"都以物换物，她却不那样做。她很慷慨，把牛奶倒进放好的锅子里，确实跟玛丽娜很

玛丽娜·伊万诺夫娜和儿子穆尔。1928 年春天。

亲近,她跟玛丽娜一样热心肠,一样不会“做买卖”。

一个古怪的“小姐”,一个古怪的送牛奶的女人,她们俩居然以自己的方式成了好朋友。这种友情——是两个母亲以心换心的真情,这种感情甚至不需要用语言来表达。玛丽娜养育两个孩子——我和妹妹,而杜尼娅有三个儿子,两个丫头。我们家的东西很乱,玛丽娜经常拿出点什么送给杜尼娅,杜尼娅从不嫌弃!从不拒绝!可她给我们带来吃的东西,有揉碎了的油炸土豆饼,还会塞给伊丽娜一个煮熟了的鸡蛋,坐火车时因拥挤已经被挤瘪了的鸡蛋。

杜尼娅的脸显得严厉,可是表情温和,仿佛总在倾听着什么,遇到什么吃惊的事情,就好像自己有愧,显得不好意思。我不知道她究竟多大年龄;母亲的外貌往往跟年龄无关。

有一天杜尼娅来了,来的不只她一个人,她的小儿子、跟我同岁的瓦夏跟在她身后边,拽着她褐色短袄的后腰不撒手。“您看,小姐,我领着他来莫斯科看看。他总缠着我说,莫斯科,莫斯科,莫斯科什么样呀?”玛丽娜俯下身子问瓦夏:“怎么样,在城里你喜欢吗?”男孩子怎么也不说话,眼睛一直瞅着自己的树皮鞋,一会儿摇头,一会儿点头,没想到厨房里的茶炊引起了他的兴趣。这个茶炊可不一般:有一次玛丽娜突发奇想用它来熬黄米粥,从那一天起龙头就堵死了,要烧开水,只能从上面往外舀。

喝完茶,瓦夏开始犯困了,直打盹儿。玛丽娜让杜尼娅安排他睡一会儿。屋里有张金属床,上面铺着带弹簧的床垫子。男孩子勉强睁开眼皮发粘的眼睛,流露出跟母亲相似的抱歉眼神。他小声说:“头一回在弹簧床上睡!”玛丽娜咬了咬嘴唇说:“杜尼娅,留下他在我们这儿玩两天吧。我带他看看莫斯科……”这样瓦夏就留了下来。

玛丽娜让瓦夏穿上我的皮鞋,带他去克里姆林宫,去动物园,一直耐心地给他解释,给他讲故事。

瓦夏在动物园里，就像我头一次看马戏团演出，不知道该往哪儿看，最让他惊讶的是那些用铁栏杆围起来的树木。“你瞧，那些树种在铁笼子里……好奇怪!”在家里，瓦夏都听我的，我有那么多书，有那么多玩具，我有优越感，这些都让他头脑发晕：不管怎么说，我认识很多字，我是城市里的孩子！真的，他要走的时候，不等玛丽娜提醒，我把自己所有的玩具差不多都送给了他，我在科兹洛沃村住过几天，出于首都女孩儿的优越感，我要让瓦夏知道，在他们村子里，没有一个女孩儿比我更憨厚。

玛丽娜去杜尼娅家里接我的时候，不想在那里做客。四周的人都在劳动，她不好意思“休息”，可是像农民那样干活儿，她又不会。农民们“传统质朴的日常生活”——整天围着俄罗斯式的火炉子打转——让她感到害怕和厌恶。尽管那里有美好的自然风光，有朝霞、晚霞，有从河对岸传来的歌声，有挂在圣像下面的绣花毛巾……

还有一个普通妇女跟杜尼娅一样，为人善良，不爱说话，对玛丽娜很好，让她从心里感激，这个女人是住在我们楼房院子里的鞋匠格朗斯基的妻子。

格朗斯基一家住在半地下室里，他们的房子虽然很小，却很干净，其中有一个小间归鞋匠使用，他整天愁眉苦脸地在那里用锤子敲打，发出叮叮咚咚的响声。鞋匠“喝醉了”的时候，全家人——他妻子和三个孩子，都吓得浑身颤抖，眼睛看着他，不停地小声哀求，劝他别发脾气。

不论你什么时候去他们家，只要走进厨房，就能看见：泄水池上方连接水龙头的长长的铜水管子上面总是挂着兽腿皮，一只猫蹲在那里不时地舔一舔从兽腿皮上掉下来的水滴；鞋匠的妻子有干不完的家务活儿——洗衣服，做饭，缝缝补补。

就是这个身材矮小、不起眼的女人，跟杜尼娅一样，很难猜测她的年龄，也常常从后门跑到我们家里来，她用头巾包着一个搪瓷盆，里面盛着几个土豆或是燕麦粥，塞到玛丽娜的手里悄悄说：“吃吧，吃了身体好！不用谢!”还有，她把身体瘦弱的小女儿送到乡下外婆那里去住，就把按定量给小女儿买的土豆送给了我们。

总的来说，在艰苦岁月里，帮助玛丽娜的只有女人。男人们头脑里根本就没有这样的想法。即便有，也很少见！

## “勃洛克晚会

下午出门的时候，天还很亮。玛丽娜给我解释说，跟普希金一样，亚历山大·勃洛克是伟大的诗人。她说的每句话都让我对某种美好的事物充满了激动的期待。玛丽娜坐在画家米里奥季小小的画室里看书。画家本人不在。

我在花园里跑着玩。看见了两幅横标：‘亚历山大·勃洛克朗诵会’，‘彼·柯冈在综合技术博物馆朗诵会’。到处洋溢着一种节日气氛，就像在麻雀山上一样：林荫道的大树下有人出售甜面饼，同时在放留声机。

画家米里奥季终于回来了，跟他一起来的还有画家维舍斯拉夫采夫[①]，诗人巴甫利克·安托科尔斯基和他妻子。我们一块儿出门去买票。走进带贝壳装饰的前厅，那里站着个银色木偶，用标杆指着方向，发出声音说：‘通向勃洛克。’我们走进了玫瑰色天鹅绒大厅。所有的座位都坐满了人，可是一直看不见勃洛克。安托科尔斯基给我们拿来了几把椅子。我们刚刚坐下，就听见人群里悄悄的说话声：‘勃洛克！勃洛克！——他在哪儿？——勃洛克！——在小桌子后边坐下了！——丁香花……’所有的人都表现出一种近

---

① 瓦西里·德米特里耶维奇·米里奥季(1875—1943)，尼古拉·尼古拉耶维奇·维舍斯拉夫采夫(1890—1952)，两个人都是画家，当年住在艺术宫。玛丽娜·茨维塔耶娃为后者写了一系列的诗歌，其中包括《不，献出一时比献出一生还难……》、《哪怕被定在耻辱桩上……》等诗篇。

乎狂热的兴奋。

拉长的脸没有表情。一双黑眼睛有些浮肿。嘴唇干燥,没有光泽。棕褐色的脸。五官都仿佛拉长了似的,眼睛、嘴唇和整个面部都是死气沉沉的呆板表情。

他朗诵的是长诗《报复》,说的是有关拜伦的故事,一个不真实的拜伦,说一个古老贵族家庭的少女为他痴迷。说那少女嫁给了他,他把少女带走了。在一个天气阴沉的日子她来了。她面容消瘦、疲惫,怀里抱着个吃奶的婴儿。后来儿子长成了大人,但是他不去战斗,而是在舞会上寻欢作乐。有一次跳舞的时候,他听说他父亲躺在华沙的玫瑰街上,很快就要死了。等他赶到那里的时候,看见他父亲躺在床上已经咽了气。(描写父亲躺在棺材里的外貌非常吻合勃洛克的长相。高贵的眼睛闭上了。身体直挺挺的,显得高贵。手指上戴着——订婚的戒指。)儿子从父亲高贵的手指上摘下那枚戒指,画了十字祈祷他永世安息。

儿子站在坟墓旁边,这时候有个女人穿着一身黑衣服,蒙着致哀的黑纱巾。

在朗诵会中间休息之后,勃洛克朗诵了有关战争和军队的诗歌,有很多军人在战斗中阵亡,但是他们前仆后继,充满了英雄主义精神,因为皇后注视着他们。

他朗诵的语调平稳,声音很少变化。

我觉得,他好像还提到,儿子忘记了父亲。

后来亚·亚·勃洛克不再说话,朗诵结束了。大家一起鼓掌。他不好意思地躬身答谢。有人喊叫说:‘再朗诵几首诗!’‘《十二个》!’‘请朗诵《十二个》!’

‘我……我不想朗诵《十二个》!’

‘《陌生女郎》!’‘请朗诵《陌生女郎》!’

‘雾蒙蒙的早晨,’亚·亚·勃洛克开始朗诵,‘像男孩子一样,鞠了一躬,/转身就走,"再见!"/手镯与号牌碰撞出声音,留下了忘不掉的思念!'(这几行早年记住的诗句,一辈子也忘不了。)

其他的诗我记不清了,不过,我可以借用散文把大致内容说出来:'我眼前的桌子上摆放着你的相片,镶在带金边的镜框里。回想起你来心情很沉重。你走了,披着深蓝色的斗篷。我把你镶金边的相片从桌子上拿下来。'

亚·亚·勃洛克朗诵时,有的词词尾发音不清楚。声调呆板,冷淡,有时有意加快速度。表情严肃、阴沉。'你把自己的银戒指冷漠地贴在我的嘴唇上。'

有时候,勃洛克偶尔忘记了词句,就扭回头望着坐在他背后的一位太太和一个先生,他们俩微笑着提醒他该怎么读。

我的玛丽娜坐在个偏僻的角落,满脸严肃,像往常生气时那样,紧抿着嘴唇。有时候她伸手摸摸我拿着的一束花,用她好看的隆起的鼻子闻一闻没有气味的叶子。从她脸上看不出喜悦,但是有兴奋的表情。

光线变暗了,勃洛克的朗诵常常出现停顿。可能是由于太暗。那时候我们背后有个先生站起来点亮了蜡烛。枝形吊架上的蜡烛、房间里两侧墙壁上的大灯也都点着了,由于罩着很厚的玻璃,灯光显得很昏暗。

过了几分钟一切都结束了。玛丽娜请求瓦·德·米里奥季带我去见勃洛克。走进勃洛克所在的房间,我装作随便到那里去玩耍的样子,然后走到勃洛克跟前,小心翼翼地、轻轻拉了拉他的衣袖。勃洛克转过身来,我递给他一封信。* 他笑了笑,小声说:'谢谢。'我深深地弯腰鞠躬。他漫不经心地点点头笑了笑。我就离开了。

1920 年 5 月 15 日"

在玛丽娜·茨维塔耶娃的生活当中,勃洛克是惟一的一个诗人,不被她

---

* 信封上有玛丽娜·茨维塔耶娃写给勃洛克的诗。

玛·伊·茨维塔耶娃和穆尔。莫顿。1928 年。

看作“弹拨竖琴琴弦”的兄弟，而是推崇为**诗歌之神**，对他顶礼膜拜，如同面对**神明**。她所喜爱的其他诗人，在她看来都属于自己的弟兄，更确切地说，她觉得自己是他们的战友和兄弟，对于每个诗人——从特列齐亚科夫斯基到马雅可夫斯基——她都有权利议论，就像议论普希金：“鹅毛笔我知道该怎么修理：手指上总有墨水的痕迹！”

更有甚者，其中的每个诗人——甚至包括已经成为幽灵的里尔克！——也都被她尊称为血肉相连的兄弟，她知道诗歌的诞生不仅仅凭借天才，还要借助于人的血肉之躯的全部苦难、情欲、弱点与欢乐，借助躯体的疼痛感，躯体的意志和力量，汗水与劳动，饥饿与干渴。与诗人的创作承受的精神煎熬相比，他们的血肉之躯同样经历着苦难的磨砺，“生存环境的压挤”或者社会条件的逼迫，生命，对于这种种压挤与逼迫不得不进行冲击与突围。

在茨维塔耶娃心目中，诗歌创作，普天下只有勃洛克一个人达到了这样的高度——不是脱离生活，而是被生活**净化**（就像烈火具有净化作用一样！），而她自己却难以达到这样的高度，由于自己的“罪孽”，连想也不敢想这样的高度——只能跪倒在地表示崇拜。从1916年到1920—1921年期间她笔下所有献给勃洛克的诗都表达了这种崇拜，都是由衷的赞歌“哈利路亚”，三十年代初，她在巴黎写出了纪念勃洛克的散文，并在晚会上朗诵，没有在报刊上发表，可惜手稿没有保存下来。

跟我年龄相仿的一代读者常把“帕斯捷尔纳克和茨维塔耶娃”挂在嘴边，而跟玛丽娜年龄相近的那一代读者则常说“勃洛克和阿赫玛托娃”。在茨维塔耶娃本人看来，两两相对的四个人名组合纯属偶然，带有很大的虚构性，她认为不能在两个人名中间画等号。她在抒情诗中对阿赫玛托娃的赞美，最高极限不过是**姊妹**的情感。她们俩确实是诗坛的姐妹，但绝不是孪生姐妹。阿赫玛托娃诗歌中音韵的绝对和谐，精神的从容优雅，起初让茨维塔耶娃为之痴迷，不过后来她改变了看法，认为那是阿赫玛托娃诗歌创作固有的特点，也是她进一步发挥个性的局限。“她——是完美的，可惜，这也是她的局限所在。”这是茨维塔耶娃对阿赫玛托娃的论断。

我记得，有一天巴甫利克·安托科尔斯基带来了一本勃洛克的《十二个》[①]，送给了玛丽娜，大开本，黑白相间——“黑夜，白雪”——书中安年科夫的插图具有很强的视觉冲击力。巴甫利克刚刚迈进我们餐厅的门口，就开始朗读，乌黑的眼睛闪闪发亮，他还不停地在空中挥舞拳头，一边朗读，一边朝我们走来，顾不得看路，遇到障碍绊了一脚，趺趺撞撞，差一点摔倒，多亏玛丽娜从凳子上站起来扶了他一把。等他读到末尾，玛丽娜一直低着头，默不作声，从他手里把书接过来。她内心受到震撼的时刻，总是垂下眼睛，咬紧牙关，尽管心头沸腾，却保持冷静，不让激动的情感流露出来。

奇异的长诗《十二个》不仅让茨维塔耶娃感到震撼，而且也让她深感惭愧，为自己，也为她同时代的一些诗人惭愧。她在纪念勃洛克的散文当中多次以尖锐的语言提到这一点，还特别指出，勃洛克留下的《滑稽草台戏》内容不涉及革命，却恰恰是呼唤革命的，为包括她自己在内的很多诗人树立了榜样，尽管时间不太长久，但却信念坚定，那时候她创作了一组跟热衷于写作剧本时期不同的精彩作品……但是——

> 并非缪斯，并非缪斯，并非亲情的
> 锁链，——也不是你的约束，
> 哦，友情！——不是女人的手，
> 强悍的手，给我捆上了
> 绑绳。
> 这是可怕的结合。伴随吼叫的昏暗

---

① 亚历山大·勃洛克（1880—1921）的长诗《十二个》，1918 年由彼得堡“人面鸟”出版社出版。

我躺倒——而东方已亮。

哦,有谁考量过

我双肩后面这对

轻轻的翅膀?

茨维塔耶娃创作的长诗《跨上红骏马》(1921)最初曾献给安娜·阿赫玛托娃,并写上了献词的日期,后来却删去了献词,在这首长诗当中出现了一个性格复杂、动感强烈、具有圣像画风格的形象,那就是被茨维塔耶娃“神圣化”的勃洛克的形象;在她看来,创作长诗《十二个》的诗人,是革命时期战无不胜的勇士戈奥尔基,是诗坛最纯洁、最无畏的天才,是站在诗歌巅峰的巨人,茨维塔耶娃认为自己难以攀登这样的高峰。

1920 年 5 月 9 日到 14 日这几天之间,茨维塔耶娃在莫斯科曾经两次看见勃洛克,听他朗诵诗歌,一次在综合技术博物馆,另一次在艺术宫。但是没有跟他交谈,她没有勇气跟他结识,为此有些遗憾,不过,也为此感到欣慰,因为她觉得只有想象中的会面才不会给她带来失望……

## “巴尔蒙特的庆祝会

我跟玛丽娜来到艺术宫,因为知道今天是个非同寻常的节日——这里要举办巴尔蒙特的庆祝会。我在花园里站了一会儿,忽然看见了巴尔蒙特和叶莲娜还有米拉,巴尔蒙特怀里抱着玫瑰和芍药。玛丽娜买了票,我们俩一起走进大厅。叶莲娜(按照巴尔蒙特的叫法是艾雷娜)已经坐在给她安排的座位上。米拉用手势招呼我跟她一起坐一个粉红色的柔软坐椅。有人送来两把天蓝色镶金边的椅子,第三把是一张安乐椅,是为巴尔蒙特准备的。这张安乐椅放在了正中间。

巴尔蒙特走了进来，拿着笔记本，抱着玫瑰和芍药。他的面容庄重，狮子一样威严，又略带寂寞的神色。他坐下来，把笔记本和花束放到旁边的椅子上，另一边坐下的是诗人维亚切斯拉夫·伊万诺夫。大家热烈鼓掌。伊万诺夫默默地点头致意，坐了几分钟，随后站起身来，走到椅子和镜子之间的那个角落，坐在一张小安乐椅上身体轻轻晃了晃，开始介绍巴尔蒙特，这也就是开场白了。

很遗憾，我听不明白，因为他讲话时使用了很多外语词汇。维亚切斯拉夫·伊万诺夫的讲话有时候引起轻微的鼓掌声，有时候听众不同意他的意见纷纷议论造成一阵骚动。

大厅里闷热，我抽几分钟下楼，在花园里奔跑，不放过任何一个角落，当时心里想，索洛古勃大楼的地下室那么潮湿，发霉，怎么还会有人居住呢？我回到大厅的时候，维亚切斯拉夫·伊万诺夫正好讲完了，他从那个角落里站起来，紧紧地握了握巴尔蒙特的手。

现在我想描写一下维亚切斯拉夫·伊万诺夫的外貌。一双目光游移神色朦胧的眼睛，鹰钩鼻子，长满皱纹的黄面孔。不知所措隐忍的笑容。讲话带有轻微的停顿，不开玩笑，无所不知，什么都懂，有学问——不是语法之类的学问，而是像学者那样有学问。沉稳，走路沉稳，目光沉稳，并非热情如火的人，而是单调乏味的人……

整个节日最让人感动的是一个人——日本女人伊纳美。

听到有人喊：‘女诗人伊纳美！’这个日本女人从巴尔蒙特坐的安乐椅后边走过来，双手交叉，郑重地开始了她简短的讲话。她说：‘现在我站在您面前，并且看着您。明天我就要走了。我们会牢记，并且永远不会忘记，您到过我们的国家。您当时在那里住了几天，只有几天……该说些什么呢！……再到我们国家来吧，住很长时间，让我们永远记住，您——伟大的诗人到过我们

的国家!'

那时候巴尔蒙特说道:'伊纳美! 她不知道,我已经准备好了答谢词!'大家都笑了。巴尔蒙特站起来,从口袋里掏出一个小小的记事本,开始朗诵诗歌,仿佛是:'伊纳美人很美,像她的名字一样美!'这种诗向每个女人献殷勤都能派上用场。

还有一个女人,英国来的客人,站起来向巴尔蒙特举手示意,她想对他说几句话。巴尔蒙特站了起来。客人说的是英语。等她讲完了,巴尔蒙特把那束芍药花献给了她。他还不如把花儿献给日本女人伊纳美哪,她的讲话既简短,又不做作。

有人大声说:'女诗人玛丽娜·茨维塔耶娃!'

玛丽娜走到巴尔蒙特面前说:'亲爱的巴尔蒙季克! 我把这幅画交给您。在上面签名的有很多画家和诗人。画儿是瓦·德·米里奥季画的。'巴尔蒙特握了握玛丽娜的手,他们俩相互亲吻。玛丽娜回到了自己的座位,对鼓掌声无动于衷,好像目中无人似的。

这时候有人在钢琴上弹奏乐曲,声音特别洪亮,键盘几乎快要断裂了,钢琴的琴盖打开,看得见里面的弹簧仿佛由于疼痛而簌簌震颤。米拉用手捂住耳朵,她笑了。我很平静地站在那里,望着诗人,不由得想起了不久前听过的那句话:'跟普希金一样,勃洛克是伟大的诗人。'

最后一个发言的是费奥多尔·索洛古勃。他说:'不存在什么平等。诗人——是大地上罕见的贵客。诗人——是复活节,是世界的节日。对于诗人说来——每天都是节日。并非所有的人——都是诗人。一百万人里面——真正的诗人只有一个!'

当索洛古勃说出'不存在什么平等'的时候,人群里异口同声地质问:'指的谁? 指的谁? 大家都不这么说! 从来不是这样!'

我以为,会议要结束了,不料伊万·谢尔盖耶维奇·鲁卡维什尼科夫突然要求发言。他手里拿着一本诗歌杂志。他站起来高声朗诵自己献给康·德·巴尔蒙特的一首诗，几乎像喊叫一样。等他朗诵完了，巴尔蒙特跟他握了握手……

从楼梯上下来，心里想——为什么艺术宫举办巴尔蒙特庆祝会，晚上不为他放焰火呢？

跟巴尔蒙特还有他的家人一道往回走。

1920 年”

玛丽娜和巴尔蒙特的友谊是怎么开始的——我已经记不清楚了，只觉得这种友情好像一直就存在。有一种人际关系，仿佛没有开头，而是从中间开始的，并且永远延续，没有尽头，好像世间万物都没有它生命长久。这种关系一直延续，延续，早就超越了相互认识不稳定的阶段，也超越了彼此失望的痛苦时期。

这是直线发展的、多年延续的友谊，从未间断、从未分离的友谊（造成分离的外在原因——不予考虑，我说的是内在原因），对于玛丽娜说来也很罕见，因为她走的道路向来坎坷。

她受到人们的吸引，往往表现出过分的热情，为了不让人觉得她态度冷淡，再一次热情过度！（可是，对于诗人说来，“热情过度”并不奇怪，不过是他的正常状态罢了！）她常常把人们想得很高贵，几乎高入云端，害怕伤害或贬低了别人，过分高估了他人的优点与德行，看不到他们日常所表现出来的真实品德……她这种看法并不是女人特有的观点！——因为她美化的是**别人**，而不是自己，她看问题总像男人一样，不是道听途说，仅凭印象就下结论。她一向看重的是为人心灵诚实，不化妆，不粉饰，这里潜藏着一个导致她跟有些人疏离与分手的根由，同时催生了诗歌作品——记录内心地震的波动曲线。

这两个诗人的友谊延续时间那么长久，从未中断，从未冷淡，究竟是什么原因呢?

第一,跟巴尔蒙特相比,玛丽娜的诗歌想象力有过之而无不及,她以最大的限度张扬个性,展示自己罕见的才华与能力。巴尔蒙特跟玛丽娜一样,他的诗歌生命得到了充分发扬,达到了无以复加的高度。

第二,就诗歌创作本质而言,他们两个人的风格、气度、深度有着鲜明的差别,两个人根本不可能发生矛盾与冲突,只有杰出的、卓越的大诗人,才让玛丽娜感到亲近。

他们两个都是被"爱神"看中的诗人,不过玛丽娜只在她所喜欢的领海上掌舵划船,反观巴尔蒙特,他的诗歌视野则更加开阔,更加全面。

在革命之前,没有任何人,包括最著名的电影演员,能像巴尔蒙特那样引起那么多轰动的传闻,引发诗歌的热潮。在年轻的茨维塔耶娃看来,巴尔蒙特充满了神话色彩,是个传奇般的人物。然而十月风暴如此迅猛,让那些星光闪耀的名人,转瞬之间星光陨落。对于星光不再的巴尔蒙特,茨维塔耶娃依然敬重,直到他的暮年,这一点情谊足够让巴尔蒙特感到宽慰了……

巴尔蒙特与传说中的那个诗歌之王既相像,又不像。他说起话来,文词优雅,喉音很重,他的姿态与做派显得傲慢,上翘的胡子流露出桀骜不驯,这些都让人反感,令人不快;可是他一贯如此,无论在什么场合都是这样,一直到老始终不变。与此同时,他的身体显得虚胖,没有肌肉,并不强壮,给人的感觉很软弱,跟画像上的模样差别很大——他的肖像五官端正,高高的前额,俨然是个西班牙贵族,或者出身于乡村的神甫,而实际上,过去的贵族比他更坚强有力。

让人想不到的是巴尔蒙特为人质朴,毫不虚浮,跟他谈话,从来听不到故弄玄虚的花哨词句;他的言谈总是那么凝练、精确、锐利。他说起话来捎带停顿,似乎要把句子当中不必要的词语剔除干净。

虽然随着年龄越来越老,生活越来越艰难无助,但他仍然像年轻时一样无忧无虑,开朗乐观,仿佛生活跟过去一样;偶尔遇到不顺心的事,感到生气,他就会摇摇头摆脱屈辱的情感,像大型猎犬抖一抖身体——甩去身上的雨点。

玛丽娜跟人交往,通常都以“您”相称,只有很少的几个人称呼为“你”,巴尔蒙特就是这少数人当中的一个,不过,玛丽娜跟他说话时用“你”,写信时却尊称为“您”,而她跟帕斯捷尔纳克通信一直称呼“你”,跟里尔克也一样,尽管她跟里尔克从未见过面。她痛恨日常交往中过分亲昵、不拘礼节,她使用“你”这个称呼既是随意的,又是有条件的,决不会随随便便说出口(对小孩子的称呼除外)。她对巴尔蒙特说话起初称呼“您”,后来改为“你”,跟巴尔蒙特生活陷于困境有关,在她看来,帮助别人总比接受别人的帮助更轻松,为了别人——只要她有的,都心甘情愿地奉献出来。

革命时期的最初几年,巴尔蒙特和玛丽娜经常在同一个文学晚会上朗诵诗歌,在同一些朋友家里见面。作曲家斯克里亚宾的遗孀塔吉雅娜·费奥多罗夫娜·斯克里亚宾娜是玛丽娜的好朋友,这个女人漂亮、忧伤、高雅,有些痴迷艺术的人士,经常到她家里聚会,玛丽娜和巴尔蒙特常常在那里会面。经常参加聚会的音乐家当中给人印象最深刻的是谢·库谢维茨基,他善于把任何话题最终都引向斯克里亚宾。作曲家的两个女儿和塔吉雅娜·费奥多罗夫娜相互之间的称呼跟我和玛丽娜一样。1922 年斯克里亚宾娜去世后,阿里阿德娜·斯克里亚宾娜跟外祖母和妹妹一起移居国外。二十年以后,她已经是三个孩子的母亲,竟然成了法国反抗运动的英雄,落入希特勒匪帮之手,英勇地献出了生命。

我们亲眼见证了斯克里亚宾的住宅变成了纪念馆。斯克里亚宾的家人先是把作曲家的书房上交给国家,里面的一切陈设保持了作曲家生前的原貌,书房面积很大,窗户朝向院子里的小花园,春天到初夏一直有鲜花开放,偶尔有几个游人来纪念馆参观。

巴尔蒙特的妻子叶莲娜差不多随时随地都陪伴着他,叶莲娜身材娇小、消瘦,生性狂热,容易激动,长着一双罕见的紫罗兰颜色的大眼睛,时时刻刻紧盯着她的丈夫。她就像摆放在圣像前的一盏长明灯,永远释放着温情暖意,在巴尔蒙特身边闪烁发光。玛丽娜拉着我的小雪橇,陪着叶莲娜一起排队,好帮她往回运送购买的冻土豆或者偶然碰到的劈柴;买到了定量供应的八分之一镑马哈烟叶,她会分一半送给"巴尔蒙季克";巴尔蒙特把烟叶装进高贵华丽的英国烟斗,美滋滋地抽起来;有时候为了节省烟叶,他会跟玛丽娜两个人一块儿抽,像印第安人一样,深深地吸一口,慢慢地往外喷吐烟雾。

巴尔蒙特一家距斯克里亚宾家只有几步,离我们家也不远,就在阿尔巴特街附近。你去看他们——常常看见叶莲娜正在鼓捣那个不好使的火炉子,弄得浑身是灰土,巴尔蒙特正在写诗。巴尔蒙特一家人有时来看我们,玛丽娜正在写诗。你要去斯克里亚宾家里——那里又整洁、又气派、又暖和——原因是没有人写诗,生火炉是仆人的差使……

巴尔蒙特一家人打算出国的时候,原以为他们在国外时间不会太久,不料——这一去就永远回不来了,我们为他们送行竟然送了两回:一次是在斯克里亚宾家里,主人做了土豆烧辣子招待我们,还使用无可挑剔的瓷碗喝上了真正的茶;大家都说了让人感动的话,互相告别,亲吻;不料第二天办理去爱沙尼亚的签证遇到了麻烦,不得不把启程的时间稍稍往后拖延。最后一次送别,巴尔蒙特家里一片混乱,他租的房子是茨冈人聚居的地方,人来人往,原本嘈杂,送行的人很多,大家抽烟,烟雾缭绕,茶炊不好使,煤气呛人。我当时在自己的小日记本里写道:"坐在桌子旁边的一群人当中,显得最高兴的是玛丽娜。她给大家讲故事,说笑话,自己乐,也逗大家乐,好像很开心的样子,她想用欢乐驱散离别带来的感伤。"

玛丽娜画了十字祝福巴尔蒙特一路平安,知道他一去永不归来,她的心情非常压抑。

从 1922 年到 1939 年,玛丽娜侨居国外十七年,她和巴尔蒙特之间**高强度**

的友谊始终没有改变，虽然在三十年代之前，两个人中断了较长时间的联系，那时候康斯坦丁·德米特里耶维奇和叶莲娜遭遇不幸，经常变换居住地点，跟我们一样痛苦，不得已搬到巴黎郊区栖身。这样一来我们见面的机会反倒多了，尤其是巴尔蒙特生病的时候。

很难想象，对于巴尔蒙特说来，光芒渐趋暗淡到最终消失，诗人该有多么悲伤，要知道在老了的时候，不仅名望丧失殆尽，贫穷更使他雪上加霜。不错，有很多人的确帮助过巴尔蒙特和叶莲娜，可是，帮助总是暂时的，而且作用也有限。富裕的人们对于帮助别人渐渐感到厌倦，而贫穷的人——自顾不暇，有心无力……这就形成了长期的贫困，长期的无助，长期受到那些酒足饭饱、衣冠楚楚的人们投来不屑的目光和羞辱。路过商店橱窗的时候，玛丽娜总是一副视而不见的样子，巴尔蒙特却像个孩子，磨磨蹭蹭，叶莲娜像哄孩子一样拉着他离开那些橱窗。

疾病逐渐改变着巴尔蒙特的人生轨迹，使他慢慢淡出了生活的表层，沉入自我内心的深处，他在自己无声的海洋上沉浮，这海洋难以用语言形容，别人也难以理解，这是他的诗歌所蕴含的混沌世界。

1936 年到 1937 年之间的冬天，我在巴黎最后一次见到巴尔蒙特和叶莲娜，有一天是朋友们聚会。巴尔蒙特的头发原本像狮子的鬃毛一样又长又茂密，现在变得稀疏了，由于白发日渐增多，原来的红褐色不知不觉呈现出淡红的色调。目光失去了锐利，专注，变得略显呆板。头颅依然高昂，像从前一样不甘屈服，可是深深的皱纹拖累得面庞向下，看着地面。吃东西的时候，他依然保持了风度，又显得孤独。叶莲娜仿佛失去了形体，挺直腰板坐在他旁边，像根手杖，以此来为这个衰迈的老人效力。

“玛丽娜，”巴尔蒙特忽然打断了大家平静的交谈，用威严的声音说道，“我们往这儿来的路上，我看见一棵高大的树，圆圆的树冠像云彩，树上的鸟儿啁啾鸣叫。我想到树上去，站在树冠的最高处，可是她（用手指指旁边的叶莲娜)——使劲拽着我,不撒手!"

"她做得对,不能撒手,"玛丽娜用柔和的口吻回答说,"因为你是火烈鸟,可那棵树上都是普通的鸟儿:除了麻雀,就是乌鸦。它们会败坏你的名声……"

## "作家书铺

'阿莉娅!快点儿,快穿衣服!我们一块儿到作家书铺去卖书。'我很快穿上了粉红色天鹅绒连衣裙,这是我所有衣服当中最好看的一件,再套上小时候穿的'虎皮'大衣!'玛丽娜,我准备好啦!我还预备了一块蓝色头巾!'

玛丽娜走出又大又冷的房间,用小篮子装着几本书。她把最轻的几本书包在我的头巾里,我们就出发了。路上我们看了看尼基塔城门上的钟。'阿列奇卡,现在十二点半,我们来得正好!'

渐渐走近了作家书铺。玛丽娜画了个十字,尽管四周没有教堂。'您怎么啦,玛丽娜?……''阿莉娅,你怎么想呢,是不是我带给作家们的书太多了?''不,您说什么呀!越多越好。''你这么想?''不是想,我相信!''阿莉娅,我怕有些人出于怜悯才买书!''玛丽娜!他们都是诚实的人,永远说实话。要是他们买书,那就是真心喜欢。'

玛丽娜受到了鼓舞,但仍然有点儿胆怯,她走进书铺,彬彬有礼、平静地向人们问好。

有个人抚摸我的脑袋,我吓了一跳,抬起头来看看,站在我面前的是个面带微笑的年轻人,他叫奥索尔金[①],外号'意大利人'——他翻译意大利语的书籍,在书铺里工作。'哎,怎么样,阿莉娅,想不想看看图片王国?'(他所说的

① 米哈伊尔·安德列耶维奇·奥索尔金(1878—1942),作家,"作家书铺"的组织者。

阿莉娅和穆尔。1929 年夏。

图片王国是带图画、用来剪贴的硬纸片。)‘如果可以的话,那就拿出来看看。’

就在奥索尔金往外掏‘图片王国’的时候,我的目光落在了别尔嘉耶夫[①]身上。他也是作家,他得了一种怪病,经常向外吐舌头。他也在书铺里工作。

别尔嘉耶夫快速地检查清点了那些他带来要卖的图书。‘是的,是的(吐舌头)。是的。这本一千卢布。这本——五千!哎呀呀!这是卢那察尔斯基的剧本——六千!’

形形色色的成年人和孩子走近柜台。一个四十岁上下的农民指着一本儿童读物问我:‘可爱的小姐,你有文化,这本小书给瓦夏看好吗?’‘瓦夏是什么人?是您儿子?’‘他是我侄子!’‘我想让他看看有好处。这本书说的是两个勇士的故事,一个叫耶列梅伊,一个叫伊万。’‘怎么它那么贵?值一千卢布?’‘不,一百卢布!’农民给瓦夏买了那本书,高高兴兴地走了。

脸色黑黑的志维列戈夫[②]不知道从哪儿钻了出来。他站在柜台后面,开始客气地询问每个来书铺的人需要买什么书。到书铺里来卖书的作家,碰见志维列戈夫都觉得倒霉。因为他定的价钱很低,他丑陋的外表让人讨厌。每次来书铺卖书,玛丽娜常常说:‘咳,千万别落到志维列戈夫那家伙的爪子里!’

今天他头上戴了一顶高筒黄色皮帽子,身上穿的是女式短大衣。

玛丽娜看放在书架上的书籍,已经看到了最后一个书架,奥索尔金忽然跟她说:‘玛丽娜·伊万诺夫娜!您想不想看看另外一批书?’‘另外还有书?除了这些书,难道你们另外还有别的书籍?’‘当然有啦,让我们一起去看看吧,走!’玛丽娜觉得惊讶,奥索尔金挽起她的胳膊就走。那个地方以前是客厅,我们曾经去过。要进那个房间的门必须绕到大街上。石头台阶,很宽。

① 尼古拉·亚历山大罗维奇·别尔嘉耶夫(1874—1948),俄罗斯宗教哲学家,1922年流亡国外,在法国莫顿他是玛丽娜·茨维塔耶娃的邻居。

② 阿列克谢·卡尔波维奇·志维列戈夫(1875—1952),艺术史学家,文学家,戏剧学家。

奥索尔金很高兴地告诉玛丽娜书铺里存放着什么样的书，翻来覆去说的话都跟书籍有关。

我们走进了一条狭长曲折的迷宫——长廊式的通道，我惊奇地发现，奥索尔金对这里很熟悉，不会走错地方。他敲了敲一扇门，门开了，只见里面有两个男人。他们俩在挑选排放书籍，一边整理一边说话。我开始给他们帮忙——把书架上歪歪斜斜或倒了的书重新排好，把木牌子收拾到抽屉里。玛丽娜急切地寻找她需要的德文书和法文书，挑了书就递给我，让我包起来。忽然，我看见山一样落满灰尘的书堆压着一本画册，有点像俄罗斯式印花毛巾。我把自己的发现告诉了玛丽娜，我们俩使劲往外拽这本好看的画册。书堆摇摇晃晃，书籍纷纷坠落，弄得灰尘飞扬。玛丽娜的手里终于拿到了那本画册——原来是一本挂历，上面画着年轻人和老年人，一年四季都能查看。挑选了几本书和这本挂历，我们走进另一个房间。那里又堆放着很多书——大大小小的图书、纪念册，还有文件、封面、插图、杂志、乐谱、字母表、拉丁文语法书、法语诗集，简直是从世界各地弄来的破烂大杂烩。

在这间小屋里没有任何收获，我们穿过整条走廊到了另一头。奥索尔金在那里为我们打开了一个隐秘的小门，放我们进去。这个房间很小，窗户却很大，阳光从窗口射进来照着一张小小的写字台，靠近写字台有个大号的安乐椅，上面堆满了书籍。奥索尔金兴奋地说：‘从春天开始，这里将是我的夏季办公室！’

看完了这三个房间，我们又下楼。我跟玛丽娜沿着楼梯看谁跑得快。奥索尔金把那本挂历免费送给了我。我们再次走到春天的大街上，街上还有一堆一堆的积雪。

我们到了大街上。然后又绕到作家书铺那个房间，去交买书的钱。

玛丽娜买卖书籍总是这样：卖得少，买得多。

1921年3月”

1918 年,刚过 8 月颁布了取消私人期刊的法令,莫斯科出现了这第一家也是惟一的一家合股经营销售图书的书铺,参与筹建书铺的有鲍·戈利甫佐夫[①]、阿·志维列戈夫、帕·穆拉托夫[②]、米·奥索尔金、弗·霍达谢维奇[③]、鲍·扎伊采夫[④]、尼·别尔嘉耶夫以及其他作家,并计划逐步发展成合作社性质的出版社。

一开始,书铺地点选在了列昂季耶夫巷 16 号楼图书馆里一个不大的房间,不久前十月革命期间子弹横飞给这所楼房造成了严重损害(主人从前辈那里继承了楼房,也继承了大量书籍和高大的书架),1921 年初,书铺搬迁,改在尼基塔大街 24 号楼房里营业。

书铺里的工作人员只有一个负责联络的通信员跟文学创作无关,其他方面的工作全都由作家们自己承担:运货、代售、卖书、收款、算账;寻找失去主人的图书,出售这些书籍,为它们找到新的主人;挑选最罕见的版本,转交鲁缅采夫博物馆收藏,列宁图书馆就是在其图书馆的基础上建立起来的;辛辛苦苦进行结算;组织附属于书铺的"意大利读书会",定期讲演,作报告,还要当搬运工、编目员、估价员等等,什么样的活儿都得干!

---

① 鲍里斯·亚历山大罗维奇·戈利甫佐夫(1885—1952),俄罗斯文学家,艺术学家,翻译家。

② 帕维尔·帕甫洛维奇·穆拉托夫(1881—1950),俄罗斯作家,艺术学家。

③ 弗拉基斯拉夫·菲里齐昂诺维奇·霍达谢维奇(1886—1939),俄罗斯诗人,作家,评论家。他推崇俄罗斯经典诗歌,不认同茨维塔耶娃的诗歌创作,对她的第二本诗集《神奇之灯》给予否定的评价(见《金牛星座》丛刊第一辑,莫斯科,1914)。但是二十世纪二十年代末三十年代初,两个人相处友好。霍达谢维奇为茨维塔耶娃的诗集《离开俄罗斯之后》撰写了书评,他写道:"尽管不完全同意她的诗学见解,读她的诗感到忧伤,我还是喜爱茨维塔耶娃。"(见 1928 年 6 月 19 日《复兴报》)后来,他就茨维塔耶娃的诗《罗兰的号角》写道:"这是真正具有戏剧性的杰作,情感紧张、痛苦、激烈,语言强悍有力,不仅属于茨维塔耶娃的杰作,也属于俄罗斯最近几年来最杰出的诗篇行列。"(见 1932 年 10 月 27 日《复兴报》)

④ 鲍里斯·康斯坦丁诺维奇·扎伊采夫(1881—1972),俄罗斯作家,侨居国外期间,他和玛丽娜·茨维塔耶娃有交往,也有分歧。他写有茨维塔耶娃回忆录。(参见鲍·扎伊采夫,《遥远的回忆》,华盛顿,1965 年,页 130—134)

除了正式印刷的图书,书铺里还能找到作家和诗人自己抄写的手稿——自己动手制作的书籍——从高档用纸到包装纸各式各样,有时候插图和封面也都出自作者之手;在作家书铺存在期间,这种自制的书籍卖出去的大约有二百本,其中有几本是玛丽娜的,没有任何装饰图案,用打过蜡的线缝制得很结实,每一页都用红墨水印刷体字母抄写得工工整整的。

现在我回想起来,那座小书店光线幽暗,有点儿神秘,搬动书籍免不了有股陈腐的气味儿,主要的是站在柜台后边的几个人,从相貌、衣着,到言谈话语,都带有俄罗斯版画和西方文艺复兴时代的某些特征,显得古怪,不合时宜。

不过,"作家书铺的成员"这些特点非但不能吸引玛丽娜,反而让她疏远,因为她本人既不古怪,也不想置身时代之外。她的不合时宜在于动感太强烈,跟时代的步调不合拍,有时候又跟不上时代的节奏("……时代,我来不及追赶!"),有时候又跑过了头("……我从神灵那里得到的惟一才华——就是奔跑!"),从革命的第二年到第五年,那几年在书铺里居于主导地位的精神——古典主义或是学院主义,跟现实都是冲突的,尽管这种精神坚定不移,可玛丽娜跟这种精神同样格格不入。

玛丽娜去书铺的次数很少,通常是为了一点儿微薄的收入,她不参加"星火晚会",俱乐部性质的"意大利读书会",跟艺术宫一起组织的朗诵比赛,她也从不出席。让她感到有几分亲切的还是"艺术宫",它向当时的各个文学流派、各种风潮开放,在它的文学晚会、辩论会上能听到各种不同的声音,玛丽娜愿意参加这样的活动,成为一个权利平等的、有个人见解的参与者。

"作家书铺的成员"对待玛丽娜的态度是容忍——玛丽娜对他们态度也很克制,他们当中除了戈利甫佐夫和奥索尔金,都不喜欢玛丽娜,反过来,玛丽娜也不喜欢他们,但戈利甫佐夫和奥索尔金不包括在内。

玛丽娜跟作家鲍里斯·康斯坦丁诺维奇·扎伊采夫的交往时间最长,也最令人不解——在俄罗斯的时候,他们之间的关系友好之中夹杂着不快,侨居国外以后连表面维持的友好都消失不见了。而在他们关系最密切的时期，扎伊采夫的高尚品德往往会刺激玛丽娜，让她非常生气，而扎伊采夫看不惯玛丽娜·茨维塔耶娃的缺点，进而不喜欢她的所有作品。扎伊采夫不能容忍茨维塔耶娃的爱走极端，茨维塔耶娃难以容忍扎伊采夫金子般的慈善心。

这种关系的复杂还有一层原因，那就是鲍里斯·康斯坦丁诺维奇和他的妻子维拉在二十年代曾多次帮助过玛丽娜。玛丽娜把维拉看成知心的好朋友，如果说维拉给她帮助是出于真诚和慷慨，那么鲍里斯·康斯坦丁诺维奇的帮助则多少带有施舍行善的成分，内心对别人有所谴责（责备让他反感的行为！），表面的行善隐藏着内在的厌恶，实际上就成了故作宽容的怜悯。

对于施舍行善以及带有类似色彩屈尊纡贵的慈悲怜悯，玛丽娜从来不会有丝毫感激之情，或许是因为需要求助于别人的时候太多，况且她还认为，既然帮助别人，就**应该**主动给予帮助。

除了上述原因，侨居国外期间，扎伊采夫对玛丽娜还有一点难以原谅，那就是她丈夫转向了“布尔什维克”，他还据此猜测玛丽娜也发生了这种转变；可是维拉·扎伊采娃和她女儿，我童年的朋友娜塔莎，就没有这样的成见，她们跟我们继续来往，根本不把侨民界传说的种种禁忌放在心上……

记得有一次我看扎伊采夫发表在报纸上的一篇短文，玛丽娜说：“虚伪与恶意的拼盘儿。”谈到鲍里斯·康斯坦丁诺维奇的外貌，她说：“侧影——像但丁，肚子——像奥勃洛莫夫！”——其实，扎伊采夫很瘦。

鲍里斯·康斯坦丁诺维奇也是作家书铺的筹建者之一，玛丽娜在莫斯科的时候，从来没有跟他见过面，她也从来不曾提起过这位作家。侨居国外期间，他们俩，一个是坚定的经典作家，另一个热衷于新浪漫主义（两个人——还都是“普希金的信徒”，不过，各持己见，观点相左，难以调和）——这两位几乎是针尖对麦芒，水火难容，出人意料的是，三十年代中期，两个人忽然彼此承认对方是真正的诗人，开始相互接近。他们俩彼此接近所遵循的规律，其实是诗歌本身的规律，诗歌创作有各种各样的声音，有一天却发现了共同遵循的渠道。他们两个算是幸运的，正像霍达谢维奇给坞丽娜的信中所写的，“我们活着的时候有幸相遇，而不是在去世后出版的文集中见面”。诗人当中这种情况太多了，同时代的许多诗人只能在日历上聚集在一起。他们的友谊虽姗姗来迟，但奇妙之处在于——把过去的敌意一笔勾销，当玛丽娜的处境最为孤独的时候，受到侨民界极端敌视的时候，霍达谢维奇给予她理解与支持；霍达谢维奇多年生活在国外，能超脱于侨民界舆论，仗义执言，表明了他是一个挺直了脊梁的人，是一个敢说真话的诗人。

霍达谢维奇死于 1939 年 6 月，不久后茨维塔耶娃回到了苏联，她始终不知道诗人去世的信息。她跟我讲霍达谢维奇，让我看她在草稿本里抄写的霍达谢维奇的诗，开头一行是：“居住的房子像洞穴”。

诗行下面有附注：“这样的诗句真该是我写的。玛·茨。”

# 往日生活片段

## 在莫斯科的最后一天

1922 年春。莫斯科这个春天姗姗来迟，那是个平淡无奇阴暗的日子。一冬天没有擦洗过窗户，透过灰蒙蒙的玻璃看得见萧瑟荒凉阴沉沉的天空。

我们起得很早。玛丽娜点着了绰号“资本家”的小火炉，为我煮了粥，然后把她的咖啡壶放在炉子上煮咖啡。我们俩很快吃完了早饭，她要到人民外交事务委员会去一趟，临走嘱咐我两件事，当心锅里熬着的汤，看好火炉子。

我在几个房间里来回转悠。那时候归我们使用的还剩下三个房间：一间昏暗的穿堂屋，房顶上有个光线模糊的天窗，这是我们的厨房；玛丽娜住的房间很小，有个小窗户可以看到院子里的景物；最明亮、最宽敞的一间是婴儿室，可是它没有什么特点，早就不住人了。上面一层较矮的房间搬来了新的住户，现在已经想不起他们是什么模样了，因为当时就没太留意。下面一层第四个房间，就是原来的客厅，住着个驼背的女裁缝，样子很凶，还有个专做甜食的女人，女裁缝挺胸叠肚的人体模型插在又高又尖的支架上。

我们这半边显得十分凌乱，弥漫着离家出走之前的凄凉气氛，跟那些依然留在这里的住户完全不同，虽然他们的东西也随便摆放，但那种缺乏次序流露出快乐的情绪，自从我们不再雇佣仆人，又没有学会她们“收拾居所”的本领，家里一直就显得缺乏条理。

现在，那些不久之前尚且有用的家什物件，有好有次，有形有色，或重或轻，或大或小，必需的物件和古怪的物件，用惯了的物件和成为累赘的物件，继承的、购买的、馈赠的物件，有的结实，有的不耐用，有偶然得到的，有怪模怪样的，有舒适顺手的，有不可或缺的，形形色色，堆在我们周围，——所有这些家什物件都要被我们抛弃，刹那之间这些东西仿佛都失去了自身的价值，失去了日常接触它们时的手感和温度，正是凭借这样的手感和温度，这些家什和物件才跟使用它们的人保持了活生生的联系。

有些物品不能叫作家什，因为它们体现着精神：那是心爱的书籍，是谢廖沙的画像，是科克捷别里女画家玛格达·纳赫曼的绘画作品，是外祖母的八音盒，是有残疾的亚马逊女人塑像——她预示着茨维塔耶娃未来借用古希腊题材将要创作的悲剧，是妈妈结婚时外祖父为她祝福送给她的圣像，是保存了几百张照片和底版的影集与相册，那些相片是在莫斯科、在科克捷别里拍摄的(停一停吧。哪怕只有一瞬间!)——相片里保存了我父母的青春岁月，他们的朋友，各种年龄的朋友的身影，那是暴风雨来临之前无忧无虑的日子，那些珍贵的年华都像沉入了水底再也不见踪影！——还有玛丽娜小时候的笔记本，其中有她最初写的一些诗。(比如:“你飞吧，我的骏马，穿过田野，穿过草地，马鬃飞扬，把我带到远方去!”)我非常喜欢玛丽娜小时候写的这匹小飞马——还是一头小马驹子呢！还有妈妈小时候随便涂抹、显得笨拙的一些图画(画一个小姑娘从楼梯上摔下来，下边偏巧放着一个泔水桶!)，还有自己用电光纸、带花纹的纸粘贴的、有各种小饰物的纪念册，——所有这些零七八碎的东西,还有别的一些东西,都是姨妈阿霞自己挑选出来,准备带走的,不过当时她正在外地。

我们的行李当中有个装手稿的小木箱子,有只手提箱,有一幅画像,所有的东西都用皮带捆扎得紧紧的,放在餐厅门口旁边,没有捆绑好的只有一个椭圆形的篮子,那是装"锅碗瓢勺"用的。

我们随身带的有什么东西呢? 母亲一个笔记本里保存下来了一份清单——

清单(出国携带珍贵物品):

插铅笔用的纸板盒子,上面有图奇科夫四世的画像

恰布罗夫带鼓手的墨水瓶

有狮子图案的碟子

谢廖沙的茶杯托

阿莉娅的画像

缝纫用的针线盒子

琥珀项链

(以下是阿莉娅的手迹):

我的毡靴

玛丽娜的靴子

红色咖啡壶

蓝色的新杯子

煤油炉子,捅炉子用的铁筷子

绒毛狮子。

(我出生后第一次看见枞树,树枝上就挂着这只绒毛狮子,后来它被火烧毁了一点皮毛,在我的动物玩具里,这只受过烧伤的狮子最让我珍惜。插铅

笔用的纸板盒，上面有1812年一位年轻将军的画像。绘有狮子图案的瓷碟子很沉，外边一圈金色和棕色图案与花纹，兽中之王在野草丛中悄悄潜行，它那鬃毛蓬松的头颅与毛发浓重的马克斯·沃洛申十分相像。纯银杯托刻有谢廖沙的姓名，那是玛丽娜送给他的结婚礼物。一串深褐色的琥珀项链，一颗颗琥珀有棱有角，粗糙古朴，用一根打过蜡、结实的绒线串成一圈儿；那是饥荒年月里，玛丽娜在梁赞郊区某个地方，宁可自己饿肚子用面包换来的，玛丽娜时刻把它带在身边，漂泊国外多年，无论在德国、在捷克、在法国，都没有丢失，直到1939年又把这串项链带回了俄罗斯，可惜在战争疏散时却被弄丢了。那个带鼓手图案的细瓷墨水瓶后来送给了一个朋友。)

跟我们一起远行的还有玛丽娜带方格的头巾，那是外祖父最后送给她的礼物。有几个手工雕刻的小玩具，是准备送给爱伦堡的礼物。还有几本不久前出版的苏维埃儿童读物，其中有一本带插图的识字课本非常有意思，字母"И"那一页配有一首小诗："伊里奇用铁扫帚打扫马路上的脏东西"，画面上的列宁像个扫院子的人，腰里系着围裙，双手握着一把很大很大的扫帚，扫帚下边纷纷滚落到水沟里去的那些虫子似的小丑是：沙皇、将军、资本家。

衣服、鞋子，几乎没有剩下什么，除了卖掉的、送人的，几乎都穿在身上了。因此，随身携带的东西其实很少，只有我的几件新衣裳(快春天了！况且还是出国！)。手套上绣上了大写字母，因此也把它列入"贵重物品清单"，清单上还有玛丽娜那双带彩色花纹的靴子。

我往小火炉里添了劈柴，汤快熬干了，又加了点水，用叉子插了一下肉，煮的是马肉，很硬，总也煮不烂。

最近一段时间，玛丽娜操心的事情很多，很疲劳，为了让她开心，我决定给她一个"意外的惊喜"——我把红色橡皮娃娃放到了煮马肉的锅里，自己心里想，等妈妈用长柄勺把它捞上来，一定觉得很可笑……

绘有狮子图案的碟子，玛丽娜·伊万诺夫娜无论家搬到哪里，总是随身携带着它。她看到碟子上鬃毛蓬松的狮子，就会想起沃洛申来。

有人敲门。声音不对,不是玛丽娜!原来是前来送行的熟人,一个是玛伊雅・库达舍娃[1]她是玛丽娜不久前认识的朋友,也是沃洛申家的食客,不久之后她将移居法国,最终成为罗曼・罗兰的夫人;另一个是阿霞前夫鲍里斯・特鲁哈乔夫的第二任妻子,玛鲁霞・格里尼奥娃[2]她带着她的小女儿伊丽娜,她算是阿霞儿子的妹妹,可是跟我,毫无关系,越想越觉得奇怪。

我尽力想叫客人开心,陪她们说话,把几本书拿给她们看,不料玛伊雅很快就觉得无聊,没等玛丽娜回来,她就走了。终于又有人敲门,敲得声音很响、很急,我立刻跑过去开门。玛丽娜脚步匆忙地走进来,我向她"汇报"情况",她气冲冲地说:"哎呀,阿莉娅,我可等不到五月啦!五点半的火车。您好,玛鲁霞!马上吃午饭!"

我们喝汤,喝早晨做的、已经凉了的粥。玛鲁霞说话,语气悲观,字字惊心,玛丽娜本来要集中精力想心事,思路却总被玛鲁霞的话语打断,她心不在焉断断续续地回话。等她用长柄勺去捞马肉,捞上来的是我放到锅里的橡皮娃娃,她没有笑,瞅了一眼,生气地把那玩意儿扔到一边,说了一句:"真愚蠢!"我开的这个玩笑只逗乐了玛鲁霞,她的女儿,可怜那个被煮了的娃娃,先是皱起了眉头,随后把碟子推到一边,扯着嗓门哭了起来。她哭了很长时间,她这样哭泣自然有她的道理。

玛丽娜派我去斯克里亚宾家,找住在那里的恰布罗夫,让他赶紧过来,那些熟悉的街道我都牢记在心里了——鲍里斯格列勃巷、沙地尼古拉大街、随后是遛狗广场,经过一座喷泉,淙淙有声的泉水从狮子大张着的嘴巴里涌流出来,经过还在梦乡里的别墅,一棵棵还没有长出树叶的圆圆的树,虽然这些都是我亲眼所见,可是它们再也不是属于我的了。

---

① 玛伊雅・帕甫洛夫娜・库达舍娃(1895—1986),出国后成了罗曼・罗兰的妻子。

② 玛鲁霞・格里尼奥娃是女演员玛丽娅・伊万诺夫娜・库兹涅佐娃(1895—1966)的艺名,她嫁给了阿霞的前夫鲍・特鲁哈乔夫。

在斯克里亚宾家里，我和玛拉很快地互相亲吻，昨天还是要好的朋友，可奇怪的是——今天就再也不能做好朋友了。恰布罗大正等待玛丽娜的召唤，已经做好准备，我跟他立刻出发朝我们家走。格里尼奥娃和伊丽娜已经走了。玛丽娜正往篮子里收拾“锅碗瓢勺”，看到恰布罗夫，她的脸露出了笑容，他这样乐于助人，让她感到高兴。

（不久前，3 月份玛丽娜在给爱伦堡写的一封书信中提到过他：“恰布罗夫是我的朋友，头脑聪明，言语锋利，善于从生活中吸取喜剧因素……对诗歌的理解超凡脱俗，非常敏感，越是出人意料，越喜欢，喜欢到狂热的程度！他是已故的斯克里亚宾的朋友。

有一次顺路去看他……碰巧他正在生火炉，我们一起喝咖啡，彼此说话开玩笑，没有一句话当真，比如提到我们快要出国，他会问：‘喏，怎么样？您真要出国吗？’‘那您呢？是不是也要走？’……不过，他是贵族出身，即便贫困，也能过优雅的生活，可我呢？我是什么人？我连个逃亡者都不是。

他的面貌让人一见难忘：一双眼睛如饥似渴又饱含热情，但不是那种（男人）没有良心的热切目光。前额闪闪发光。像岛民一样牙齿外露……”）

我把最后的一点汤盛给我们最后的客人，然后就开始洗那些不准备带走的碟子和碗。恰布罗夫很快吃完了饭，就去找马车夫。没有多大工夫，他回来了说：“都办妥了。”我们急急忙忙穿衣服，又一次次地检查行李，千万别忘了最重要的东西！为了启程上路之前集中精力再想一想，按着顺序坐下来，一动不动默默地想了几秒钟。“好啦——上帝保佑！”玛丽娜说了一声，伸手去抓行李，于是我们拖着箱子、篮子往外走。

马车夫在院子里等着，拉车的马身上有圆圆的斑点，看上去非常好看，这让我很喜欢。我们把行李摆放妥当，自己也坐下来。车厢里只能坐两个人，恰布罗夫只好再去雇一辆马车。

“坐稳了，驾！”

路上经过白色的鲍里斯-格列勃小教堂，玛丽娜说："阿莉娅，快画十字！"她一边说，自己一边画十字。就这样路上遇见教堂就画十字，以这种方式跟莫斯科告别。

在库德林广场，马车行驶得慢了下来：正好四点。"阿莉娅，我们不会迟到吧？""不会，玛丽娜！"

我们不说话，看着两边一向熟悉、此刻却显得陌生的马路、街道、胡同，像在睡梦中流动，天气阴沉，一切都显得苍白、冷淡，遇见的行人、车辆很少，刚想冲他们招招手，一转眼，就落到后面去了！

第三小市民街。"阿莉娅，我们要迟到啦！""你说些什么呀，玛丽娜！"

温达瓦火车站（后来改名叫里加火车站）终于到了，这是座长方形的大楼，有很多威严的窗户，假如车站上没有来来往往的旅客，我觉得它跟莫斯科郊区的宫殿倒有些相像。搬运工拿起我们简朴的行李，走到检票员跟前，检票员查看了玛丽娜的证件，就放我们进站了。

车厢旁边站着一群送行的人，——可惜不是为我们送行！——其中有张熟悉的面孔，那个可爱的小姐是人民委员会的女秘书，玛丽娜在办理各种出国需要的证件时，她曾给了很多帮助。她冲我们微笑，跟随着搬运工，跟我们一起往前挤，车厢里也很拥挤，座位很光滑，那里已经坐着两个女人，其中一个衣着朴素，头发梳理得很平整，她的身边放着双拐。我发现，她只有一条腿……从车厢走到站台上，我问那个女秘书："那个拄拐杖的太太是什么人？""太太？那个女人是契卡的工作人员。国内战争期间她失去了一条腿，现在去国外治疗，那里为她做好了假肢，就像真的一样。男人没有腿很难过日子，女人没有腿，根本就没办法生存……"

这时候满面放光的恰布罗夫出现了，他双手捧着个包装得很好看的长方形纸包，他把纸包递给我说："这是给你路上准备的，等火车启动了再打开！"

大人们都在说话，我乘机钻进了车厢，然后又从车厢里出来，忽然，我心里一阵惊慌,——可别车开了见不到妈妈！再不就留在站台上,同样找不到妈妈……

第一遍铃响了。这所谓的铃声,其实根本看不见摇铃的人,不知道他在什么地方摇晃着铃铛,发出惊心动魄的响声,这声音把乘车的人和送行的人分开,一瞬间让人们发愣发呆,仿佛吞咽了大大一口冰凉的水,人们不由得清醒过来,不敢再磨蹭、拖延,这威严的铃声在宣告离别!

最后的亲吻、拥抱,匆匆忙忙的告别、祝福,车厢入口处最后的忙乱迅速平静下来,看,站台上只剩下了送行的人们,我们则拥挤在车厢狭窄的通道里,有几只手紧紧抓住车窗的窗框,为的是最后再朝外面看一眼,说句话,听一听,但愿还能来得及……

恰布罗夫踮起了脚跟,摇晃着举在手里的一张纸条大声喊叫:

“刚刚打听到,伊莎多拉·邓肯也在你们的车厢里!”

第三遍铃响了。火车启动了。

我打开了恰布罗夫送的纸包——原来里面是一盒糖果,盒盖上画着黑发女子的头像,那是新经济政策时期流行的宣传画式样。玛丽娜说了一声:“真叫人感动!”我刚想把鼻子伸到盒子里闻一闻,她突然把糖果盒子夺过去说:“带给爸爸吧!”

我们就这样离开了莫斯科:仓促、忙乱、无人觉察,就好像突然失踪了一样。

## 柏　林

从莫斯科出发到抵达柏林,走了整整四天四夜,其中包括在里加等候倒车的一天,去德国必须在那里换乘去柏林的火车。在车厢里,我们很快就明白了,恰布罗夫所说的伊莎多拉·邓肯,根本不是伊莎多拉本人,而是为她伴舞的一个女演员,伊莎多拉·邓肯早就走了,留下她随后押运行李。说到大名鼎鼎的舞蹈演员邓肯的行李,竟然是八个沉重的大箱子,里面装的都是世界上各个民族的服装和千奇百怪的道具,海关检查人员看到这些东西,总是晕头转向,困惑不解:其中有俄罗斯的古老服装,但并非色彩鲜艳的华丽衣衫,也不是博物馆展出的古代衣饰,而是破破烂烂的衣服,各式各样的道具,比如,木头雕凿的带裂纹的洗衣盆,有裂缝的木桶,烧火用的炉叉,破篮子破筐、破瓦罐,铁炉子,以及形形色色的家什物件,不知道从哪里搜罗来的破烂玩意儿。或许,叶赛宁来自乡下,为了怀念他的农家出身,才有意识地收集这些东西的吧?……

在里加,跟我们同行的一位年轻旅客,个子不高,衣着朴素,后来才知道他是奇切林的秘书,他陪同我们去苏维埃代办处,在那里,我们像其他"过境旅客"一样,顺利地办理了换乘手续,随后他又领着我们走在里加的街道上,这是我离开俄罗斯以后,亲眼看到的第一个外国城市。古老楼房的轮廓又陡又窄,房顶上的瓦片被烟熏得乌黑,哥特式教堂以极其夸张、超乎人类想象的样子表现精神崇高,这些都让我惊讶;形形色色的招牌有的雅致、有的粗俗,很不谐调:有画着各种钥匙的,有画着花形面包的,有画着靴子、帽子、手套的,有画着啤酒杯的,还有画着各式精巧首饰的,那些小小的店铺彼此相连,既狭窄又拥挤,招牌只能竖着安装在门面一边。另一点叫我感到诧异的是,办事机构的楼房都是现代建筑,设计庄重大方,布局合理,风格简朴,那种矫揉造作,乃至炫耀放纵的"摩登"格调已经完全消失,看不见一点踪影。

花园、街心花园、公园,到处是一片绿色——那是精心安排、如诗如画、有人养护的绿色……

对于所有这些景致,玛丽娜都无心观赏。她一直感到忧虑,内心的紧张始终没有消失。她像走在梦乡里一样,对经过的楼房、橱窗、街上的行人,全

玛丽娜·伊万诺夫娜和穆尔。1929 年夏天。

都视而不见。她紧紧地抓住我的手,没有什么能够吸引她的注意力。可是她一直喜欢西方城市的哥特式建筑,多层的楼房,优美的风景,与新的景观相比,她倒是更喜欢过去的旧式建筑。

我们在一家位于半地下室的孤零零的小饭铺吃了午饭,吃的东西有一点点肉,豌豆味儿很浓。玛丽娜喝了一杯咖啡……

等到傍晚,天快黑下来的时候,我们走到了火车站,从物品寄存处取出了行李。开往柏林的列车,没有卧铺,只有硬座,上了火车,玛丽娜才放松下来,一路上第一次敢打个盹儿,合一会儿眼睛,不过,夜里我偶尔醒来,看见乌黑的车窗衬托着她失眠的侧影,而窗外是一轮缓慢移动的苍白的月亮。

早晨,车窗外连续出现了德国的风景,那些风景美妙、出色,就像外祖母玛丽娅·亚历山德罗夫娜送给我的儿童读物里的插图,莫斯科我的房间里这样的童书摆满了一个书橱。这里的农民(他们更愿意叫作“乡村居民”)穿的都是老式服装,非常好看的老式服装,他们在田地、菜园和果园里劳动,土地整治得像方格子一样整齐美观。田地、畜牧场、村庄、城镇,从我们眼前飘浮流逝,然后在铁路拐弯处又再次出现。

整洁!罕见的整洁一致——德国城乡的整体形象让我们感到惊奇,在此之前,我们的眼睛和心已经习惯了当年莫斯科的混乱无序,习惯了她城市格局的恢弘博大,习惯了她颓废主义的随意性以及建筑的盲目凌乱,而这种盲目凌乱当中又蕴含着难以形容的和谐。

(十五年以后,1937年,我返回祖国,在回程的路上,重新目睹了沿途德国城乡的景观,不过,已经完全改变了样子,尚未被春天打扮美化,少了几分柔和的色调,在阴沉、低垂的天幕下,显得地势少了些起伏变化,它们再也不能让我联想到外祖母童话书里的插图了。一切有灵性、色彩鲜艳的房屋院落、家畜家禽,仿佛都变成了一堆堆生铁:玩偶似的“乡间居民”的身影消失了,取代他们出现的是一些“兵”,并非童话里的漂亮锡兵,而是穿着送葬衣服的掘墓人。在市政厅和某些建筑物门口,在大大小小的火车站,悬挂着检疫的旗子,警告预防流行病,白色的旗了上印着一个黑色的卐符号。十五年前感受过的整洁,已经发展到极致,快要变成疯狂。)

火车经过漫长的行驶,终于抵达了柏林,先后三次在火车站短暂停留:亚历山大堡站、动物园站、弗里德利希堡站,在随后一站,第四个火车站——夏洛登堡站,我们下了车。身穿绿色制服的搬运工很轻松地把我们的行李拖到了一辆马车跟前。

1922 年 5 月 15 日,是个阳光灿烂的日子。一座庞大、体面、市容庄严的城市在我们面前展现它宽阔的街道,鳞次栉比的楼房,楼房墙壁上围绕窗户和阳台爬满了常春藤。

布拉格广场有座公寓,爱伦堡夫妇居住在里面,更确切地说,是他们下榻于这座公寓。布拉格广场还有个“布拉格狄拉”咖啡馆,他们经常在那里消磨时光。其实,布拉格广场是个舒适的广场,甚至可以说是个小广场,跟我们莫斯科的遛狗广场有几分相像,只不过带有一点儿外国风味罢了。

事情经过是这样的,正当我们心情忐忑地仔细查看公寓的门牌号码,不料,两扇门一下子打开了,门口出现了个男人,头戴圆顶礼帽,嘴里叼着烟斗,他不是别人,原来正是爱伦堡本人,他跟我们差一点撞在一起。他跟玛丽娜惊讶地互相打量,然后哈哈大笑,彼此拥抱。“哦,您好啊,伊里亚·格里高利耶维奇!您看,我们来啦!……”“你们怎么到的?一路上都顺利吧?有些事以后再问,现在赶快拿行李!”

我们乘电梯上楼,很快走进了一个很大的房间,屋里堆满了书籍,光线有点暗,那是爱伦堡的书房,成了我们临时落脚的地方,一直住到爱伦堡去吕根岛的宾茨海滨疗养的时候才离开。

玛丽娜和爱伦堡的友情没有延续多长时间,正像她的大部分友情一样,不是书信来往的长久友谊,能否维持友好关系大都取决于个人感受,但是这次和爱伦堡的接触，跟其他很多经历都不同，友谊的中断，双方面都有责任。玛丽娜崇尚力量，与此同时，又往往关注个性的弱点，认为那是个人过剩情感洪流宣泄的渠道。

有些诗人心胸博大，情感丰富，玛丽娜在他们身上像发现了珍宝，她惊讶、欣喜，并且给予赞美，不过，一旦关系有点儿亲近，甚至过于亲密的时候，反而事与愿违——留存下来的只有诗歌作品，而产生诗歌的源泉，反倒被忘却在一边了。

说话需要客观公正，有几个诗人精神强大，可以跟玛丽娜相比；如果以得到公认的尺度来衡量，那么玛丽娜可谓是“浩瀚无涯的海洋”，而有些诗人不过是河流，而且水流还太浅！

玛丽娜与爱伦堡的友情是两个强有力的人物的情谊——相互之间并不真正了解，或者说几乎不了解。玛丽娜不喜欢爱伦堡的理性至上主义，这种理性推崇甚至渗透在他的幻想小说、政论著作当中，在他起始于二十年代、题材广泛的作品中就已经奠定了这样的创作倾向；跟爱伦堡相反，玛丽娜的抒情诗具有宇宙情怀，她的长诗《少女王》渗透着“民间性”（平民气质！）——总体而言，她的诗具有俄罗斯古代壮士歌的情调和勇士的气概，从内容到语言都是地道的俄罗斯风格，爱伦堡对于这些一辈子都不闻不问，敬而远之。

在接下来的岁月里，两个人缺乏沟通交流（这里且不说环境的影响），关系日益疏远，而在最初的年月里，那倒的确是出自真心的帮助和情谊。那时候，当时的爱伦堡，对处境艰难的茨维塔耶娃，真心体谅，说到做到，以实际行动给予帮助，根本不需要回报，那是一种真正的关切，叫人感动的温暖体贴。我想附带说明，当时的爱伦堡无论在创作方面，还是在人际关系方面，都处于一个成长变化时期，过去的不可调和的斗争性逐渐转变为柔和的语调，嘲讽的口吻，逐渐变得笔触温和，尽管当时他那支笔像手术刀一样锋利，他的声音成了论坛上的声音，他的思想力争摆脱个人视角，站在全人类的高度拥有更开阔的视野……

在他的回忆录《人，岁月，生活》当中，涉及玛丽娜的那些文字，爱伦堡当年的柔情已经不见踪影；或许，随着年华的流逝，有关过去那段交往的记忆已经淡漠了。

我不记得爱伦堡第一次出现在鲍里斯格列勃巷来看望我们的情景（从他的作品判断，大约在1917年至1918年之间），我只记得，当时我五岁，当然啦，那时候还不明白勃洛克写的爱情诗，只晓得我们的住宅很大，虽然有点凌乱，但住着很舒服。二十年代初，房子才变得像沉船一样混乱无序，谁走进门来都会感到吃惊。

正是那个时候，伊里亚·格里高利耶维奇从克里米亚来找玛丽娜，带来了马克斯·沃洛申和他母亲的消息，沃洛申的母亲是我的教母。爱伦堡无微不至地关爱我们，还有一层原因，那就是他和玛丽娜都对沃洛申怀有美好的记忆，他知道沃洛申特别惦记茨维塔耶娃、艾伏隆一家，很久以来沃洛申就喜欢这一家人，而这一家也回报给他同样的爱。

1921年，爱伦堡到国外出差，临走之前答应玛丽娜，帮她寻找她已经流亡境外的丈夫，转交我们给他的书信、照片，还有玛丽娜近期写的诗歌作品。

我小时候的笔记本里保留了1921年2月至3月的日记，其中有一篇的标题是《爱伦堡金子似的心》。下面是从日记中摘引的一些话："我正生病，坐在床上，玛丽娜忙着做饭。有人敲门，敲得声音短促，清晰。有个人走进门来。'您好，玛丽娜·伊万诺夫娜！'玛丽娜也向客人问好，随手递给他一个凳子。'哦……原来您在这儿居住啊？最好换个房间！'我明白，这个人就是爱伦堡。'喏，您这里写得有点怪！没用的词太多！'

玛丽娜坐在桌子旁边，脸上露出微笑。'对不起，伊里亚·格里高利耶维奇，我马上重新抄一遍。正好我为您写了一首诗'……

爱伦堡提议读一读他自己写的《玛丽娜肖像》。

玛丽娜很温驯地倾听:‘小巷狭窄,台阶对面两棵大树,小小的楼梯,摇晃的栏杆。像大妈或古董商人一样,存放着很多没用的东西。她就像个中学生’以及诸如此类的话。然后爱伦堡开始读勃留索夫肖像:‘房间低矮,宽阔,挂着很多画,画的都是苏哈列甫卡。房主本人——是个不讲礼节的所谓俄罗斯的美国人……一天到晚鼓捣留声机和各种机器。’……随后我拿出自己的画儿让爱伦堡看。他夸奖了几句,奇怪地让我解释……过了不久,他就走了。”……

“我们去看爱伦堡夫妇,一路泥泞、肮脏,趟过很多水洼。穿过十字交叉的几条胡同才找到“公爵府”(爱伦堡夫妇从克里米亚回来居住的旅馆)……我们踩着花岗石台阶上楼,找到 49 号房间。我们敲门。‘请进!’我的天,伊里亚·格里高利耶维奇房间里有很多人。数一数,一共八个!爱伦堡心情非常好,他把自己画的一堆图画拿给我看。我跪在一个凳子前面,一张一张地欣赏。《天堂和地狱》。在天堂和地狱的边界摆放着一张黄金宝座,宝座上端坐着上帝。男人、女人、孩子和狗从他面前经过。地狱里几个大盆盛满了滚烫的油,犯罪的人坐在里面大声哭泣。小鬼们长着红胡子,绿眼睛,手里提着人头跑来跑去。然后是另一张画,画的是另一个上帝,他双手叉腰站在那里……他的头顶上方有一个太太,长着很粗的腿,后脖领上插着一朵很大的玫瑰花……第三张画叫作《车夫和他的马》。他们的四周是象征主义的世界:飞行的房子,站立的鸟,一切都跟现实相反。画面中央站着年老的车夫和他的马……接下来看到一张大画:少女玛利娅穿着一身迷人的黄色衣衫,衣服上画着一些黑星星……旁边立着一只仙鹤。扬起它的喙仰望月亮,不料这时候一条蛇悄悄地盘绕住了仙鹤的双腿……

看了一会儿图画,我开始观察那些人。有个女人,面相凶狠,穿着白色上衣,越过爱伦堡的肩膀打量别人。她用指甲在画上划得吱吱有声,一边划一边说,这里再增加一块红色和蓝色就更好看了。沙发上坐着一个女人,一头卷发……一门心思只顾喝茶。看，那就是爱伦堡的妻子，她身穿‘时髦的连衣裙’。她的黑色头发很短，纤细的手指仿佛透明一样，玻璃似的指甲闪闪发亮……爱伦堡坐在我身边问我：‘喂，怎么样，阿莉娅，喜欢我画的画儿吗？’‘哦，喜欢，伊里亚·格里高利耶维奇！’他稍微想了想，挑出一张穿金色衣服的圣母……抓起一支铅笔，开始写字：‘送给阿莉娅——圣母有金子的心。伊里亚·格里高利耶维奇……高兴吧，玛利娅，我们的期望，高兴吧，伤心的玛利娅！’我向他表示感谢，把画交给玛丽娜。她看了看，把那张画夹进了阿克萨科夫的小说里，那是带来的一本书，名字叫《孙子巴格罗夫的童年岁月》……结束了跟别人的交谈，玛丽娜说，我们该走啦，可是爱伦堡坚持让我们留下来。站了一会儿，他转过身去，取来一个小巧的笔记本，朗诵了几首诗……我爬到他的膝盖上，对他说：‘可爱的伊里亚·格里高利耶维奇，如果您看见我爸爸，请转告他，我们全靠他活着，再告诉他说，我们问候他，用我们所知道的一切美好的语言赞美他……’他用欢快的目光看着我说：‘啊，这一点我保证做到！’跟我们道别的时候，他的眼睛里闪着忧郁的光。”

……爱伦堡出国以后，竟然找到了谢廖沙。1921 年 7 月 1 日[①]，晚上十点钟，玛丽娜收到了他的第一封回信。

“我亲爱的朋友玛丽诺奇卡，今天收到了伊里亚·格里高利耶维奇带来的信，知道您还好好地活着。读完了信，整天我在城市里奔走，高兴得快要疯了……

我该给您写什么呢？从哪儿说起呢？该说的事情太多，不仅写信，就连说话我都感到生疏了。我们一定能够团聚——这样的信念支撑我活到现在。没有您，我的生活就没有意义，好好活着吧！我对您没有任何要求，我什么都不需要，只盼望您能活在人间……

---

① 阿里阿德娜·艾伏隆此处指的日期是旧历。

我能遇到您是个伟大的奇迹，我们将来的团聚是更伟大的奇迹。当我想到未来见面的情景，我的心几乎要停止跳动，高兴死了！世上再没有什么能比我们的重逢更叫人开心的了。我有信心，暂且先不说这件事了吧……

我们分别的这些岁月，每一天，每个小时，您都跟我在一起，都在我心里。这一点您当然应该知道……

关于我自己的情况，一言难尽。离开您这几年，过的日子就像噩梦，很想醒过来，但是醒不了……

为了您，我坚持写日记。（可恨的是，有人偷东西把日记当中最重要、最珍贵的一部分连带着也给偷走了。）这些经历将来我都会告诉您……一场梦。我的生活可以分为'离别前'和'离别后'两个阶段，'离别后'是可怕的。

我等待您的来信——得不到我的确切地址，伊里亚·格里高利耶维奇不敢邮寄，怕发生意外寄不到。焦急地期盼来信。您的最后一封来信还是两年以前收到的。那以后就再也没有任何信息……

现在我住的房间里有很多人。人声嘈杂，非常吵闹……只盼伊里亚·格里高利耶维奇带来您的回信，我给您写信，详细诉说这里的一切情况，而这封信只想尽快发出去，为的是让您早一点收到。伊里亚·格里高利耶维奇写信说，您还住在老地方。我很高兴，自己能够想象出您周围的环境。

……该怎么说我自己的生活呢？一天天混日子罢了。每天都要挣扎，每过一天我们相见的日子就近一天。最近收到这封信，让我精神抖擞，浑身有力。可是四周的处境仍然糟糕，让人绝望。这些劫难等见面的时候再说罢。周围的人十分混杂，一个知心的朋友也没有……

我希望，伊里亚·格里高利耶维奇下一次能够捎带寄来您最近写的诗。他在信中写道，您写了很多诗……

对不起，我太高兴了，写的信有点儿语无伦次……

请保重自己的身体，我为您祈祷。您和阿莉娅——是我最珍惜、最亲的亲人。

上帝保佑您

您的谢”

还有写给我的短信:“我心爱的女儿!我收到了伊·格的来信,他在信中说他见到了你,并且把你托他带给我的话全都告诉了我。谢谢,我的宝贝女儿,我的欢乐!我全部的爱,全部的心思都跟你、跟你妈妈在一起。我相信——我们很快就会见面,就能重新生活在一起,为的是以后再也不分离……

祝福你,紧紧地亲吻您。

你的爸爸”

“生活——从今天开始。像第一次活着一样。”玛丽娜把感受写在笔记本里,接下来又写道:“我的谢廖任卡!感受巨大的幸福而不窒息,起码说要像石头一样坚强。刚刚收到您的信:我都惊呆了。有关您最后的信息,是您给马克斯的那封信。那以后就音信渺茫。我不知道话该从何处说起,我知道从哪儿做起,就知道将来的结果:那就是我对您的爱……”(句子中断了。)

稍后不久,玛丽娜给阿赫玛托娃写了一封信:“我亲爱的人!生活复杂多变。我很激动,因为我知道了,他还活着——7月1日收到了来信,沉默两年之后的第一封书信。我激动,因为整天为其他人服务。不付出劳动,就难以生存——找不到存活的理由。情感完全寄托在别人身上:我——在这里为其他人工作,那边——有人为他辛苦……需要安排的恰恰是其他人的生活,原因是其他人过的日子更可怜,更无助(起码我还能感受快乐!)——整天都是其他人的生活,我自己在哪里呢?或许,个人的独立生存已经没有必要……

挤时间写作——如同得到奖赏。诗歌——是奢侈品。永恒的情感得不到验证。违背常情,又感谢常情,才能体验喜悦,只不过并非看上去似乎简单的喜悦……”

这些“其他的人”究竟是些什么人呢？实际上往往是些毫无关系的过路人，偶然迈进了玛丽娜的门槛，住在我们家，像在小车站上停留，在我们的小火炉子旁边烤火取暖，吃我们的面包喝我们的粥（但是吃不饱！），借以恢复体力；其中有几个不速之客是玛丽娜的妹妹阿霞“介绍”来的，那时候她住在克里米亚；有几个是自己找上门来的：另外几个是玛丽娜自己收留的，她的感觉总是准确无误（甚至有几分神秘），善于察觉别人的身体疲惫以及精神空虚，伸出手扶他一把，把他收留下来……稍作喘息，收留的人走了，去寻找更加可靠的岸；另外一些人，极其孤独，离开的时候，仿佛成了**自家人**，纵然这印象留存在记忆里。

至于说到诗——依然在写，无论生活多么艰苦，都在坚持，即便诗不是“奢侈品”，甚至不是必需品，但写诗是**难以更改的习惯**。尽管有很多障碍和分心的事，可是玛丽娜善于把它们推到一边，就像把乱放在书桌上的东西推到一旁，给胳膊肘和笔记本留出一块儿写字的地方。

收到谢廖沙的来信，玛丽娜就下决心去寻找丈夫，从收信之日到离开莫斯科那一天，这期间她写了一百多首抒情诗，写了长诗《小巷》，长诗《美少年》的创作提纲和第一章，长诗《叶果鲁什卡》第一稿的前几章，剧本《大卫》的第一幕，非常可惜，这个剧本后来丢失了，因而没有写完，还写了大量的日记、笔记，这里还不算整理随身带走的书稿文件要花费精力和时间，修改书稿交给莫斯科的出版社准备出版，写了几十封书信，其中涉及的许多人物后来都成了茨维塔耶娃散文当中真实生动的形象。

局势变得日益动荡险恶，玛丽娜离开了俄罗斯，她走的时候，不仅俄罗斯与革命进入了她的创作，在其创作中深深扎根的还有俄罗斯多种多样喧嚣的声音，民间文学的成语、谚语、熟语，绚丽多姿的民歌，送葬的哭调，从包括“毒眼”在内的口语直到占卜算命的行话，都获得了施展风采的机遇。

1929 年 8 月阿里阿德娜一度住在布列塔尼一位女友家里，这是在那里画的素描。

玛丽娜从小接受的是世纪末的传统教育，在保姆和家庭教师的监护下成长，在瑞士的寄宿学校读书，讲法语、德语像说母语一样流利，自然熟练掌握了俄语的**文学**语言——知识阶层的语言，她少女时期的写作，采用的就是这样的语言。她常常有意识地追求罗斯丹的优雅风格，或者仿效歌德的宏伟庄严。但是所有这些文字都属于语言的“巅峰”，而不是“根基”，语言的根基潜藏在民间语言当中，只要时机成熟，它们就会在文学中发出声音，得到反响，世世代代得以传承——受到许多经典作家和当代作家的高度重视。

作为“城市女孩”、“别墅少女”，玛丽娜在她的童年和青春岁月，没去过乡村，没进过工厂，没有机会接触民间生活，也无缘接触民间语言；她所听到的“平民语言”，不过是仆人、门房、扫院子的下人、洗衣服的女仆、女裁缝等一类人物说的话——词句简短，充满了恭敬；实际上革命之前的莫斯科通用语言原本就词句简洁，充满敬意……

当“革命的音乐”砰然轰鸣，刹那之间，一切都发生了巨变，玛丽娜以前从未听到过的音响，原来弄不明白的声音，现在她都接触到了，听明白了，从此汲取了这种民间语言威猛强大的力量，并且永远运用到个人的创作之中。（随着时间的流逝，茨维塔耶娃本人既是原来的茨维塔耶娃，又远远不是原来的那个诗人了，她曾给马雅可夫斯基写过一封有名的书信，其中不仅赞扬了革命俄罗斯的力量，而且承认革命俄罗斯的真理。）

正是在那个时期，莫斯科的街头、广场挤满了前所未见、不可思议的主人，回荡着至今闻所未闻的话语，玛丽娜的笔记本写满了交谈的口语、故事、对白，吸引着她急不可待地到处去倾听、去记录：去孤儿院分配站，去剧场，去车站，坐电车或者在拥挤的人群当中，在机关或者在教堂的台阶前面，在街心花园或者挨个排队的时候，都不会忘记聆听，默默地记在心里。正是在那个时候，这些崭新的声音占据了玛丽娜的心，让她大为惊异，她为自己的长诗寻找到了民间文学的源头，也就是这些声音的源头，她在阿方纳西耶夫民间故事集中有新的发现，不再把它看作童话故事，而是一部记载了历史上许多人物、许多事件，蕴含着很多密码的编年史，是一部不朽著作，记载了人类的永恒激情与功勋，记载了人类寻求奇迹的悲剧与希望……

正是在那个时候，茨维塔耶娃创作中优雅的“肖邦格调”逐渐消失，被她戏称为“浪漫情怀”的几个剧本也不过是最后繁华；玛丽娜告别了青春岁月的缪斯，作为诗人，她认定自己的使命是追随孤独的天才，声音不被收买，意志冷峻无情。

> 并非缪斯，并非缪斯，并非亲情的
> 锁链，——也不是你的约束，
> 哦，友情！——不是女人的手，
> 强悍的手，给我捆上了
> 绑绳。

住在布拉格广场公寓的，有的有家室，有的孤身一人——有文学家，出版商，有文学圈子里形形色色的活动家，大都是不久前从俄罗斯流落到这里的人。“布拉格狄拉”咖啡馆是个交际场合，所有的人都在这里碰面——它在俄罗斯侨民心目中的位置，或许仅次于未来巴黎的蒙帕纳斯山。坐在这家咖啡馆的小桌子旁边，看似若无其事，却能轻而易举地“决断”世界与祖国的艺术命运，“判断”祖国和世界的重大事件；在这里签订书籍出版合同；个人关系、事务联系的聚散成败也都在这里上演；突然爆发争吵，或者握手言和——全凭战后一杯低档的咖啡或者一杯啤酒。爱伦堡喝啤酒，我跟他喝得一样多，直到我父亲来到柏林，见我喝啤酒，大吃一惊，毫不犹豫地给我换了一杯柠檬水。

过了不久，玛丽娜就跟所有的人都认识了，像往常一样，跟少数几个人成了朋友，但友谊持续的时间都不长——一个朋友是爱伦堡的妻子，画家柳芭·科津采娃，另一个是画家柳德米拉·奇里科娃，她是比利宾的弟子（她的父亲当年是很有名的作家），还有年轻的出版商赫利孔[1]（因为在出版商开设的“布拉格狄拉”咖啡馆，只会大力宣扬出版社的名声，而不是相反！）。

关于赫利孔和他的“办公室”我当年写过笔记：“对于赫利孔说来，他的办公室就是他的整个世界。办公桌紧靠窗户，桌子上有厚厚的玻璃板，上面摆放着的全是赫利孔出版社出版的书籍，别的出版社出版的图书出现在他的办公桌上，他不能容忍；三个书柜装满了书籍，书柜上立着一尊中国的小神像。隔壁有个小房间，他的秘书小姐在那里使用打字机打字，有时候打字的是一个相貌像土匪的年轻人，爱伦堡写的作品总是自己打字。

拜访赫利孔的人可谓形形色色，无奇不有：有位老先生在牵着狗的锁链上挂了块手表（镀金锁链已经变卖了！）；几个作家的遗孀，形容消瘦，愁眉不展，她们来见赫利孔，指望他看她们丈夫的面子，给一点接济；坐在椅子上的作家，浑身扭动，眉飞色舞，以为用花言巧语极力吹捧赫利孔，他的书就有望翻译成西班牙文……他常常不请自来（用两条腿走路），提着公文包蹒跚而行，他不想得罪任何人，更不敢得罪赫利孔，可是背后常常骂街，指责赫利孔给钱太少，克扣他的稿费。

赫利孔一向把生活分为两部分——日常事务与精神追求。所谓日常事务——就是那个秤砣，全靠秤砣坠着他，他才停留在地面上，离开这个秤砣，在他看来，立刻会飘飘然升上高空，他跟安德列·别雷的感觉几乎一模一样。其实，他根本不必做这样的区分，因为他的精神贫乏，因此他需要安静，需要休息，需要做梦，需要舒适，而所有这些条件都不是精神能够提供的。

每当玛丽娜去赫利孔的办公室，她——就成了那个精神的化身，她让赫

---

① 赫利孔，阿勃拉姆·戈里高利耶维奇·维什年科（1895—1943），出版商，在柏林拥有名为“赫利孔”的出版社，出版俄语书籍。茨维塔耶娃的《离别集》（1922）、《手艺集》（1923）都是在他的出版社出版的。

利孔心神慌乱，失去平静，她把他提升到自己的高度，而不让他回归地面。玛丽娜的友情不是摇篮，从来不左右摇摆，迟疑不决。如果说玛丽娜推动摇篮，跟摇篮里的孩子说话，那么，由于她用力过猛，很可能把孩子摔出去，而她自己确信，她是在呵护孩子，可见这种呵护有时候会让受呵护者受伤致残。玛丽娜像提坦巨人一样跟赫利孔交谈，她说的话，赫利孔听不明白，如同东方居民从来就不了解北极一样，即便难以沟通，她却依然具有强烈的吸引力。从她的话语中他能领悟到，在他日常繁忙的事务中偶尔会有闪光，有某种超脱于琐碎平凡的瞬间。我看得出来，赫利孔以他的全部身心与记忆向往玛丽娜，如同向往太阳。可是距离太阳实在遥远，因为玛丽娜的生存——乃是咬紧牙关的坚韧，而赫利孔本人不过是一株弯曲柔弱的豌豆苗罢了。”

应该说明，看了我这篇日记，还有几篇评论“成年人”的笔记，玛丽娜陷入了沉思，她觉得，一个不满十岁的女孩儿，观察的目光太过锐利，也不拘礼节，不懂得小孩子和大人之间应该保持适当的距离。经过一番思考，她立刻安排我重新回归童年，委托给我一项特别无聊的任务，看护赫利孔四岁的儿子热尼亚。于是我跟热尼亚整天在柏林的街心花园或者公园里玩耍，而我的笔记本被小赫利孔画得花花绿绿，小孩子就是小孩子。

只有善良的爱伦堡有时候引导我进入成人的世界，更确切地说，进入他个人的世界，给我读《十三只烟斗》的片段，甚至把其中的一节作为“礼物”赠送给我，在那一节里写河马吞噬了传教士。（由于我长得越来越胖，爱伦堡就开玩笑称呼我为“河马”。）有时候我们在街上闲逛，观赏那些跑来跑去的狗，尤其注意那些拉着小车送牛奶的狗。爱伦堡给我解释说：“有的人养狗，是因为他不能亲自出来遛狗……”

战后的柏林，橙子、巧克力、优质烟草都散发出特别诱人的香味儿，看上去酒足饭饱，舒适惬意，自我感觉良好，其实苦于通货膨胀，感受到经济萧条的压力。物价一天天上涨。我们在公寓里包伙，给我们吃的是份饭，四季萝卜、燕麦粥、面条，分量都越来越少，摆上餐桌的总是那几样，不过，那是不能挑剔的。至于赫利孔出版社的稿酬，真是少得可怜，可是他们出版的书籍，印数不少，装帧也很优雅。拿到手的钱虽然不多，但是为谢廖沙支付路费（当时他在布拉格靠很少一点助学金生活）以及为我们最后去捷克斯洛伐克筹集费用，倒是解决了临时的难题。

有一次柳波芙·米哈伊洛夫娜带领我和玛丽娜去柏林最大的首都百货公司，她指给我们看摆放在前厅一张桌子上的巨大烟灰碟。烟灰碟上整齐地排列着没有吸完的烟卷，公司提供的小纸条上写着吸烟者的姓名。原来每个嘴里叼着烟卷的顾客走进商场就把烟卷放在烟灰碟上，以便从商场出来时能够接着抽烟……一张张小纸条跟名片大小差不多，还有一支粗大的铅笔系着细绳子跟桌子连在一起，抽烟的人可以不用打火机，同时又节省了自己的火柴……

长久分离以后，玛丽娜第一次给谢廖沙购买礼物：保暖的衣服、袜子、围巾，还买了个烟盒“算是精神安慰”：“大概他现在已经会抽烟了……”看着价格摇了摇头，还是给我买了有条格、带翻领的连衣裙。在柳波芙·米哈伊洛夫娜的一再劝说之下，玛丽娜给自己买了一件再普通不过的印花布连衣裙，乡下人爱穿的那种式样，上身带束胸，下面的裙子有褶，她每年夏天都穿这样的衣服，一辈子喜欢这种式样。

她给自己买的鞋子也是低档的、结实耐穿的：山区的矮腰皮鞋，鞋底很厚，鞋带下面是毛茸茸的皮舌头……

那时候时尚女子喜欢穿高跟鞋，透花长袜，薄纱或亚麻服装，佩戴面纱。但是，从 1917 年 10 月起，玛丽娜对于时髦服饰看都不看一眼，原因很简单：昂贵，高不可攀……她已经永远脱离了时尚！

……安德列·别雷经常从附近的小城措森来到柏林，跟妻子阿霞·屠格涅娃的离异,使他深受伤害,整天失魂落魄,四处流浪,非常不幸,一双眼睛,茫然无神,简直像疯子一样。玛丽娜看到他遭受的打击,立刻分担他的痛苦,把他的不幸当作自己的不幸,自然,甘愿承受额外的拖累。尽管周围的人对他都小心谨慎,也不乏敬重与担忧,在那个时候,惟独玛丽娜一个人成了痛苦心灵躲避风雨的港湾……"我亲爱的、亲爱的、亲爱的、亲爱的玛丽娜·伊万诺夫娜!"1922年6月安德列·别雷在给玛丽娜的一封书信中写道,"……最近这段日子格外痛苦、沉重,您仿佛是一支乐曲**再次**为我奏响:亲切,亲切,旋律奇妙,让人信赖……生活中往往会出现奇迹!有一种奇迹就是:有些人身上散发出来的气息,会让另外一些人感到欣慰喜悦,而且也说不出什么缘由……您还不知道,昨天对我来说意味着什么?我跟阿霞的关系彻底地结束了,她让我伤透了心,我要永远摆脱她。恍惚间我觉得自己的心跟阿霞一起迷失了,从头脑到胸腔空洞洞的,一片茫然。因此我从早到晚在柏林四处徘徊,不知道该如何排遣自己这份愁情,十二年的人生就这样中断了,生命破碎了,我好像自身撕裂开来一样痛苦。我走进小花园,坐在长椅上发呆,又去咖啡馆喝咖啡,进啤酒馆喝啤酒,木然地坐在那里,完全不知道自己身在何处。就这样浑浑噩噩到了傍晚。出乎意料,晚上遇见了您,忽然吹来了清新的风,传来了燕子呢喃的叫声,听见了美妙、美妙、美妙的好消息,毕竟还有故乡,原来什么都没有毁坏,天也没有塌下来……"

过了十二年,到了1934年,从报纸上得知安德列·别雷去世的消息(他是1923年回国的),玛丽娜写了回忆他的文章,题为《被俘的灵魂》。文中叙述的是他们俩——两个被俘的灵魂相遇的往事。

还有一次转瞬即逝的意外相遇,玛丽娜在"布拉格狄拉"咖啡馆碰巧看见了神情傲慢的叶赛宁,这是他们两个人最后一次见面。时当五月,天气暖和,咖啡馆的小桌子已经摆放在人行道上,桌边坐着的客人都用俄语交谈。

叶赛宁衣冠楚楚,就像商店橱窗里的时装模特,浑身上下是刚刚缝制好的新装，没有一点皱褶，似乎不能打弯，手握一根拐杖，头上是圆顶礼帽，生意人和资本家喜欢这种怪诞的“高帽”；和天空一样蔚蓝的眼睛流露出高傲的目光。迎接他的是一片赞美与欢呼，叶赛宁呢，脚步不停，一边走路（威严而缓慢）一边甩出几句猛烈又放肆的言词，让所有在场的人起初感到一阵惊讶，稍后感到无比愤怒。

可是叶赛宁已经走了，转过街角，消失不见了。

父亲到达柏林的确切日期我记不清楚了。当时出了点意外：可能父亲来柏林的电报送晚了，也可能该收电报的时候偏巧玛丽娜不在公寓，我只记得当时天天等，天天盼，可是得到信息很突然，几乎来不及去迎接。我和她匆匆忙忙去车站，简直是拼了命似的往那里赶，生怕弄错了方向，接不着谢廖沙。有个人提出来陪我们去车站，跟我们一样着急，可是玛丽娜谢绝了他的好意：她必须亲自去迎接谢廖沙，不愿让外人在场。

我们激动得浑身发抖，膝盖发软，急匆匆冲进了火车站，不料车站上空空荡荡，就像教堂刚刚做完了弥撒。远处传来列车汽笛长长的吼叫声，谢廖沙乘坐的那趟列车已经开走了，早就走了，下车的旅客和接站的人早都没了踪影。我们跑累了，吓傻了，毫无用处地到处寻找，把月台、候车厅、行李寄存处和餐厅都找遍了，却看不见谢廖沙；玛丽娜穿着蓝色的新连衣裙，我穿的是新买的海军衫——两个人都很漂亮！却又这么不幸，心慌意乱，茫然若失，仿佛刚刚做了一场梦……尽管车站服务人员很有礼貌，尽管闪光的墙上有准确的列车运行时刻表，尽管壁钟表盘上的指针精确无误，可是这一切都跟我们无关，难以消除我们的失望。

我们走到空旷的车站广场上，阳光照得广场发白，照得人眼睛疼，不敢睁开。我们感受到城市里蒸汽般的炎热，双腿无力，心里空落落的——没有接到亲人的沮丧难以消除。玛丽娜在提兜里一阵乱摸，她想抽烟，“唰”的一声

布列塔尼。1929 年 8 月。

划着了火柴。她的脸色阴沉。这时候我们突然听到了谢廖沙的喊叫声:“玛丽娜,玛丽诺奇卡!”呼叫声是从广场另一头传过来的,扭头一看,一个又瘦又高的男人挥着手朝我们跑过来,我猜想,这个人就是爸爸,我还认不出他来,因为他离开我们的时候,我还很小,只记得他那时候的样子,跟现在这个人不一样,我在心里极力想要把小时候的印象跟眼前朝我们奔跑的这个人吻合起来。谢廖沙跑到了我们面前,由于激动,他的脸都有些扭曲变形了。玛丽娜冲他缓慢地伸出僵硬的双臂,谢廖沙一下子抱住了她。

紧紧地互相拥抱,他们俩站了很久,很久,很久,然后才慢慢地用巴掌互相擦拭对方泪水淋漓的面颊。

父亲在柏林停留的时间不长,我很少见到他;他总是和玛丽娜在一起,跟我在一块儿的时候,沉默不语,目光里充满了爱;他的心思在很远很远的地方,他用手抚摸我的头,一会儿“顺着头发”抚摸,一会儿“呛着头发“抚摸。

爱伦堡夫妇像亲人一样接待谢廖沙,像过节一样为玛丽娜与谢廖沙的重逢感到高兴,谢廖沙仿佛成了过圣诞节人见人爱的枞树,都愿用闪光的饰物、可爱的玩具装饰它,美化它,祝福它。一切都需要商量,需要安置,但不是“随随便便”地安排,而是要安顿好,甚至要——隆重。

最重要的是:两个人都活着,互相找到了对方得以团聚!

谢廖沙到来的那天晚上大家喝了香槟酒——酒能助兴,不仅能让围着公寓餐桌就餐的各种各样的人找到“共同语言”,还能找到某种共同的情调——哪怕只有这一个夜晚。谢廖沙到秋天就满二十九岁了,可是看外貌依然像个大男孩儿,只不过由于得过重病,他显得很瘦,眼睛很大,一副孤苦伶仃的样子,尽管玛丽娜就坐在他的身边。玛丽娜呢,看上去就很成熟——好像一下子就成了有主见的人!——她的头发里早早地就有了一根根白发,十分显眼。

爱伦堡夫妇很快离开了柏林，他们去吕根岛的宾茨的疗养地了，夫妇俩都写作：爱伦堡写他的《十二只烟斗》，他妻子写她的评论。我们一家人搬到了位于陶特瑙街的一家小旅馆，离开了原先住的大房间，换成了两个很小很小的房间，好处是有个阳台。为了庆贺搬进“新居”，谢廖沙送给我一盆粉红色的海棠花，每天早晨我都用心给海棠浇水，小心谨慎，千万别把水淋到过路行人的头上：德国人可不喜欢开玩笑！

在“陶特瑙旅馆”这段日子留下鲜明印象的只是些七零八碎的小事——比如，每天早晨站在阳台上朝下看，然后打量四周，看打扫干净、洒满阳光的街道，看早晨不慌不忙走路的行人，这时候往往有一种感触，感受到时光流逝的短暂停顿，四周景物的过渡性质以及它的难以掌控，这种稍纵即逝的变化让审视者保持了距离感和独立的心态，不会由于赏识而喜悦，或者因为不喜欢而痛苦。

看来，这种感触的产生还有一个原因，在我背后的两间小屋里，我的父母双亲一直在商量有关最近的未来该何去何从，他们的话音偶尔传进我的耳朵里。留在柏林吗？德国不久前吃了败仗，正处于经济危机，俄罗斯人在这里不可能上大学，也很难找到工作，他们的子女也没有学校可以读书。当然，生活在这里可能比在捷克更容易“安顿”，——但那要看是什么人，不太可靠的俄罗斯出版社以及出版商本人究竟能支撑多长时间？什么人购买他们的书籍和报纸？怎么样生存？靠什么生存？这么说——倒不如去捷克落脚更好？那边——已经有了一点物质接济：谢廖沙在大学里有助学金。据说，马萨里克政府将要给流亡者发放救济金，好像给科学家、文学艺术家已经发放了生活补贴。是不是好心肠的政府？其实不然，原来第一次世界大战期间，协约国为捷克特种军团划拨了大笔经费，其中一部分动用了俄国的黄金储备，而捷克政府发给俄国流亡者的救济金不过是其中微乎其微的一点点“善款”。

这样说来，在布拉格——有查理大学（欧洲最古老的大学！），几位有名的教授早已经在那里任教,有些俄国留学生十月革命前同样早就在那里学习了。在捷克已经为侨民子女筹建了俄罗斯寄宿中学,在那些学生当中,有不少孩子是孤儿!的确,目前还没有侨民出版社,将来会不会有呢?可是,已经有了一家杂志月刊,容量很大,文学作品占有不少篇幅。布拉格的老城——美得难以形容,有哥特式楼房,巴洛克风格的建筑,极其浪漫!那是一座风光迷人的城市。不错,住在这样的城市里缺乏经济条件。没有办法。单身的大学生可以凑合着挤在"自由房"里——就是有一个个小房间的学生宿舍,每间小屋里有一张床,一个可以折叠的小桌子,还有一个凳子。如果你手里拿着教科书,在那里横竖都转不过身来!有家室的人大多都住在城市郊区,准确地说,就是住在郊外的村庄里。的确,那是真正的乡村:当然,跟我们俄罗斯的乡村不一样——房顶上铺着瓦;但过的是乡下的日子:水——是井水,点的是——煤油灯;不用说自然会明白,那里没有人行道,没有大马路。不过,假如住的地方离小车站不远的话,去布拉格也很容易,很方便;因为郊区列车经常来往,等车用不了多长时间。捷克人对俄罗斯人也很友善,跟这里完全不一样,那里的人不傲慢,不讲究官位高低,我想说句大实话:毕竟都是斯拉夫人,语言跟我们也接近;除此之外,出奇地爱好音乐!像意大利人一样痴迷音乐……那么自然风光呢?——那是个丘陵地带,甚至有山,有森林——跟我们的森林一样,也是针叶林;还有一条美丽的小河,名字叫贝龙卡,是伏尔塔瓦河的支流;对了,那里还有田野,有草地。空间辽阔,不会有压抑感,封闭感,周围的视野很开阔……

玛丽娜忽然冒出了一句很冲动的话:"有山?有丘陵?有音乐?——那我们去捷克!"

谢廖沙不久就走了,他必须为下个学年开学做好准备,早就已经放弃了死背教科书的习惯,头脑和心灵充满了其他的想法,感受总是日益积累——

更确切地说,感受会转化为意识——不断地从错误中**汲取教训**,1917 年一步走错,成了一系列错误的最初一环,难以更改,注定落入毫无出路的困境,合乎逻辑的悲剧性事件接二连三,一次错误引发了一连串的错误。谢廖沙走了以后,我和玛丽娜开始收拾东西,准备与柏林告别,实际上这个城市留下的印象并不好。处于十字路口,她对于这里的人际关系已经深感失望:离开这座城市已经到了最后的期限。

在柏林逗留的两个半月期间,玛丽娜没有去过剧场,没有听过音乐会,没有参观过博物馆,她只去过动物园和月亮公园。去动物园不难理解,因为我们全家人都喜欢动物。为什么去月亮公园呢?玛丽娜不喜欢"公众"娱乐,对于大篷里演出的马戏怎么反倒感兴趣呢?或许其中的原因在于,通过观看通常在公园里演出的马戏,发现这里的马戏与众不同,融入了德国人特有的钻研精神,延续了中世纪日尔曼城镇演出的模式;玛丽娜之所以受到吸引,源于她始终缅怀往昔,什么事总想寻根溯源,了解过去,才能解释现在与未来:也许,说不定她只是想让我高兴高兴?不管怎么说吧,反正在炎热的七月末,有一天,我们在柳德米拉·叶甫盖尼耶夫娜·奇里科娃的带领下,怀着最真诚的心愿,去了一趟月亮公园:该看的,看了个遍,该玩的,玩了个够。

先从旋转木马开始(木马有粉红的,白的,绛红的,亭子像个庞大的婚礼蛋糕),在美妙的音乐伴奏下我们坐在马车里飞快地旋转;接下来我们换乘小马,起初有节奏地起伏摇晃,随后就像跳环舞一样,飞快地绕着圈子奔跑。我妈妈坐在镀金的马鞍上,姿态高傲、优雅,可是脸色矜持、呆板(因为四周站着很多人),看上去一点儿也不开心,就好像在完成某种庄严的仪式。从旋转木马上下来,她悄悄地跟我说,要想成为善于骑马的亚马逊女人,看来一时半会儿我还不适合,因为我骑在马上,像发酵的面团,同时还大张着嘴巴。我认同她的说法,可是我的嘴巴仍然张着,怎么也合不拢。

进入笑屋,玛丽娜依然不开心,我们仨面对着哈哈镜里自己扭曲变形的影像,一会儿像瘦高的堂吉诃德,一会儿成了矮胖的桑丘·潘沙,一会儿头朝下倒立,一会儿变成有纽扣的茶炊,感到既荒唐又好奇,还有一丝厌恶。

她喜欢靶场——因为她平时就喜欢某些既要求灵活性、又要求准确性的运动或游戏,不仅需要脑力,也需要体力,从事这样的运动粗心大意是不行的。那里有几个靶心,男人们用弓箭、手枪、气枪射击,甚至还用弩,让人惊讶的是那些标靶,有的飞行,有的滑动,有的翻跟斗,射中了目标获得奖品非常开心,看着那些得奖的人,我羡慕得不得了。

杂技演员在帐篷里演出,魔术师临时搭台子变戏法;有拳击的,有表演体操的,有玩杂耍的,猫一样灵活,在钢丝上行走,悬在林荫道上空那条钢丝把天空分成了两半,就像金刚石切开了玻璃。公园里还有非常漂亮的秋千,我们荡秋千飞到空中(玛丽娜小时候在塔鲁萨就喜欢打秋千!)。还有几条样子笨拙的船,沿着曲曲弯弯高低起伏的轨道兜圈子;绿树荫下有咖啡馆——那里出售维夫饼干、柠檬水和盛在小杯子里的雪球冰激凌。

至于说到中世纪城,从门口的台阶到房顶的马头木雕全都是新修的,原来是座徒有其表、死气沉沉的仿古建筑,显得非常可笑,修筑它充分利用了生产过剩的废弃材料,比如磨损的轮胎、啤酒桶、废木桩,再加上陶器碎片砌成一圈围墙,在围墙上再插些古代的兵器,粗心的游客会觉得它很好看,沿着一条小街从现代建筑走到这座所谓的古城前面,稀里糊涂地走进里面去看一看。

两个大人觉得已经玩够了,可是我刚刚玩得开心,觉得还没有尽兴,不知不觉我们来到了公园的另一端,这里没有人表演节目,也没有引人入胜的景物,没有什么可玩的地方,我们在松树下的草地上坐下来,身边有清亮的湖水。玛丽娜朝四周看了看,对柳德米拉·叶甫盖尼耶夫娜说道:"依我看,置身大自然没办法休息。此刻我在想:等我快死的时候,会有这样的感觉,就像在这里,坐在岸上这一刻;是伤心?还是得意洋洋?到处是轰隆隆的响声,一切都在旋转——能走回头路吗?"——"难道这些就是——休息?"

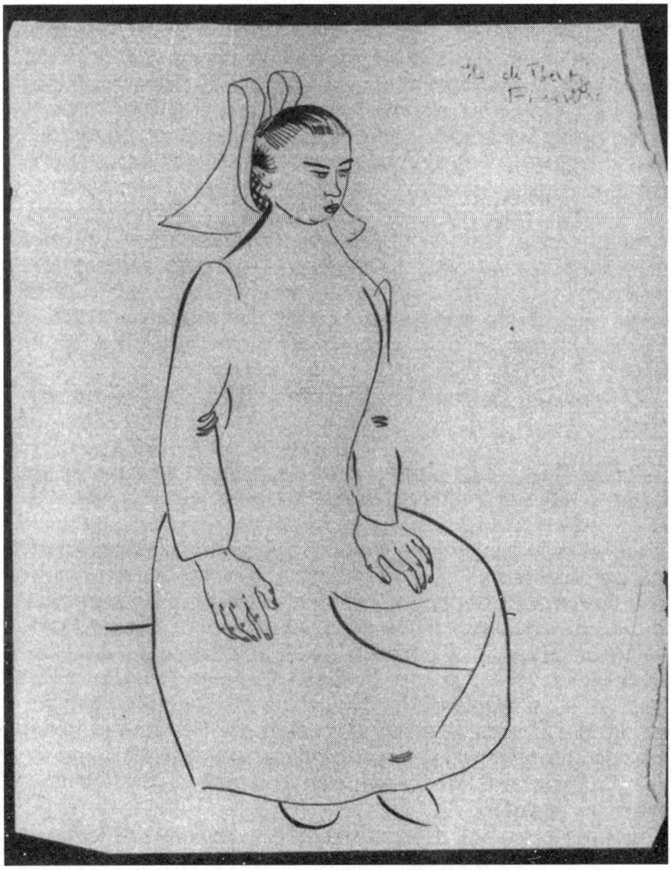

布列塔尼。1929 年 8 月。

游览月亮公园,成了玛丽娜在柏林的“绝唱”,那是秋千飞到顶点的一声长叹,是跟柏林的最后告别。此后过了不到一个星期,我们就离开了柏林,那一天凌晨,我们醒得很早,1922 年 8 月 1 日,我们乘坐火车到达了布拉格。

玛丽娜难以适应柏林,难以适应的原因是不喜欢,不喜欢的原因是离开了俄罗斯——到了普鲁士,离开了革命的莫斯科——到了资产阶级的城市,眼睛不喜欢,心里也不喜欢:因为不被容纳。从楼房的金钱气味,从咖啡馆传统的舒适氛围,从用尽心思的经营安排,从城市所有的(外在的)安排周到与注重质量,玛丽娜嗅出来的只有一点:**牢笼的味道**!

雨水安抚着疼痛。
冒雨放下了护窗板
我睡觉。沿着颤动的柏油路,
马蹄踏踏——犹如鼓掌声。

问一声好——彼此融合。
在光辉灿烂的停滞中,
超越孤儿们的童话故事
你在大发慈悲,牢笼!

是大发慈悲吗?也许是吧。谢谢牢笼,没有降低身份来发现你,他们以这种方式为你提供**从旁边经过**的机会。城市——从来都是相互利用。

茨维塔耶娃在柏林写下的头一行诗就是:

在鹅卵石下面,在车轮下面……

在柏林写的最后四行诗是：

在确信之前，在
自杀之前——简单：
两只鸟摇晃我的巢：
真理——与孤单。

从5月中旬到7月底，玛丽娜准备付印自己的诗集《普叙赫》、《手艺集》和再版的长诗《少女王》，这几本书于1922年至1923年期间在柏林出版。她写了大约三十首抒情诗，创作了书信体小说《佛罗伦萨之夜》，还以《光雨》为题，写了评论帕斯捷尔纳克的文章，于1922年发表。还在莫斯科时编写的《离别集》和《献给勃洛克的诗》，在爱伦堡的督促之下，1922年早春季节出版，那时候茨维塔耶娃尚未抵达柏林。

除了上述作品，玛丽娜还把马雅可夫斯基的诗翻译成德语[①]，收入爱伦堡主编的三种文字对照的诗歌选集《东西》。她的译笔热情奔放，诚然，她一向关注马雅可夫斯基，对其诗歌的热情从来没有减弱过，在俄罗斯玛丽娜最后见到的诗人就是马雅可夫斯基。

从当年的笔记判断，这次见面发生在玛丽娜快要出国的那几天，那是一个早晨，莫斯科的街道空旷无人。马雅可夫斯基喊了玛丽娜一声，问她事情办得怎么样。她说要去找丈夫，问他有什么话要转告国外的人。"就说真理——在这边！"马雅可夫斯基笑了笑回答，他跟玛丽娜握了握手，迈开大步

① 此处阿里阿德娜记述有误，茨维塔耶娃把马雅可夫斯基的诗《歹徒》翻译成了法语，而不是德语，题目译为《听，歹徒在叫嚣！》，刊登在杂志《东西》上（柏林，1922年第3期，页5）。

继续朝前走。

玛丽娜看着他的背影，心里想，如果他扭过头来喊叫一声："您算了吧，茨维塔耶娃，别走啦，留下来吧！"或许她会像中了魔法一样，当真留下来，跟着他走，跟他在一起。

玛丽娜这种追随马雅可夫斯基的念头或许跟浪漫情怀、跟"诗意自由"相关，想归想，可是根本不能实现，但是，却是深深埋藏在心底的真实想法。要知道她的出国实际上把自己分成了两半，一半永远留在了俄罗斯，永远跟俄罗斯在一起。（"我的俄罗斯，俄罗斯，你为什么燃烧得这般明亮？"）

"就说真理——在这边！"马雅可夫斯基这句话后来被茨维塔耶娃写进了一篇很有名的欢迎信，那是1928年在巴黎，在伏尔泰咖啡馆举办了马雅可夫斯基诗歌晚会之后，这封信刊登在左翼侨民报纸《欧亚大陆》报上（我父亲是这家报纸的编辑之一），这封欢迎信让玛丽娜体验到崇高的情感与胜利的喜悦，——她为公开的握手感到高兴，但是也给她带来了一系列的麻烦，甚至可以说是痛苦，由于她支持"布尔什维克"，米留科夫主办的《最新消息》报过去常刊登她的稿子，现在很长时间不理会她，这样她就没有收入，而她的稿酬却是维持我们一家生活的主要来源。

玛丽娜为马雅可夫斯基访问巴黎写的这封欢迎信，后来成了马雅可夫斯基《创作二十年》展览会的展品（为了纪念诗人八十诞辰，这个展览会去年又重新展出了），同时书信还被收入了《马雅可夫斯基举办展览》一书（"书籍"出版社，莫斯科，1973）。

1929年早春，玛丽娜最后一次跟马雅可夫斯基见面。应巴黎郊区一些共产党员的要求，马雅可夫斯基同意为法国工人听众讲演，地点是一家工人咖啡馆里的昏暗的小礼堂[①]（那里常举办婚礼和宴会！）。

---

① 马雅可夫斯基的这次讲演，未能找到可靠的证据。

由于事前缺乏准备，晚会举办得很仓促。组织者之一（是我父亲的朋友）约请我父母参加。看到出席的人不多，有些熟人也没有来，玛丽娜振作精神，走到马雅可夫斯基面前，介绍他跟自己的丈夫互相认识。

“您听着，茨维塔耶娃，”马雅可夫斯基说，“这里都是法国人，您来翻译好不好？要不他们一句也听不懂！”

玛丽娜答应了，但没有坐在给她指定的凳子上——她习惯了站着说话。马雅可夫斯基挑选了一首诗，三言两语介绍了作品的内容，玛丽娜——翻译。他——朗诵。

然后是礼堂里的听众提问和回答问题。听众对诗歌没有多大兴趣，他们更关心苏维埃俄罗斯工人阶级的事业。那几年，法国工人很少有机会跟从那边过来的人交谈。也遇到了一些带有挑衅性的问题，马雅可夫斯基以其惯有的激烈口吻和尖刻语气给予反驳。这就给玛丽娜出了难题，因为我们的有些词句在法语里找不到语意对等的表达手段。

这里所讲的情况，都是父母回来告诉我的，我记在心里，从那时到现在已经有四十五年的距离，那次晚会我自己没有去，因为要留在家里看守小弟弟。晚会过后，玛丽娜很快写了笔记，包括这篇笔记的资料留给法国朋友保管，可惜在战争期间丢失了，未能保存下来。

说玛丽娜热爱并且理解马雅可夫斯基的作品，这种结论无疑是平淡无聊的，因为现在任何一个中学生都热爱并且理解马雅可夫斯基，今天他早就超越了个人，成了有名的诗人，个性鲜明的人，不仅如此，他还成了我们日常景观的一部分：到处都有以他的名字命名的广场、地铁车站、轮船、纪念碑……

但是玛丽娜理解马雅可夫斯基，喜欢他，看重他，而当时他还默默无闻，距离他充分施展才华和达到荣耀的顶点还非常遥远，当时他才刚刚起步，充其量不过是许多年轻诗人当中的一个，在众声喧哗中，很难听到他的声音，难以辨别出他的诗歌，当时衡量诗歌依然遵循世世代代通行的格调。那时候还不清楚，谁的创作已经接近顶点，快要达到极限，而谁的才华不可限量；谁在朝前走，有上升空间，谁在原地兜圈子；谁已经误入歧途，远远落在了后边；我们现在了解的那些诗人，当时才刚刚透露出朦胧的曙光，在多种可供选择的道路中为自己开辟惟一的通道。

玛丽娜理解马雅可夫斯基，喜欢他突破禁区的勇气，叛逆者的性格，敢推翻往日的真理，而那些所谓的真理，她自己曾以浪漫的口吻给予赞扬，可是用不了多久，等到 1922 年，她就会嘲讽地说："家里昨天的真理——留下的只有臭气和垃圾……"

对于玛丽娜说来，马雅可夫斯基终其一生都是不变的真理；她一辈子对他保持了诗友崇高的忠诚；她知道马雅可夫斯基对她、对她的作品的态度，依据她的创作特点，把她归属于侨民诗歌，尽管这种评价十分偏颇，她自己确信这样的说法并不公允，然而她并不怨恨马雅可夫斯基——玛丽娜早已超越了渺小的个人恩怨……

1930 年她有一组分量很重的诗献给马雅可夫斯基，1932 年写了《俄罗斯当代史诗和抒情诗》评论他的创作。

她献给马雅可夫斯基的第一首诗《高于十字架和烟囱……》，写于 1921 年，在莫斯科亲自读给他听，她记得，诗人喜欢这首诗。

## 帕斯捷尔纳克

社会环境和个人境遇一直有诸多不利因素，让玛丽娜扫兴、失望甚至痛苦，尤其是侨居国外的时候，最大的障碍是话语难以沟通，就是语言的屏障，把她跟周围的人截然分开了——远离了亲近的人或者疏远的人，从事写作的人或者仅仅喜欢阅读的人。

玛·伊·茨维塔耶娃。女儿的素描。1928 年。

玛丽娜极其渴望在友谊、爱情、人际交往当中表现自我和奉献自我,因而其才华的力量得以成倍地增长,不幸总是遭遇挫折,交谈或书信往来常常受到冷遇,对话者有的思想贫乏,有的智力薄弱,却自视甚高,以为有能力(愿望)在珠穆朗玛峰的高度进行对话。

“习惯”于世俗情感和平庸思想的人,很快就感觉疲惫,因为他们要达到对话的高度,必须伸长脖子,踮起脚跟,甚至要踩上高跷,玛丽娜就充满智慧和精神力量的作品向他们提问,弄得他们心慌意乱非常紧张——原因是他们根本就理解不了这样的作品。

有些人有创作经历,他们跟玛丽娜交谈,往往感到气愤或害怕,他们指责她过于固执,可玛丽娜正是凭借追根问底的气质,深入了解他们内在的心理结构,加以变更、引导,聆听她特殊的、强悍的音调,这是他们难以企及的音乐,依据的恰恰是自己与众不同的、强有力的语言、才华和个性,而所有这些又是对方难以领悟与把握的。

跟刚刚认识的人建立联系,玛丽娜往往从一点做起,就是发现(不是想象)可能存在的共性所激起的火花,她会用犹如风暴一般的力量来吹旺火花,却导致火花突然熄灭,而不是熊熊燃烧,另一种结果稍微好一点儿,火花隐秘地闪光,几十年也不熄灭,为的是借以取暖,像保存一支光影明灭不定的蜡烛。

毫无疑问,玛丽娜善于处理“平常的关系”——朋友关系、邻里关系,有时甚至是不远不近的一般关系——她一直寻找可能存在的共性火花,当然,她想找到的火花远远不限于新结识的人(可是,在当时侨居国外的环境里,要找到那样的火花,几乎是**不可能的!**)。

但是,她在同时代的人们当中得不到应有的回应——呼唤,回答呼唤的只有——回声,就像她的音乐家为聋子(非常罕见)、为听觉迟钝者、为持不同观点的人演奏音乐,这种情况迫使她“为自己”写作,或者面向尚未出生的读者说话;这种处境让她痛苦,也推动她坚持不懈地寻找有活力的、能与她亲近的心灵。

奇迹终于出现了：1922 年 6 月 27 日，邮递员给陶特瑙街 9 号陶特瑙旅馆又送来了一封爱伦堡的信，寄信的地点是吕根岛的宾茨；说“又送一封”，是因为伊里亚·格里高利耶维奇和玛丽娜彼此之间常常写信，每周要写两三次，他——尽管在外地，对她依然要尽到“保护人的责任”，她呢，则要“报告”自己的写作和构思。

这次来信，掂一掂信封比往常来信重得多。像往常一样，玛丽娜用她心爱的裁纸刀拆开了信封，那把小刀像袖珍短剑，是多年以前谢廖沙送给她的礼物。她从信封里取出几张颜色有点儿发灰的信纸，写信的笔迹飞扬灵动，有些倾斜，从来没有见过，好在还有附寄的短札：

“亲爱的玛丽娜，寄给您帕斯捷尔纳克的来信。应他的请求，我看了这封信，我替他高兴。我也为您高兴——因为您知道，我如何看待帕斯捷尔纳克。

非常期待您的诗作和书信！

您的

爱伦堡”

“我看待！”玛丽娜冷笑着说。“我们热爱他——可是他竟然**看待**我们！”她开始看帕斯捷尔纳克的来信：

“亲爱的玛丽娜·伊万诺夫娜！

现在我声音颤抖，正在给我兄弟读您的诗——‘我知道，我将在霞光中死去！早霞或晚霞’——我像受到了浪涛的冲击，喉咙里憋闷，终于哭出了声音，我把自己的习作《我为你揭穿一个大骗局》跟这首诗相比较，我非常准确地意识到已经被您抛在了后边，当我用这首诗来比较《里程标和里程标和里程标以及干面包》，——体验到的同样是挫败感。

您——不是新手，您是我尊敬的、金子般的、难以企及的诗人，您明白吗？我希望，在我们的时代这一点具有重要意义，尽管写诗的男女**数不胜数**，很多人的名声超不过工会的范围，除了**数不胜数**的写诗的男男女女，不仅有意象派诗人,甚至还有尚未被人理解的天才,比如马雅可夫斯基、阿赫玛托娃。

对不起,对不起,对不起!

怎么会发生这种怪事呢?和您一起跟在灵柩后面,为塔吉雅娜·费奥多罗夫娜(斯克里亚宾娜)送葬,我怎么竟然没有意识到是谁走在我的身边呢?

怎么会发生这种怪事呢?我不止一次听您说话,听您朗诵,竟然粗心大意,错过了辨认您的斯温伯恩式的里程标①(即便您不知道他是我崇拜的偶像,——他会通过连带的影响波及到您,他会自由地进入您的心灵,亲爱的玛丽娜·伊万诺夫娜,就像当年拜伦自由地进入莱蒙托夫的心灵,就像——俄罗斯自由地进入里尔克的心灵一样)。

生活安排得多么荒谬和愚蠢!倒退一个月,紧跑一百步,我就能追赶上您,现在已经隔着许多'里程标',世界上那个小书店就在人行道旁边,没有门槛,马路上温暖又懒散的人流把我裹挟到那里!我毫不羞惭地承认,自己沉溺于庸俗之徒最卑劣的恶习:不必买书,因为随时可以购买!!!这样一来必须说:对不起,对不起!

鲍里斯·帕斯捷尔纳克

22年6月14日,莫斯科。"

信很长,言词断断续续,有些混乱,情绪激动,显然是一口气写完的,——玛丽娜也很激动,同样是一口气读完的,能写这样的书信,不是一般的同行,而是——兄弟般的笔友。是她不熟悉的兄弟,留在那边的兄弟,而她刚刚从那边来到这里,被她抛在身后的兄弟,向她伸出了手臂;"倒退一个月,紧跑一百步,她就能追赶上"这个兄弟,可惜,从那个时候起,在那个兄弟和她之间横亘着一条边界,出现了一道深渊!

---

① 阿杰尔顿·查尔斯·斯温伯恩(1837—1909),英国诗人,剧作家,评论家,帕斯捷尔纳克推崇斯温伯恩的作品,以为茨维塔耶娃的创作也受到斯温伯恩的影响,他在这里巧妙地借用了茨维塔耶娃诗集《里程标》的书名。

玛丽娜没有立刻回信，她想让帕斯捷尔纳克的心里先“冷静冷静”（这有点反常——照过去的习惯，她的回信往往像闪电一般迅疾！），以往她会深受触动，这一次倒并不特别在意；她在回信中回忆了他们俩在莫斯科偶然相遇的情形，回想见面的情景，甚至两个人彼此之间说了些什么话（玛丽娜的记性很强，牢靠、持久，这是她出众的才华之一）；她承认只有一次“听您在台上朗诵，您那时候却忘了词”；还说没有看过他的诗集，最多只读过他五六首诗。对于帕斯捷尔纳克提到他不久可能前往柏林，她说的话既有礼貌又很克制：“请问出国的事办得怎么样了？当真要出来吗？（外边的世界需要签证、履历表，要花很多钱）——您拿定主意了吗？……握您的手。——期待您的书，期待见到您。玛·茨。”

玛丽娜的克制是有原因的，震耳欲聋的声音让她担心，这声音差不多就是她自己的声音；**不可思议**的恰恰是这种声音，与她周围的声音相比，显得过分洪亮；实际上需要时间来验证他是否真诚，看看能驾驭他还是不能驾驭他；同时需要给他一点时间——让他用心想一想，如果他——有魔力（“阿门，请尽快消散！”），如果他真心实意，就让他在心里筑巢、扎根。

就在帕斯捷尔纳克即将到达柏林的前夜，玛丽娜离开了这座城市，这有点像希腊神话里的自然女神逃避阿波罗，那段神话故事并非发生在现实世界——她的这一决定和行动无疑经过了深思熟虑，因为要去捷克生活，一定要赶在秋天到来之前，才能安置和适应那里的乡村环境，不然的话，若是等到冬天来临，即便住在城市里，也会苦难重重，难以适应。

也许，那种逃避并非像神话一样神秘，而是有现实的考虑，既然把宝贝攥在手心里，掌握了它，就秘密保存，再不愿意跟别人分享，尤其是在“布拉格狄拉”沉闷的咖啡馆里，围着小桌子坐了一圈的都是无聊的人；她害怕外界窥视的眼睛，不怀好意的目光，玛丽娜早就看透了那些人，她更热衷于悄悄地把宝贝收藏起来：即便那宝贝是一本书、一封信、一片美丽的风景——或者是一个人的真心……要知道在精神财富的世界里，玛丽娜绝对是个特立独行的女人，她不能容忍旁人分享或窥视她的珍宝……

不管怎么说，她信中所写的“期待见到您”这句话，绝对属于1922年诗歌创作的自由想象，在以后漫长的岁月里，这句话也包含着人的真实渴望。

维系两个诗人的关系，找不到与此类似的现象，他们俩——是极其罕见的一对儿。

两个人——他和她！——年龄相仿，高超的能力堪称对手（他们内心喜欢的音乐截然不同，他们欣赏的美术作品也不完全一样！），两个人驾驭语言的能力不分上下，两个人曾住在同一座城市，偶尔会邂逅相逢，一度肩并肩行走，彼此发现对方却是在不可逆转的离别之后，在书信和诗歌当中相互欣赏，这是人世间最紧密的相互拥抱！

这是真正的友谊，发自内心的合作，不折不扣的爱情，渗透着两个人情感的书信，不仅详细、坦诚、敞开心胸，交谈他们之间的故事、创作、写信时的状况，而且描绘了写信人的自画像，既没有美化，也没有歪曲。

我不知道，1939年玛丽娜是否把帕斯捷尔纳克的全部信件都带回了苏联（她珍藏了全部信件，包括他邮寄包裹的包裹单），但是带回来的——都保存下来了，没有丢失或损坏，因为没有任何不相干的人插手，没有好奇的刺探，三十五年来一直得到精心妥善的保管。

帕斯捷尔纳克在他的回忆录里谈到过战争年代丢失了一部分茨维塔耶娃的信件。可是，克鲁乔内赫当年曾把丢失的那些信件中的一部分经过拷贝制作了复印件，他早年是诗人，一度是帕斯捷尔纳克和阿谢耶夫的朋友，他瞒着鲍里斯·帕斯捷尔纳克把打字机复制的信件广为传播，流散到形形色色收藏者的手中；那些信件有不少打印错误，有疏忽遗漏，至今还在被传来传去。

除此以外，许多书信的草稿和资料保存在玛丽娜的笔记本里，保存在她的卷宗里。

玛丽娜·茨维塔耶娃和鲍里斯·帕斯捷尔纳克相互通信,从1922年延续到1935年至1936年,二十年代达到最为频繁的高峰,后来逐渐减少直到完全停止。各个时期事先约定好的会面,一次也没有实现;1935年6月,鲍里斯·列昂尼多维奇赴巴黎参加国际反法西斯作家保卫文化代表大会,两个人倒是见面了,却是一次出乎意料、很尴尬的会见。他赶到巴黎的时候,代表大会已经开幕,当时他身体有病,心情极度消沉,起因是个人生活遭遇的风波与变动。他深深陷在这些风波的漩涡里,玛丽娜从这些事件里预感到,她的位置已不复存在。他的有意疏远以及搪塞敷衍,不仅使她受到震动,更是深深地伤了她的心,何况在私下里,在侨居国外的最后岁月,帕斯捷尔纳克是她惟一的精神支柱,是她逃避挫折与委屈的避风港。

后来,玛丽娜返回了苏联,她跟鲍里斯·列昂尼多维奇见面的时候很多,他给了她很多帮助,诚心诚意地支持她,但是他们之间那种高入云端的友情已经结束了:一旦从这样的高度降落到平地,再想重新飞入云端是不可能的,这就像一个人不可能两次进入同一条河流。

茨维塔耶娃跟帕斯捷尔纳克的书信来往对于她创作的影响,具有重要意义,绝不亚于她对个人原有风格的坚守,这种影响并不表现在她汲取了多少养分,创作个性受到了吞噬,——另一方面,也并非在多大程度上被对方“同化”,不,这种影响体现在茨维塔耶娃目标明确的奉献精神——自我奉献,指向具体的承受者。

这里还不必说两篇评论——《光雨》和《俄罗斯当代史诗和抒情诗》,其中第二篇在同等程度上也是献给马雅可夫斯基的。玛丽娜献给帕斯捷尔纳克的诗歌作品,或者灵感直接来源于他的诗作,其实数量并不太多:大概比献给阿赫玛托娃、献给勃洛克,或者献给伊克斯、伊格列克的诗稍微多一点,虽然写了献给他的诗,但并不希望声音传到他的耳朵里。然而所有写于二十年代和三十年代初的作品,就是她的创作最成熟、最多产的阶段,无论其创作灵感来源于什么人或者什么事,总归是心贴着心,是献给帕斯捷尔纳克的,是指向他的,聚焦点都在他的身上,像祈祷一样,面对着他。

玛丽娜随时随地渴望听到帕斯捷尔纳克的信息,这种期盼深藏在心底,与不懈的进取精神一道,成为她写作、生活、感觉的源泉。

帕斯捷尔纳克爱她,理解她,从不指责她,总是给予赞美——他的赞美无形中为她修筑了一圈保护墙,当她跟周围的人难以相处的时候,这道围墙给她以庇护,避开了周围环境带来的冲击……玛丽娜本身需要赞美,不然的话她会憔悴、窒息,会由于缺乏关爱、缺乏理解而导致严重的营养缺乏症;侨民界读者和批评家常常用不恰当的尺度议论她的作品,给她造成伤害,让她愤愤不平。(自然这里没必要提到几个亲近而忠实的朋友。)

在那个时期,她的诗歌语言变得日益复杂深奥(现在,时当七十年代,"大众"读者也都看得明白了,可是在二十年代,即便是"出类拔萃"的读者,读她的诗,都觉得难以理解),其中的部分原因是她的创作意向,关注帕斯捷尔纳克:语言,只有两个人明白,在其他人看来则是莫名其妙的密码!因为有些人虽然掌握了算术的四则运算,可是高深的高等数学对于他们说来依然是难以理解的密码。

1922 年,处于"高等数学"阶段的帕斯捷尔纳克,在给玛丽娜的一封探讨诗歌的书信中谈到了自己的创作:

"我知道——您热爱诗歌,简短地说吧,那种酷爱的激情绝不亚于我,我想说明我对这句话的理解。

在这个世界上我最爱(可能,这是我惟一的爱)——爱短暂瞬间**自然**呈现的生活真实,它从艺术形式中爆发喷涌,随后又疾速消失。生命的这种躯体运动不受外界约束。勃南森林依照自己的心愿向这片沼泽地伸展。不要自我欺骗:大概,我们的观察总是片面的。很有可能,生活朝四面八方扩散,它的河流冲刷出了三角洲。我们怀着揪心的疼痛发现了它的一处河湾,就情不自禁地想象它的河口就在这个拐弯处。我们在河流的上游，对大海一无所知，不妨闭着眼睛，以超人的专注力倾听流水的音调，波浪的旋律，尽情想象河水的流淌，未来的变化，以及它的本质等等……”

从诗歌的三角洲、河流、河口跳跃到诗歌的柏林领地，转到此时此刻国外诗歌界产生的破碎纷争和水源不足，他又补充说：

“在柏林我见不到您，我会非常痛苦和失望。告别了马雅可夫斯基、阿赫玛托娃、库兹明和其他几位诗人，我以同样的感觉、同样的心情期待见到您，见到别雷。

想不到，跟您见面的希望落空了；失望的别雷遭遇了真正的不幸。这里所有的人都在争吵，每个人都信口开河地滔滔辩论，以戏剧化的虚构作为论据，即便缺乏依据，也强词夺理。看来，应该尊重这一组合的所有成员，对他们的彼此不满表示满意，没有这样的组合，虚构将不复存在。即便在别雷身上，我看不到这样不达目的誓不罢休的气势……”

玛丽娜已经身在捷克，毫不拖延，立刻去跟鲍里斯·列昂尼多维奇相见——她没有这种急迫的心情。离开那个地方，轻松地去柏林玩几天，她做不到。原因是没有人帮助她到“相应的机关办理签证”，难以成行的另一个原因是囊中羞涩，而最主要的原因是出于对家中亲人的责任感，口袋里本来就缺钱，不想再有额外的支出！（在捷克生活一直处于拮据状态，除了布拉格郊区的小城镇，自然景色确实很优美……）

但这不过是外在的原因，即日常生活的艰难，有难以出门远行的理由。玛丽娜精力充沛，意志顽强，只要她确信这次会面有必要，只要她内心对会见有所准备，这些困难未必不能克服。其实，她在内心深处害怕见面。

帕斯捷尔纳克向玛丽娜提出了一个浪漫的、不切实际的建议——1925 年 5 月两个人在德国的魏玛见面，当年在魏玛宫廷任职的歌德是他们俩共同推崇的偶像，对于这个建议，玛丽娜半信半疑，既感到兴奋，又觉得不安。“……

现在谈论魏玛，帕斯捷尔纳克，您不要开玩笑！我得靠这个希望生活两年。如果在这期间我死了(——我决不会死!)，那么这就是我临终前的想法。您千万别开玩笑。我了解自己。帕斯捷尔纳克，此刻我沿着一条昏暗的乡间土路正往回走……一边走，一边用手摸索：泥泞，坑坑洼洼，黑糊糊的路灯柱子。帕斯捷尔纳克，我想念您想得很苦——不，不是想念您，——是想念自己见不到您，想念这些路灯、这些道路见不到您，——啊，帕斯捷尔纳克，要知道这两条腿必须走过千万里，我们才能见面!

……抵达魏玛，前面有漫长的两年。(突然——好像疯了似的——我开始相信!)我想给您一个允诺，无声的允诺：把我的诗和我生活中拥有的一切统统都寄给您……”

预先约定两年见面的期限，缓慢地度过了一年——很长很长的一年，“生活，依然是本来的样子”，囊括了天天重复的琐碎，撕去一页一页日历的无奈，包容了所有的操劳、烦恼、欢欣、风雨、彩虹、失眠、迷茫、新的交往、旧的争吵、叮当作响的锅碗瓢勺——在生活的流淌中进行创作的长长的一年，暗自盯着他，盯着对手，——这也是跟帕斯捷尔纳克书来信往的一年，是巨人般的诗的激情、“跨越障碍的激情”急剧增长的一年……

这是1924年6月14日帕斯捷尔纳克写的一封信：

“玛丽娜，我金子般的朋友，迷人的、神奇的、命中注定的亲人，散发着朝气的、我的心灵，玛丽娜……我为什么痛恨这些书信呢？哎呀，玛丽娜，书信不专注于主要内容。欣赏的**漫长过程**所带来的煎熬与疲惫，这样的感受书信难以表达。而这些——恰恰是最动人的。

激情穿过日常生活，像穿过水一样。一切都两极分化……当心脏收缩，——哦，这种心脏的收缩啊，玛丽娜！……我们的心脏收缩得多么厉害啊！要知道，这种收缩就是**修辞提炼**!!

这种现象——就是放电，这是宇宙运动的基本**方式**，是创造的方式，刹那

玛丽娜·伊万诺夫娜在散步,看来是在莫顿。1928 年。阿里阿德娜·谢尔盖耶夫娜在她的画稿上题写了开玩笑的词句:“妈妈漫步。”

之间触动人的心灵,人想模仿宇宙运动,接受这样的刺激,化为自己的电波……加以同化和效仿!

她从一出生就像充了电,整个少女时期几乎都保持着中立状态,只有在极其罕见的情况下巨大的才华会保持到成熟期,但是会间歇性地释放,而且常常是由于惯性的作用,自动摇摆的动作(不知疲倦的思考,'酷爱'写信的冲动等等)断断续续发出华丽的响声。——现在,她又一次充了电,面貌一新,因此世界变成了两极分明的池塘,池塘的一端——是电源……时间与地点,日出和日落,回忆和推断——在另一端则是一个无限小的点,就像留在心里的手指的印痕,当它受到刺激,就往水里释放美丽的火花……

……您写的诗多么奇妙啊!现在您超过了我,真叫我苦恼!可以说——您是让人嫉妒的大诗人。描写若隐若现的微弱亮光,难以捕捉的电光之美,写星火,写爱情——我说的就是这些。我对此有精确的了解。

但一两句话说不清楚,要表达必须借助多种艺术手段的威力——需要打破陈规的放肆。

请看从1915年《栅栏集》里挑出的一首拙劣的诗:

我爱被烟火熏黑了的你,
走廊失火燃烧,灰烬
来自冒火的行板与柔板,
谣曲的灰白粘在脑门,
音乐使表皮变得粗糙,
按日计酬的心,很远
笨拙的一群,像矿工
劳作度日在矿井下面。

哦,书信啊,书信,你自己去表白吧！现在把你发出去。不过,还有几句话说说自己：

我爱您,自然而然地爱,不允许我爱的,首先就是您。哦,我是多么爱您啊,玛丽娜！爱得如此自由,如此合乎天意,如此一目了然。这颗心伸手就能拿走,没有比这更容易的事了！……

我写信经常涂抹修改,您看到了吧？这是因为,我尽力写得真实。哦,真实的书信多么吸引我啊！真渴望跟您生活在一起！最好先成为那种生活的一部分,分别命名为写作、成长、灵感、认知。是时候了,早就该得到那种生活了。鬼才知道多少天我没有写作了,大概写诗都已经生疏了。

附带说,我正在朗读您的诗。听众大声喊叫：‘茨维塔耶娃,茨维塔耶娃！’他们要求继续朗诵……

……以后将是我们相约见面的夏天。我热爱这个夏天,因为这是跟强有力的人相遇,也就是说,我的距离最近,我只能在音乐声中迎接她,在**平常日子里**永远不可能见到她……看,这封信又没有说出什么想说的话。或许只有您的诗才能用自己的词汇说话。多么优美高尚的诗啊！……”

“……我将忍耐,”玛丽娜写道,“我像等待死亡一样,等待会见。由此产生了我的诗：

忍耐,像敲打碎石,
忍耐,像等待死期,
忍耐,像信息成熟,
忍耐,像盼望仇报时机——

我将等你(手指燃烧——
面首就这样期待女王),

忍耐，像等待韵律，

忍耐，像吞咽手指，

我将这样等待你……

……必须成为有耐性的人，宽宏大量，要比自己的年龄更老。只有老年人（他一无所求）才善于接受一切，也就是说，得到别人不要的东西，把机会让给别人……

您承认我是诗人，这信息传到了我这里——我呢，不想画十字。您——是诗人，您看得到**未来**。我把对今天（对事业）的赞美算在明天的账上。既然您看出——这样做**可行**，有理由相信——**前景可观**。

除了您的赞美和承认，我不需要任何人的赞美，任何人的承认。啊，不要惧怕我毫无节制的词句，它们的弊端在于它们还是词，也就是说还不能**仅仅**是情感。

……我非常平静。没有狂热发疯。我很好地过自己的日子。生活中头一次需要的不是鬼魅，而是知识。您从我身边经过，向世界证明了我的存在。

哦，法律——不能超越，自我——难以安抚！除了精神的天堂，还有捷克的森林，那里有柔弱的小树，有干树枝，有鸟的羽毛和兔子毛，——额头顶着天堂，双脚踩着捷克的土地。因此，由我主宰的一切都归于安静。而两条腿——只有一个目标，那就是为了走向您；拥有双臂伸展向上为了迎接您。渴望您的书信：握您伸出的手……

期盼‘和您一起生活’……”

因为心里有了他：**为他活着，陪他生活**——再也不能，完全不适应“跟别人一起生活”。

“在住宅里——怎么能安顿心灵？在森林里有可能——做到。在车厢里有可能——做到(但值得怀疑,因为——车厢有一等、二等、三等,可是一等并不比三等好多少,三等也不比一等差多少,最糟糕的是二等。最可怕的是——纷争)。

'和他'一起生活(共同生存),'为他'生活——只有在睡梦中。结果——非常奇妙。和自己在笔记本里写的完全一样……

……我以为,出于固执,永远不会对您说出**那个词**。出于固执。出于迷信。(最空洞的话最可怕,因为模糊不清,说过之后一切重新开始,意味着一切都已结束。)当那个词有意识地张扬夸大的时候——就可以随随便便说出口。我做不到,您也做不到。

……在我的山上生长着一棵刺柏。每次下山以后,我就忘记了它;每次上山,我都害怕它:像一个人!然后看到灌木丛,心里就高兴!常常想念您,当刺柏落在身后,看不见它的时候,我就会沉静下来,想自己的心事。我还从来没有近距离地观察它。我想,这棵刺柏就是您……"

1924年,帕斯捷尔纳克写信告诉玛丽娜,他生了个儿子,她祝贺他的——头生子!"头生子,永远是**惟一的**,无论他有多少弟弟!"——并且为他的名字高兴,妈妈叫叶甫盖尼娅,他叫叶甫盖尼!延续了母亲的名字。其实,她本来不太喜欢以语音"伊"结尾的名字,认为缺乏男子汉的气概,有点女人的柔弱气息。不过,戈奥尔基[①]这个名字属于例外。(有男子汉的气概,因为他是胜利者!)1925年,玛丽娜自己的儿子出生,就选用了这个名字。

"鲍里斯,亲爱的!我早就给您寄出了一封信,不知道是否已经收到?……我们两个人之间的持续沉默与回声的持续时间之久正好相等,更确切地说——所有的等待时间都充满了回声。您的每一封信(总是最近的一封!)的音波足够

① 戈奥尔基,这个俄语名字是"乔治"的变体,指常胜者圣乔治,因此说有"男子汉气概"。——译者注

延续到下一封来信。本来是私人之间的通信,竟然像患上了心脏间歇性停跳症。打击的力量与间歇持续的时间相当——物理学有没有这样的定律? 如果物理学没有——反正生活里有这样的规律……

鲍里斯,如果信未寄到——我简短重复一句: 2 月我儿子出生……我把他献给您,就像古代的人把他们的子女奉献给——神明……"

但是她的儿子并没有以"神明"的名字命名。

"给男孩子起名叫鲍里斯,真想以这种方式让鲍里斯·帕斯捷尔纳克进入家庭,让他有一点点共同的地方,让他承受委托,可是这样给自己带来损失……很细腻,又很强烈的情感。"……随后,孩子出生不久,她在自己的笔记本里写了这样一句话:"鲍里斯这个名字,既不能使他成为诗人,也不能使他成为帕斯捷尔纳克!"写长诗《捕鼠者》使用的恰巧是那个笔记本。1925 年 2 月 14 日写信则把这句话直接写给了帕斯捷尔纳克本人:

"亲爱的鲍里斯!

2 月 1 日,星期日,中午,我儿子戈奥尔基降生。他在我肚子里九个月都叫鲍里斯,出生十天以后起名字,谢廖沙想(不是要求)让他叫戈奥尔基——我做了让步。在这之后就变得轻松了。

您知道吗,我心里翻腾着什么样的感情? 混乱,难以说出口的内疚: 让您(爱情)进入这个家,驯养野兽: 爱情! 让雪豹不伤害人……

把**他**从他的家人身边夺过来,把您交给自己的亲人。把您变成公共财产……难免有点野蛮(也就是经过驯养)——就像侄子与叔叔……

……这不是疯狂,而是最严密的计算(请注意! 所有的疯子都这么说话!)……"

两个诗人的通信犹如云端交响乐,其中交织着有关孩子的乐章,有的乐章涉及两个人渴望会见,未能实现的约会(一次约会落空,想出了另一次约会,所有的主意都是帕斯捷尔纳克提出来的,——其中包括了让玛丽娜翻译

《浮士德》,她尽力给予配合。——见面地点仍然定在魏玛,岁月证明,这是又一次难以兑现的空想)。为了说明有关孩子的篇章,我这里引用鲍里斯·列昂尼多维奇提到他儿子的一封信,那时候他儿子两岁！信中对玛丽娜已经用“你”来称呼(1926年),对于“你”这样的称谓(带有鲜明的隐秘性!),玛丽娜很长时间持反对态度,她害怕把两个人的关系庸俗化……

“看在上帝的面上,千万别给我儿子寄礼物。你写到这一点,让我内心深受感动……你曾经问过我,为什么很少提到他。原因是他受到全家人的宠爱;还因为看护他的保姆并非我所希望找到的那种人,所有这些有可能影响他语言能力的培养;另外一个原因是他妈妈(画家)整天待在莫斯科高等美工实习学校里,从早到晚不回家……因此,我对她什么都不能说,因为我知道,如果我想去莫斯科高等美工实习学校上学,任何家庭都不会阻拦我;要知道,所有人的宠爱会把孩子娇惯成自私又任性的顽童,我的眼睛有时看到他言行不当,真想让他改正;可是我对他的关爱都被围在他身边的人扭曲了;因此,我这部作品正在被别人的手改写,要改变这种情况我无能为力,因为,这难以管束的孩子坏毛病越多,我就不得不尽力写作挣更多的钱,这就意味着,我陪他玩的时间越少……这就是为什么我很少提到他的原因。

他跟我小时候的照片非常相像,有一天他翻看爸爸的卷宗时偶然发现了那张照片,很多人以为照片上的孩子是他。

或许,将来他不会像我一样散漫,不受约束,或许,是另外一种样子。但是这一切,这一切我都得抽时间想办法改变……”

帕斯捷尔纳克担心他两岁的儿子语言说得不纯,担心小孩子的外貌,害怕全家人的宠爱对他的性格有不好的影响,不过,他这种担心在相当大的程度上可能受到了当时情况的影响,他在那封信中写道:“……这次牙疼得不得了。这是我最近第三次闹牙疼了。工作高度紧张,神经感到疲惫,右侧下半边牙齿疼得厉害。不久前齿龈脓肿,那一次是左侧的牙齿。这一次所有的症状又都重复出现了。牙疼得要命——难以忍受。为什么遭受惩罚？我该怎么办才好?!”……

帕斯捷尔纳克的书信本来是谈论诗歌的,现在只不过**抱怨**牙疼,**抱怨**身体疲劳以及家事纷乱引起的愤愤不平,对于这些纯粹属于尘世的特征,玛丽娜会有怎样的反应呢？她以自己母性的本能给予安慰！玛丽娜喜欢神话,赞赏神和英雄人物上天入地的本领,他们的功勋和事业都超乎人类的想象。她不仅热爱神话,还在自己的创作中一再引用神话典故,表现神话人物的矛盾冲突……

出乎意料的是,鲍里斯·列昂尼多维奇在他的书信中特别善于利用生活中的风波与挫折转换话题,引起对方的怜悯与同情,虽然他不想以此使收信人心情沉重,也不愿意引起对方滔滔不绝的倾诉与抱怨。他跟玛丽娜交谈往往采用不同的方式,谈的内容也不同。下面是他在1926年3月26日给玛丽娜写信,谈他读《终结之歌》的感受：

“……我已经是第四个晚上,把一小块昏暗泥泞、烟雾朦胧、夜晚的布拉格塞进我的大衣了,时而远处有座桥,时而忽然和你在一起,你就站在我眼前,——我跑向某个人,他突然站在等候办事的队列中,或是出现在我的记忆中,用时断时续的声音让他们了解伤心的抒情诗多么深奥,有米开朗琪罗的大气磅礴,有托尔斯泰的冷静,这部作品叫作《终结之歌》。它偶然落到我的手中,是本打字稿,没有标点符号……

读这部长诗心情多么激动啊！就像在演一场悲剧。每一声叹息,每个细微之处都在暗示:‘夸大其词——的确是夸张’。‘但在火车到达时——出现了委托人’。‘利用商业秘密和舞厅地板的滑石粉’。‘说是不应该,说是不应该’……

这些都是有生命力的句子,这些天来一直萦绕在我的耳畔,诸如‘自天而降的我的幸福’、‘亲爱的’、‘神奇的’、‘玛丽娜’,或是其他的语义含混的声音,你可以挽起袖子,从我的心底掏出这样的音响……

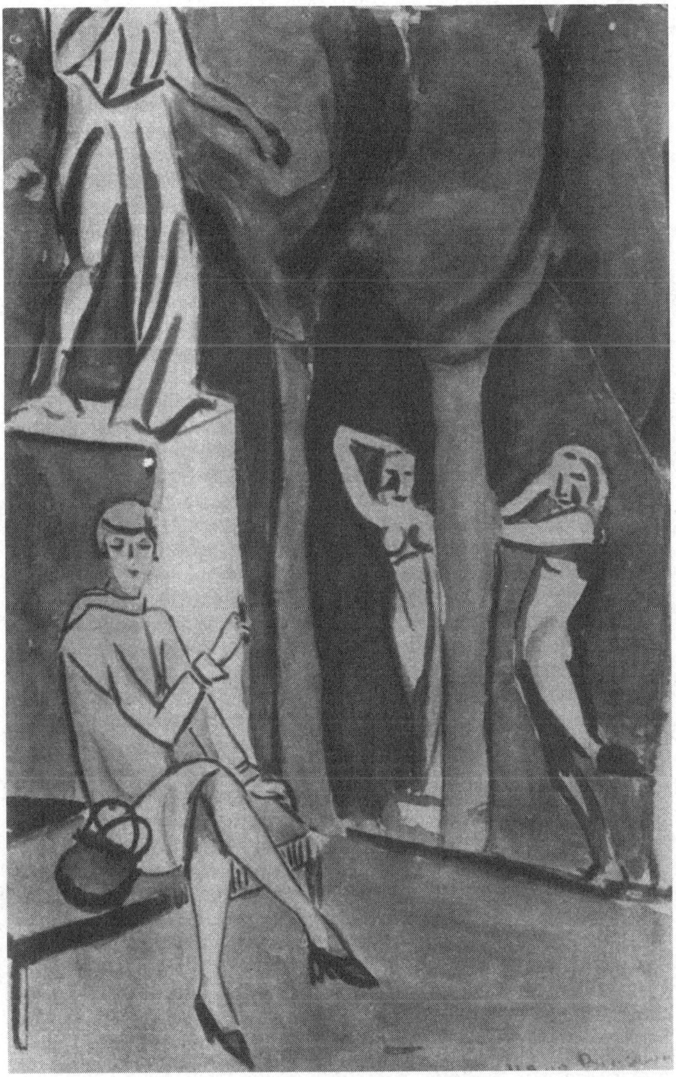

玛·伊·茨维塔耶娃在凡尔赛。阿里阿德娜·艾伏隆画。1928 年。

你是巨人，是恶魔般的大演员，玛丽娜！但是，关于长诗一句话也不再多说了，否则我就不得不抛下你，抛下工作，抛下自己的家人，背对着大家坐在那里，没完没了地写文章论艺术……论任何人任何时候从来没有真正讨论过的开启客观性的问题，论杰出天才与世界相吻合的问题，因为你的瞄准镜对准的恰恰是这些崇高问题的靶心，真正的艺术创作概莫如此。

只有一点小小的修改意见涉及一个提法。我担心，我们使用的词汇就其意义而论，并非总是相互吻合。'演员'和'客观性'这两个词或许会受到你的排斥……我却想把它们留在身边。

……你是客观的，重要的一点是，你有才华——是**天才**。最后一个词请你划掉。就我个人的使用习惯，这是个船夫使用的词，理发师使用的词。我遇到这个词，就感到不自在，想必你也会这样。总有一天人家会对你说出这个词，——也有可能不会说。反正都一样，像个充气屋顶悬在你头上，不是这个词反面的否定性，而是这个词正面的神秘性，在这个充气屋顶下，你年复一年地演算着你的物理学习题。

重要的是你正在钻研的题材。重要的是你正在建造一个世界，**一个以天才之谜为之加冕的世界**。

在你的岁月里，在你活着的时代，这个屋顶消融在天空中，消融在城市上空充满生机的蔚蓝中，你就生活在这座城市里，或者说，这座城市是你在钻研物理学的时候想象出来的。在其他时候，在这片屋檐下将会有人来来往往，将会出现其他时代的土地。城市的根基是由其他时代神秘的天才支撑起来的。

……你写到第一次朗诵遭遇的挫折，写到当时的一片哑默，我也有这方面的体验，所感受的痛苦，即便不能跟你相提并论，但也不会相去太远。只有那些早年的青涩习作，那些十五年前的东西（也就是那些起步阶段的涂鸦之作）能立刻被人接受（充其量也不过一两个人）。

不久之后，我开始把作品跟它被人接受的两年间隔视为一个瞬间，一个不可分割的单元，因为只有在非常罕见的情况下，才会迟于两年，而且往往会迟于三年或者更长的时间……”

从创作艰深难读的作品到它被读者接受只间隔两三年，喏，或者说更长一点，大约三四年！也就是说——作家与读者几乎是平行的，是同步的！不可能，类似的期限玛丽娜连想都不敢想。她从来不奢望**她**的作品在有生之年、在异国他乡，能被人接受，因为她的读者（不是指个别读者——而是指广义的读者，即自然形成、群体阅读的现象），在侨民界，她的读者是缺席的，或者说几乎就不存在，在那个时候，在那种条件下，没有地方去找这样的读者。当时的读者更欣赏倾向于传统的作家和诗人，就像他喜欢倾向于传统的评论家一样，不喜欢创新型的作品，他们的梦想、精神、工作、理智，都跟创新型作品毫无关系，对于带有创新精神的作品最平和的态度就是冷淡，像树墩子一样又聋又哑。

玛丽娜曾给帕斯捷尔纳克写信说：“除了您的赞美和承认，任何人的赞美，任何人的承认，我都不需要。”——她这是闭着眼睛说硬话，如果不是她，还有什么人知道，诗人不是为诗人写诗，甚至不是为大写的诗人写诗，比如像她心目中的帕斯捷尔纳克；雕塑家不是为雕塑家雕塑，作曲家也不是为作曲家作曲；一切真正的创作都是为了数量众多的人，为了满足他们对作品的需要，就像他们需要吃饭喝水一样。

如果不是她，还有什么人知道，那**惟一的**读者不可能长存，即便那读者是个诗人，进一步说，假定他是诗人……因为她本人对于自己的崇高信念就不那么稳固！

当他们两个人彼此急于见到对方，迫不及待地向往那难以实现的会见，他们互相交换刚刚写完的手稿、书籍、在杂志上发表的作品；借助书信往来互相挑剔批评，他们俩变成了很多人分享的精神财富；玛丽娜在想象中害怕帕斯捷尔纳克成为“公共财产”，很快他就成了我们家不见面的一个家庭成员，就是那个“野蛮又驯服的俘虏和叔叔”；玛丽娜的亲人和谢廖沙的朋友当中的一个朋友；被少数几个人阅读和喜爱的诗人，这几个人的眼睛和心灵已经转向新的俄罗斯。二十年代初巴黎用俄语出版的大学生杂志《走自己的道路》，我父亲担任编辑，它是国外第一本刊登苏维埃诗人作品的出版物（当然，也发表帕斯捷尔纳克的诗作）……

1924年帕斯捷尔纳克在《俄罗斯现代人》和《莫斯科诗人》两本丛刊发表了茨维塔耶娃“捷克时期”的几首诗。她的其他作品，主要经过帕斯捷尔纳克和爱伦堡之手，传递到了苏联诗人的手里，得到了他们当中很多人的承认和理解；而这样的承认和理解在侨民界“同行”那里，她是得不到也等不来的。这里举一个例子，下面是谢苗·基尔萨诺夫于1926年8月写给他的朋友艾米里·富尔曼诺夫[1]的书信片段：

“……我们阅读玛·茨维塔耶娃，你还记得吗？事情是这样的：帕斯捷尔纳克收到了她从布拉格寄来的两部作品——《终结之歌》和《捕鼠者》。照阿谢耶夫、帕斯捷尔纳克、我和其他几个诗人的看法，这是她近五年期间写的最好的长诗。《终结之歌》几乎是完美的天才之作，请原谅我的兴奋！《捕鼠者》——是体现了艺术技巧的杰作。如果我能把两部长诗抄写下来——我会把其中的一些片段寄给你……”

1927年，帕斯捷尔纳克写信问玛丽娜，她在侨民界无声无息，不合常情的默默无闻，得不到承认，是否因此而感到痛苦？玛丽娜回信说：

“……你为**荣耀**心情激动。（你说到）我失去了自己的‘荣耀时刻’。是不是为此而伤心？郁闷，的确。原因是：我写作的时候，除了作品，什么也不想。

---

① 艾米里·亚历山大罗维奇·富尔曼诺夫，诗人，记者，生卒年代不详，曾在敖德萨杂志《十月的洪流》发表作品。

写完以后——想念你。发表以后——想所有的人。

说真的,我的深刻信念是:我在俄罗斯发表作品——,可能所有的人都明白。是的,是的,所有的人——由于我的**本质的**单纯;因为每个人都能发现他**自己**,因为我——了解很多人,有丰富的情感。但愿这种爱——把我带到那边。一句话——目前在俄罗斯有空出来的位子,按照权利说——属于我……”

玛丽娜认为,她自己比帕斯捷尔纳克更容易被俄罗斯读者接受,她解释其中的原因写道:“你引导读者走进你的内心,我——把心掏出来,释放自己的情感。我——一秒钟跳进读者的生活。接下来——是他的事,他的行动。你是从有形变为无形(显然做得很神秘);我——是从无形变为有形(由神秘——到明白)。

可是,为了返回荣耀——在俄罗斯没有我的诗集,因此诗人——不存在。

……我与生活脱节越来越难以扭转。我已经‘迁居’,携带着自己的全部激情,尚未消耗完的精力——不像影子一样,不像柔弱无力的生命,而是活生生地——脱离了那些活人……”

这种与“活人脱离”的不幸,帕斯捷尔纳克想帮忙也无能为力,再说哪个人有能力解决呢?什么办法能够解决?脱离了俄罗斯,又难以融入侨民界,玛丽娜渐渐地仿佛成了一座脱离大陆母体的孤岛——究其根源,不外是历史潮流的冲击,个人命运的变迁。她越来越孤独,像一座岛,带着岛上的(自己的!)尚未开采的宝藏……

帕斯捷尔纳克敏锐而苦恼地感受到玛丽娜由疏离到孤立,正难以逆转地陷入绝境,这种状态会切断她跟俄罗斯一些诗人保持联系的那根线,因此,当他得知阿娜斯塔西娅·伊万诺夫娜·茨维塔耶娃应高尔基的约请,将要出国(他很了解她)——他为这姐妹俩即将会面感到高兴。“当然,你已经跟阿霞通过信,为这原本不可能而变得可能的重逢肯定比我更多几分惊喜……这个信息是我弟弟带来的,不是他本人跟她打过电话,而是邻居传的话……至于她没有把出国的事及时告诉我，多半是最近收拾行李较为忙乱，这回事不必再提。我本来想准备点东西让她转交的！反正她会有很多话要说，要转达，叫人担心的只有一点，她跟你见了面有说不完的话，什么都会讲得极其详细，千万别忘了梅尔兹利亚科夫巷和沃尔洪卡街的那些人……”（玛·伊·茨维塔耶娃过去住过梅尔兹利亚科夫巷，鲍里斯·列昂尼多维奇住在沃尔洪卡街。）

他迫不及待地盼阿霞回国，去车站迎接她，总想听她说话，听也听不够，既忧伤，又怀着希望……

“亲爱的玛丽娜！正在下雪，我着凉感冒了，阴阴沉沉的早晨。好吧，此刻大概飞机已升起在莫斯科上空了，正穿越纷纷扬扬的雪花，他们的眼睛能看见，在这个城市，在这个早晨，他们都干了些什么，窗户旁边那个人……

我想象中道路都通向你，使我暂时忘却真实的道路：我必须‘诱导’你过上比眼前更好的生活，多一些光明，少一点坎坷，我有这样的感觉，正是这样的情感，而不是别的情感，赋予我的胸膛和肩膀以力量……

听阿霞说，讲到我的时候，她总是说精神状况很糟糕（反正你难免要失望，她在有意识地保护你吗?），她说自己一会儿胡编乱造，一会儿如实直言，一会儿又说别的……反正我倒无所谓。好在她详细地讲述了你的情况，让我很难忍住自己的泪水，她对我的情绪倒并不担心……

她把你的两本长诗《来自海滨》和《新年遭遇》都给了我，说本来是送给她的。叶卡捷琳娜·巴甫洛夫娜[别什科娃]不久会把我的诗集带给你。

说什么呢，玛丽娜！好得难以形容！过去我读勃洛克常有这样的感觉；因为读这样的佳作，自己的诗会写得更好。特别扣人心弦，忧伤又透明。和往常一样，你的句式变化多端，既有生命力，又与大事、激情、认识、动荡相吻合……

首先，最重要的，当然是我爱你，也许像孩子那样爱你。不过，我不想让自己停留在目前这种状态，泉水疯狂地喷涌，我不能呆立在泉水旁边，而是沿着奔流的河水顺势而下,是时间雕凿出的河床。

时间——是你的博大辽阔,是我的沉重负荷。

总是——筹划啊,筹划。你觉得你现在的处境真实自然,我却难以认同。

纠正命运的这种谬误,在我们的有生之年,不啻是赫拉克勒斯[①]的功绩。但这是惟一值得建树的功绩,我不知道还有别的什么业绩。

附带说,在给高尔基的书信中我这样表述这个目标:“如果您问现在我准备写什么:写什么都行,只要能把这个才华出众的诗人(指的是你)从荒谬的、难以忍受的困境中拯救出来,让她回到俄罗斯。”

岁月流逝,而当年并没有实现的筹划,已经烟消云散,命运依然是那样荒谬,难以忍受,孩子在成长,操心的事越来越多,而往来书信——从 1931 年开始,则逐渐减少……

玛丽娜不写诗的时候,年幼的我会说:“诗累了。”终于有一天,帕斯捷尔纳克的书信也“累了”。一开始,从不易察觉的口吻的变化,玛丽娜有所警觉,她不再催促他给自己写信;收信与回信之间会出现长久的“停顿”,让她感到非常痛苦。即便回信,也不再吐露积存的痛苦。

未曾实现的“魏玛会面”整整过去了十年,1935 年,利用国际反法西斯保卫文化作家代表大会的时机,两个人在巴黎匆匆见了一面,情景相当可怜。

1935 年 10 月,收到玛丽娜一封书信,这封信没有保存在茨维塔耶娃的卷宗里,帕斯捷尔纳克在回信中写道:“亲爱的玛丽娜!我还活着,过日子,想活着——也应该活着。你难以想象,那时候,以及后来的很长时间,我的处境有多么难过。‘这’延续了大约有五个多月。带引号的词意味着:我已经十二年

① 赫拉克勒斯,希腊神话中的英雄人物,宙斯与凡间女子所生之子,力大无穷,建立十二功绩。——译者注

没有见过自己的父母,我路过那里,却不能去看望他们。回国以后,我拒绝去看望高尔基,罗兰和玛伊雅在他那里做客,尽管他们希望我去。我知道你的艰难,却不知道其中的根源,似乎有某种力量,无论如何我不想承认它们,因为这之前我受到干扰,可恶地搅扰了我的梦,我不得不等着另一个美好夜晚的来临,在那之后可以重新过上熟悉的、亲切的生活,再不要过这种叫人迷惑的、永远看不透的日子。

只有到了那个时候,父母、你、罗兰、巴黎和其他一切失落的,统统从身边漂走的东西,才能重新归来。

也许,所有这些事情的拖延是由于我的过错。还有一点更重要,必须关注时代,就像医生关注患者的病情。由于我缺乏耐心,妨害了这样的关注……这有点类似匆匆忙忙包裹零散的东西:刚把一件拿过来,却又失落了另一件。

这种不快的经历不久之前才算了结,因为我们全家人从别墅回到了城里,回到了我熟悉的环境。我开始正常睡眠,让身体逐步恢复健康……

现在,我读了你写的评论与散文。很有你的个性,总能看到根本,给予全面的、让人过目难忘的分析,一切都准确无误,但最出色的当数《良心光照下的艺术》和《皮缅老宅》;有关沃洛申的一部分也很精彩。这些作品,尤其是我说过的两篇,分析得简明扼要,可以说,跟作品的体裁有关,你投入的精力十分自然,很容易领会。

《母亲与音乐》一篇,初看上去没有那么多生动的细节或者分析,你自己也曾指出(升音号和降音号)这些地方写得不太真实。可惜你的人物形象和细节描绘存在巨大的漏洞……

你的一封信有人夏天已经转寄给我了。我未能及时回信,因为当时病得很重。还记得你说过的有关绝对精神那句话吗?其中的一切都夸大了。我的艰难处境,你应当是见证人,却被严重低估了。但是这样的误解——其实

玛·伊万诺夫娜和穆尔。克拉马尔。1934 年。

也很自然——同样来自我的父母双亲：我未去看望他们，让二老感到震怒，他们再也不给我写信。

我想活着，害怕招惹祸端。请你想一想，这在我的生活中只不过是阶段性的间隔……

假设这样说吧——突然有一天我的身体全好了，失去的一切还能回来吗？我又想朝前看，我能看到什么人呢？比如说，谁能就其力量与真实性而跟里尔克相提并论？谁又能取代你的位置？

你们什么时候能回来呢？

你说，在你夏天那封书信之后，我这样是不是让你为难？

你的鲍。”

过去几年帕斯捷尔纳克写信情绪高昂，词句火热，这一封却急剧滑坡，由沮丧变为冷淡，这不仅让玛丽娜惊讶，而且使她受到伤害，让她难过的还有书信中针对她的个别词句，比如“你……和其他一切失落的，统统从身边漂走的东西……”，这让她联想到他前不久书信中就已经有不少无关痛痒的句子；帕斯捷尔纳克拖延很久才写回信，固然让她不快，几句话匆匆带过不能跟他的父母相见，更让她感到不解。

玛丽娜只承认**表现力**，完全不理解什么叫**忧郁压抑**，她从来不把疾病当成一回事（更不能以牙疼为例！）；在她看来，所谓疾病，不过是性格软弱的流露，是松懈散漫、缺乏意志力、自私、怯懦的表现，人（尤其是男人！）决不能沾染这样的坏毛病。与此相关，接下来不是写回信，而是——反驳，按照帕斯捷尔纳克当时的状况，这大概是他最不希望看到的！（1969 年《新世界》杂志刊登了茨维塔耶娃书信选，其中就有这封反驳信的片段。）这种反驳——是茨维塔耶娃书信体作者自画像最鲜明、最暴躁的特征之一，是痛苦而热切的告白，热爱生活，善于行动——是本质中的本质。

……如果两个诗人只能在书信和手稿中交谈，而不能在生活中相遇，那么,最后的结局就是——挥手道别,各走各的路。

1941 年 7 月,玛丽娜疏散去外地,鲍里斯·列昂尼多维奇和当时还年轻的诗人维克托·波科夫在莫斯科北河运码头为她送行(当时他还白费唇舌,想劝她改变主意)。

真没有想到,十年过后,1951 年 10 月帕斯捷尔纳克给我写信,提起当年他跟玛丽娜之间崇高的友谊:“……连续几年我一直被高昂幸福的情感所主宰,那时候你妈妈给我写信,她激情澎湃,不顾一切地扑向前方,让我产生了强烈的共鸣。我为你们一家人写了《一九〇五年》,为你妈妈写了《施密特中尉》。以后的生活中这样的创作再也不会重复出现了……”

## 捷 克

我不记得怎么离开的柏林,怎么到了布拉格,怎么在布拉格火车站跟谢廖沙见的面,最初几天我们怎么样住在一个小房间里(大概那是谢廖沙在“自由房”宿舍里的一间“小屋”);甚至把这些地点串联起来的那一条细细的路线,在头脑里也没有任何印象,仿佛我和玛丽娜是在柏林公园里闭着眼睛打秋千,忽然一下子就从那里甩到了这个捷克的小村庄,它的名字不大好听,“莫克罗普西”,有点像“湿狗”的意思。这还不算,“湿狗”村居然还坐落在山谷里!

的确,话得从山村莫克罗普西说起——谢廖沙认识两个可爱的女大学生,玛鲁霞和瓦丽娅,我们在她们简陋的房子里住了两天,谢廖沙和玛丽娜就在附近寻找合适的住处。

房子很简陋,因为小屋子属于巫婆似的女房东(屋里挂满了窗帘、布帘、罩单之类的东西),住在里面不允许用壶烧开水,这么说吧,站也不是,坐也不是，大气都不敢喘，何况我们还是外来的人呢。

不错，两位小姐的迷人美貌给禁闭室般的小屋子平添了柔和的色彩，显然，她们的魅力吸引了住在莫克罗普西的男性大学生的关注目光；潜在的未婚夫和毋庸置疑的“追求者”有事没事总来这里的围墙旁边溜达，惹得老太婆不停地唠叨抱怨，一句话，就像果戈理笔下的人物。

房子四周，无论朝哪边看，都是迷人的夏日风光，绿色的旷野，一条小河从中穿过，而长着雪青色枞树的丘陵连绵起伏，宛如镶上去的花边。郊区所有的小村庄，每一家独立的小房子，周围都有葱茏茂密的果园；篱笆墙边大都种着大丽花，而每个木栅门上都挂着一块好看的小木版，上面写着“耻于公狗！”，原来那意思是“当心，有狗！”。

那些年，布拉格郊区养了很多很多的鹅，成为乡村一道美丽的风景，这让我非常喜欢，不料，由于缺乏经验却受到了惊吓——原来这些鹅属于生性好斗的品种，常常猝不及防地猛扑上来拧人，如果我不及时拣起干树枝的话，就会受到它们的攻击……大鹅看护小鹅的时候，变得尤其凶猛，它们之间互相打斗时，会把羽毛生生地拧下来。不过，等快到冬天的时候，它们胸口的羽毛又会长出来。尽管这些大白鹅勇猛好斗，可是当它们走过乡间道路，白云一样穿行在高高的李子树之间，摇晃着弯曲如蛇的脖颈嘎嘎鸣叫，依然叫人非常喜欢。

我们住在贝龙卡河对岸，要过河必须走到高高的铁路桥附近乘坐轮渡，平静和缓的流水在渡船下面发出哗哗的响声。这时候，丘陵向两边闪开，小小的村子仿佛就在手心里，或许是这样的缘由，它才取名峡谷村。要想买东西就得去另外的村庄；我喜欢带着小篮子，能给妈妈帮忙。

我的日记本里的“照实”笔录讲述了我们到达捷克最初几个月的日常生活状况：

雅·艾伏隆和女儿。三十年代初。

“我们住的小房子位于山谷里面。院子很小,菜园不大不小,有一条狗叫列威,还养着几只鸡。房子刷着黄白相间的油漆,房顶——瓦片是玫瑰红的颜色。这里住着七个人,其中有四个小孩子。离我们不太远的地方有个大村子,叫伏谢诺雷。那里有两个店铺,有三层的楼房,还有火车站。一天是这样度过的:八点前后我们起床,玛丽娜做早饭,我收拾所有的床铺,两张桌子,两个窗台,用房东的扫帚清扫地板。然后我去取牛奶,把泔水提到外面,从附近的水井里打水。吃完早饭我洗碗,玛丽娜吩咐午饭熬粥,然后坐下来写作。我也要在小本子里写满四页。午饭以后我出去玩,有时候玛丽娜带着我去散步。晚上我读书,画画儿,很早就上床睡觉。有时候会有人来做客,有时候玛丽娜到什么地方去走走。

谢廖沙通常在布拉格住四天,住在‘自由房’里,他学的功课很多。其余三天回到村子里来。早晨,妈妈给他准备可可当茶,让他吃抹了黄油的面包,可是他生气,怎么劝说也不吃;给他一个人煮鸡蛋,他需要这样的营养,因为他非常消瘦,非常疲劳。吃完早饭,他坐在灰色的床铺上,身边摆了很多书,不然就在房间里来回溜达,背诵记在本子里的笔记。午饭以后,他不愿意出门散步,玛丽娜白跟他费口舌:‘走吧,谢廖申卡,咱们去森林,去伏谢诺雷,去爬山吧!’我也说:‘走吧,我们一块儿去吧,爸爸!求你啦!’‘玛丽诺奇卡,我不去,我必须好好准备考试。秋季系列考试就要开始了,我可不想考砸了。’‘走吧,难道你真的不想去?’‘真不想去,玛丽诺奇卡!’‘好吧,那你最好能躺一躺,哪怕躺一小会儿!’‘好吧,好吧,我躺一会儿。’

于是我跟玛丽娜出去散心——去伏谢诺雷,去小铺子买东西,或者去爬山,有五六处山坡我们很喜欢。

到了谢廖沙该走的那一天,我们就六点起床,玛丽娜煮可可,给谢廖沙炸面包块,煮鸡蛋,谢廖沙刮脸,穿衣服,我往桌子上端吃的东西,非常着急,手都发抖。摆上糖、盐和其他需要使用的餐具。我们终于开始吃饭,吃得很快,因为爸爸要赶七点二十那趟车。好,一切都准备停当。我们替谢廖沙带上那个小小的手提箱,里边装着刮脸刀、肥皂、牙膏、牙刷、毛巾、手绢、笔记本,我替他取来防雨的外套。

我们去送爸爸。玛丽娜把什么东西忘在家里了,匆匆忙忙回去找,我跟爸爸躲进路边的树丛里。我们听见啪嗒啪嗒的脚步声,知道是妈妈来了。那时候我们就学狗叫学猫叫,玛丽娜大声叫着说:‘去!你们俩就像两个流浪汉,又像两个叫花子!’我们加快了脚步,几乎是一路小跑。很快过了桥,就走到了车站。谢廖沙掏出了车票,我和妈妈坐在长椅上。忽然听见:呜——呜——呲!由四节车厢组成的列车从我们眼前驶过,是巴黎-布拉格列车。轰隆轰隆!这是列车驶过桥梁的响声。

后来听见:嗵!嗵!嗵!……这是爸爸要坐的那趟车。果然不错。‘再见,玛丽诺奇卡!我们星期五见面!’‘再见,爸爸,早点回来!’‘再见,阿莉娅!再见,玛丽诺奇卡!’

眼看着火车启动了。”

我想,火车站很多,有离开的车站,有到达的车站,有接人的车站,有送人的车站,在所有的车站当中,最合乎玛丽娜心意的就数城市郊区这个伏谢诺雷小车站了:干干净净,人很少,遮阳棚下面整齐地摆放着盆花,其中有花朵低垂的旱莲;站台边上有两盏灯,再就是信号灯和钢轨了。

玛丽娜经常乘火车去布拉格。等车的时候,站在灯柱旁边在心里跟帕斯捷尔纳克交谈。她的思绪随着奔驰的列车飞往患病的里尔克床头,或者飞往距离很近,却难以抵达的魏玛。

在这个站台上,玛丽娜在心里反复推敲她的长诗。两条钢轨把她的思绪引向远方。那里有俄罗斯。

趁着天还没亮，
它的激情尚未得到释放，
我从潮气和枕木
重构俄罗斯的形象……

……从潮气——和飞鸟……
乌黑的钢轨在撒谎——
全都是凌乱的传言，
还说莫斯科在枕木后面！

接下来还有：

……仿佛我命定遭受驱逐
沿着钢轨的里程——
潮湿的阴霾——两头遥远……
（你该向莫斯科鞠躬！）

小时候的日记，记的都是玛丽娜日常生活中外在的一些琐事，特别是住在第一个捷克乡间的小村子里（三年多一点儿的时间，直到离开那里去法国，我们先后住过的村庄有山谷里的莫克罗普西和山上的莫克罗普西、新院落、伊洛维夏、伏谢诺雷等，1923 年至 1924 年那个冬天，玛丽娜和谢廖沙住在布拉格，我在摩拉瓦特热博瓦上寄宿学校）。

玛丽娜的第一个“捷克”笔记本则属于内心的体会，她从 1922 年 8 月 6 日开始使用这个本子，里面的第一首诗是：

阿里阿德娜·艾伏隆。巴黎。三十年代中期。

西比拉：烈火焚烧，西比拉：树干。
鸟儿们都已死亡，然而上帝出现……

标注的写作日期是8月5日，可见诗歌诞生在启用笔记本之前，在忙于搬家、寻找房屋、安顿住处的时候，当时要跟新认识的人交往，熟悉新的环境、情况，——也就是说，是在日常琐事杂乱无章的情况下，她居然写出了**这样的**诗歌作品。（这个笔记本的题词——选用了瓦·基·特列季亚科夫斯基的名言："诗人是创作者，这并不意味着他是说谎的人；谎言违背理智与良心，但是诗人依据理性的构思往往是让事物**可能**存在，而且**应该**存在。"

这段题词预示着一本诗集的诞生，它是玛丽娜生前最后出版的诗集《离开俄罗斯以后》，1928年于巴黎问世。）

就这样，笔记本的开篇是《西比拉》，正是这个西比拉，跟茨维塔耶娃塑造的其他形象一样，其构思可以追溯到很久之前和非常遥远的地方，在未来的路途上，他们还会走很远，不断发生变化，变为具体的、可以触摸的人物。玛丽娜还是个孩子的时候就曾经提问："哦，为什么我要长大啊？没有办法拯救！"她还说过："奇怪的词——老太婆！意思含混，声音苦闷……"后来凝聚升华为女预言家的题材，西比拉"超越了活在人世间的人"，"跟时代断绝了亲情关系"，像石头一样拥有了神的地位，获得了不朽的才华和精神。

玛丽娜在她一生的创作中，有些基本的题材，始终不肯轻易放弃，有些形象从一种身份转换为另一种身份，就好像灌木丛一样，从它的树干和树根不断滋生出新的枝条。

按照最初的计划，组诗《西比拉》应当由九首诗组成，实际上只完成了三首；原定的第五首和第六首的内容是："西比拉丧失记忆（不记得自己）"和"西比拉丧失记忆（不记得别人）"，后来自然而然地从希腊神话变成了俄罗斯神话故事——在长诗《美少年》的第二部，长诗的女主人公玛露霞丧失了记忆，就是西比拉丧失记忆的变体和延续。(《美少年》属于茨维塔耶娃创作的“俄罗斯”系列长诗之一,开始写这部作品的时候,是出国前夜,她还在莫斯科,完成这部长诗则是1922年最后几个月,地点在山上的莫克罗普西村,其间没有写任何一首抒情诗。)

伴随着西比拉题材——诞生了,或者说置入了——相近的题材:消逝的青春,银白的华发(“既然房子烧毁了——意味着上帝进了家门!”,上帝所在的地方——必定有福玻斯的身影,永恒的灵感与天赋之神,他烧毁了自己在凡尘的居所——“预言家”的肉体)。西比拉三脚供桌下篝火的反光——也照射到了组诗《树木》以及其他许多抒情诗,这些作品都记录在同一个笔记本里。

至于说到身穿红衬衫的美少年形象,虽然他的行动在情节惊悚的俄罗斯故事里展开,但他时时让人联想起组诗《西比拉》里无形的主人公,联想到长诗《跨上红骏马》里的人物,骑着红骏马的人以永恒的名义,夺去了心上人的一切——包括肉体与生命。这两部长诗的结尾,两个英雄都带着女主人公飞上了烈焰升腾的天空,情节非常接近:

……骑着红骏马——
我的英雄
从来没有带着我
飞上蔚蓝的晴空!

(《跨上红骏马》)

……炽热——对炽热,
激情——对激情!
相携回家去,

家在蓝色火焰中。

（《美少年》）

玛丽娜那些抒情诗笔记本的性能一直让我感到惊奇（其中也包括这一本，在捷克使用的第一个笔记本，带条格的布封面，有谢廖沙的赠送题词）：透过这些笔记本的一页页纸面，久已流逝的岁月闪现出光亮，你似乎能看到她创作历程的变化，却难以发现日常生活的痕迹，日常生活的现实已经融化在精神生存之中，日常生活往往成了创作的诱因，只有摆脱了琐事的纠缠，才能进入抽象的构思领域。

我小时候写的日记，其中有些片段，有点类似记录日常生活的日历；透过这些记录，很容易揭示茨维塔耶娃某些诗歌的直接原因，更确切地说，是哪些偶然事件导致玛丽娜把她的思想写到了纸面上，她不知疲倦地一直在创作，随时把她的思绪记在笔记本里。举一个例子，平常的文字记录了平常的散步："我跟玛丽娜在河边走，河水半像波浪、半像涟漪，不知流向何方。我们接近了树桩砌成的台阶，从桥洞下面穿过，那里有隆隆的回声。柳树间的小路很潮湿，就像一条走廊……我们默默地，小心翼翼地踩着一块又一块石头，终于看到了一棵树，玛丽娜早就喜欢上了这棵树。树越来越近，过了两分钟，我们在树下面的小丘上坐了下来，四周是交织纠缠、干枯的白色树根。我想跟玛丽娜说话，可是她说：'别出声，你听流水的响声！'妈妈倾听着水声，接连抽了两支烟，她观赏着河水，在一个小本子上记录下诗歌片断。在回家的路上，我们摘采了木莓果，还看见了蛇蜕下来的空皮……"

那首诗是贝龙卡小河"半像波浪、半像涟漪"的流水唱给玛丽娜听的，这就是：《两个人难分享早晨的欢欣》，其中运用了恳求的叠句："在河流的最初源头/倾听，倾听，亚当，/河水流动的血脉，/冲着河岸喧嚷：/你是足迹也是家园，/你是道路也是归宿。/大地上没有办法寻找/容纳两个人的住处……"

还有一段笔记写的是“格外开心的”布拉格之行，我们去看望谢廖沙，一家人一块儿去看戏（看的是狄更斯的《炉边蟋蟀》），在看“蟋蟀”之前，我们在“自由房”周围的街道漫步，那里是萧条的工厂区（没有哥特式和巴洛克式的建筑!），在一家工人咖啡馆喝了咖啡，吃了小面包，品尝了带奶渣的啤酒；我们聊天，开玩笑，笑声不断，还顺便去了商店，想购买一个日常做饭用的平底煎锅，可是不知道用捷克语该怎么说。看过“蟋蟀”以后，我们在谢廖沙宿舍里没人住的小房间过夜，转天离开得很早，为的是让谢廖沙安心准备眼看就要到来的考试，一切经过都那么简单又愉快，愉快又简单，或许只有“蟋蟀”有几分节日气氛，为这一天半时间增添了色彩……但是，玛丽娜的笔记本从这简单又愉快的过程里汲取了什么样的内容呢?

以全部力量正投入组诗《树木》的创作，她忽然顺便插入了“工厂”题材，从实质上说来，这个题材跟《树木》是相互抵触的：“在阴沉的工人区屹立着煤烟熏黑的楼房……”和“这是最后一次，最后一次罢工……”

“金色布拉格”靠什么抓住了玛丽娜的一颗心呢? 靠市郊的工人区，工厂林立的烟囱和厂房，折磨人的、呜呜响的工厂汽笛声，凭借想象，她仿佛亲眼目睹了种种凄惨，目睹了那些人的苦难，那些“孤苦伶仃的小孩子，那些愤愤不平，甚至变得凶狠的人”，仿佛那些人的命运都压在她的肩膀上一样。可是她只不过从那里走了一次，在那些街道前前后后看了看，外表并没有露出愁眉苦脸的样子……

**工厂**让玛丽娜重新看到了资本主义城市郊区的真实情况；古老的莫斯科工厂并不太多，也不以工厂闻名。只有西方让她看清了城市与郊区生活之间巨大的反差……正是在这些日子里她创作了讽刺诗《富人颂》——从贫富悬殊的角度写贫穷的苦难与富贵的虚荣：“……就为了工于计算、横肉满脸、带着金链、哈欠连连、棉衣保暖，我——大声宣告：我爱富人！我这个难以收买的穷光蛋……”

住在“郊区”玛丽娜写了很多诗,其中有一首《救命吧,上帝——烟!》,透过这首诗,我们经常搬家的实际情况得到了反映——从一个村子的农舍搬到另一处,并且还回忆了布拉格的“罢工”:正是由于城市的贫困,人们才从一个住所搬到另一个住所,更确切地说,从贫民窟搬到贫民窟。这首诗还预示着未来在巴黎郊区我们也将多次搬家,变换居住地点!

关于我们在捷克乡村几次搬家的情况,还是听听童年日记的几个片段是怎么说的吧……

## “搬上阁楼

女房东到我们住的房间来了,她后边尾巴一样跟着几个孩子还有她丈夫。一只红褐色的大狗‘格列柯先生’伸开爪子趴在我们的东西上。女房东惊叫道:‘谁让这条狗这么舒服?’我心里知道,是谁,我把狗带到外边。我们把所有的东西都搬到手推车上,房东说他愿意推车送我们,这让我们很高兴,真难想象要是让我们自己来推会是什么样。我穿上了外套,把零七八碎的东西尽力塞进口袋,免得两个房东再清理,跟所有的人告别,我们就上路了。房东推着手推车,我们高高兴兴跟着他走:玛丽娜拿着灯(就是那盏灯——一直使用的灯!——过苦日子的灯、大学生的灯、郊区的灯……),还有小炉子使用的酒精,我带着煤油和咖啡壶。我们走啊,走啊,一拐弯终于到了一条小街上,街道泥泞得要命。我们看到了一家小店铺,写着女店主的名字‘玛丽安娜·萨斯科娃’,再一拐弯,路上黑漆漆的,玛丽娜进到店铺里换了点零钱,以便给人家付运费,我们的新房东还有老房东帮助我们往上搬东西。房间很好。窗户有点歪斜,屋里很黑。两张桌子,两张床,三个凳子。甚至还有一只洗衣桶。

……现在我们就在这里居住。玛丽娜让阳光和月光都照射进歪斜的窗户里来。如果不站在煤油炉子边取暖，做饭，她总是坐在窗户旁边写作。从窗户里能看见各种颜色的树木，深绿色的，有点发红的，还有褐色的。这些树都长在山坡上。山坡上还有我们房东家的两只猫，一只黑猫，一只灰猫。谁也没有办法逮住这两只猫……”

这是——9月底。11月开头几天，我们又搬了一次家。“头一天晚上，我和玛丽娜去森林的路上，经过一所黄颜色的小房子，看上去很舒服，篱笆门漆成了绿色。我对妈妈说：嘿，我多想成为一个小姑娘啊[当时我——十岁！]，真想跟爷爷、奶奶一起住在这样的小房子里！第二天傍晚，爸爸回来了，他招呼玛丽娜一起去看那个房间。等他们回来的时候，我老远就听见他们在说新租下的房间：房子稍微低了点儿，有三个小窗户，还有个砌着瓷砖的小炉子，以及诸如此类的话。

第二天，11月2日，我们开始收拾东西搬家。我和爸爸先带着东西走。爸爸用根皮带把行李袋和装满了各种家什的手提箱连在一起，皮带放在肩上扛着走。我提着个篮子，里面装的都是鞋，爸爸的、妈妈的，还有我的。我们走了很久，等走到那里的时候，我发现，这正是那座黄颜色的小房子，篱笆门是绿色的。院子里有个小棚子，从里面跑出来一条很好看的白狗，疯了似的冲我们汪汪汪汪地吼叫，很凶的样子，不让我们进门。房东老太太耳朵有点儿聋，因此好长时间不开门。我们走进了小屋，我看出来房间确实很矮，门口右侧是那个砌着瓷砖的小炉子，有一个烤箱，还有很多挡板，左边有两个带绿色窗棂的小窗户，第三个窗户特别小，几乎紧挨着炉子。一张桌子，一个带靠背的长椅子，两张床，其中一张一头冲着窗户。好在小房子离森林很近，去拣干树枝很方便。谢廖沙跟房东老太太商量能不能弄些干草塞满床垫子，他白费了很多口舌，老太太听不清楚，也不明白他的意思，反倒劝我们买她的土豆和葱。安顿好我们的家什，我们就回来了。玛丽娜让谢廖沙坐下休息一会儿，看看《战争与和平》，可是我们又往旅行袋和篮子里装东西，这一次我们俩跟妈妈一块儿走。下雨了,路上很泥泞,有的地方流淌着混浊的水。有段路我们趟着水走,水都没过了脚脖子。终于走到了新的住处,放下东西,又往回走,还是那条泥泞难走的路,经常滑到泥水里去。回到原先的住处,阁楼已经空荡荡的了。谢廖沙煮了一锅汤,还煎了土豆。我们一家人坐下吃饭,吃得很快,因为谢廖沙必须回去上课。下一次再见到他,我们就在新租下的房子里了……

跟爸爸告别以后,我跟妈妈又搬运了两次,把剩下的东西装进背包,放在篮子里,最后一次运东西,除了篮子,还使用了桶,玛丽娜往桶里放了带咖啡的咖啡壶,装粮食的白铁盒,盛煤油的瓶子,还有几块抹布,把东西塞得紧紧的,什么也掉不出来。妈妈一只手提着桶,另一只手拿着灯。我提着装碗碟的篮子,一会儿用这只手,一会儿用那只手。我们小心翼翼地走,害怕摔倒在泥水里,千万不能摔坏了东西,尤其是那一盏灯。

最后,我们终于走到了。那条名字叫鲁美卡的小狗已经开始习惯了我们,只是叫唤了几声,再不那么凶猛地想扑过来了。我们开始安置东西,把碗和碟子摆放在靠近炉子的搁板上,锅和带把儿的杯子挂在搁板下面专用的钉子上,搁板装饰着剪纸做成的花边。

天黑了。由于搬家,玛丽娜准许我不用做算术,可以读《钦差大臣》。她自己坐下来记笔记,我们俩吃苹果,想吃几个就吃几个……"

就这样我们在那个有绿窗棂、天花板没粉刷、特别低矮的房间里——陪着耳聋的老太太,还有小狗鲁美卡一起度过了冬天。这个冬天过得很好,拥挤、和睦,虽然也有困难。尽管看得出来生活不容易,但我还是个小姑娘,并不理解这些困难,也许因为从来没过过轻松的日子;至于必须承担一部分家务活儿这件事,在我看来不仅是自然而然的,而且是我乐意做的;虽然我只有两件连衣裙,可并不指望得到第三件——要说需要的话,是最近把连衣裙晾在篱笆墙上,挂在枝杈上碰巧弄破了,心疼得我直流眼泪,妈妈缝撕破的地方

玛丽娜和女儿、儿子在地中海边。1935 年。

缝得特别仔细；至于很少有机会得到礼物和小的赠品，只不过让我觉得礼品更神奇、更珍贵罢了。

最重要的是：玛丽娜和谢廖沙虽然穷，却有志气，有尊严，说话常常很幽默，他们俩就是以这样的精神状态与日常生活的烦恼困苦进行抗争，两个人互相支撑，互相鼓励，唤起了我对父母强烈的**敬爱之情**，渴望成为他们一起奋斗的**战友**，这样的情感本身就是幸福。让人难忘的还有那些夜晚，有时候我们一家人在一起，吃过晚饭，把桌上的食品和碗碟全都端走，用湿抹布把桌子擦得干干净净，庄严的煤油灯摆放在中央，透过玻璃罩释放出柔和而明亮的光，圆形的白铁灯罩——就像反光板，我们舒舒服服坐在桌子旁边；谢廖沙给我们大声朗读从布拉格带回来的书籍。玛丽娜和我一边听，一边缝补衣服或者修理东西。从那时候起，果戈理的许多作品，狄更斯的《董贝父子》和《小杜丽》，都是我从父亲的朗读声中听来的，并且永远记在心里，明亮的灯散发出轻微的煤油气味儿，小火炉里燃烧着干树枝。

书籍本来就很少。自己的书——用不了一次两次就读完了，弄到一本书或者读完一本书，都成了一件大事。

有一天，谢廖沙弄到了高尔基的《童年》，他的童年很不一般，跟以前读过的，跟自己体验过的都不相同，玛丽娜听她熟悉的果戈理的鬼怪故事，或者狄更斯动人的小说，偶尔也难免手里拿着针就打个盹瞌睡一会儿，她听这本书却特别有精神，有时会打断朗读，以简短的评论表示赞赏。

按照教学大纲，谢廖沙在大学里学习法语，因此，偶尔他会朗读法语小说片段，或短小的故事，然后依照感觉再翻译成俄语。玛丽娜像乡村正骨医生一样严厉，遇到类似脱臼的错误，立刻给予纠正，告诉他正确发音，小声解释疑难生词的意义。

有一回玛丽娜自己也遇到了麻烦，一篇很通顺、流畅的文字，不料忽然冒出来一个生词“defroque”（破烂儿、废品），不得不查阅词典，旧版的词典，里面有很多动词，但是毫无帮助。爸爸一边用手指划过一行行字迹很小的解释，一边小声念叨：“代……代得……代斯……代夫……啊，就是它：代夫！Defroque！意思是——贫困僧侣的衣物。嗯……奇怪！这跟僧侣有什么关系？这里描写的是小姐，是年轻人，是春天……真荒唐！”妈妈接茬说：“可是多么生动啊！这个词包含着多少忧伤、多少弃绝、多少清贫啊！……有谁会比清贫的僧侣**更穷困**呢？附带说，一个僧侣，而且是清贫的僧侣，能有什么**衣物**？睡在光板床上，用修道院的钵子吃饭，穿着自己的僧衣下葬……粗毛长袍。”“也许，他会留下个**小勺**吧？”爸爸犹犹豫豫地推测，眼睛里含着笑意，“会不会是柏木勺，刻着十字？”“小勺！小勺——算不上物件。物件——指的是零七八碎的东西，就像我们家的破烂东西。不过，这跟僧侣有什么关系呢？”“**清贫的**！清贫的僧侣！”我也满怀热情地插话说，“有可能，他心里总有事。他想迷惑人的眼睛。也许他是个吸血鬼，是个会变化的人，现在说不定变成了年轻人？就像茹科夫斯基写的！就像您，玛丽娜，在《美少年》当中写的那样！”听我这么说，连玛丽娜也笑起来了。这个晚上再也没有朗读，起码不再用法语读书了。

……如果碰巧某一天。我表现挺好，临睡觉以前，玛丽娜和谢廖沙就给我讲故事，连带着即兴表演——这种家庭故事让我很开心。这个故事很长很长，说的是动物冒险的经历，不断增添新的内容。我父母还很年轻的时候，他们就开始编这个故事了，我很小很小就听过。谢廖沙扮演狮子或者猴子，演得很出色；玛丽娜的角色是——猫或者猞猁。

自古以来就有的那些动物繁殖得越来越多，地位越来越低；它们到处流浪、钩心斗角、从囚笼里逃跑，而追逐和拯救总是从一个地方开始，那就是布拉格中心广场——瓦茨拉夫广场，从那里再到海角天涯，到十万八千里以外的王国。狮子是高贵的，猞猁呢，性格多变，诡计多端，其他的动物角色各有各的性格。所有动物都会遭遇难关，陷入困境，它们要互相搭救——不然的话，我就不睡觉……

很久以来就有这样充满温情的叫法：玛丽娜称呼谢廖沙为雄狮或狮子，谢廖沙称呼玛丽娜为猞猁或母猞猁，这种童话故事里的称谓融入了我们家的日常生活，取代了原有的名字，成了习惯性的叫法，并且延续了一生。玛丽娜的笔记本里到处都是谢廖沙画的狮子，他特别擅长画狮子的速写像，有的刚刚饱餐一顿，肚子大大的；有的瘦瘦的，坐在火车最后一节的车厢里；有的在哭，流出大大的泪珠；有的张开大嘴——为的是翻开笔记本跟着他笑，然后开始写作……他画这些狮子总是匆匆忙忙的，往往是出门前两三笔就画完，他急着到大学去上课，他有忙不完的事情……

玛丽娜给谢廖沙或给我写信经常署名用一个大写字母"P"[1]，或者画个长尾巴的猫，有时候画只猫耳朵，耳朵尖上带一撮毛——那就代表猞猁的耳朵……

在我的笔记本里有一段随便写的"诺兹德廖夫[2]评语"："酒鬼，不傻，把太太折磨死了，跟个保姆生活在一起，以后又换了一个……"我的笔体潦草，字写得很大，就在这段文字后面有玛丽娜的"猞猁"一段题词：

"今天是旧历十月二十六日，是我三十岁的生日，晚上七点半，你说谎，不想写字，我看穿了你，你还发脾气，我提出来给你画个猞猁，你生气地回答：'呸，不稀罕你的猞猁！'（你重复了两次。）"

这里说我懒，说妈妈的洞察力，说愿意给我画猞猁——这是对勤快的最高奖励，可我不那么勤快，——这三件事之间从逻辑上分析有小小的遗漏。看来，由于妈妈的洞察力，我受到了训斥，因而感到委屈（毕竟那一天是个休息日！）——后来妈妈忽然醒悟了，就想安慰我，可我发火了，特别执拗……不

---

① 大写字母"P"，指代 Рысь（猞猁）。——译者注

② 诺兹德廖夫，果戈理小说《死魂灵》里的人物，一个野蛮、荒唐、凶恶的地主。——译者注

穆尔。三十年代中期。

管怎么说吧，我们俩很快就和解了，因为她毕竟还是妈妈变成的猞猁，是过生日的猞猁，因为她扮演了调停人的角色，尽管耳朵尖上长着一撮毛，做出了准备向前猛扑的姿态（所谓戳穿谎言）……接下来在“诺兹德廖夫评语”下面是我平静之后的埋怨：“亲爱的猞猁，因为今天是你的生日，祝贺你，欺负我的事都忘记了。虽然你现在是三十岁的老猞猁，坐在那里样子挺威严……我送给你一盒火柴，自己画的荒漠里的狮子，一个梨，三个本子和三支烟，可是你还说我写得不好。很遗憾，过生日的猞猁像您一样睡醒得太早啦！……”

跟猞猁可以称呼你，跟玛丽娜——只能称呼您。

……还有一件幸运的事——就是过儿童的节日！孩子们有理由过这样的节日，因为这些节日——不仅仅是日历上的概念。几乎每个人都知道，提到节日不必张口结舌不好意思说，既然我们还是这一特殊群体的成员……

枞树能带来运气——可是你想要得到它，得靠天使一般的上佳表现，特别勤快，不间断地劳动，决不能让这光彩闪烁的建筑倒下来！

装饰美化枞树叫人高兴，装饰品都是自己亲手做的，床底下有个很大的纸板箱子，里面存放的都是盛药的包装盒和糖果包装纸，剪纸和画片，鸡蛋壳和火柴盒，从森林里拣的干松果和成束的花楸干树枝——这些都不是玩具，那是发明，是承载着奇思妙想的装饰品……爸爸带回来的彩色纸，剪刀，用面粉在白铁勺里打的糨糊，硬纸板做的“调色板”，毛玻璃纽扣涂上水彩做的按钮，金属丝，线圈等等……为了弄到这些装饰枞树必不可少的宝贝，为了有资格参与设计、剪裁、粘贴、上色美化，就必须真心实意好好地干，还要手疾眼快！完成各种各样的日常家务活儿，尽到应尽的义务。只有达到这些要求——那张桌子才有你应得的位置，你才有资格跟大人坐在一起，问心无愧地共度闲暇，兴致勃勃地创造你的奇迹，迎接你即将到来的节日。

大概，我做的那些装饰品都很糟糕，带条纹的老虎爪子歪歪扭扭，破布做的圣诞老人不像样子，星星歪斜，火柴盒做的天使，鸡蛋壳做的不倒翁，药盒做的磨房和小雪橇都不太好看；也许小拉炮做得太粗糙，而纸做的镣铐倒是配得上博尼瓦尔[①]——工厂里出产的玩具样子倒是无可挑剔，符合标准又光又亮，可是它们怎么比得上孩子亲手制作的小饰物呢？制作这些小东西，融进了多少心血，花费了多少精力，有多少创造的激情和兴奋啊！只有天上的星星了解孩子的心！

这些枞树上的小小装饰品，在温暖的烛光中显得那么生动，它们脱离了我们的手，不再受人的控制，在绿色的纵树枝上既神气又柔和，那些树枝仿佛从严寒的束缚中解脱出来，充满了力量和勃勃生机……

……还有些节日“不属于我们”，那是捷克人的节日[②]，捷克乡村的节日，也很神奇。过“圣尼古拉节”的时候，伏谢诺雷村巴洛恩先生的店铺，莫克罗普西村女店主萨斯科娃的铺子，都会出售一种圣徒形状的蜜糖饼干，小个的饼干比较便宜，那些制作得又大又精致的蜜糖饼干只有那些有钱的财主才买得起。每个蜜糖饼干都有大红大绿的彩色糖皮，有褶的衣服是用黑麦面做的，围巾上画着十字，还有手杖，然后再涂上颜色。纸印的面孔是用糖粘上去的，脑门上还画着皱纹，看着顾客的眼睛流露出宽恕一切的目光。附带说这些蜜糖饼干的结局：欣赏够了奇妙的饼干，小小的野蛮人和异教徒就把它吃得一点碎屑都不剩，出于敬重，先啃脚丫……

圣诞节期间，乡村店铺简陋的橱窗里会陈列出玩具木偶，有皱皱巴巴的圣母、约瑟、在马槽子里的圣婴，马槽子里真的铺着草，还有东方三博士，有牛有驴；这些木偶上边有一颗拖着尾巴的大星星，缠绕着银线，轻轻颤抖；孩子们从老远的地方跑过来欣赏这些手工制作的奇迹，就是成年人也会停下脚

---

① 博尼瓦尔(1493—1570)，瑞士人文主义者，曾参加日内瓦市民反抗统治者的斗争，被关进监狱。——译者注

② 捷克信天主教，俄罗斯信东正教，使用的教会历法不同，因此过圣诞节的日期也不同。——译者注

步，微笑着观赏。村子里飘浮着乡间过节奇怪而刺激的气味儿——有万诺赐面包（源自捷克语“万诺赐”——圣诞）的香味儿，椭圆形的面包巧妙地点缀着扁桃和葡萄干，刚从烤箱里掏出来，香气扑鼻，还有烤鹅的香味，葱的气味儿，香料和佐料的气味儿。

从青青的山坡上走下来几个表演木偶戏的艺人，他们在市政厅的小礼堂里演出。一张桌子成了舞台；卡什帕列克领衔主演，他是捷克的彼得鲁什卡，他长着尖尖的鼻子，脸上堆着永不消失的笑容，头戴尖顶帽，尖顶上还有一撮毛。表演开始，卡什帕列克先给孩子们出一个谜语——说是一只凶猛的黑鹰叼走了一颗小星星，小星星当俘虏当了三百年……“后来猎人来了，砰！——啪！——鹰的羽毛乱飞！它的爪子松开了猎物，于是那颗小星星又开始在天空中闪光……我亲爱的小朋友和小姑娘，这星星指的是什么呀?”“捷克斯洛伐克！捷克斯洛伐克!”小观众们大声喊叫，用手使劲鼓掌。（1918 年捷克人摆脱哈布斯堡王朝统治获得独立只有短短的四五年。）“亲爱的孩子们，你们答对啦！非常正确，值得尊敬！现在我们为你们表演有关浮士德博士的古代传说，我们的演员在这个舞台上演出这个节目不止一百年啦!”

他说得不错，在歌德之前就流传着有关浮士德的故事，这个传说非常古老——木偶穿着绸缎或天鹅绒的漂亮衣裳，做出各种各样灵巧的动作，原来几个演员手指灵活，操纵着上百条看不见的丝线。

流浪的木偶戏艺人掌握了手艺，确切地说，掌握了高度的艺术，这门手艺他们代代相传，连同那些奇异的木偶，哥特式的身体修长的木偶，还有服装、道具、道白；连同对事业执著的爱，对观众的尊重；连同传统，演出的大部分是本民族的节目；连同煤油灯和蜡烛的照明……

我之所以愿意提到这些高兴的经历（另外有很多事情没有讲，因为没有必要说那么多），只有一个原因，那就是这些点点滴滴的开心事无疑也让我的

阿里阿德娜爱抚小狗。三十年代中期。

父母高兴，让他们在艰苦操劳和不断的惊恐焦虑中，得到片刻的轻松喘息。不过，儿童的欢乐往往浮在生活的表面；别的民族过圣诞节，跟着人家快乐，别人家热情好客，也觉得愉快，不到一定的年龄，侨民的孩子意识不到自己的民族归属，还有很多类似的事情都不明白，他们不知道自己受到孤立，得不到平等的权利和地位。他们活在今天，活在当下的时刻，还不懂得关心将来的岁月，也缺乏对于未来的责任感。他们相信生活中的奇迹会自己到来，不知道感受奇迹需要付出辛劳与痛苦的代价；当时，玛丽娜像苦行僧一样，一心一意投入创作，谢廖沙正绞尽脑汁在想办法，如何改变陷入困境的生活，而我最大的梦想就是能拣到个“装着两百万的钱包”，一百万献给我的父母，另一百万分别送给“贫困的俄罗斯大学生”，送给阿霞和马克斯·沃洛申……“还要送给柳德米拉·齐里科娃五百克朗，帮助她出书。我们过上了好日子，想去哪里旅行，就去那里，坐的都是三等车厢(!)，我们家已经擦洗地板，经常洗衣服。有一天我扫地，在自己的床边看到了一个装小兔子的铁笼子，里边有两只红眼睛的小兔子……”这就是百万富翁的梦想！

1923 年 8 月底，父母亲带着我去莫拉瓦特热博瓦，那是捷克跟德国接壤的边境上一座小城镇，那里有一所专为俄罗斯侨民子女开设的寄宿学校。谢廖沙帮助我准备算术，我像个白痴一样，对数学一窍不通，玛丽娜企图让我在短期内拼命加强写作和阅读的基础；我还背诵了拉丁文字母表和很长的祷告词“我信惟一的上帝”——在这之前我多少知道一点内容。

玛丽娜不愿意让我离开她：依据老的观念，她认为女孩子受教育没有什么用处，她怕见不到我。父亲却坚持送我上学接受教育。除此之外，父亲不久前的同团战友在这所学校工作，伯根加尔特夫妇都在那里当教师。伯根加尔特身材高大，红褐色的头发，衣着讲究，仪表堂堂，他是沙皇军队里的军官；他的妻子，体态肥胖，头发梳向后脑勺，紧紧地挽在一起，上嘴唇上面的胡须似的茸毛非常显眼——她曾经是战地女护士，爱发号施令的女人。

在前线，他受了重伤，她看护他，帮助他打消了自杀的念头，帮助他戒了酒，后来成了他的妻子。为了让生活更有意义，他们俩决心献身于教育孤儿的事业。（多年以后，三十年代中期，在巴黎的一个出租车车站，我忽然看见了另一辆出租车里有个人长着红褐色的胡子，立刻想起了童年的情景——是伯根加尔特！——淡忘了的友情重新浮上心头。我跟随父母一起去很远的郊区看望伯根加尔特夫妇，他们住在一个小房子里，伯根加尔特的妻子奥尔嘉·尼古拉耶夫娜显得苍老了，身体更加肥胖了，但是还算硬朗，一群养子养女围绕在她身边　　他们都已经长大成人！仅仅靠出租汽车司机挣的钱，养活这些孩子非常艰难，难到不可想象的程度，他们一度也陷入绝望，但是她爱这些可怜的孤儿，竟然成了创造伟大奇迹的女人！这一对夫妇是心胸博大的好人！）记得当年玛丽娜和谢廖沙陪着我住了几天，让我参加入学考试，然后他们俩离开了我，在圣诞节前就走了。

1923年9月2日，他们从乡下搬到了布拉格居住。

在特热博瓦我惟一学到的本领就是如何过共同生活。其他的功课我都跟得上，在家里学的知识足以应付；不久我的俄语成绩就取得了第一名，可是在全班四十个同学当中，我的数学是倒数第一。

小城寄宿学校的宿舍是长方形的白色简易房，学校有砖砌的围墙跟四周的环境隔开，被关在学校里面的孩子们的命运既单调离奇，又无限悲伤。下课后在宿舍里，女孩子们互相诉说自己的情况，亲人的情况，许多人已经跟亲人失去了联系。在油灯的灯光里，我似乎看到了俄罗斯大大小小的城市、楼房、住宅、庄园和家庭——然后是坎坷不平的逃亡之路，君士坦丁堡嘈杂混乱的贫民窟和它的娱乐场所，在那里跳舞或者唱歌的——不是妈妈，就是姐姐……

起床以后，所有的孩子毕竟还是孩子：学习、玩耍、哭泣、淘气、打斗、和好。有一天，某家法文报纸的记者来到了特热博瓦这个偏僻的地方，寻找我们这所奇怪的寄宿学校，许多小孩子甚至不会写学校的名字，在他看来有点不可思议。对于他提出的问题，有的学生的回答简直是信口胡说。比如，有个小同学说他的成长经历第一句话是："我出生的时候就五岁了。"最后一句是："我在那里被狮子吃了，人们把我埋在那里了。"

校长名字叫阿德里安·彼得罗维奇。他的命名日举行了隆重的庆祝活动。我们这位老爷非常厉害，他原来是军团的神甫，穿着咔咔响的皮靴走路，说话粗鲁，仇视人类，作祈祷的时候倒很温驯。后来一个班的学生走到校长面前，把工工整整写在绘图纸上的祝贺词交给他，标题和花边完全符合俄罗斯祝贺词的样式。我也画了一张带花边的贺卡，——由于心里害怕，把纸都给画破了，——还写了一首祝贺的诗。虽然是以一年级的名义写的，可是开头就像是"私人"信函："我听说是这样很高兴，您——叫阿德里安，我——叫阿里阿德娜。"我忘记了在这句胡说八道的话之后，还说了些什么，很可惜，大概说得很可笑……校长感动得掉下了眼泪，他猛地一下子把我举起来，我的鼻子碰到了他制服上的纽扣，他把我抱在胸前，大声喊叫着说："我不知道妈妈写得怎么样，女儿——简直就是普希金！"

在这之后很长时间同学们跟我开玩笑都叫我"普希金"，让我觉得很羞愧。

圣诞节期间有几天我父母到莫拉瓦特热博瓦来看望我，他们在一处住宅里租了个房间，安静，却有点昏暗，屋里摆满了哥特式塔楼形状的家具，挂的窗帘和桌布上带有常春藤花纹和糖果图案。

"你喜欢吗?"刚把我领出寄宿学校的校园，玛丽娜就问。

"很喜欢!"我真心实意地回答。

"别太过分。那么多功课，你可以喘口气。一切建筑都是模仿，显然受邻国的影响。全都是俗套。德国的小市民气。趁爸爸在伯根加尔特夫妇那里，

阿里阿德娜·艾伏隆为玛·茨维塔耶娃的长诗《捕鼠者》画的插图之一。巴黎。二十年代末。

我带你出去玩一会儿!”

我们走在街道上。天气晴和。广场上巴洛克式华丽的喷泉已经停止喷涌,喷泉后边是带有雕塑图案的楼房,雕塑上笼罩着积雪,紧贴着楼房是虽然不太高大,但显得威严庄重的市政厅。在寄宿学校里连续学习了四个月,从来没有休息,在我看来,这座小城就像天堂一样。我不停地转动着脑袋,看四面八方的景致,也看玛丽娜,不停地跟她说我们班的女孩子,说我们的功课,说吃得很好,面包都有富裕。我紧紧地抓住玛丽娜的手,就像一个小姑娘。玛丽娜一直听,不打断我的话,她的表情有点忧伤,偶尔提几个简短的问题,比如:是不是经常用梳子梳头?会不会买东西?是不是坐过火车?去没去游泳池游泳?跟哪个同学要好?为什么?是不是读过恰尔斯卡娅[①]的作品?(“当然没读过!因为您不允许!”)

是的,她从旁边仔细地观察我,掂量我说的话,模仿别人声音使用的词,新出现的习惯,新添的奇怪动作,放纵的举止,动作的粗俗,说话的仓促,对琐碎事物的关注,这是我自己制作的小船第一次放手独自航行。是的,我是妈妈心灵之子,是她精神的寄托,当爸爸不在家的岁月,我代替了谢廖沙,是她真正的支柱。在各种各样的天分当中,我被赋予了最为罕见的一种,妈妈需要什么样的爱,我就能用那样的方式爱她。我从一出生就知道应该懂得的那些知识,不用教,光凭听,就知道草怎么样生长,星星怎样在夜空中成熟,能猜出妈妈的痛苦以及最初的根源。我的笔记里所有的内容几乎都跟**她**有关——她了解我就像了解自己(“在严酷的未来,你要记住我们的往昔:我——是你的第一个诗人,你——是我最好的诗”……),谁知我竟变成了一个**普通平常的姑娘**。

---

① 莉·阿·恰尔斯卡娅(1875—1937),原姓齐米尔诺娃,俄罗斯红极一时的童话作家。——译者注

《捕鼠者》插图。阿里阿德娜·艾伏隆画。巴黎。二十年代末。

后来散步,谢廖沙也跟我们在一起了。

“是的,当然啦。假如歌德出生在这里。假如他在这里生活,如同在魏玛。换句话说,即便他曾经打这里路过。那时候小城就有意义了——有了精神价值!世世代代让人不会忘记,连同这市政厅,还有这喷泉。

没有魏玛,歌德会怎么样呢?——拥有一切,就是说他是完整的歌德,拥有威廉·迈斯特,拥有浮士德,甚至拥有赫尔曼与窦绿苔。反过来说,没有歌德,魏玛是什么呢?德国的一个小城,属于庸俗的小市民的小城……”

“那就是说,是属于尚未创作出来的人物的城市,是不是?”谢廖沙猜测说。

“**庸俗的人**——不是英雄!”玛丽娜果断地说。“没有歌德的魏玛——是属于哈默尔恩的小城,知道吗?跟捕鼠者的传说有关,那个小城正等待捕鼠者——他们自找倒霉。他们最适合过的日子就是讲求实际,排斥精神,他们推崇小市民意识,认为那是惟一可行的,惟一聪明的生活方式……”

这一段告白——以这样一种形式宣示了《捕鼠者》最初的闪念与构思。

玛丽娜在捷克使用的第二个草稿本——“启用于新历 1923 年 5 月 10 日,那天是耶稣升天节,正好是中午(听见正在敲钟的钟声),地点是山上的莫克罗普西村。”

第一行是:“时间,我怕来不及。”第二行——“尺度,我怕难以适应。”《逃亡者的马路》初稿:“逃亡者的马路:不折不扣的地狱,被统治者驱逐的滚滚人流……时间!我怕来不及!”在此之后得以进展的是时间的主题——《悄悄溜走》一诗的初稿:“或许,最好的办法——是隐藏,逃避?难道巴赫的手指弹琴不会激起回声?悄悄溜走,不在骨灰罐里留下骨灰!”接下来,西比拉再次出现,在时间中停留,不过,时间——是未来的时间!——以女预言家的面目出现。希腊:斯巴达:

“在这里谁也不会投降，在这里自古以来还无人歌唱，也无人抱怨；取代田园曲和风景画，取代草地、水洼、绵羊、少女的　　是斯巴达勇猛的雕像。”还有：“火热的斯巴达：陡峭又坚硬！沉闷的斯巴达：像骏马奔驰，跨越心灵的台阶。每个人衣襟下面都藏着一只小狐狸……”

还有很多很多古希腊的、意大利的、神话故事的人物与情节，仿佛遥远的古典作品点燃的篝火，把闪烁的光影投射到她的诗篇里！……“被流言伤害的淮德拉/头顶帷幕飘扬，像鹰在飞翔……”，“睡醒的阿里阿德涅——被骗的阿里阿德涅的眼睛……”，“罗得的妻子变成了盐柱……”，“罗马母狼的目光/吃奶者正在成熟——变成罗马！”，“灵魂的时刻——就像大卫的/琴声穿越扫罗//梦境的时刻……”，“就是这样，波吕克塞娜看见阿喀琉斯站在那儿的海堤上……”一再涉及有关时间的主题——永恒与短暂的时光：《消逝的分分秒秒》；俄罗斯忧伤的回音；取自圣经的情节——贯穿着许多诗篇的西比拉，西比拉的主题实际上是命运的主题。

所有这些思绪，压挤、翻滚、膨胀，要求爆发的出口，要求在长篇作品的空间里得以落实成形，要求惟一的骨架支撑起巨大的篇幅，让作品既自由放任，又是一个有机的整体。

在这个草稿本里——悲剧正一步一步地开始扎根，在排列整齐的诗行空隙，开始出现大面积的散文词句：那是剧本《阿里阿德涅》的构思提纲；剧本人物的履历资料；对人物的性格剖析；为希腊悲剧挖掘河床，以便让情欲和人类灾难的洪水滚滚流淌。

玛丽娜的抒情诗——向来是独白，一直得不到应有的回音！她的诗透过人物得到了有血有肉的体现，如今终于获得了进行**对话**的权利……

1923 年秋天，玛丽娜从乡村搬到布拉格居住，此后创作的诗歌以及某些诗行与诗节照亮了一座城市，这是一座不可复制的城市……

“你的烟囱冒的烟不带苦味儿，吞噬烟雾——依然温柔！因为夜晚——

城市——敞开的天空……林荫道最后的残红……顺着沿河街,那里的树木灰蒙蒙……街灯放射冰冷的光线……我们内心恐惧,不能归罪于街道……布拉格,石头铸就的诗篇……”最后,终于看见,夜晚的“布拉格骑士”挺直了腰板——“脸色苍白的卫士,凝视时代风云,守护河流的骑士,骑士!……”

从这个骑士身边,从跨越伏尔塔瓦河的那座大桥出发,草稿似乎在伸手摸索着前行,穿过了剧本《阿里阿德涅》隐隐呈现的画面(与那条从迷宫走向光明引路的导线相反),——走向了《终结之歌》、《山之歌》,两部长诗极度地绝望,作品已在诗人内心深处不可逆转地趋向成熟,在草稿本里呈现出雏形。

用不了多久,它们,这两部长诗,将冲破其他创作构思的所有堤坝,和汹涌喷发的情感一样,它们(两部长诗)产生的洪流,将淹没原有的围墙,不可阻挡地奔泻流淌。

在那些日子里玛丽娜曾写道:“有些情感是非常严肃、真实、强烈的,以至于不怕羞耻,不怕被人歪曲。它们知道,它们仅仅是未来诚信的影子。”

《终结之歌》和《山之歌》就是充满了诚信的两部长诗。

根据玛丽娜的笔记判断,长诗的两个主人公断绝关系发生在 1923 年 12 月 12 日。这不是“通常关系”的破裂,这种关系早在布拉格秋季之前很久就开始了,一直延续到玛丽娜返回苏联之前,而对于长诗的男主人公说来,则一直延续到今天,因为他在充满坎坷、顽强斗争的一生当中,始终把那短暂而苦涩的幸福牢记在心,怀有一种崇高、忠实、自我牺牲的精神与信念。①

我本不该谈论两部长诗的主人公——这不是我应该做的事情,也不需要什么人来做,因为关于他和女主人公所有的故事已经是家喻户晓,因为玛丽娜长诗的内容已经人人皆知——假如没有“歪曲诽谤”的话,而那些歪曲的不

---

① 康斯坦丁·波列斯拉沃维奇·罗泽维奇(1895—1988),曾任下第聂伯红军舰队指挥员。在国内战争晚期不幸被白军俘虏。后来流亡到布拉格。在布拉格大学学习,是谢尔盖·艾伏隆的同学,通过艾伏隆认识了玛丽娜·茨维塔耶娃。1936 年到 1938 年在西班牙国际纵队参加战斗。

实之词，“不怕损害别人的情感”，但是却有人因此而痛苦，跟他们一起痛苦的还有——事实真相。

国外报刊曾发表文章，回忆茨维塔耶娃和她的亲人，以及他们的生活环境和命运的突然转折，文章的作者有记者，有跟茨维塔耶娃交往过的熟人，也有萍水相逢的所谓“朋友”，他们未必值得她高度信任，有些人甚至不具备起码的教养（这种教养在他们的童年就受到了扭曲）。这里所说的不是指那些“回忆文章的作者”，他们回忆往昔的岁月，自己却没有那样的经历，也不是指那些缺乏心理素质和心理深度的人——不具备这些条件，就谈不上判断力！这里所指的是那些别有用心制造轰动新闻的人，是那些缺乏道德的庸俗之徒，他们总是指望信口胡言可以不受惩罚，他们在茨维塔耶娃生前或者她去世以后对她的个人生活和政治态度指手画脚，任意评判；这里指的是那些并非文学圈子里的投机者，他们肆意杜撰、编造、歪曲或违背事实，出版所谓的有关茨维塔耶娃的“创作研究与生平传记”。

这两部长诗的男主人公拥有罕见的才华与魅力，既果断勇敢，内心又优雅，既性情温和，又说话俏皮，既反应机敏，又不拘小节，既风流倜傥（易受诱惑），又爱轻举妄动，既有年轻人的自私心理，又勇于自我牺牲，既文静，又爱冲动，会突然发脾气，“布拉格一群粗鲁、不讲礼节、闲散、爱聊天的俄罗斯年轻人”就有这样的魅力（这一连串定语出自一位英俊人氏的手笔——他就是瓦·费·布尔加科夫[①]，列夫·托尔斯泰最后一位秘书，我们家的真正的朋

---

① 瓦连金·费奥多罗维奇·布尔加科夫（1886—1966），1962 年 12 月 31 日在给莉·利别津金斯卡娅的书信中写道：“……我在布拉格，在巴黎，曾经跟玛丽娜·茨维塔耶娃会面，留下了难忘的印象，但是对她回国以后最后一个时期的生活几乎一无所知。玛丽娜·伊万诺夫娜是卓越的诗人，也是品德高尚的人：开朗、正直、真诚，有使命感，相信自己的同胞，尊重平凡的人，相信善良，痛恨虚伪、谄媚、卑鄙。她热爱文学，只要言谈中发现有才情的火花，她就高兴，但她远离‘罪恶’，远离平庸。她是忠实的、充满爱心的妻子，面对天真的孩子，她是心地最柔和的母亲。”（载 1987 年 12 月 18 日《文学俄罗斯》报）

友)——这样的魅力不属于现在这个时代,这种魅力在某种程度上源自玛丽娜对十八世纪的想象——闲适自得、无忧无虑、风流潇洒,与此同时更重要的一点是拥有骑士风度与精神……

迷人的还有他的堂堂仪表、他的举止、机智、谈吐从容和决断迅速,迷人的还有他当时的青春年华,他甚至就像个顽皮的大男孩儿……

迷人的魅力是外在的——似乎举手可以触摸!——实际上却是内在气质的自然流露,他的内心世界要更稳重、更忧郁,也更成熟,甚至带有——悲剧意识,因为他的生活跟我父母的生活一样,他们都不愿意扭曲个性,跟国外的侨居环境格格不入。

因而,他们的生存没有扭曲。

玛丽娜长诗中的人物,是共产党员,勇敢地参加了法国的抵抗运动,他的生活一度遭人误解,但最终证明了自己的清白,他把自己的成熟岁月献给了**正义的事业**,反抗法西斯,为和平而斗争。

还能说些什么呢?他经历了战争年代,被关进过德国的集中营,却妥善保存了玛丽娜的书信,有作者题词的长诗,把这些书信和长诗寄给俄罗斯,归入茨维塔耶娃的卷宗——这样的人应该被视为诚实的人,也就是说他不愿意毁坏个人来往书信所包藏的隐秘,他珍视给他写信的女人,表现出顽强的意志力。

他长久地等待这个良好的时机……

他的相片就在我眼前:年轻的面孔,西班牙共和国战士的面孔;还有——去年,1973年的照片。过去了多少岁月!多少时代!"但是眼睛——我发现你的眼睛,还是当年那双眼睛……"

不,岁月无法消磨人的魅力;岁月也无力改变心灵的美好记忆;在勇气面前,岁月同样显得柔弱无力。

还想说一句,谢廖沙爱他,像爱兄弟。

阿里阿德娜和穆尔，还有她的朋友奥列克·图尔让斯基。三十年代中期。

我刚才顺便提到了列夫·托尔斯泰的秘书——瓦连京·费奥多罗维奇·布尔加科夫以及他的履历。在那些年月他曾经是在捷克的"俄罗斯作家联盟"的组织者之一,并且担任联盟的主席,他还跟谢·弗·扎瓦茨基教授(捷克斯洛伐克改善俄罗斯作家生活状况委员会主席)、跟玛丽娜一道被推选为设在布拉格的《方舟》丛书编辑委员会的委员。

丛书的名字是玛丽娜提出来的("七对夫妇是无罪的,七七四十九对夫妇是有罪的,大家都挤在一条破旧的小船上,驶向伏尔塔瓦河岸!)。

出版这套丛书酝酿了很长时间,组织编辑委员会很困难,差不多筹备了两三年,——反正瓦连京·费奥多罗维奇有的是时间,以相互合作为基础,先沟通接近,后来以朋友的关系跟玛丽娜和谢廖沙保持联系(谢廖沙在革命之前的莫斯科出版过一本薄薄的小说集,书名为《童年》,因此他成了"俄罗斯作家联盟"委员会的成员)。

瓦连京·费奥多罗维奇跟他所处环境的不谐调,一点儿也不亚于玛丽娜本人,不过,他跟玛丽娜的处事方式**恰恰相反**:在侨民的方舟里,她无疑被人看成一条蛇,而他——却被人视为一只鸽子,他仿效叶弗列姆·西林[①]的主张,部分参照了列·尼·托尔斯泰的学说,一再提倡"谦卑恭顺,容忍和爱"。他的外表也像"鸽子一样温驯",宽宏大度,他和自己的小家庭住的房子,在普通人眼里看来显得相当豪华、整洁,几乎一尘不染,让人觉得他心地高尚,所有这些因素综合在一起,让他周围那些厌倦了争斗,在困苦中挣扎的人们,对他的态度有几分嘲弄,又满怀着敬意。"托尔斯泰学说的信徒!素食主义者!信奉不以暴力抗邪恶!"就像通常人们所说的:"感谢您对我的关照!"他周围的人都愿意以自己的关爱回报他的善良。

不过,他的外表尽管显得有几分"柔弱",可是,他的心却并非那么与世无

① 叶弗列姆·西林(306—373),宗教活动家,诗人。——译者注

争，一味地怯懦，他很聪明，眼光锐利，有洞察力，视野开阔，一点也不受教条的束缚，因此他跟我的父母很亲近，理解他们，喜欢他们。

他有一件事特别值得一提，在那个时候，倒退半个世纪，在那样“情况复杂的时期”，绝大多数侨民读者还不能理解和接受玛丽娜的诗歌作品，他却独具慧眼，欣赏和器重她的创作。布尔加科夫回忆他们编辑《方舟》丛书时跟同仁的合作，他曾经写道：“玛丽娜·伊万诺夫娜本人为丛书提供了重要的长诗《终结之歌》。这样的作品即便不署名也是杰作！出奇的简洁，独到的精确，形象生动，音韵响亮，绝非**等闲之作**，玛丽娜·伊万诺夫娜的诗句，即便不署名，相隔千里也能辨别出来：‘这是——狮子，不是狗！’……我们这些丛书的编辑，由于在文集里刊登了《终结之歌》，后来很长时间受到谩骂。可是我，无论是当年，还是现在（1960 年），始终坚持自己的见解，这部长诗，还有玛丽娜·伊万诺夫娜的许多其他作品，都是——出类拔萃的诗作！在那种情境下，需要的是一双耳朵，只要耐心倾听就是了。”

瓦连京·费奥多罗维奇对人的观察，也独具慧眼，他曾以速写的笔法为玛丽娜描绘肖像，文字充满了活力，又非常准确：“……一双眼睛很大，目光锐利又大胆，‘像鹰的眼睛’……脸上缺少血色，没有红润。看上去有点怪又……让人怜悯！脖颈上的头颅显得高傲，脖子迅速地扭动——向左，向右，同样显得骄矜而机敏。玛丽娜·伊万诺夫娜的步态以及各种动作通常都迅速而果断……我从来没有见她哭泣过，甚至看不到她有沮丧的时候。偶尔她会忧愁，抱怨命运，比如说，抱怨离开了俄罗斯，抱怨太多的家务事占用了文学创作的时间，不过，她抱怨与诉苦的时候很少，即便诉苦也不会显得叫人可怜；相反，常常情绪高昂，我甚至想称赞说——有挑战的精神：以挑战的姿态对待命运和人生。

玛丽娜·伊万诺夫娜家里的环境，不是一般的困苦，简直就像贫民窟一样，可是脸色苍白的她，高昂着头颅，举手投足犹如女王，平静从容，满怀着自信……”

最近几年,大多数侨民纷纷移居到别的国家,大部分迁居到法国,瓦连京·费奥多罗维奇和他的妻子、两个女儿仍然留在捷克斯洛伐克。他在那里创建了俄罗斯文化历史博物馆,为此倾注了大量的精力和辛劳——收集"自愿捐助的赠品"——各种资料、从俄罗斯带出来的手稿、艺术作品,或者俄罗斯艺术家在国外创作的作品。那时候没有人舍得投入资金收购这些珍贵的文物,因为当时他们不知道那些东西的价值……

瓦连京·费奥多罗维奇从玛丽娜手里得到的赠品有她许多作品的清样和手稿,还有一支她使用了将近十年的竹子做的蘸水笔。她还从手指上摘下来一枚带图章的银戒指送给他,那是她心爱的戒指,上面雕刻着小轮船,非常有纪念意义,认识玛丽娜的人都知道,她一直戴着这枚戒指,从来不曾摘下来过。那时候是1936年到1937年之间,布尔加科夫来到巴黎,为他的博物馆收集赠品,最后一次跟我的父母见面,那枚老戒指永远离开了它的主人。小帆船精致的图案,戒指上面的题词:"我喜欢你"——戒指磨损得很厉害,圆圈薄得近乎透明。很多很多的作品,就是戴着这枚戒指的手写出来的!

布尔加科夫的博物馆存在时间并不太长久。希特勒的军队入侵捷克斯洛伐克以后,很快破坏了"和平进程",也改变了布尔加科夫一家人的命运,他们都参加了捷克人英勇的抵抗运动。瓦连京·费奥多罗维奇和他的亲人从不抗恶走上了反抗侵略者的道路,这就是他们一家人的命运。

"当苏联军队把我从法西斯集中营里解救出来,我回到了我的博物馆,"后来他跟我说,"苏联士兵把德国人劫掠后剩下的东西都装上了载重汽车:散乱的卷宗、一捆一捆损坏的书籍,零散破损的文件。这些东西运回俄罗斯,如果能够保存下来,对我说来多多少少算是个安慰;但是其他的藏品,看来是永远地丢失了,再也找不回来了!……人们靠智慧和双手的创作竟然遭受到如此无情的摧残!——房间里空空荡荡,展柜里也空空荡荡,几个橱窗被打碎了,让人心疼得要命,我经受了那么多的挫折,头一次忍不住流下了眼泪。

阿里阿德娜·艾伏隆。巴黎。三十年代中期。

我开始在地板上摸索，在那些破烂、垃圾、残碎的纸片、破书中寻找，看还有什么值得珍藏的的东西。突然，在房门后面的角落里，在灰尘中发现了——玛丽娜·伊万诺夫娜的蘸水笔！还有她的银戒指！

这——简直就是奇迹！”

战争结束后，布尔加科夫一家人回到了苏联——住在雅斯纳亚·波良纳，瓦连京·费奥多罗维奇在那里一直生活和工作到生命结束的那一天。玛丽娜的蘸水笔和她的戒指，他一直带在身边，带了很久，十分珍惜，那是他对玛丽娜、对自己的博物馆、对那次奇迹的纪念……后来，他感受到人生岁月的沉重，预感到自己将不久于人世，就通过爱伦堡找到了我，把这两件遗存的宝贝交给了我。

如今，岁月的沉重压在了我的肩膀上，因此我把蘸水笔和戒指献给了国家文学艺术档案馆，那支笔曾经写出了长诗《终结之歌》、《山之歌》、《捕鼠者》、剧本《阿里阿德涅》和《淮德拉》，戴过那枚银戒指的手，创作出的远不只上述作品，还有很多很多其他的诗歌与散文著作。国家文学艺术档案馆是个可靠的安身之处，那里还保存着当年从布尔加科夫博物馆运回俄罗斯来的残存的手稿与资料。

物品、书籍和人一样——都有自己的命运！

1923 年秋天到 1923 年至 1924 年之间的冬天，玛丽娜在布拉格非常忙碌，写作、与朋友见面、结识交往(友情、交恶，因此经常变换居住地点！)——傍晚或夜间在布拉格散步，(上午忙于创作！)逐渐融入这座城市，在所有居住过的城市，她也爱上了这里；她喜欢布拉格有关犹太泥人果列姆的传说，迷上了大桥上面骑士的雕像，那雕像的侧影、头发、姿态，跟自己居然有几分相像，因而感到很神秘，似乎你在出生之前很久就遇见过这尊雕像，他仿佛是某个幻影的化身，从你身边走过，对你不停地给予赞美……

刚才我曾写道，逐渐融入城市，——可是她在这里突然停了下来：不对！这样的事恰恰没有发生：她似乎在权衡这座城市是否适合自己，自己是否适合这座城市，她的感觉是：我想在这里居住，但愿能在这里生活，假如……

假如——意味着什么条件呢？

在所有居住过的城市和郊区（这里不必再提已经离开的俄罗斯）——玛丽娜都像一个**匿名的陌生人**，像马克·吐温笔下的乞丐王子，无论在柏林，在布拉格，还是在巴黎，都没有人知道她的名字，她都得不到应有的承认（而现在她在这些城市成了最时髦的诗人……）。

如果她只是（并非像传闻所说的那样）一个女侨民，那么无论如何，她可以跟“自己的亲人”在一起，在国外艰难地生活下去。

假如她只是自己丈夫的妻子，自己儿女的母亲，那么最终不管在什么地方生存，反正还不都一样？

假如她只是一个“移栽植物一样的诗人”，就像其他的诗人那样，那么漂泊艺术家聚居的街区、漂泊艺术家聚会的咖啡馆就会成为她的避风港……

假如她不是她自己的话！

然而她永远是她自己。

她的性格的一贯性，人性的完整性，充满了矛盾；她天生具有双重性（绝非两面性），这种双重性表现为：接受与自我表达；感触（发自内心深处的火热情感）与观察（体验情感，观察人和事件），总是从旁边观察——仿佛她在另外的星球一样。

她有令人惊讶的记忆力，同时又特别健忘；像孩子一样性情多变，同时又极度诚实；孤僻矜持的封闭性——与轻易相信人、善于敞开心扉两者并存；在每次相遇的喜悦中自己就播下了分离的种子；每次分离留下的灰烬，总想让死灰复燃，烧成新的熊熊篝火。在爱情中向来坦诚无私——对失去的温情却又心怀忌恨……对于深渊与巅峰相差万里的悬殊处境一向漠然，而在她内心宇宙中物质世界与精神世界又存在千丝万缕的联系……

她还拥有一种才能：主要是通过或透过往昔(一天、一世纪、一千年)洞察今天，以全部坎坷痛苦的经验推测谜一样的未来……

在布拉格玛丽娜结识了作家阿列克谢·列米佐夫①和他的妻子古生物学家谢拉菲玛·帕甫洛夫娜，她对这位作家心怀倾慕，但相识以后来往并不太多。谢拉菲玛·帕甫洛夫娜可谓是个名人，她身材高大，即便在当时已经由于身体过于肥胖而导致行动吃力；列米佐夫——却又矮小，又瘦弱，戴着玻璃片厚厚的大眼镜，放大他目光中的焦虑不安，——从远处看，他仿佛是跟随着她的怯懦的未成年的儿子。

他们夫妇俩彼此相爱，总是形影不离，——直到她去世之前，随时随地总在一起。她是他的精神支柱和向导，是他的依靠，他对他们相识之前她的生活经历十分熟悉，胜过对于自身经历的了解：他为妻子的童年和青春岁月创作了不止一部作品。

列米佐夫学识渊博，是俄罗斯古代文学与历史的捍卫者，在他看来，斯拉夫语言依然是充满活力的、亲切的语言，以至于他给朋友写信，竟然使用斯拉夫语的多角字体，或者简化的多角字体，还技艺高超地使用花体字母和花边加以美化，他说话有时也模仿古代教会语言的句式，使用古代斯拉夫语开玩笑，炫耀他的口才，他的作品当中有很多古代寓言故事，古代文献的警句，还

---

① 阿列克谢·米哈伊洛维奇·列米佐夫(1877—1957)，作家。玛丽娜·茨维塔耶娃高度评价列米佐夫的文学才华。1925年回答《走自己的道路》杂志的调查表，她写道："在这里，在俄罗斯国家边境之外，我认为阿列克谢·米哈伊洛维奇·列米佐夫不仅是最富有活力的俄罗斯作家，而且是俄罗斯心灵和语言最珍贵的瑰宝，无论是什么样的俄罗斯政权，都应当毫不迟疑地授予他俄罗斯人民作家的称号……跟列米佐夫的创作可以相提并论的只有站岗的哨兵。"(见《走自己的道路》杂志，1925年，8—10月号)

有老掉牙的古代传说，由于文字过于荒诞离奇，以至于让人看得眼花缭乱，不知所云。

过了一段时间，玛丽娜不仅听到了一些传闻，自己也看到了列米佐夫带花纹的独具一格的短信，她的感觉是，这样的书信不能把人引向开阔的境界，与此相反，只能打消寻求宽广天地的念头，陷入让人头脑眩晕的古老的闭塞疆域。

不过，这样的感觉是后来到了法国才出现的，因为谢拉菲玛·帕甫洛夫娜在那里给大学生上古生物课，并且租了房子，而列米佐夫逐渐变成了自己作品当中一个半带神话色彩的人物，仿佛是荒谬的编年史修士与森林妖怪的混合体，围绕在他身边的那些玩具似的小怪物，都是作家本人利用树枝、木塞、线轴、鱼骨等乌七八糟的东西拼凑出来的。这些荒诞离奇的玩意儿，是用来表演，还是参与争斗？是揭示真理，还是奇妙的外壳，作者逃避生活隐匿其中？是生活本身的隐喻，还是凭空杜撰的称谓？未必有什么人能够领会。

……那时候，让玛丽娜喜欢的不过是列米佐夫独特的个性，还有一点就是他从来不谈论政治，就像谢拉菲玛·帕甫洛夫娜平日里从来不谈论古生物学一样。

在《俄罗斯意志》杂志编辑部，玛丽娜还有几个比较亲近的朋友，他们各自有让人喜欢的地方，这家杂志发表了玛丽娜的很多作品——抒情诗、长诗、剧本、散文，其中有的很“难懂”，很“复杂”。编辑部同人对于玛丽娜不过问政治并不觉得奇怪，玛丽娜对杂志的政治倾向也不感兴趣，杂志广泛采用各种稿件，这一点让玛丽娜很赞赏。在侨居国外的全部岁月里，这是惟一的一家杂志在其生存期间始终采用并刊登玛丽娜的作品，为她的创作提供版面，他们尊重她的创作，而不是“出于怜悯”，(几乎是)有稿必用，不用商量。我记得玛丽娜有篇文章为苏联儿童文学进行辩护(《论新出版的俄罗斯儿童图书》)

刚刚写完,编辑部就加了一段附言在杂志上发表了,以期引起争论。

这家杂志有个编辑,名叫弗拉基米尔·伊万诺维奇·列别杰夫[1],身体健壮、活泼好动、爱说爱笑爱热闹,一双黑眼睛闪闪发亮,留着卷曲的大胡子,像个土匪,他的嘴里时不时冒出来愤怒的词句,或连续不停地提问,或爆发出哈哈的欢笑声,说话直出直入,决不拐弯抹角,常常开玩笑,却不知道把握分寸。他介绍我们一家人认识了他的妻子,玛格丽达·尼古拉耶夫娜[2],她跟她的丈夫性格恰恰相反,为人文静、和气,她仿佛想凭借自己的秉性和外貌尽力让她的丈夫安静和稳定下来。她的外貌五官端正,女性的温柔之中有不易觉察的坚韧,意大利文艺复兴时期的美术大师最擅长以这种笔法描绘圣母的形象。但是这位圣母——出生于加入了俄罗斯籍的男爵家庭,从小就是个向往革命无所畏惧的奇女子,先后参加了喀琅施塔得、斯维亚堡、塞瓦斯托波尔等地的起义,受到了警察的镇压……1908 年她流亡到瑞士,在那里上大学,毕业于医学系。侨居时嫁给了自己的战友弗拉基米尔·伊万诺维奇;在日内瓦生下了第一个女儿,却不幸夭折,后来生下了第二个女儿伊丽娜(我和她头一次见面,第一眼就彼此喜欢,成了童年的朋友,也是终生的朋友)。

弗拉基米尔·伊万诺维奇高门大嗓,说话不容反驳,玛格丽达·尼古拉耶夫娜的沉默让人感到莫测高深,起初,这些都让玛丽娜感到惊奇,一时激动她认为这对夫妇有意炫耀他们的**心灵悠闲**,对此一度有些蔑视,可是,列别杰夫一家人的生活方式和习惯,与一般侨民嫌贫爱富的心理相反,跟玛丽娜日常生活杂乱无章也不相同,玛丽娜曾经写过讽刺诗《富人颂》,她对富翁财主们的炫耀一向反感,难以忍受。

不过,这夫妇俩的富裕完全不在于物质生活方面的无忧无虑,而在于他

---

① 弗拉基米尔·伊万诺维奇·列别杰夫(1883—1956),杂志编辑,评论家。

② 玛格丽达·尼古拉耶夫娜·列别杰娃(1885—1958),列别杰夫的妻子。

阿里阿德娜·艾伏隆在塞纳河上，对面是“巴黎圣母院”。巴黎。三十年代中期。

们跟玛丽娜本人一样,一直追求精神生活的高尚。玛丽娜很快就确信了这一点,从此永远不再怀疑这两个朋友的人品。

玛丽娜结识的朋友不少,但是我记得,几乎所有这些交往的结局都不太好,究其原因,有的虚情假意,有的成心推托,有的言而无信,有的错过了时机,有时因双方或一方感到失望,有时则因难以平复的屈辱而不再往来。

善始善终的只有跟列别杰夫一家的友情,只有他们跟玛丽娜在精神高度、思想深度、质朴单纯、对朋友忠诚而持久这些方面心心相印,彼此一致。

只有在列别杰夫家里,他们夫妇从来不提玛丽娜的贫困落魄,从来不忘赞赏她难以企及的才华,不太合群的性格;总是让她开心、高兴。这是惟一的一所住宅,主人信任玛丽娜,放心地把钥匙交给她,即便主人不在家,她也可以随时打开那扇铁门,走进房间里,像在自己家里一样随意,这里却比自己的家更宽敞、更安静,能得到更好的休息。

这种友情一直延续,就像登山一样,达到了生活的最高点,情感没有衰退,到了玛丽娜回国前夕那段最艰苦、最难熬的漂泊国外的岁月,他们之间的联系也没有打上句号。

"我们去了,却没有见到你们。预定七点半我们还要跟诗人库布卡[①]见面。"——这是给霍达谢维奇留的字条,那时候他陪同高尔基来布拉格访问,因为(高尔基!)站在布尔什维克一边,俄罗斯侨民作家都不愿跟他来往。

这几行是从玛丽娜1938年的笔记本里抄出来的文字,当时玛丽娜已经准备返回苏联,她把留在国外的档案资料(在战争期间都毁了)挑选了一部分重新抄写,记在笔记本里,——这里提到了她在布拉格期间见过诗人弗·费·

① 弗朗吉什克·库布卡(1894—1969),捷克作家,政论家,批评家。他在1924年至1960年的评论中有专章论述茨维塔耶娃的诗歌创作。

霍达谢维奇,却不想跟高尔基会面。

1923 年 11 月底,高尔基出国到玛利亚温泉市治病疗养,曾经到过布拉格;陪同他的有几个亲戚和朋友,其中就有霍达谢维奇。他在革命前那几年就认识玛丽娜。根据帕斯捷尔纳克(他和玛丽娜一样,都高度评价霍达谢维奇的创作)提供的地址,霍达谢维奇事先给玛丽娜写了一封信,请求跟她会面,并希望帮助他认识捷克的文学家和诗人。

霍达谢维奇想在布拉格站住脚,但并不甘心做个普通的"平民百姓",做个不幸的侨民,他想寻找关系,得到帮助,在土生土长的捷克知识分子中间占据一个稳固而又独立的位置,可是,他对捷克的文化界人氏所知甚少……

玛丽娜一贯做事爽快,对于霍达谢维奇的请求立刻给予回应,尽管她跟捷克人的关系谈不上密切。她找到了跟她关系友好的安娜·安东诺夫娜·杰斯科娃[①],杰斯科娃在彼得堡受过教育,跟俄罗斯早就有联系,她是个社会活动家,思想进步,担任文化创作团体"捷俄友好协会"主席。不料,协会里面的右翼分子,那些白俄作家公然反对为霍达谢维奇举办诗歌朗诵晚会的建议,他们说:"既然他是跟高尔基一起来的,肯定是布尔什维克!"

捷克方面的会员态度倒比较温和,他们觉得,首先应该组织一次晚会,欢迎高尔基本人,而不是欢迎霍达谢维奇,他们为此感到惋惜,但是,怎么跟俄罗斯侨民作家商量呢?高尔基很快要走了,而协会里的争执却仍在持续。

就在两种语言争吵不休、混乱不堪的时候,玛丽娜和谢廖沙乘机安排了霍达谢维奇与捷克诗人、文学家弗朗吉什克·库布卡的会见,不过,这次会见不欢而散,库布卡不喜欢霍达谢维奇,认为他没有"展现出"诗人的气质……

可是玛丽娜却很欣赏诗人霍达谢维奇,可能是由于相反相成的矛盾心

---

① 安娜·安东诺夫娜·杰斯科娃(1872—1954),捷克作家,玛丽娜·茨维塔耶娃跟她保持了多年的友谊。她们从 1923 年到 1939 年长期保持通信。玛·伊·茨维塔耶娃与安·安·杰斯科娃通信集(俄文版)1969 年在布拉格出版。

理,也可能是由于那天晚上突然感受到的崇高友情,那天晚上是在贝拉内克宾馆的咖啡厅一起饮用捷克咖啡。

后来到了法国,玛丽娜和霍达谢维奇的关系并不好,甚至还有彼此敌视的时候,只不过到玛丽娜在西方生活的最后几年,两个人找到了共同语言,为他们俩所珍视的诗歌语言……

玛丽娜后来说,在布拉格的时候,霍达谢维奇主动劝说她结识他本人非常喜欢的高尔基,他特别想这样做,因为高尔基就下榻于那家宾馆,要见他,不过是举手之劳。但是,玛丽娜拒绝了,当时的感触很复杂,内心不想那么做,那情景有点类似当年在莫斯科勃洛克进行最后的讲演,玛丽娜就在围绕着他的人群当中,她的内心深处不允许就那么**平白无故地**走过去,**平白无故地**跟他相识。(高傲和怯懦——是一对亲姊妹……这是她 1921 年一首诗当中的诗句。)

当时在她和高尔基之间还横亘着一条界限,那就是她的侨民身份。她不知道该如何处置才好?

过了几天,高尔基离开了布拉格,带领他的随行人员去了玛利亚温泉市。玛丽娜在她的履历中又多了一项错失见面的记录,这让她感到有些苦涩。

1969 年第 4 期《新世界》杂志刊登了玛丽娜写给高尔基的两封书信(感谢他邀请她的妹妹阿娜斯塔西娅·伊万诺夫娜到意大利索伦托去做客),那是她 1927 年书信的底稿,有幸保存了下来。

还有一段故事涉及玛丽娜给高尔基写的一封书信以及他的回信,可惜两封信都没能保存下来。

记得二十年代末或三十年代初,我们在法国的一个熟人发生了一件奇遇。这个人受过音乐教育,大家公认他是音乐学家,他知识渊博,酷爱艺术,常常以艺术家的面目出现。(1927 年玛丽娜在给帕斯捷尔纳克的一封信中提到过他:"……如果你看到他那张'脸盘'——额头宽阔、聪明、老爷似的刮得

谢·雅·艾伏隆和阿里阿德娜及作家扎伊采夫的女儿娜塔莎。巴黎。三十年代中期。

干干净净的面孔——活脱脱是切斯特顿[1]的小说《一个叫礼拜四的人》主人公礼拜四的‘转世重生’。这个人跟我要你的地址!”)这个人天生一副好嗓子,声音的力度、优美,音域的宽阔都显得非同一般。

有一天,我们这位熟人依照往日的习惯,在空旷无人、显得有几分荒凉的凡尔赛公园里信步闲逛,一边欣赏着远方他所喜欢的那片景色,一边唱着心爱的歌剧里的心爱的咏叹调,他放开了喉咙纵情歌唱,只有在空旷的地方,才会这样歌唱,你不会打扰任何人,任何人也不会来打扰你。

就像在神奇的童话里,或者在当代音乐剧电影里常常出现的情景那样——听到他的歌声,灌木丛里忽然走出来一个人,依照故事情节的发展规律或题材的要求,这个人不是名闻遐迩的剧院老板,就是米兰歌剧院的导演本人。此人走到他面前,做了自我介绍,对他的歌声表示赞赏,说是声音令人着迷,说他的声音极其美妙,简直是奇迹!是无价之宝!即便是职业歌唱家,这样的声音也很少见。经过几次会面,经过几次挑剔的试听(其实,没有必要吹毛求疵,因为嗓音是上帝赐予的,是天生的,需要的只不过是精心的打磨罢了),意大利人建议这个俄罗斯侨民去米兰“深造”,找位声乐家给予指点,然后保证他能在“拉·斯卡拉”歌剧院初次登台试演,以后就是洲际巡回演出,前途不可限量。

创造奇迹的所有条件都已具备,惟一缺少的是——钱,在签订聘书之前款项短缺,那就什么也无从谈起:去米兰的旅费,在那里的生活费用,还有支付给声乐家的报酬,所有这些都需要金钱的支撑。

于是四处奔波,找为数不多的亲戚朋友筹措资金,可是毫无结果,指望落空,亲戚朋友大多失业,生活拮据,钱包和口袋空空荡荡。连买面包的钱都没有,哪儿还顾得上接济别人?——何况说什么靠嗓子出名,简直是古怪的念

---

① 切斯特顿(1874—1936),英国作家。——译者注

头……

就在这个时刻，玛丽娜给高尔基写了一封书信。

阿列克谢·马克西莫维奇很快就郑重其事地写了回信，他很高兴，为了歌手的前途，寄来了一张五千法郎的支票（这可是不小的数目），他特别嘱咐不要提资助者的姓名，他希望这声音最好能传播到俄罗斯；他还感谢玛丽娜对他高尔基的信任：他乐于帮助有才华的人，才华——值得珍惜！因为凭借人的才华生活才充满了勃勃生机！写信者对收信人充满了敬意，高尔基的笔迹很工整，使用的是黑墨水，写在一张并不太大的雪白的信纸上……

……可惜，我们的熟人最终也没有成为歌唱家。登台当众演唱时，突发的痉挛扼住了他的咽喉，难以出声（平时上课、演习、排练从来没有发生过这种意外），在米兰歌剧院的初次试演宣告失败，——与世界各地剧场签约也随之成了泡影。

在这段有关理想幻灭的童话故事里，惟一留存下来的声音是阿列克谢·高尔基的声音——那声音从容平静、有点儿嘶哑，却非常亲切……

1924 年我从莫拉瓦特热博瓦寄宿学校回家过暑假，自由自在地坐上了火车，在布拉格车站看到了迎接我的爸爸。我随身带着牙刷，内容贫乏字迹潦草的日记本，数学补考的成绩单，还有（遗传的！）肺部阴影。这最后一项让玛丽娜确信，中等教育对于一个女孩子说来没有什么好处，在某些方面甚至还有损害。

我们家又搬到城外，像游牧民族一样又开始在几个熟悉的村子——伊洛维希、莫克罗普西、伏谢诺雷——寻找住房。

像往常一样，玛丽娜用很多时间写作，与居住在布拉格时相比，由于日常生活杂乱事情的拖累，她也更加疲劳，常常发脾气；她想念脚底下坚硬的地面，想念不久前在城市里走的柏油路，乡村的土路一遇到雨水就变得泥泞不堪,让她感到苦恼。我们住在村子里一个偏僻的角落,那里的道路尤其难走,熟悉的朋友们给起了个外号:"艾伏隆家的泥塘"。

为了尽自己的所能"帮助父母",我决定尽量节省,去森林采浆果和蘑菇的时候,把平底鞋藏在小桥底下的洞孔里,回家的路上再穿鞋。类似的节省的办法还有很多,没有想到的是节省也会出现意外:有一天突然下起了暴雨,小桥下的渠沟忽然变成了滚滚的洪流,把我那双鞋子冲进了贝龙卡溪流,也许冲进了伏尔塔瓦河,不管我怎么样在河岸上哭喊,反正鞋子是再也找不回来了。不得不买双新鞋。我免不了受到一场责骂。

现在回想起来,当时乡下侨民的日常生活仍然保留了一些革命之前别墅区住户的生活方式与习惯,比如互相拜访做客:有的是应约前来,也有突然造访的不速之客;有应付不完、数不胜数的命名日;有不慌不忙的结伴漫游与野餐;有业余爱好者举办的演出、晚会,孩子们的节日以及文学朗诵会等活动。

在伏谢诺雷村,巴洛恩老板小铺子的斜对面,有一座面积很大、建筑优美的别墅,名字叫"鲍任卡别墅",两户人家一家一半合租了这座别墅,作家叶·尼·齐里科夫家里孩子很多(他们的孩子都已经是成年人),另一家是作家安德列耶夫的遗孀安娜·伊利依尼奇娜[1],带着她第一次婚姻所生的女儿,年轻美丽的姑娘妮娜,还有她跟安德列耶夫生下的三个孩子:维拉、萨瓦和瓦连金。

这是个性格古怪的女人——总给人一种压抑感,尽管她姿态轻盈,举止迅速,行动决断,反应机敏;尽管她外貌优雅,一双黑眼睛流露出热情,看上去似乎生性单纯。她爱已故的丈夫爱到痴迷的程度,她的爱仿佛带有某种挑战的意味,似乎一直在捍卫他,为他争辩……可是对手在哪里呢?

她不仅把安德列耶夫的手稿和卷宗都带到了国外,带出国的还有他拍摄

---

① 安娜·伊利依尼奇娜·安德列耶娃(1885—1948)。

阿里阿德娜跟父亲的最后一张合影。基斯洛沃茨克，1937 年 12 月。谢尔盖·雅可甫列维奇在疗养院疗养，女儿来看望他，陪了他几天。

的大量照片，他画的画，使用过的器具，收藏品——所有这些东西她都保存着、守护着，怀着警惕的心理，生怕有什么人来争夺似的。

她对玛丽娜既想接近，又心存戒备；这个女人可以远远地欣赏，但是要爱上她，绝不可能；在她的身上有某种违背人性的特别之处。也许，这不过是我的错觉。

她的孩子们跟她相处并不容易。

安娜·伊利依尼奇娜有个很大的房间，几扇大窗户都朝向花园，有时用来做文学爱好者聚会的场所，有些人朗读，另外一些人倾听。在一个安德列耶夫的纪念日，她组织了一次晚会，朗读安德列耶夫一部从来没有发表过、无人知晓的剧本——《枷锁中的参孙》。

朗诵者是演员阿·布莱伊，他的朗诵受到女主人认真的审查，事前听过他试读。布莱伊机智幽默，颇富才华，红褐色的头发，像狐狸一样，瘸了一条腿，有点儿像诗人拜伦。手稿提前交给了他，以便朗诵有充足的准备时间……

仿佛现在还看得清清楚楚：惟一的光源是桌子上带有典雅的绿色灯罩的台灯；桌子旁边的安乐椅是特意为朗诵者预备的，听众们坐在靠墙的椅子上，仿佛在彼得洛夫卡剧院，一个个精力集中，姿态有些许紧张。在半明半暗的光影里，一双大眼睛发出幽暗的光，那是安娜·伊利依尼奇娜闪烁的眸子。

布莱伊迟迟不见踪影。迟到了？还是忘记了？大概是出了什么意外？最后，所有的人都失去了耐心，有的开始抓耳挠腮，有的甚至发出了抱怨声，——就在这一刻，忽然一个人冲进了房间，以优雅的表演姿态，一边走一边弯腰点头表示歉意，原来他就是——朗诵者。大家不约而同地长舒了一口气。

布莱伊坐在安乐椅上，咳嗽了两声，从玻璃瓶里倒了一杯水，喝口水，又咳嗽着清清嗓子，小心翼翼地从破旧的公文包里掏出手稿，看了看，活动活动

身子,坐舒服点儿——安娜·伊利依尼奇娜用老虎一样的眼睛盯着他——那天鹅绒一样的声音,演员的洪亮声音终于开始了朗诵:

“列昂尼德·安德列耶夫。《枷锁中的参孙》。”

别墅的另一半住着齐里科夫一家人,他们家祥和、自然,没有压抑的气氛,虽然跟每一个人口众多的大家庭一样,免不了有争吵、不快和痛苦,还有忧愁。

忧愁弥漫在叶甫盖尼·尼古拉耶维奇的房间里,体现忧愁的不是手稿,而是木头做的伏尔加河上的轮船模型,这些船的模型是他在窗户旁边的工作台上制作的,从窗口能看到花园里茂密的树木。房间里堆满了轮船——微型的、稍微大一点的、驳船、货船、平底船、小木船、小型驳船、独木舟和尖头柳叶船等等……在这位伏尔加人看来,伏谢诺雷村子太狭小,贝龙卡溪流水太少!

要想跟齐里科夫一家人都成为朋友,玛丽娜根本就顾不过来,他们家人口太多,年龄差别又太大!常常到我们家来的一会儿是柳德米拉(不久就到外地去了),一会儿是瓦连金娜,一会儿是作家和他的妻子。为了迎接叶甫盖尼·尼古拉耶维奇,玛丽娜甚至烙了馅饼,其实这并非她擅长做的食品。齐里科夫笑称这是“带咖啡渣的茨冈馅饼”,他吃得很有胃口,他的妻子瓦连金娜·戈奥尔基耶夫娜客气地询问:“您这是怎么做的呢?”她只掰了一小块,不太信任地尝了尝……

……童年的美好记忆保存的只有善良,童年的眼睛只选择四周的美景,童年的耳朵很灵敏,倾听“有趣的”、可笑的、叫人开心的事情。我在捷克的生活正好是我的童年时期,那些质朴单纯的岁月终生难忘,回想起来感到高兴。

而大人们的生活怎么样呢?他们有什么样的感受?

1924年早春,我父亲写了一封书信,寄给生活在莫斯科的姐姐:

"……我在布拉格很糟糕。住在这里,仿佛与世隔绝似的。认识的俄罗斯人很多,但是值得接近的人很少。可是我生性喜欢跟人们交往。特别怀念俄罗斯,怀念得要命。

你以为我很快就能回去吗?回去可能有危险,我是指精神上的回归,有没有这种可能?我准备再等两年。时间再久,我害怕没有力气等待了……"

那一年秋天,他还给姐姐写信说:"我给你写信,最难过的是不得不提到有关自己的生活。我觉得过得死气沉沉的,每次写到'这个地方'我的手就会停下来……隔开我和你的那堵墙,要是忽然之间倒塌了,那该有多么好!我的上帝啊!

可是有关我自己,确实没有什么可说的……

这个冬天我很少到城里去。我们住在峡谷里,四周都是山岭和森林。从窗户里能看见山岗上已经变红的树叶,看得见像南方一样的蓝天。晴和的秋天。夜里已经很冷,白天还热。每天去大学里上课,学校离我们这里有二十俄里。

我怀着恐惧等待冬天的到来。

二五年面临着困难。我要在上大学和必须尽快找到工作之间做出抉择。为了找工作,有可能迁居巴黎,那边总还有些机会,而留在这里——则毫无办法。我们俄罗斯人太多了。这样一来不得不抛弃学业。我不会为此过于苦恼,因为横竖还不都一样?我要是早一点明白这些就好了,整个生活就不会像现在这样苦闷了。

……我现在忙于编辑一本不太厚的杂志,文学批评杂志。(大学生杂志,刊名叫《走自己的路》)。我非常渴望能得到来自俄罗斯的某些信息——比如有关戏剧方面的,有关近期的作家和诗人的资料,关于学术生活方面的报道。

如果当局不太干涉,请你找找在这些方面能够提供资料的那些人,按我写的地址把材料寄给我。我很想得到一些评论文章，哪怕是短评也好，特别是关于瓦赫坦戈夫剧院、莫斯科室内剧院的消息，梅耶霍德[①]的消息等。编辑部也很欢迎诗歌和散文作品……

请你跟马克斯·沃洛申、跟安托科尔斯基商量商量，说不定他们俩能提供一些资料？请尽快回信告诉我，我的等待是否会落空？

……没有人给我写信。我的感觉是所有的莫斯科人都把我忘记了。我知道我们之间已经好几年不见面了，这种距离甚至超过了几千俄里。我知道这都是我的错。我一直感到沉痛。

给我回信，亲爱的莉莉卡！你的书信是维系我跟俄罗斯、跟往昔，或许还有跟未来——惟一现实的一条渠道……”

玛丽娜的笔记本在草稿和誊写清楚的稿件之间，穿插了一些有关迁居的札记：

1924 年 6 月在伊洛维希村（玛丽娜在那里写完了长诗《终结之歌》：“结局——早就在我心里！开始像空气，写完是尽责！”）。

7 月我们住在峡谷里的莫克罗普西村。（我们是从伊洛维希村搬到这里的，租的是一所快要倒塌的小房子，屋里有个很大的俄罗斯火炉子，房顶是歪斜的，墙是歪斜的，地板也是歪斜的，房子坐落在一个很大的旧庄园里。有个很大的木板棚，女房东很想把它租给俄罗斯的大学生们居住，园子有石头砌的围墙，紧挨着铁路的路基。因此坐火车很方便。

1924 年 7 月 21 日开始写《阿里阿德涅》的三场戏。感谢上帝！感谢各位神灵！）

---

① 弗·艾·梅耶霍德（1874—1940），苏联导演，艺术家。导演过《澡堂》、《臭虫》等戏剧。——译者注

8月——又搬回了莫克罗普西村的另一处房子（“小溪上飘浮着水汽。很小的石头房子，墙的厚度有一沙绳[1]半。玛丽娜不知疲倦地创作诗剧《忒修斯》[即《阿里阿德涅》]。有许多零散的诗行，暂时还没有整理成篇……”）。

9月（从这时直到最后离开捷克的那一天）——我们住在伏谢诺雷村（“往伏谢诺雷搬家的时候——帮我们拉车的是村子里的一个疯子，路上我们给他喝啤酒，抽烟！［他平时不抽烟！］——三天之前他学编织，却什么也编不出来……”）。

玛丽娜写的诗句：“一切都比我更重要、更必要、更不可争辩！”

“莫如一死，趁着还不晚。”

“这种生活的特点——是土气加拥挤。”

“消瘦的肩膀上头巾破烂。”

“没有权利丢失东西（赤贫）。什么都不是你的。连一枚硬币都没有。”

“心灵不可能用什么人或物去塞满，因为它不是容器，而是具有包容性。”

“幻影引发我们的忧虑。不然的话他们就不敢冒险。忧虑到绝望的时候，他们就能主宰我们的生活了……”

“眼泪：流不出来的泪水，都属于静止的范畴。”

“因痛苦折磨与痉挛
在自我迷茫中挣扎……
还有给我的名字
玛丽娜——加上：苦命女人。”

偶尔有些意想不到的事情会神秘地冒出来：悄悄地做，不愿让别人察觉，又怕不做不吉利，前面我曾顺便提到过，像织毛线活儿就属于这样的新鲜

---

① 沙绳，一译阿尔申，俄国从十六世纪开始使用的长度单位，等于16俄寸，71.12厘米。——译者注

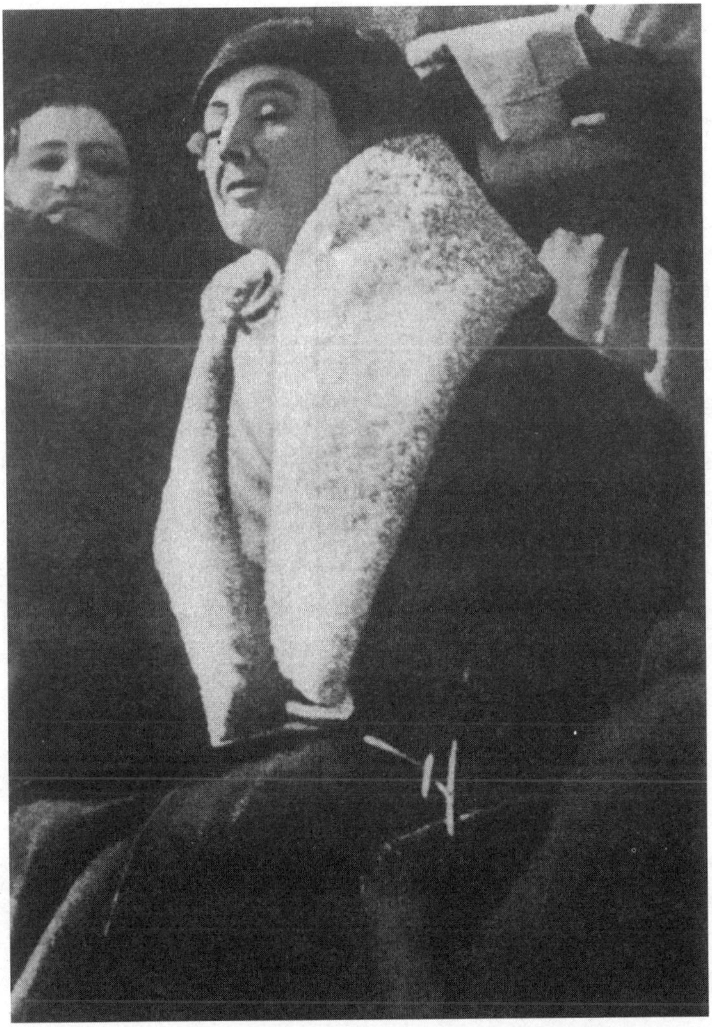

玛·伊·茨维塔耶娃。戈里岑诺。1939 年至 1940 年的冬天。

事儿。

玛丽娜织一件毛线披肩，暂时还看不出什么式样，拖拖拉拉织了很久，还是不见怎么进展。其实她并不擅长做这样的手工活儿，却执拗地向自己的弱点挑战。织了拆，拆了织，仿佛中了魔法似的，迷上了这项延续了几千年、既有创造性又能让女人心平气和的手艺活儿，以此来证明闲暇时刻的意义，有可能跟一个看不见、却已经存在的人进行秘密的无声对话。

笔记本——则另当别论：笔记本——是接连不断的忙碌，连续的写作与责任，连续的思考——表达、灵感，在尚未确定的形式中左冲右突，情感——需要表达；笔记本——是汇集词语，不是现在的词语，就是未来的词语。笔记本——是已经公开的心灵秘密。

在这几个月的笔记本里——包括有诗歌、书信、构思提纲——其中有《忒修斯》，即《阿里阿德涅》，包括所有次要情节，既有淮德拉的情感爆发，也包括海伦难以实现的意图，有表现**命运**主题的种种设想。笔记本像往常一样有很多作品，也有刚刚写成的诗句：

> 女人，你的披巾下有什么？
> ——未来！——

还有已经开了头，却被无端抛弃因而没有写完的四行诗：

> ……在你贫寒的摇篮上空
> 有很多很多上帝的奖赏……

诗句涉及一件事，玛丽娜曾经给谢廖沙写过一封信，委托爱伦堡从莫斯科带到国外："您不必为我们的伊丽娜伤心。您对她的情况一点儿都不了解，大概是您做了一个梦,梦见她不在了,不要责备自己冷酷无情,我只不过是不愿意让您痛苦, 所有的痛苦我愿意一个人承担!——我们会有一个儿子,我知道,将来他一定会出生……”

只是到了后来,当“隐秘逐渐变得明显”,她跟别人说话才开始提到这件事,对此有所准备,找医生咨询,向孩子已经长大的熟人搜集“幼儿的用品”。笔记本里也出现了零星的札记。其中有一条写得个性特别鲜明:“……阿莉娅的脾气简直叫人琢磨不透——她把我即将出生的儿子称呼为‘您的儿子’,而不是‘她的弟弟’,用这种方式表明他的归属,他在生活中的位置,她已经预见到了母亲的偏心,事先提出了警告,对这种心理有了反抗的准备……”

最后——是欢呼的诗行,一页一页充满了最为单纯的喜悦,最开朗的感激,直接说——就是无上的幸福:

“1925 年 2 月 1 日,我儿子戈奥尔基出生了,星期日,中午,伴随着暴风雪飞旋。在他降生的那个瞬间,床边地板上点燃了酒精,他仿佛出生在蓝色的火焰里……戈·伊·阿里特舒勒医生救了他的命,也救了我的命,现在,12号,他要参加最后一门课的考试。戈里高利·伊萨科维奇·阿里特舒勒医生当时是布拉格大学医学院的大学生,他的父亲曾经给列夫·托尔斯泰看病。

前天,1 月 31 日,我带着阿莉娅去尔热伏尼采村看牙科医生。诊所里人很多,我不想等候,出去随便溜溜,一直走到了查理丁。然后又回到尔热伏尼采村,后来,没有等到火车,走过河流和草地,才回到伏谢诺雷。

晚上跟谢廖沙一起到安·伊·安德列耶娃家去,看了古老的圣像(彩色照片),回到家里,夜里两点左右躺在床上还在读狄更斯的小说:《大卫·科波菲尔》。

早晨八点半,胎儿开始在肚子里活动。起初我还不明白,不太相信,很快就断定:他要出生了,很多人都劝说我“收拾好东西去布拉格吧”,可我不同意……谢廖沙疯了似的在伏谢诺雷和莫克罗普西两个村子里到处跑着求人帮忙。不久,我的房间里站满了很多女人,有的甚至我都不认识。齐里科夫家的保姆擦洗了地板,多余的东西都从屋里搬出去,让我躺在安德列耶娃的一件睡袍上面,床抬到了屋子中间,周围的地板都洒了酒精消毒。(婴儿已经在移动——可是需要稍等片刻!)他的动作引起了我的关注……

十点三十分,戈·伊·阿里特舒勒医生到了,十二点,戈奥尔基出生了……

是的,我是从瓦·戈·齐里科娃口中知道生了个男孩儿,孩子出生时她在房间里。她说:'是男孩儿——挺漂亮的小男孩儿!'

……那些女人都说我的克制能力很强。最起码说,我一声也没有喊叫。(所有的女人都说:您喊叫出声音来吧!——我说:何苦呢?——只有一个女人凑近我的耳朵小声问:'疼吗?'安娜·伊利依尼奇娜·安德列耶娃回答:'疼——是必要的!'这是她惟一一次说出的聪明话。)

坐在旁边房间里的人们说,不知道的话,谁也猜不出来那边房间里出了什么事。"

"戈奥尔基有七个保姆:眼睛一直盯着森林、黑如煤炭的'母狼'(雇来照料玛丽娜的女人,一周之后就走了!),安·伊·安德列耶娃,瓦·戈·齐里科娃,穆娜·布尔加科娃,卡佳和尤丽雅·赖特林格,还有"小男孩儿的母亲"(小男孩儿是我的小朋友奥列格)——阿·季·图尔让斯卡娅……

尤丽雅(毫不夸张地说,她是纯粹的甘愿奉献的化身!),身穿黑色连衣裙,宽宽的腰带,严格得有点过分,酷爱绘画,坐在窗户旁边,一连三个小时默默地用金刚砂磨平绘制圣像的木板,那沙拉沙拉的声音几乎让我发疯……

……穆娜·布尔加科娃像影子一样,她使人联想起鞑靼人的女俘,甚至

戈奥尔基·艾伏隆——穆尔。奇斯托波尔。1941 年 9 月。

是拉辛[1]的女俘,用漆黑的珠串编制面纱……

瓦·戈·齐里科娃(女演员,出生于伏尔加河流域),上了年纪的女演员……依然想表演:扮演年轻的母亲,表现年轻的母爱,不管是哪个女人的母爱,她的,还是我的,反正都一样……'他——是个极其出色的男孩儿!……看鼻孔!鼻孔!简直就是夏里亚宾[2]!她戴手镯的双手不停地变化手势,经常弄出响声,人造丝做的裙子闪闪发光,在房间里闪来闪去,弄得我头晕目眩。

……安·伊·安德列耶娃对待婴儿就是母爱的化身……野兽的母爱,甚至是——猛兽的母爱……她的告诫、建议滔滔不绝,专横、妒忌、匆忙、不容反驳,弄得我心烦意乱,直到悄悄地流泪,我知道,她这些作为,都出于好意,我尽力往好处想,把烦恼抛到一边,我甚至还记得用手指轻轻敲打枕头,因为我明白,她所说的都是出于爱:爱我,爱孩子,爱生命,源自火热的,也许是她自己意识不到的伤口;我知道,所有这些琐事,其实都跟她无关,她不可能再有这样的经历了……

'安娜·伊利依尼奇娜对待孩子,很自然地怀有祖母的情感,'我的医生笑着对我这样说。

我在心里想,不是一般的祖母,而是性情古怪的祖母。不是祖母,而是母亲,是渴望生最后一个孩子,却不可能、梦想难以实现的母亲。现在不可能,永远不可能,她知道——梦想是永远不能实现了……

……说到卡佳·赖特林格,高个子,浅色头发,有点任性。双膝跪在地上是她喜欢的一种蹲坐的姿态……卡佳总是背着装满友情的背包,走过布拉格的山坡丘陵——背着草绿色的背包,带着草绿色的雨衣,迈着大步走过布拉格的山坡丘陵,有时候从布拉格步行到伏谢诺雷村——背包里装着别人的委

---

① 斯坚卡·拉辛(1630—1671),顿河哥萨克,农民战争首领。——译者注

② 费·伊·夏里亚宾(1873—1938),俄罗斯男低音歌唱家。1922 年移居国外。——译者注

托和对别人的关切——背着自己的关爱,像茨冈女人背着自己的孩子……

卡佳·赖特林格特别喜欢我写的诗歌作品……

……她曾背着阿莉娅走路,在伏谢诺雷的山坡上,甚至走得很快,背着十岁的阿莉娅,又重又胖,竟然是为了让她高兴,也让自己开心,谁要不相信,她就再背一次让你看看……

这场风雨倒能为我所用——寂静,这抒情的瀑布发出轻轻的响声,碰撞到吊灯和瓶子,激情之火正好可以烹制菜肴……

'小男孩儿的母亲'。男孩儿廖里克的母亲,孤独的母亲,她已经被孩子的父亲抛弃……

她雪白的房间,每天都擦洗地板,有一种特殊的、超越人类的激情:那是防治疟疾的日子。开开门就能走进果园,从窗户里能看见,果园里有棵苹果树,我记得那棵苹果树总是开着苹果花。简直就是天堂里的花园。一张小床。石板比镜子还干净。另外一些人找她来要馅饼,我来——探寻秘密,我完全不明白她离奇却又简单的生存状况。也趁机了解自己的秘密——本身的秘密。'霍拉旭,天地之间有许多事情,是你们的哲学里所没有梦想到的呢!'[①]莎士比亚在这里说的当然是**普通人**的奥秘。'小男孩儿的母亲'正是**这样的**奥秘,正是这样的普通人。除了我,谁都不明白。(那么她呢?)

伏列努什卡的面容来自《在林中》和《在山中》[②]……伏列努什卡不再大声哭叫。没有血色的小脸,一双蓝得透明的眼睛——刹那间变成深不见底的深蓝色,最适宜微笑的嘴唇,嘴唇不动也露出微笑。

挺直的鼻梁,年轻圣像的面庞……

---

① 莎士比亚《哈姆雷特》第一幕第五场,朱生豪译,吴兴华校,人民文学出版社,1994年,页311。——译者注

② 《在林中》和《在山中》是俄罗斯作家梅里尼科夫-比切尔斯基(1818—1883)的两部儿童小说,伏列努什卡是小说的主人公。——译者注

……你要相信看护你的保姆，她们为你编织绒线衣！

这些人为了你——甘愿赴汤蹈火。

……这个宁馨儿来的时机正好，体力也能适应。就仿佛她家里的馅饼自动就烙好了一样——不必自己动手，有人手帮忙，甚至不止一双手，而是几双手在忙碌（似乎有魔咒驱使，东西会自己移动）——现在就是这样：

移动婴儿，为我换床单，不用我动手，床自动铺好，东西自动转移，神奇的梦，寂静……

不会忘记——不，说的不是保姆，是好心肠的天才，当地的仙女，安娜·安东诺夫娜·杰斯科娃。她带来了一大盒双排的巧克力糖果，战前生产的、传统的包装，不是硬纸板盒子，而是货真价实的巧克力。鬓发银白，高雅端庄……内在气质——有女王般的尊严。隆起的鼻梁，山脉一样位于两只碧绿的眼睛之间，目光从容平静……高高的脖颈，高高的胸脯，一切——都透露出崇高的风范。银灰色的丝绸连衣裙，当然是惟一的款式，却不怕伏谢诺雷土路的泥泞肮脏，因为——要来看望的是头生子！"

"最后还要回到头一个夜晚——2 月 1 日到 2 日那个夜晚——

黑如煤炭的捷克女人。头一个保姆。永远不会忘记，火炉里的火怎么样呼呼直响，炉子烧得通红。（小男孩儿，跟我所有的孩子一样，来得匆忙，提前了两个星期，——不过，为什么跟别的孩子都一样，一点儿也不小，也不弱，相反比别的孩子更大，更结实——因此需要好好保暖。）

很热。睡不着。恍惚间觉得，平生头一次——感恩。周围罕见的明亮。甚至手都是白的！睡不着。我的**儿子**。

'嚯—嚯—嚯—嚯！'炉火得意洋洋地发出了威胁的响声，仿佛不是从炉子里，而是把食道变成了烟筒，通过咽喉，把我从胸腔里卷了出来……

一个老太婆睡意蒙胧、嘟嘟囔囔地说着梦话，语速很快，口齿不清——波西米亚的捷克女人，扬·杰式卡的波西米亚，乔治·桑的波西米亚，出产捷克

玛丽娜·伊万诺夫娜在法国旺代。1926 年。

水晶的波西米亚。”[1]

“……如果此刻我不幸死亡，我会万分可怜我的男孩儿，我对他的爱糅进了忧愁、怜悯和祝福的情感。我为另外的事情怜悯阿莉娅，以与此不同的方式爱她……

相信阿莉娅永远不会忘记我，男孩子大概永远不会想念我……

无论将来他是什么样子，我都将爱他：不是因为英俊，不是因为才能，也不是由于相貌像我，而是因为他的存在。”

稍后笔记中补充了一句：

“男孩子们需要娇惯，——他们可能要遭遇战争。”

---

① 扬·杰式卡（1360—1424），捷克民族英雄。法国作家乔治·桑（1804—1876）在她的小说《康素爱萝》一书中对波西米亚有详细的描述。——译者注

# 萨莫特拉斯胜利女神[①]

1932年秋天，玛丽娜·伊万诺夫娜和阿维季克·伊萨基扬在巴黎初次见面[②]，那是在茨维塔耶娃的朋友列别杰夫夫妇家里，弗拉基米尔·伊万诺维奇·列别杰夫和他的妻子玛格丽达·尼古拉耶夫娜住在名叫丹费尔-罗什洛的一条安静的小街上，这条小街虽然起始于拉斯佩伊和蒙帕纳斯这两条拥挤

---

① 有关阿维季克·伊萨基扬与玛丽娜·茨维塔耶娃在巴黎会面的回忆录，是阿里阿德娜·艾伏隆特意为1967年的《文学亚美尼亚》杂志写的稿件。1966年3月20日阿里阿德娜给这家杂志的编辑娜塔莉亚·亚历山大罗夫娜·冈察尔写信说："……我想为贵刊写篇不太长的稿件(大约三到四页)，回忆玛丽娜·茨维塔耶娃在巴黎跟你们的诗人阿维季克·伊萨基扬会见的情景，不知您是否愿意采用？遗憾的是，我记住的情节并不多，不过，记住的毕竟是牢记在心的。我想每一点有关诗人的回忆都是珍贵的。无论如何都该把它写出来。"(《文学联系》第2卷，埃里温，1977年，页245)

我们从阿里阿德娜·艾伏隆的记事本当中可以看到：

"1967年5月2日冈察尔答应，最近几天寄来有关妈妈和伊萨基扬的回忆文章。

5月4日，……应该继续写玛茨与伊萨的文章。

67年5月11日，把《萨莫特拉斯胜利女神》寄给《文学亚美尼亚》……"

② 阿维季克·萨阿科维奇·伊萨基扬(1875—1957)，亚美尼亚作家，由于受到沙皇暗探局的追捕，1911年流亡国外。先后在君士坦丁堡、日内瓦、柏林、巴黎居住。1926年回到加入苏联的亚美尼亚。1936年从巴黎返回祖国定居。

的林荫道，又汇入圣米迦勒林荫道的喧嚣，到了这一段却既安静又幽暗，像一条无声无息的溪流。说它安静，是因为它的一侧耸立着连续不断的高墙，里面是聋哑儿童收容所；说它幽暗，是因为这里永远笼罩着阴影，太阳从来都照不到这个地方。建在那一带高墙对面的房子，像高墙一样，看不出它们修建了多久，每座房子也显示不出自己的个性与特色，时间抹平了房屋正面的凹凸与棱角，抹去了所有的色彩。不显眼的窗户，半开半闭的木制护窗板镶嵌在喑哑的墙上。

街上行人很少，他们走路不慌不忙。这条街道位于画家居住的社区和大学生居住的社区之间，它本身仿佛是两个社区中间声音与色彩的停顿区域，有意识地让行人放慢脚步，从紧张的状态中得到解脱……

有一天有人问茨维塔耶娃，她最喜欢巴黎的什么地方，让大家感到意外的是——她点出的正是这条街道，说实在的，一般人都不会看上眼的角落。她的理由是："喜欢这里的安静，也喜欢列别杰夫一家人。"

弗·伊·列别杰夫是一家"大型杂志"（编辑部先在布拉格，后迁移到巴黎）的编辑。杂志用俄语出版，茨维塔耶娃的作品在这家杂志上大量发表，从来不会遭到拒绝，尽管她的作品当中与很多俄罗斯侨民的观点相抵触，很难被其他报刊所采用，其难度用个比喻的说法，犹如圣经上所说的骆驼穿过针眼。

弗拉基米尔·伊万诺维奇长得敦实、健壮，一双欢乐的土匪式的眼睛，留着土匪式的黑胡子，做事干练，性情豪爽，他的妻子玛格丽达·尼古拉耶夫娜，个子不高，身体稍胖，性格沉稳，举止优雅，他们夫妇俩都喜欢茨维塔耶娃，是她的真心实意的朋友；在他们家，在他们光线幽暗、散发着蜂蜡气味儿和书香的房间里，她觉得像在自己家里一样，不，比在自己家里更舒服、更惬意。她的日子过得实在太艰苦，太贫困了，这样的生活让她太疲惫了，夫妇俩希望茨维塔耶娃在他们家里能够完全放松心情，舒适自在。

列别杰夫一家人。在他们家里茨维塔耶娃认识了伊萨基扬。这张照片 1937 年 3 月拍摄于巴黎火车站,他们为阿里阿德娜回莫斯科送行。左起,弗·伊·列别杰夫,伊丽娜·列别杰娃,玛·伊·茨维塔耶娃,玛·尼·列别杰娃,穆尔。

现在我已经不记得伊萨基扬跟列别杰夫一家是怎么认识的了。看来，他们之间早就有了交往。起码在1932年秋天的一个日子，伊萨基扬就坐在列别杰夫家的餐桌旁边，不像新来的客人，仿佛是自家人。他跟列别杰夫夫妇的交谈，我听起来也很习惯，谈的也都是我熟悉的事情，究其原因，或许他的天性就属于稳重随和（起码给很多人这样的印象）。在其他场合我还跟他有过几次见面的机会，他看待所有的人和事都既认真，又随便，并不感到有什么好奇，仿佛一切都见到过很多次，听到过很多次的样子，在他看来既然不是初次，也就没有什么新奇的了。

大概这种看法也符合实际。

那天茨维塔耶娃也很克制——大凡有新认识的人在场她都会这样。有时候她有意识地保持一段距离，尽量往后站，往往让交谈者觉得受到了冷淡；可是有时候又像孩子一样轻易就相信别人说的话，但是从来不会刚一见面就显得过分热情；再者说，初次见面，她也不想用她那双明亮的、碧绿的眼睛打量别人。一开始她总是倾听对方说话，半侧着身子，垂下眼睛，微微皱着眉头，沉入声音当中，细细体味话语或隐或显的含义，凭听觉判断是朋友，是对手，或者是不相干的人；偶尔提出问题或者解答对方的询问，言语简短、淡漠，并且极度地谦卑：伪装的冷漠和危险的恭敬——是无形的帷幕，在那后面任何一个瞬间都可能转化为熊熊的火焰。

餐桌旁边的谈话注重体面，似乎什么都可以说，可又说得都很空泛，而两个诗人交谈起来，话语滔滔不绝，如同流淌的江水，后来江水中出现了一座座小岛，其标志是共同认识的熟人、朋友、或亲近或反感的一些人的名字。我记得他们谈话当中忽然浮现出一个人的名字——萨洛梅娅·安德罗尼科娃-加尔佩恩[①],格鲁吉亚人,过去在彼得堡,现在巴黎,她是伊萨基扬的朋友,也是茨维塔耶娃的朋友。伊萨基扬提到她说,像她这种气质的女人, 百年大概只出现一个,假如出现得更稀少,那是为了让人们赞颂,让人们永远铭记在心。谈过了萨洛梅娅,接下来自然提到了曼德尔施塔姆和他献给萨洛梅娅的诗篇《给萨洛明卡》[②],以及与《一首献诗的经过》有关的故事。我记得,忽然谈到了巴尔蒙特(他和他妻子叶莲娜也是这一家乐于接待的客人),茨维塔耶娃像弓弦一样忽然紧绷了起来:她对待巴尔蒙特既羡慕又尊重,怀有特殊的柔情,随着这位诗人年龄越来越老,身体越来越弱,头发越来越白,她的感情越发温柔,越发珍惜,当他的诗歌受到谩骂的时候,她简直难以容忍。可是,除了诗人的妻子和女儿,似乎所有的人都在咒骂他,骂他的因循守旧(反对时髦),可是当年那么多人对他赞美不已。

对于茨维塔耶娃的看法,伊萨基扬深表赞同。他挺身而出,愿意做捍卫诗人的盾牌。他强调说,巴尔蒙特——是"得到神明恩赐"的诗人,不过,他把这位诗人的创作归结为以即兴吟诵与乐感见长的诗歌作品(类似吟唱诗

---

① 萨洛梅娅·尼古拉耶夫娜·安德罗尼科娃-加尔佩恩(1888—1982),十月革命后,安德罗尼科娃移居国外,嫁给了以前认识的律师阿·亚·加尔佩恩。拉丽萨·瓦西里耶娃记录了她讲述的跟茨维塔耶娃交往的故事:"我遇到茨维塔耶娃以后,她的光芒照亮了我的生活。我立刻就爱上了她。必须说,喜欢她的人很少。她往往惹人生气,甚至是很善良的人也不愿跟她接触。我们是二十年代初期认识的。她先是在柏林、布拉格生活,后来迁居到巴黎郊区……

茨维塔耶娃为人聪明,非常聪明,无比聪明。身材姣好,腰肢细,肩膀宽,相貌端庄,可奇怪的是给人留下的印象不美,像个逃难的女人。她的口才很出色,生动幽默,常常引人发笑。尤其擅长锤炼词句。我不明白,她怎么会不招人喜欢。后来才知道,她的个性独立不羁,她对革命的态度并非完全否定,她爱俄罗斯,这些都跟侨民界文人圈子的观点相抵触。她不断然拒绝苏维埃俄罗斯,对革命不加否定,这让他们感到愤怒……

我同样没有明确的政治观点,不过,我在物质生活方面是自由的,并不依赖他们,可是他们主持的报刊杂志拒绝刊登茨维塔耶娃的作品,有意地不让她挣到一个戈比,无疑断绝了她的生路。我从来没有见过任何人像茨维塔耶娃那样贫困。我在一家时装杂志当编辑,每个月有一千法郎的薪酬,因此可以给她两百法郎作为接济。"(见拉丽萨·瓦西里耶娃,《萨洛梅娅,或者萨洛明卡,不向时代弯腰的女人》,《星火周刊》,1988 年第 3 期,页 25)安德罗尼科娃保存了一百二十多封茨维塔耶娃给她的书信。

② 萨洛明卡,这个词既与"萨洛梅娅"谐音,又与稻草(索洛明卡)谐音。——译者注

歌)——说他的许多诗歌形式完美,技艺高超,尤其擅长把握诗的内在属性。后来他开始回忆巴尔蒙特荣耀的鼎盛时期,特别详细地询问当下他的贫困处境。只是在谈话的最后,他才俏皮地说明,神在创造诗歌星球的时候,让一部分诗人拥有陆地,另一部分诗人拥有水,当然,巴尔蒙特不太喜欢水。不过,这是玩笑吗?随即他又补充说,陆地缺乏水——就成了沙漠,而水没有陆地——就成了海洋。伊萨基扬有关诗歌世界的这番议论,深得茨维塔耶娃的认同,后来她曾经回忆并且引用过伊萨基扬的妙论,她对自己的一个准确的定位,不是沙漠,而是孤独的悬崖。

“当年我给巴尔蒙特写过不少诗啊,”茨维塔耶娃说,随后背诵了一首还在俄罗斯的时候献给巴尔蒙特的诗作,接下来又背诵了曼德尔施塔姆写的《给萨洛明卡》,还有自己早期写的几首诗,那时候她的创作相当自由,威严的诗神尚未要求她把“简洁凝练”提到第一位——高度的凝练要求去除抒情的水分——追求诗歌形式精确的极限,立足于人类真理的巅峰。

伊萨基扬听茨维塔耶娃朗诵诗歌——他们俩都很好看,俨然是两尊完美的塑像!他的高加索人的头颅显得雄伟英俊,高高的鼻梁,深陷的眼窝,苍老的棕褐色眼皮下隐藏着鹰隼似的锐利目光,微黑的脸膛有些苍白,尽管身穿的夹克略显肥大笨拙,但挺直的脊梁、宽阔的肩膀、结实的巴掌和手指,都显示出坚韧的力量——整个外貌体现着人生的悲凉与沧桑。再看她,依然有几分男孩子的模样,依然高扬着头颅,柔软的短发已闪烁着银丝,端正而高耸的鼻梁,棱角分明的嘴唇,脸色发白,好像笼罩着月光,眼睛里有猝然迸发的光芒——啊,她心怀坦荡,毫无戒备,注视着别人的眼睛,也想解除对方的戒备!日常生活的操劳使她的双手永远是那么粗糙,手指上戴着从不替换的银戒指,她的神态使人想起埃及的古代雕像。

两个人看上去都比实际年龄要老,两个人都很美。

后来,由于茨维塔耶娃一再诚恳地请求,伊萨基扬开始用母语朗诵,我们是平生第一次倾听。出于对女性的尊重,对诗歌的尊重,他站着朗诵,所有在场的人,包括我和我的朋友伊丽娜·列别杰娃,两个小姑娘,虽然听不懂他朗诵的诗歌是什么意思,但他那些词句的声音却让我们惊呆了,他读完以后,一片寂静,仿佛是刚刚发生了一场爆炸。

“上帝啊,您是真正的**巅峰**诗人!”茨维塔耶娃由衷地赞叹说。

“可是也不能把您称为**平原**诗人啊!”伊萨基扬回答。

我记得那一天三个人之间有关视觉与隐晦的一段交谈,起因是一句随随便便说的话“您看见了吗? ……”当时连续不停的交谈涉及到创作,茨维塔耶娃自己跟自己在心里对话,也跟别人交谈,这种有声与无声的谈话,一辈子都在进行。她有一个特点——深入理解她所描写的对象(包括现象、状态、事物),描述业已洞察的内容——并非由表及里,由形式到本质,过程恰恰相反:由内向外,由本质到外表(“你要想写树——就先变成树!”)。让自己变成所要描写的人或物,成为题材的核心,以便“从旁边”来观察描写对象,如果不借助镜子,我们难以看到自己的脸,我们难以从旁边观察自我,因此要塑造形象,一定要有深入其内部的敏锐感觉。这种内在的审视是茨维塔耶娃向来坚持的一条重要的创作原则(“为了在眼皮底下产生神秘”)——她对于与此相反的创作过程,即由外向内,持否定的态度。她天生爱好音乐,喜欢探索词的含义,词的音乐性,她认为,正是借助于词语内涵的丰富性与词语的音乐性,表达情感才得心应手,对于借助视觉途径深入事物内部的艺术手法,她的态度十分冷淡。在她看来,这种方法是次要的方法,是插图式的笨办法,既然视觉的形体已经存在,那么同时就塑造了外在的环境。“米洛斯的维纳斯——肉体在大理石当中,蒙娜丽莎——面庞在画布上。她们的灵魂要由我们诗人、欣赏者来赋予。而且每个人都有自己不同的想象。”

当然,现在已经过去了很多年,我不可能重新再现伊萨基扬跟茨维塔耶娃那次谈话的细节,更准确地说,是那次争论的过程,我也不允许自己以想象去代替记忆。我只知道,伊萨基扬提出了自己的论点,并且加以捍卫,不过,他的论述缺乏应有的热情,因为在他看来,文学创作的各种表现手法都有其存在的价值和意义。他们俩在弗拉基米尔·伊万诺维奇的房间里谈话,那个房间的窗户朝向街道。茨维塔耶娃站在窗户旁边,看着伊萨基扬,有些心不在焉,后来从她的手提包里掏出来单柄眼镜(她是近视眼),专心致志地盯住了一点,她招呼伊萨基扬说:“您来看!”

从窗户里能清清楚楚地看到坐落在斜坡上的聋哑儿童收容所,在丹费尔-罗什洛小街一侧的围墙里面,就是收容所的院落,景色凄凉,恰似动物园里的畜牧场。有几个男孩子在那里无声无息地来回奔跑、蹦蹦跳跳,仿佛是在可怕的睡梦中游荡。他们的手臂,从肩膀到手指尖,不停地比划活动,仿佛曾多次脱臼,他们的脸也有些变形,因绝望的表情而变得十分难看——这一切都夸张到可怕的程度,残疾给人的印象实在可怕。

“我看芭蕾也是这种样子,”茨维塔耶娃并无恶意地说道,“如果这时候让‘他们’停止不动——那就是一组雕塑。这是我把握不了的艺术。”

过了几天,他们俩约好一道参观卢浮宫:伊萨基扬想就“聋哑人”问题提出质疑,茨维塔耶娃也乐意接受挑战,但是提出一个条件,质疑要简短,不必穷追不舍,伊萨基扬表示遵从。

我陪妈妈一起出发,因为可以帮助她寻找这座博物馆的主要入口,每一位法国国王登上王位,都要重新确定自己进入博物馆的大门,因此要分辨清楚这些辉煌壮丽的盛典之门不那么容易。恰巧那一段时间我正在卢浮宫的一个美术班学习绘画,忍不住想炫耀一下自己对艺术史的知识(肤浅的,然而是新鲜的知识)。不料我的自告奋勇并没有得到他们的认可。

伊萨基扬已经在入门处宽敞的前厅等候我们,这里回声响亮,像医院里一样灯光明亮,空空荡荡不见人影儿。只是在左边角落里,一个老太婆正在案子上捆扎珍贵的复制品,准备出售给外国游客,可是连一个外国人也看不见。在这个名扬世界的艺术博物馆,参观者都集中在"免费的"日子——星期四和星期日(对于这种现象,现在在我们这里简直难以想象),即便如此,美国人来参观的时候,还一定要找向导带路。

在前厅右侧的角落里,在一排光秃秃的挂衣架旁边站着个愁眉苦脸的看门人。

我们顺着一条长廊不停地朝前走,经过一排巨大的石棺,上面画着跳舞的女神,让人惊恐的凶神恶煞,蹦跳撒欢的小爱神阿摩耳,海上精灵特里同和海上女神涅列伊达("玛丽娜·伊万诺夫娜,不要朝两边看!")——我们还经过一个个类似石棺的橱窗,镶嵌在雕刻着花纹的窗框里,走过这些橱窗前面的石板,我们的脚步发出隆隆的响声,就像走在哈得斯[1]的王国里——伊萨基扬和茨维塔耶娃走在前面,就像是俄耳甫斯和欧律狄刻[2],最后终于走到了气势恢宏的"大楼梯"前面,沿楼梯上去就到了绘画馆大厅。

这个楼梯有马赛克图案装饰,本身就很美观,但更奇妙的地方在于楼梯层层向上,光影交替变化,这光滑结实的巨大台阶构成了上面一座雕像的基座。

耸立在上面的是萨莫特拉斯胜利女神雕像——伊萨基扬把茨维塔耶娃带到这座雕像前面,停下了脚步,伸出一只手放到她的肩膀上,因为胜利女神如此高大,以至于参观者往往只看到她脚下石头雕刻的船头,就匆匆走过,反倒忽视了上面的女神雕像。

这尊女神雕像,曾受到野蛮基督徒的摧残与伤害,失去了头颅,失去了双臂,经历了千年的岁月,欢呼着胜利凝固在奔跑的姿态中,公元前三世纪的风曾吹拂她洋溢着青春活力的躯干,潮水迸溅的水珠使她身上皱褶起伏的衣裳

---

① 哈得斯,希腊神话中的冥国之王。——译者注

② 俄耳甫斯和欧律狄刻,希腊神话人物,俄耳甫斯是太阳神阿波罗的儿子,是音乐与诗歌之神,其优美歌喉能迷惑百兽,欧律狄刻是他的妻子,后被毒蛇咬死。俄耳甫斯去冥国搭救她。——译者注

略显沉重，背后宽阔有力的翅膀高高扬起，大理石羽毛被风吹得有些纷乱。

她身上的一切都彰显出活力、弹性、意志力，一切都栩栩如生；一切都显得珍贵，目标明确，不可战胜，她扬起了那只看不见的手臂，渴望把看不见的号角贴近看不见的嘴唇，宣告人类精神、勇气与才华世世代代永远的胜利。

“看，玛丽娜·伊万诺夫娜，怎么样？”

“我早就知道她，热爱她，”玛丽娜回答说，她用手抚摸着因年代久远颜色有些泛黄的石雕的衣服。“但是说到底，还是词语在先。”她想了想又补充了一句。

以后还跟伊萨基扬见过面，他到巴黎郊区的莫顿来看望我们。他也到列别杰夫家去做客，在那里两次跟有病的巴尔蒙特相遇，像兄弟一样亲吻他，诗人说话已经不太连贯，可是他却耐心、认真地倾听。还有过见面时的共同回忆，见面时的互相争论。可是我现在已经不可能都讲述出来了，他们几个人都已相继去世，再也见不到茨维塔耶娃，见不到巴尔蒙特，见不到伊萨基扬，见不到列别杰夫夫妇了，就是当年丹费尔-罗什洛那一条小街，如今也改了名字，不是过去的样子了。即便他们都还健在，一切都跟过去一样，我也讲不完全，——因为在记忆当中炫目的景象会遮蔽很多事物：两位诗人，两座诗歌的山峰——萨莫特拉斯胜利女神尼卡的翅膀庇护他们永垂不朽。

# 笔 记 与 书 信 摘 抄

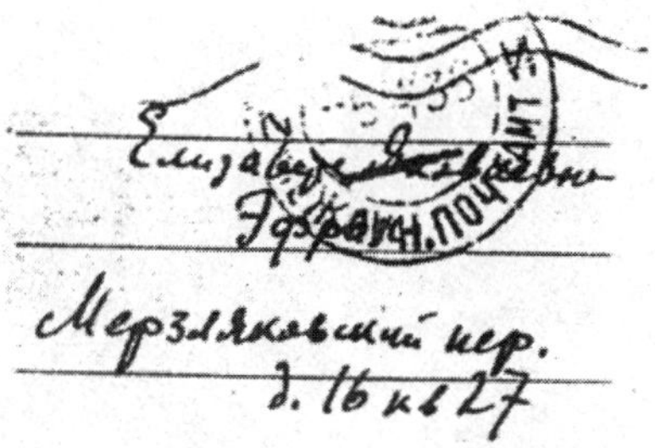

阿·谢·艾伏隆。莫斯科。1965 年。

……我记得我们住在阁楼上。[1] 当时是夏天，有个天窗通向楼顶。玛丽娜坐在太阳光下写卡萨诺瓦。[2] 我在楼顶上坐在她对面，一只眼睛望着天空，另外一只眼睛瞅着她。就这样过了一个上午。后来我们去苏维埃食堂吃午饭，然后去鲁缅采夫博物馆，去阅览室。我在花园里玩耍，玛丽娜在阅览室里读卡萨诺瓦的书。夜里我醒了，听见火车的隆隆声。玛丽娜的头发垂向笔记本，不停地抽烟，弄得烟雾腾腾，就像在云雾里一样。她有时候自言自语，有时候会咯咯咯地笑起来。

去吃午饭或去合作社的路上，到麻雀山去玩的时候，去圣女修道院，或者到什么地方去做客，玛丽娜总是跟我说卡萨诺瓦童年的故事，比如说他奶奶

---

① 根据玛丽娜·茨维塔耶娃使用了一半、另一半是空白的笔记本排印，这个笔记本是 1964 年在玛·伊·库兹涅佐娃（格里尼奥娃）档案中发现的。阿莉娅的文字是由玛丽娜·茨维塔耶娃手写的。笔记本中还有剧本《石雕天使》。如今这个笔记本保存在国家文学档案中心。

② 玛丽娜·茨维塔耶娃写了两个以卡萨诺瓦为主人公的剧本：《奇遇》（1918）和《凤凰》（1919）。

怎么样带着他坐船去见一个巫婆,那个老太婆养着四只黑猫,还说后来他怎么样碰见了一个仙女(这件事发生在威尼斯)。还说他老年时候的故事,所有的人都嘲笑他,没有什么人来看他了(这是在波希米亚)。玛丽娜一直不停地说,我一边往水里扔小石头子儿,一边听火车行驶的隆隆声……

卡萨诺瓦的生活让我觉得好像是——黑色的闪电。

他的死亡让我觉得好像是——暴风雪的赞叹……

我记得最清晰的是眼睛。

这好像是1919年的事。

……现在是1921年10月,玛丽娜又埋头写作卡萨诺瓦。有人建议她出版这本书,她开始重新誊写。

我们已经不住在顶层的阁楼了,住在房顶上有个小窗户的贫民窟里。所有来看我们的人都对头顶上怪怪的光感到困惑……

(摘自阿莉娅的日记)

## 给叶·奥·沃洛申娜的信

敬爱的普拉![1]

一天接一天只有我和妈妈两个人过日子。你知道吗,玛丽娜劈别人家的柜子和篮子当劈柴,收拾打扫房间是我该干的活儿。我们现在住的地方以前

① 叶莲娜·奥托巴里朵芙娜·沃洛申娜(1850—1923),诗人马克斯·沃洛申的母亲。她在家里的绰号叫“普拉”(意思是老祖母)。

阿莉娅和伊丽娜。阿莉娅手里拿的是母亲的诗集《神奇之灯》。莫斯科。1919 年。

是食堂,就跟监狱差不多。几乎没有人来看我们。没有真正的朋友。巴尔蒙特一家人出国了,他们是最后的好朋友。我们很久听不到您的消息了。玛丽娜想把她的法文书都卖掉。很长时间我们都不用电灯了。莫斯科生活很苦,没有木柴。每天早晨我们去市场。看不见彩色衣服,只有面袋布缝的衣服和光板的羊皮袄。剧院上演的都是卡利亚耶夫、罗伯斯庇尔怎么样杀人,民众怎么样获得自由:斧头与镰刀。孩子们贩卖东西或者在保育院过活。所有的人都做生意,买卖东西。玛丽娜不会卖东西,总是受人欺骗,要不她就可怜人家,把想卖的东西白白送人。我们的房子都坏了,衣服都旧了。不过还有诗歌、阅读、好天气会给我们带来安慰,更快乐的安慰是想象克里米亚,我们很长时间都渴望到那里去,却始终是徒劳的空想。亲爱的普拉,我清清楚楚记得您:记得您穿着衣服到海里游泳,记得您坐在海边的小椅子上消磨傍晚时光。我还记得一面墙,上面挂着一些带把儿的杯子和煎锅。我记得那只刺猬,您用牛奶喂养它,后来它还是死了。(纳尔科姆普罗斯镇的一面墙上写着:"我们决不投降,我们一定要夺取胜利!")我记得马克斯,但印象不太清晰,只记得长满头发的脑袋,还记得阿拉丁,他身上有红褐色的茸毛,干什么都手脚麻利。

敬爱的普拉!我们一直等待消息,盼望能离开这里。我们家的伊丽娜死了,她是个很怪的小妞妞,不怎么懂事,而且什么话也不说。她过的日子很糟糕。我们非常可怜她,做梦经常梦见她。如果我亲爱的狮子爸爸在你们家,请您替我,替我妈妈亲吻他一下。我有很多希望,我为这些希望祈祷。让马克斯也给我们发一封电报吧。我们寄的信要通过纳尔科姆普罗斯镇转交。我亲吻您,热爱您。

您的阿莉娅

1920年11月14日[旧历],莫斯科

## 给叶·利·朗恩的信

敬爱的叶甫盖尼·利沃维奇[①],

今天是新年前夜。我想,您是一个人迎接新年。新年——要知道这也意味着旧年的结束。我们有棵枞树,又高又瘦——只有穷人才会买这样的树。装饰品全是以前保存下来的。树顶上有颗银白色的大星星是属于爸爸的。我得了疟疾,躺在床上,感觉自己像来自古代一本童话书里的小姑娘:枞树——生病——年轻的妈妈。

您走了以后,我们过的日子很好:妈妈写作,我也写。我们写诗,还给阿霞[②]写信。过一段时间就有陌生人到来,其中有一个人民委员,完全是个乡下人,一点儿也不凶。他为小动物叹息,为玛丽娜叹息,他抽烟,写字写得不好看。前不久他来的时候已经是深夜,我以为——要逮捕什么人。后来弄明白了只不过想写封信。写了很长时间,妈妈帮他写。等他要走的时候,我问他:"您要拉着妈妈的手,把她带走吗?""不,小姐,我不会把她带走。"我们所有的人都是无罪的:乡下人、孩子、诗人。这个乡下人有太太,当然她跟他会拉手,不是手挽着手。不是抓住手,也不是伸开手臂拥抱。既然妈妈有文化,他当然是太太。我想,这样的乡下人永远不会逮捕太太,逮捕的都是男人,可是他跟男人们说话态度友好,还一块儿抽烟。

我记得您穿着毛茸茸的短大衣,抱着两条胳膊躺在大沙发上,样子很疲

---

① 叶甫盖尼·利沃维奇·朗恩(1896—1958),诗人、作家、翻译家,是他给了茨维塔耶娃创作长诗《跨上红骏马》(1921)的灵感。

② 阿霞,玛丽娜·茨维塔耶娃的妹妹阿娜斯塔西娅·茨维塔耶娃的小名,1917 年至 1921 年她住在克里米亚。

倦。玛丽娜每天都高兴能收集到那么多羽毛。还记得您在火炉上烤土豆,把土豆给烤焦了。再有就是您大声朗诵《罗兰》[1],声音很好听。

现在是早晨。小火炉点着了。玛丽娜正在给阿霞写信。有时我扭回头看看,看见她绵羊似的、可笑的脑袋,笼罩在缭绕的烟雾里。时不时停下笔来,啃一小块儿面包。

玛丽娜让我转告您,《罗兰》的结尾关于战场和描写上战场的诗行很出色。

就写到这里吧。说什么话为您祝贺新年呢?既然您拥有了玛丽娜的爱,那么您就什么都有了。

吻您,向您妻子敬礼。

阿莉娅

1920 年俄历 12 月 31 日,莫斯科

## 给安·安·阿赫玛托娃的信

敬爱的安娜·安德列耶夫娜!

我在读您的诗集《念珠》和《群飞的白鸟》。那篇很长的有关王子的诗[2],是我喜欢的作品。这首诗就像安徒生的小美人鱼一样美丽,读了就能记住不忘,并且永远感到痛心。还有白鸟的叫声,也让人伤心!小小的美人鱼怎样

① 玛丽娜·茨维塔耶娃对诗人朗恩创作的《罗兰》,给予很高的评价。

② 阿德阿里娜·艾伏隆这里指的是阿赫玛托娃的长诗《在海边》,这首长诗收进诗集《群飞的白鸟》(彼得格勒,1917 年,页 123)。

阿莉娅——十三至十四岁。拍摄于别尔维尤-莫顿。

在刀刃上跳舞[①],您记得吧?有一点儿相似,虽然是另一个故事。

这只白鸟出现在您所有的诗篇里,又超越了您所有的诗歌。我知道白鸟长着什么样的眼睛。您的诗写得都那么短,从每首诗都能写出一本厚厚的书。您的书外边全都熏黑了,我们家整个冬天生火总冒烟。我的床旁边墙上有个白色的拱顶,那是玛丽娜清扫墙壁时,尽力扬起手臂扫出来的,不经意间扫出了半圆形的拱顶。拱顶里挂着两张日历和四幅圣像。一张日历上旧年与新年刚见面一秒钟就分别了。旧年的身体瘦弱,优美,穿一件同样细瘦、优美的长袍。新年呢,长得幼稚,粗鲁,戴着面具,正跟保姆吵架。窗外是新年的昏暗。日历上全是东正教和沙皇的节日。我有一幅古老的圣像,那上面圣母的眼睛很像您的眼睛。

我跟玛丽娜住在贫民窟里。房间里有天窗,有壁炉,壁炉上边挂着一张狐狸皮,各个角落里堆着杂乱的东西。所有来我们这里的人都觉得害怕,可我们很快活。王子不可能走进新建楼房的新住宅,倒是有可能走进贫民窟。

您的书熏黑的只不过是外边,我们会抽时间再包个封皮。我们永远不分开。白鸟那本书是玛丽娜从一个人家里偷出来的,一连三天她都觉得高兴。玛丽娜抓紧一切时间写作,我也写,可是写得比她少。几乎没有人来看望我们。

我从玛丽娜写的诗[②]中知道,您有个儿子叫列夫。我喜欢这个名字,既善

---

① 在安徒生的童话故事《小美人鱼》当中,美人鱼请求老巫婆把她的尾巴变成双腿,老巫婆同意了,但提出一个条件,那就是走路时很疼,像走在刀刃上一样。

② 此处指《致阿赫玛托娃》组诗第四首。其中有这样几行:

> 孩子的名字叫列夫,
> 母亲的名字叫安娜。
> ……………………
> 他有一头棕红色头发。

收入茨维塔耶娃的诗集《里程标》1,莫斯科,1922年,页81。

良又雄伟。我知道他是红褐色的头发。他几岁？我今年八岁。我没有地方去上学，因为到处都有疥疮。

**耶稣升天节**

你站起来，腾空飞行，
众位天使歌唱，
贫穷的人们歌唱，
许多鸽子跟随你飞翔。
而年老的母亲，
伸展开两个巴掌：
你迈出的第一步
时间那么久长！

这是我最近写的诗当中的一首。请给我回信，把您的相片、诗歌寄给我。向您和列夫行礼。

您的阿莉娅

木版圣像是我送给您的，小幅的、微笑的圣像是玛丽娜送给您的。

1921 年俄历 3 月 17 日，星期三，莫斯科。

[茨维塔耶娃的附言]

“阿莉娅每天晚上央求：把信寄出去吧，上帝保佑，寄给天国的安徒生和普希金，寄给人间天国的安娜·阿赫玛托娃。”

## 给叶·奥·沃洛申娜的信

敬爱的普拉！

您的信收到了。这封信让我感到特别幸福。您信中使用的语言让我不敢相信自己的眼睛，您变化那么大，我都认不出您来了。您真是善于变化的那种人。玛丽娜看了信也很兴奋。您描写阿拉丁之死，写得太妙了："越来越胖，越来越胖，长出一口气就死掉了。"谢谢您有关狮子①的信息和对他的怀念。我还影影绰绰记得您那片地方"依山傍海"，记得您和全家人，记得大海，记得白莹莹透明的小石头。

是的！我们收到了狮子的来信。在什么地方，他没有写。请您把回忆写得尽量更详细一些！这是我和玛丽娜最急迫的请求。我读国家史：灾难重重，以后要恢复必付出天高地厚的代价。

玛丽娜像鸟儿一样生活：很少时间歌唱，却不停地歌唱。她几乎很少当众朗诵，也不发表作品，只顾写作。人们是不是知道她的名字——她不在乎。我跟她在整座住宅里像游牧民族一样不停地变换居住的地方。最初住在爸爸的房间里，后来搬到厨房里，最后住在自己的房间里。玛丽娜忧愁地说："房子里的游民。"如今，我们从里面插上门，躲避猫、狗、生人闯进来。我们的房子可能被拆毁，因此我们不得不为自己寻找居住的地方。在教堂巷偏僻的角落，有所单独的旧房子：黄颜色的墙壁，已经塌陷损坏，窗户成了一个大大的窟窿。地板已损坏，露出了长长的钢筋，下面却是空的。一句话说吧，那里是以前的贮藏室。不久前我找到了您做的玩偶，您给他上的颜色，带着枪，头戴尖顶帽。我喜

① 狮子，是家里人给谢尔盖·雅可甫列维奇·艾伏隆起的绰号。

欢的书籍是安徒生童话和最早、最古老的世界：石器时代有石头偶像和石刀石斧。

阿霞来了，她写作，上班，缝布娃娃。我渴望外出旅游、想炎热的气候和植物园。您在克里米亚，傍晚日落时黄昏景致很好看吧？我们这里，日落时刻会思念军队和狮子，入夜的昏暗中——有强壮哨兵机警的嗅觉。现在我们家来了个田园保护神一样神秘的客人（并非因为他的乐观，而是由于他的敏锐），对于日常生活他什么都不懂，他喜爱的动物是长着褐色眼睛目光忧郁的野牛（忧愁、平和、强壮笨重）。我们一起在动物园里看见过。（脚步声大一点就会引起它的警觉，说明它在森林里很敏感。）我们的客人——很怪：什么东西也不吃，什么时候也不生气。这就是年轻诗人艾·利·明德林[①]。他有一张马克斯的照片：马克斯穿着衬衫在沙发上半躺半卧。看到照片的人都惊讶地说："我没有想到他会是这种样子。"大概马克斯本人都不会相信他是这般模样。但是照得很好。

我敬爱的普拉，再见，当然，我们跟您还有见面的机会。无论到什么地方，我都会说是沙米尔培养了您。我不知道什么时候您给我做的洗礼，不知道我会有一个这么好的教母。

吻您和马克斯。

您的阿莉娅

1921年俄历8月17日，莫斯科

……我们家来了一个人，面相柔和又苦闷，穿着蓝色的绒布袄，戴着鞑靼人的帽子，他是从克里米亚来的，是阿霞的熟人。他所知道的，都跟玛丽娜说，他好像还会朗诵诗歌。他姓明德林，说话的声音很轻，缺乏自信心。一双

---

① 艾米里·利沃维奇·明德林（1900—1981），苏联作家，在他的回忆录《非同寻常的对话者》（1979，莫斯科）当中有回忆玛·伊·茨维塔耶娃的文章。

提心吊胆的眼睛。莫斯科让他感到特别惊讶,他幻想出版一本诗集。很快他就走了……

鲍里斯[①]得了疟疾,阿霞把他接到自己家里去住。那时候艾·利·明德林就住在她那里。我们做了交换。阿霞接走了鲍里斯,我们请来了艾米里·利沃维奇。他开始在我们家里居住。他糊涂到可怕的程度。比如,玛丽娜让他刷锅,他只擦洗外边乌黑的烟子。不久,鲍里斯又回到了以前住过的窝。我记得艾·利生活当中的一件大事。这跟他穿的夹克有关。他一时心血来潮想到市场上卖掉夹克,要价两百五十或者两百卢布。过了两个小时他回来了……想不到还是把夹克带了回来。从那时候起他每天都去市场,不断降低夹克的出售价格。每到夜晚鲍里斯就跟艾米里聊天,以至于影响了我的睡眠。鲍里斯向艾米里学习写诗,并且写了三首诗。鲍里斯一有时间就写申请书,而艾米里在反复修改他的《大地之星》。他几乎用光了我们所有的墨水,鲍里斯总想朗诵玛丽娜的诗,还问:"怎么读更好?"我记得鲍里斯帮助艾米里在拉兹古列餐厅找到了一份工作,因此艾米里外出只去两个地方——去拉兹古列餐厅或者去看利沃夫-罗加切夫斯基[②]。他收拾整齐要出门的时候,早晨我总爱问他:"您去拉兹古列餐厅?"晚上就问他:"您去看利沃夫-罗加切夫斯基了吗?"艾米里最喜欢坐在火炉旁边。什么东西他都喜欢放在火炉子上烘烤。最可怜的是他那条裤子。一有工夫他就给裤子打补丁,碎布片都不够他用的。就因为这条破裤子,他做客时总是不脱大衣,自然那时候天气已经很热……

再就那些"商量好要休息的夜晚"多说几句。只要艾·利沃维奇在床上一翻身弄出动静,精力旺盛的鲍里斯就大声朗诵诗歌跟他胡闹。一首诗描写特定的世纪,另一首诗写红色的十月。艾·利沃维奇夜里常常喊叫,以为他

---

① 鲍里斯·亚历山大罗维奇·贝斯萨拉波夫(1897—1970),玛·伊·茨维塔耶娃的长诗《叶果鲁什卡》的生活原型。1986 年 9 月 26 日《医学报》曾刊登文章,对他有详细的介绍。

② 瓦西里·利沃维奇·利沃夫-罗加切夫斯基(1873—1930),文学批评家。

要淹死了。这种时候鲍里斯往往都会挑选诗歌大声朗读。艾米里·明德林被想象中的暴风雨吓得要命,摆摆手拒绝诗歌。不过,等到早晨,他重新听诗歌朗诵,免不了还会有礼貌地赞扬几句……

我们的客人不久都走了。鲍里斯是坐马车先走的,带着他的皮箱和没有卖出去的列宾画像。他走了以后,我们去市场买了蘑菇,准备做好吃的为明德林饯行。我们想去送他。这个日子很快就到来了。星期四,四点多我们就出了家门。艾米里·利沃维奇提着他的篮筐,我抱着他的文件夹。我们把明德林一直送到卢比扬斯基广场。走到一个拐角处,玛丽娜为明德林买了两袋苹果,把最后剩下的两万卢布全都给了他。我们相互亲吻,吻了一次又一次。我们为他画了十字,然后他就走了。我们也往回走[①]。

(摘自阿莉娅的日记)

## 给叶·奥·沃洛申娜的信

敬爱的普拉!

昨天是我的生日,我已经满九岁啦。可惜碰到个下雨的日子,原来想去动物园看狮子,表示对谢廖沙的怀念。如果狮子知道,我多么渴望见到他,我相信,他会自动赶回家来的。我有很多客人,都带来了礼物。我感觉自己就像个蛮荒国度的女王,所有的人都给她进贡。我得到的礼物有:人民委员[②]送的贺信和玫瑰花,他曾经在我们家居住过(艾·利会告诉您);阿霞送的是一

① 阿里阿德娜·艾伏隆曾把她1921年写的童年日记摘抄寄给艾·利·明德林(见1966年2月5日书信)。

② 人民委员,指肯里赫·别伦加尔多维奇·扎克斯(1880—1937)。

群跳芭蕾舞的女演员,共有九个,正好跟我的年龄相符(八个演员在跳舞,一个在奔跑);安德留沙送的是他自己亲手做的小盒子,里面装着鸡蛋和铅笔;玛·伊·库兹涅佐娃送来了两个苹果和真正的馅饼;有一个您不认识的、上了年纪的太太,送来了十个鸡蛋、一大瓶油,还有馅饼。(敬爱的普拉!我只能跟您说,却不能招待您吃好吃的东西,多遗憾啊!)我从玛丽娜得到的礼物:一本书是《古代英雄》(希腊、斯巴达、罗马)。另一本书说的是印度的故事。玛丽娜转交给我的还有谢·米·沃尔康斯基[①]的礼物,——马克斯大概认识他。他是我和玛丽娜最为神奇的朋友。他常来我们家朗读他的文集,我也耐心倾听,休息的空隙,我就亲吻他。然后我跟妈妈就一起出门送他,有时候是日落时刻,有时候冒着雨,有时候行走在月光下。他长得很像堂吉诃德,只是并不滑稽可笑。他什么都喜欢,喜欢玛丽娜挎在肩膀上的书包,喜欢玛丽娜腰间扎的皮带,喜欢我小小的短上衣,喜欢我们在地板上做饭吃饭,喜欢我们招待他吃的杂烩菜,喜欢我们把一个儿童洗澡盆翻过来当桌子使用,甚至我们家的蜘蛛网他也喜欢。我们夸奖他的时候,他最为开心。如今他到外地去了,这里再也没有比他更可爱的人了。他六十一岁,他的举止太优雅了!那么稳重的步态!高昂的头颅多么优美啊!——简直就是一只雄鹰!玛丽娜常常说:"我只认识两个这么高雅的人士:谢·米·沃尔康斯基和普拉!"敬爱的普拉!要知道您也是鹰啊!通过您,我才跟沙米尔多少有了点儿亲戚关系!我亲爱的普拉!我爱您,爱得温柔又庄重,——满怀着骄傲。哦,我们还会见面的!

---

① 谢尔盖·米哈伊洛维奇·沃尔康斯基(1860—1937),作家,戏剧活动家。玛·伊·茨维塔耶娃的朋友,他把自己的著作《日常生活和生存意识》(1924,柏林)献给茨维塔耶娃。后来,茨维塔耶娃在写给文学批评家尤·普·伊瓦斯克的信中回忆沃尔康斯基有这样的文字:"……1921年我跟他在莫斯科成了好朋友,出于兴奋和感激,为他誊写手稿——三本巨著,令人赞赏的优美笔体,我连一行诗也顾不上写,根本就没有时间……"(见俄罗斯文学档案,纽约,1956)1924年,茨维塔耶娃写了题为《雪松。礼赞》的文章,评论沃尔康斯基的著作《故乡》(《观察家札记》丛书,布拉格,1924)。

艾·利·明德林将会把这封信转交给您。他是我们的好朋友,在各个方面给我们帮助。他本人孤立无援,又像我一样动作缓慢,这一点特别让人感动。我有点嫉妒他:他能见到您和大海。这里早就在传说马克斯要到来的消息。非常渴望有机会见到他。当然更希望见到——您!人家说您衰老了,我当然不相信。难道鹰会衰老吗?

我用嘴唇亲吻您,伸开臂膀拥抱您,紧紧地拥抱!嘴唇和臂膀——算什么!——用心亲吻和拥抱!

您的教女和孙女儿

阿莉娅

1921年俄历9月6日,莫斯科

## 给叶·奥·沃洛申娜的信

我亲爱的普拉!

阿莉娅睡着了,她做梦会梦见您。您那封来信她翻来覆去没完没了不知看了多少遍,在空地上玩的时候,告诉每个孩子,她收到了您的来信,吵架的时候,她会以胜利者的口吻把一句话甩到别人的脸上:“虽然你打我,可是我有教母,她是沙米尔养大的!”“什么样的沙米尔?”“他是高加索之王!住在最高的山上。是雄鹰!”亲爱的普拉,让我万分遗憾的是您现在不能跟我们在一起!但是您以一种独特的方式培养了阿莉娅勇敢的精神,这是我尽一切力量想要在她心中灌输的气质。

给我们写信吧!我希望,艾·利·明德林能把这封书信亲手交给您。他会把我们的很多情况告诉您。谢[廖沙]活着,在很远的地方。

满怀柔情亲吻您,爱您。

玛丽娜

1921 年俄历 9 月 10 日,莫斯科

## 给马·亚·沃洛申的信

我亲爱的马克斯!

听说您病了,我很难过,我记得您一向都很乐观,是毛发蓬松的世界之王。为了您必须向宙斯祈祷,——是不是?(我立刻祈祷所有的神灵,那些最新的神除外!以后再向他们祷告。)我替戈奥尔基-谢廖沙感谢您。您的目光跟玛丽娜在诗歌中表达的一样,追随坚强的人。他个人的青春在枪林弹雨中得以绽放。当我睡醒的时候,我最初的目光总是投向高空:投向谢[廖沙]。我们为他画十字祈祷。

玛[丽娜]是那样爱您,以至于跟卢[那察尔]斯基进行了一场无声的谈话——她把一切情况都告诉了他。所有请求都答应帮助解决[①]。

怀着感激的心情亲吻您。谢[廖沙]的相片对我们说来太珍贵了。

您的阿莉娅

1921 年俄历 11 月 7 日,莫斯科

---

① 俄历 1921 年 11 月 7 日,茨维塔耶娃给沃洛申写信谈到了访问卢那察尔斯基的情况:"接到你的来信,我和阿霞掀起了一场风暴。阿霞当众朗读你的来信,并把书信给大家看。结果这信息传到了卢那察尔斯基那里,他请我去克里姆林宫见他……我的心脏激烈跳动。整个经过有点怪异:头一天晚上嗓子说不出话来,一点声音都没有——怎么也没有想到会是这样!"(普希金之家手稿年鉴部,1975 年年鉴,列宁格勒,1977 年,页 180)

## 给叶·奥·沃洛申娜的信

我亲爱的普拉!

很长时间没有收到您的信。我为您向勇敢的神祈祷,不知道有没有这样的神灵。(不是战神!)我跟玛[丽娜]一起读神话故事,我喜欢的人物是——法厄同,他想驾驶父亲的马车,点燃了大海与河流!而俄耳浦斯跟勃洛克相像:可怜巴巴的,触摸石头。

每当想到您那吼叫的大海,我就很发愁,该想个办法把它变成哑巴,不然的话,太单调了。不久,等我们弄到钱,我跟安德留沙[①]照张相,把相片寄给您。

我比他高半头,因为您是教母!在莫斯科没有人确切知道克里米亚的存在,当玛[丽娜]和阿霞掀起了这场风暴[②],所有熟悉她们的出版社都给予回应。温柔地亲吻您,我神奇的普拉!

您的阿莉娅

1921 年俄历 11 月 8 日,莫斯科

……忽然又出现了城市。妈妈一边收拾东西一边说:"好啦,这就是柏林了。"我们经过了三个火车站:亚历山大堡站、动物园站、弗里德利希堡站,最

① 安德留沙,指安德列·鲍里索维奇·特鲁哈切夫(1912—1993),阿娜斯塔西娅·茨维塔耶娃的儿子。

② 1921 年 12 月 10 日,沃洛申从费奥多西亚给母亲写信说:"我给玛丽娜写信,把戈尔齐克的悲惨处境告诉了她,请求她让莫斯科都能了解这些情况。她们在那里掀起了一场风暴。"(普希金之家手稿年鉴部,1975 年年鉴,列宁格勒,1977 年,页 183)

后在夏洛特堡火车站下了火车。我们找了身穿绿色制服的搬运工，他拖着我们的行李下楼梯，我们总算是到了柏林啦。排列整齐的瓦房顶、阳光、鲜花、小花园……想找的马车来了。我们上了车，摆放好行李，告别了一路同行的旅客。妈妈跟马车夫说了几句话，车夫吆喝一声车就启动了。我开始打量这个城市。楼房又高又宽阔。有很多店铺、报刊亭、戴着礼帽卖鲜花的人、太太、咖啡馆、出售时髦商品的商场。行人很少。最后来到了布拉格广场。我寻找爱伦堡住的公寓。一眼发现了它。就在咖啡馆旁边。我们刚从马车上把行李搬下来，只见爱伦堡本人从门洞里走了出来。“啊哈！玛丽娜·伊万诺夫娜！”“您好啊，伊里亚·戈里高利耶维奇，看，我们来啦。”“你们怎么找到这里的呀？得啦，以后有工夫再细问，现在需要拿东西。”爱伦堡两只手都提着东西，电梯的门在我们面前打开了，于是我们一起坐上了电梯。过了一分钟，我们到了楼上。我们走过了无数的走廊与过道，终于走到了尽头。伊里亚·戈里高利耶维奇开了门，让我们走进一个宽敞的房间。他说：“你们可以洗澡。”妈妈立刻开始洗头，过了一会儿，爱伦堡又来看我们了。我觉得特别高兴，就紧挨着坐在他身边，显得很亲近，他夸奖了我几句，说话之间，像河马一样打了个哈欠。后来，柳波芙·米哈伊洛夫娜也来了。她就像一棵又高又嫩的小树。我第一次从头到脚仔细地打量她。她的短发乌黑，一双深褐色的眼睛。她坐到妈妈身边，开始询问她，我们是怎么来的，她看了看我们的行李，又问一路上乘客多不多，还问我们走了多长时间才抵达柏林等等。妈妈很快就跟她成了朋友。不一会儿，伊里亚·戈里高利耶维奇又来了，他请我们去吃饭。妈妈婉言谢绝说，我们在餐车上吃过了。接待我们的夫妇俩走了，只留下妈妈和我两个人。妈妈开始看书，我站在窗户旁边观赏楼下的小花园，银灰色的白杨树已经接近房顶，我看一幢幢楼房，看天空，看周围的风景。后来爱伦堡带着柳波芙·米哈伊洛夫娜来了，我们几个人一起下楼走进了吉列咖啡馆。妈妈和爱伦堡点了咖啡，柳波芙·米哈伊洛夫娜要了麦秆做

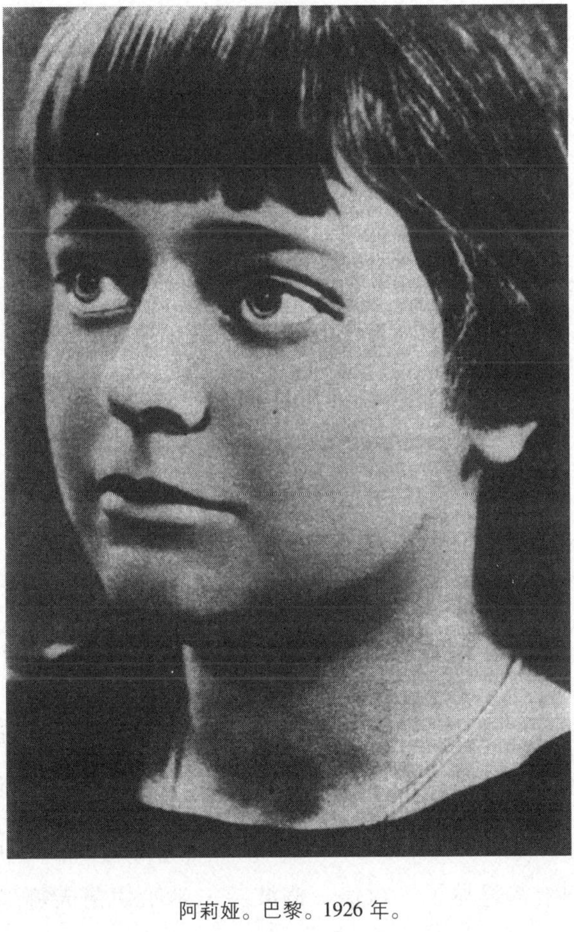

阿莉娅。巴黎。1926 年。

的吸管，我要了一杯可可。喝完了可可，我走到咖啡馆的护栏旁边开始看楼房，看行人。马路上走过的有马匹，有农民、女顾客从商店里出出进进，还有修指甲的人。狗戴着嘴套，拉着装牛奶的小车。（狗拉车！这是我头一次看见！）妈妈忽然问我，是不是想到楼上去看看，我回答说那就太好了。柳波芙·米哈伊洛夫娜很客气地把我领到楼上，然后她又下楼到了咖啡馆里。我留在楼上看爱伦堡写的书《躲避猴子的塔尔佐恩》。过了一会儿，妈妈上楼来了。由于喜欢爱伦堡，喜欢这个城市，我高兴得跳了起来，可是妈妈告诫我不要过于兴奋。

过了一段时间，爱伦堡来叫我们去吃晚饭。我很高兴去餐厅，因为感觉很饿，我发现在国外每份饭菜量都很少。晚餐端上来两根小洋萝卜，有一小块鱼。第二道菜上的面条，量也很少，第三道上的是冰激凌，只有三茶勺那么多。这顿晚饭吃了很长时间。后来我困了，躺下就睡着了。

## 日　子

……早饭后我去见爱伦堡和他夫人，问几点了，问伊·戈能不能借给妈妈一点烟叶，还问邮局在什么地方。他们告诉了我时间，给了烟叶，还答应领我去邮局。我在爱伦堡的面颊上留下了一个吻。他的烟斗不停地冒烟。回到房间，我立刻给爸爸写了一封信。柳波芙·米哈伊洛夫娜来叫我们，我们几个人一起去邮局。天啊，这里的绿树花草真多！每座楼房前面都有长方形的小花园，房子的墙壁上几乎爬满了常春藤，窗户和阳台像缺乏力量的洞孔，四周长满了茂盛的青藤。阳台上摆放着鲜花，窗台上也有鲜花，每条街都有一个相当大的花园。看，邮局到了。小院子的两边有四四方方的花坛。我们走进幽暗、凉爽的邮局大厅。有几个女士正在压低声音打电话。排队的人不多,有妇女、姑娘、工职人员等等。意想不到的安静!怎么像在教堂里一样呢?当我正想这些事情的时候,妈妈和柳波芙·米哈伊洛夫娜已经把该做的事做完了。我们回家。不久就到了吃午饭的时间。我比所有的人到得都早,很快喝完了一茶杯清汤。和我们一起吃饭的有出版商赫利孔夫妇。爱伦堡跟走过来的女服务员说了一声:“比捷牌啤酒。”过了一分钟我们的桌子上摆放了三瓶啤酒。我想得没错——给我也倒了一杯。午饭以后,我们把行李包里的东西取出来,立刻打开了几个手提箱。让爱伦堡惊奇的是箱子里有圆柱形面包、复活节糕饼、跳舞的玩偶、划雪橇的小男孩儿,全都是木头做的玩具。除了玩偶,好像妈妈还送给了爱伦堡一些礼物。

爱伦堡像个刺猬。他的衣服上下口袋里都装着心爱的烟斗——黑色的、很光滑的烟斗。柳波芙·米哈伊洛夫娜跟他恰恰形成对照。干净、苗条,皮肤的颜色洁白,一身白衣服,像护士一样戴白色三角头巾。简直就像皎洁的月亮。而伊里亚·戈里高利耶维奇像灰蒙蒙乌云笼罩的日子。一双那样的眼睛,像狗的眼睛。爱伦堡轮换使用两个心爱的烟斗抽烟,像沙皇一样威严。妈妈和柳波芙·米哈伊洛夫娜抽的是烟卷。

柳波芙·米哈伊洛夫娜想带我和妈妈去卡捷维商场买衣服。我们坐地铁去那里。走进了一座高大的楼房。看见碟子里放着烟卷。柳·米告诉我,抽烟的男人进商场,先把烟卷留在这里,出来的时候再接着抽……

很遗憾,陪我去动物园的不是妈妈,也不是伊里亚·戈里高利耶维奇。这天傍晚来了一位客人跟我们一道就餐,他就是鲍里斯·尼古拉耶维奇·别雷[①]。他个子不高,秃顶,动作敏捷,一双疯狂的、像猫一样的眼睛。我特别喜

① 安德列·别雷和玛·伊·茨维塔耶娃在柏林友好相处,她把当时的交往写成了回忆随笔《被俘的灵魂》。

欢他,因此我亲吻了他,让他做个好梦[①]……

（摘自阿莉娅的日记）

1955 年夏天,纽佳[②]曾去看望莉莉娅,她回忆了我爸爸和妈妈是怎么样认识的。

“那时候谢廖沙住在我家里,是我‘培养教育’他。后来他得了肺结核病,我们打发他到科克捷别里去疗养。从那里回来以后,他晒得很黑,很瘦,每天都给什么人写信。这让我非常不安,因为当时许多报纸都刊登有关犯罪的消息,据说开头就是写信,年轻人跟某个人互相通信,到后来他就被人杀害了。我终于忍不住了,就问——他到底总给什么人写信?他回答说:“你知道吗,纽佳,我要结婚啦,我是给未婚妻写信哪。”我听了很吃惊,要知道谢廖沙还是个孩子哪。我向他询问他未婚妻的情况。他说,这个人是——世界上最伟大的诗人,她的名字叫玛丽娜·茨维塔耶娃,另外,她还是教授的女儿,她父亲是鲁缅采夫图书馆的馆长。

我问他,你靠什么生活呀,连中学你都还没有毕业哪!谢廖沙说,不用你操心,玛丽娜家里有钱(我不喜欢他这样说话,也许他这样说是为了安慰我,让我放心!),他说,一开始他们俩就‘这样’生活,然后他们俩挣钱,玛丽娜——写诗,他——写小说。我听了他这一番解释,当真吓坏了。过了一段时间,看到了两本书:玛丽娜写的《黄昏纪念册》[③]和谢廖沙写的《童年》[④]。我和丈夫读了个通宵,我们非常喜欢玛丽娜写的诗,也很喜欢谢廖沙写的那本

① 阿里阿德娜·艾伏隆把这几篇日记摘抄寄给了伊·戈·爱伦堡(见 1966 年 10 月 1 日书信)。

② 纽佳,指安娜·雅可甫列夫娜·艾伏隆(1883—1971),出嫁后改姓特鲁普钦斯卡娅,她是谢尔盖·艾伏隆的姐姐。她的回忆录最初发表在《文学评论》杂志,1981 年第 12 期。

③ 玛丽娜·茨维塔耶娃《黄昏纪念册》(莫斯科,阿·伊·马蒙托夫印刷所,1910)。

④ 谢尔盖·艾伏隆《童年》(莫斯科,奥列·鲁科伊叶图书出版社,1912)。

薄薄的书，尽管书里描写的完全不像我们的家庭，那里有一种说不清是资产阶级的或者是贵族的情调，我们家从来就没有过那种情调。那时候玛丽娜简直让人痴迷。不过，说到底，等我看见了并且读完了谢廖沙写的书，的确感到很开心，最叫人高兴的是，他确实写了一本书。”

（摘自笔记本。1955 年）

## 给伊·戈·爱伦堡书信摘抄

……寄上两封写给您的书信（摘自妈妈的笔记本），第一封信大约经过了三十三年，现在您才收到。想必您认识恰布罗夫，我妈妈跟您提到过这个人吧？三十年代的某一年，我们在巴黎最后一次见到过他，人变胖了，穿着油迹斑斑的袈裟，头顶上剃光了头发。他信奉了天主教，当了神甫，在科西嘉某个贫困的教区混日子。只有那双眼睛还跟过去一样流露出狡猾的目光。不管怎么说，我们都觉得很尴尬。恰布罗夫既然当了天主教神甫！这大概是最后一张面具吧。可怕！难道这就是人的命运？如果不是命运——那只能说是魔鬼作怪。

说到第二封信，不能不提到妈妈笔下的唐璜和斗篷。我现在使用打字机，重新打印的就是那些年代的诗稿，其中有很多我“不太喜欢”的东西。戏剧性不合她的心意，也就是说，她厌烦形象中的形象，有一天构思她想到了唐璜，可是唐璜在文学、戏剧、音乐作品里多次出现，等到她想写唐璜的时候，唐璜已经被人写烂了，斗篷也是这个样！遇到这种被挤瘪了、榨干了、淘尽了的人物形象，她还能做什么呢？手势、姿态，诗歌本身的魅力，也就是诗艺技巧的魅力，此外就一无所有了。根本就看不到她本人。至于《少女王》、《叶果鲁什卡》和《罗斯》——我不了解。不,它们当然不是二流作品。您知道《叶果鲁什卡》吧?我还会把从这本书摘抄的诗句寄给您("显然跟爱伦堡经过了一系列谈话")。有关泥土陶器的诗行写得多好啊(亚当是泥土做的),他身上还残存着野兽的血液,他像野兽!还有后来写给您的诗(《给信使》)。您手头还有她写给您的诗歌作品吗?(大概还有!)同样是1921年写的,在那首诗里,用颤音"p"代表您的名字——写这首诗的缘由[①],您还记得吗?

伊里亚·戈里高利耶维奇,我挑选了一首抒情诗,并且打印了出来,我想这首诗最好能收进诗集。

您能不能读一遍,说说您的看法,一句话,请您出个主意,好吗?如果您同意,有空时过来把它拿走,或者我寄给您。

我见过塔拉先科夫,他有一篇散文,我这里没有(总体说来,我保存的散文较少),他还有很多书,我这里没有。他说应当做好准备,为妈妈去世后出版真正的文集——包括诗歌、剧本,还有散文,可是我害怕规模太大反而不好办……

摘自1955年10月4日书信

## 给艾·肯·卡扎凯维奇[②]书信摘抄

……今天我挑选出了妈妈写的、"希望出版的"诗[③],送给了塔拉先科夫。

---

① 玛丽娜·茨维塔耶娃把诗作《雪堆》献给伊·戈·爱伦堡,这里引用的诗句就出自这首诗。《手艺集》,柏林,1923年,页125。《给信使》载《手艺集》,页38。

② 艾马努伊尔·肯利霍维奇·卡扎凯维奇(1913—1962),作家、诗人、翻译家。——译者注

③ 1955年阿里阿德娜·艾伏隆编选了玛·伊·茨维塔耶娃诗集,是诗人去世后准备出版的第一本诗集。

阿里阿德娜·艾伏隆与作家塔吉雅娜·西科尔斯卡娅、萨姆伊尔·波洛金合影。1956年春天。莫斯科。三站广场。

很遗憾,您不在莫斯科,因此您看不到这本诗集里的诗:其中有很多篇没有发表过,尤其是有关捷克的组诗,这可以说是她有生之年最后留下的、真正完整的诗歌作品。不过,我可以把它们附在书信当中寄给您。我想,您不至于像收集邮票、收集蝴蝶那样收集诗歌吧?(目前看,它们还不会成为塔拉先科夫围墙上的石头。)

我对您有个恳切的请求:如不太为难的话,请带上我写的短信,去见玛丽娜·斯杰潘诺夫娜·沃洛申娜,我妈妈惟一的一张跟普拉的合影,就保存在她那里(普拉是马·沃洛申的母亲,这位普拉,也是我的教母,这么称呼她,是因为都把她看成是科克捷别里所有年轻人的“老祖母”),——请您把这张照片反拍一张,就是再照一次。假如她(玛·斯·沃)不愿意让您反拍,那您能不能带一位摄影师去?总之,无论如何要想办法把这张照片拍下来。我非常渴望拥有这样一张相片,妈妈那几年的照片几乎都丢失了。

请原谅我如此冒昧地委托您办事,实在想不出别的办法了。请您好好看看沃洛申家的小房子,看看那座亭子,不知道亭子里是否还有那面铜锣?还有没有神像?我影影绰绰有这样的印象,我在那里的时候才五岁。有一次我跟妈妈夜晚才赶到,普拉在亭子里点亮了一盏煤油灯,那一天有风,大海浪涛喧嚣,桌子上摆着几个大面包,我很想睡觉……这是我们最后一次到那里去,这之前的情景还记得玫瑰花,很多玫瑰花,干旱,记得普拉送给我的小刺猬,记得自己很小很小,比海平面还矮,我觉得海水像墙一样高!沃洛申把我扛在肩膀上,我害怕——因为离陆地很远,我怕一下子掉到下面的海水里去!

摘自1955年10月5日书信

## 给阿·康·塔拉先科夫书信摘抄

……替索涅奇卡谢谢您![1] 妈妈非常喜欢她在《白夜》中扮演的角色,只不过对于她那样精彩的舞台演出,我的印象跟雅洪托夫所说的略有不同,——索涅奇卡并非坐在安乐椅上,而是站在那里,双臂弯曲,胳膊肘支在椅子背上,就像平时把胳膊肘支在窗台上朝外看一样,您知道吗?她一边说话,一边轻轻摇晃身体,所有的观众与其说看得入迷,莫如说神魂颠倒!离我们不远住着索涅奇卡的亲戚,也许是亲近的朋友,1937 年我从他们那里知道了她死亡的信息。

如今谁还记得索涅奇卡呀?重提她的时刻尚未到来,暂时只能躺在铁箱子的底层,她的荣耀就像一颗尚未发芽的种子,埋在我妈妈写的小说里。未来有阳光明媚的日子,她们俩——妈妈和索涅奇卡,将手挽着手苏醒过来。所有的人都会再一次爱她们。用不了多久,这种爱,这种真正的爱,超越死亡的爱,就会到来,所谓的“承认”就会到来,这种承认更持久,不可逆转,远远胜过爱那些依然健在的诗人和演员。

我们对普希金的爱不可逆转,永不衰竭,我们对马雅可夫斯基怀着同样的爱,我们还爱很多至今仿佛还活着的诗人和演员——尽管我们的手摸不着他们,也听不见他们的声音。

摘自 1956 年 2 月 7 日书信

---

① 这是阿里阿德娜·艾伏隆给阿·康·塔拉先科夫的回信,他在来信中转述了演员弗·尼·雅洪托夫所说的有关索·叶·果丽戴伊(即索涅奇卡)的故事。

去年,1956 年,冬天,记得因为一件事情我顺路去看望爱伦堡,聊了一会儿,就去看柳波芙·米哈伊洛夫娜——她打电话找我。她说:“我从来不相信预感、征兆。可是生活中还是有这种神秘莫测的事情发生。很久很久以前,在快要离开俄罗斯的时候,玛丽娜送给了我一只手镯,我一直戴着它(她说得心直口快):倒不是因为它是玛丽娜送的,而是因为戴在我手腕上合适,我喜欢它。银子手镯,浇铸的,很沉——这样的手镯不可能断裂。有一天我去商店,忽然当啷一声响,什么东西掉到了地板上,我一看——我的脚边有半截手镯,另一半还在我的手腕上。拣起那半截手镯一看,一条歪斜的裂茬使手镯断为两半。就断在我手腕上!我一时心里慌乱,不知不觉想起了一个日子——1941 年 8 月 31 日。过了一段时间,爱伦堡打听清楚了——那一天恰恰是玛丽娜的忌日。现在,我想把这手镯还给您——我没有修理它,还是两半截,您要愿意,就这样保存它,愿意修理——就修理修理再戴。”……

柳波芙·米哈伊洛夫娜说完把手镯递给了我,沉重的、浇铸的银手镯,我从小时候就熟悉的手镯,——确切地说,不是手镯,而是两半截碎片,折断的那条歪斜的裂口,带有明显的棱角,形状犹如闪电……①

(摘自笔记本,1957 年)

1957 年 1 月,在别列杰尔金诺,在帕斯捷尔纳克家里,我认识了阿赫玛托娃。那是个晴天,阳光很明亮,天气很冷,我在村子里迷了路,转悠了很长时间,我不善于辨别方向,记不清要找的地点,这是从妈妈那里继承来的习惯。(这怎么能扯得上“习惯”呢?笨拙的借口!)

济娜伊达·尼古拉耶夫娜,平日里冷淡、傲慢,一副凡人不理的模样(鲍里斯强调说,其实她完全不是这种样子,我这样说纯属表面印象),她一反常

---

① 依据手稿初次发表。

态,非常亲切地迎接了我。她很活跃,这种热情在她身上很少见,其实倒很适宜她的身份。一切都像过节似的——高大的窗户外面是明亮的蓝天,餐厅里一棵奇妙的枞树几乎顶着天花板。

济娜伊达说到鲍里斯,说到《日瓦戈医生》,说到她既为鲍里斯,也为这本书提心吊胆,还说就因为这本书,他会面临着很多失望和苦难;围绕在他身边的那些朋友,当面赞扬吹捧,背后说坏话,指责那本书,攻击他写得毫无道理……

过了一会儿,鲍里斯回来了,陪着他散步的正是刚才说的那几个朋友,特别是那个利瓦诺夫。跟往常一样,利瓦诺夫说话高门大嗓,醉意朦胧。叶夫盖尼娅·卡季米罗夫娜衣着打扮比所有的人都时髦,但在政治审查允许的范畴之内,也不超越正常审美的尺度:头发染成了淡淡的粉红色,耳垂上戴着碟子大小的塑料装饰品,下身穿新潮俄罗斯人爱穿的瘦腿裤,脚上一双大号码的士兵鞋。头发剪的样式很怪,看上去像一堆死掉的小鱼——但愿上帝能保佑她!还有什么人跟他们在一起,现在已记不清了。鲍里斯看上去气色很好,平易近人,脸色黝黑,头发花白,一双眼睛炯炯有神。我们和他拥抱亲吻,而他向来都喜欢亲吻,主动地、发自真心地亲吻,发出响声、有滋有味地亲吻,无论是朋友还是对手,两边的面颊都要亲吻(照法国人说的那种样式,就是**响亮的亲吻**[*])。他的脸膛很英俊——想当年他曾是毛发浓重的岛上少年,现在成了真正的"最后一个莫希干人"——行将消失的民族面如青铜的领袖。(我这样描写并非有意形容,实际上他的相貌确实像印第安人!)当他讲述某些让他珍重的人或事的时候,他脸上的表情孤傲与腼腆两相糅合,显得格外迷人。

所有的人在一起又坐了一会儿,聊一些无关紧要的话题,后来,看见院子里开进来一辆出租车,过了一分钟,一个女人走进了房间,只见她又高又胖,

---

* 此处原文为法语。

不太年轻，脸色平静，似乎有一丝高傲？这个词未必准确，应该说是高尚，当年的意气昂扬、火热激情已消失殆尽，那是我们欣赏安年科夫绘制的肖像留下的印象——她就是阿赫玛托娃。鲍里斯介绍我们俩相互认识，我们走到另外一个房间，那里不太亮，也不像餐厅里那么隆重气派，那里有一种说不清的官场气氛，不得不端端正正地坐在椅子上，跟墙壁保持一定的距离——正是这些无形的规矩让人们产生了受压抑的拘束感。

当时聊天都说了些什么呢？有人提议，让安娜·安德列耶夫娜朗诵她写的有关普希金的散文片段，那篇散文好像要刊登在《文学档案》杂志上（不知道后来是否已经刊载），但是她没有答应，没有故作高雅的意思，保持了习以为常的落寞表情。大家谈论诗歌，鲍里斯称赞安娜·安德列耶夫娜，安娜·安德列耶夫娜称赞鲍里斯，我们这些在场的人就称赞他们俩。阿赫玛托娃背靠窗户坐着，姿态端庄，体态雍容，穿一身黑色连衣裙，不时摸一下胸前挂着的珠串。后来利瓦诺夫说起了很久之前在格鲁吉亚举办的一次诗歌晚会，语无伦次，非常滑稽，以至于鲍里斯哈哈哈哈朗声大笑，而安·安则报之以疏远、谦卑的微笑；一个规规矩矩的少年安德留沙①，我记不清他的姓氏了，笑起来就一直张着嘴，惹得大家纷纷看他；他写诗模仿帕斯捷尔纳克，而帕斯捷尔纳克并不在意借鉴与影响，只是觉得亲近，时常夸奖他。

随后济娜伊达·尼古拉耶夫娜请各位客人入座，餐桌很大，几乎占满了宽绰的餐厅；就餐的都有哪些人呢？济·尼、鲍里斯、涅高斯兄弟、斯坦尼斯拉夫和他的夫人、安娜·安德列耶夫娜、费定、利瓦诺夫夫妇、安德留沙，好像还有别的人。大家又吃菜，又喝酒，所有参与者无休止地为有缘聚会的人干杯，与此同时，赞美与颂扬的词句不断，让被赞美的人都不好意思，甚至想钻到餐桌底下去！安娜·安德列耶夫娜原来有很好的食欲，显得十分开心，但

---

① 少年安德留沙，指安德列·安德列耶维奇·沃兹涅先斯基（1933—2010），俄罗斯诗人。

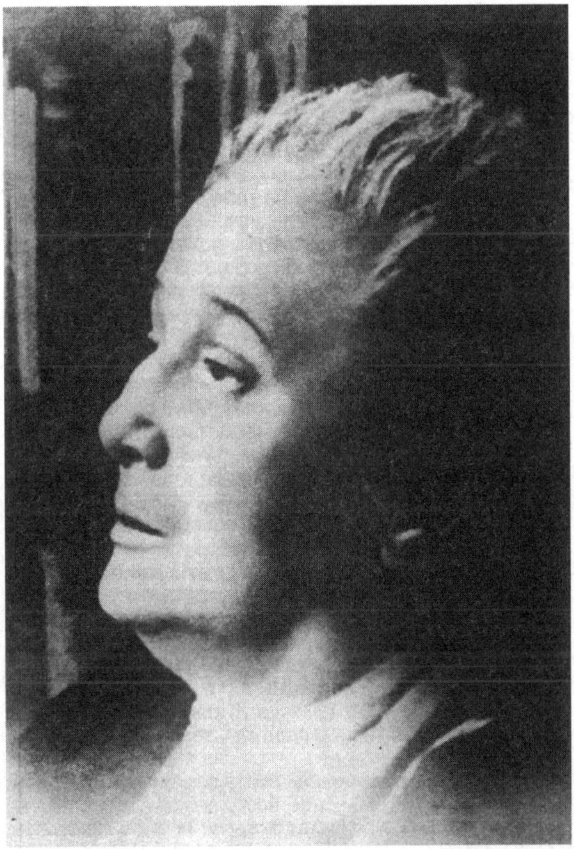

安娜·安德列耶夫娜·阿赫玛托娃。1958 年。

不失高贵的风度，可是转瞬之间又变得平易近人。总括而言，她看上去比较朴素，上了年纪，显得心地善良，丰满富态，与平常听人传说的印象不同；不过，扫一眼身边那些醉醺醺的人，她的目光锐利，冷淡，没有一丝温情和暖意，不知不觉流露出坦率的心境。

我记得临近聚餐结束，鲍里斯朗诵了他新近（当时）写的诗，他的才华永不衰竭，永不熄灭，胸襟开阔，精神自由，魅力迷人，让你情不自禁地报以赞叹。很多人**刚开始写作**时就像这样，那时候需要表达的诗情纷至沓来，有足够的意绪可供挥洒，不必考虑节省笔墨，在你身边既没有愚昧之徒，也没有心怀嫉妒者，因而生活依然是——“我的姐妹”，生活还没有让你学会权衡得失与左顾右盼。然而等你的年龄过了六十岁，这胸怀的宽广，思想的深度与自由，乃至罕见的潇洒轻松，都让你省悟：生活——是接连不断的坎坷困顿！

帕斯捷尔纳克向来与众不同，他身上有一股与生俱来的温和气质，可是，一旦他开始朗诵诗歌，常常让所有的听众脱离常规，大张着嘴巴，情不自禁地摊开双手表示惊讶：嗬！一个人怎么能具有这么高的天赋，而他把自己的财富慷慨地与人分享，不断地奉送，奉送，越慷慨奉送，他自己反倒越富裕……醉意朦胧的利瓦诺夫一边听，一边擦感动的泪水；安德留沙聚精会神，却并不觉得惊奇——这个聪慧的、信奉天主教的少年满心喜悦，如果说圣母忽然从天堂降临人间，他也不会感到诧异；圣母存在，他也存在，他感觉良好，圣母出现在他面前，一点儿也不值得大惊小怪；涅高斯听得入神，低垂着白发蓬松的头颅，想必他对于帕斯捷尔纳克富有音乐感的诗句感到特别亲近；安娜·安德列耶夫娜垂下沉重的眼帘，遮蔽了锐利的视线，让人难以窥视她的内心活动。她倾听什么呢？作为诗人已才华枯竭，只有回顾当年的风光才给她的生活带来些许安慰。

当我们互相告别，纷纷离开的时候，安娜·安德列耶夫娜让我给她留下我的电话号码，她说，会给我打电话，想再次见面，可是我不大相信这些话；这个晚上我对她的观察和感觉都还很肤浅,可与此同时我对帕斯捷尔纳克却是发自内心地感到亲切……

对了,差点儿忘了说,那天晚上我不喜欢一个人:费定,外表彬彬有礼,客气,冷淡;可总有点儿什么让人觉得别扭,究竟是什么让人厌烦呢?他待的时间不长,很快就有人来找他,带来了校对清样,他走了就再也没有回来。让人别扭的地方或许是他外表有点儿像波兰人——闪亮的眼睛,薄薄的嘴唇!有什么地方让我想起了《终结之歌》里的主人公——只不过那个人更多一些诱人的魅力,细腻周到,姿态优雅——但是这一切都像在冰面上,并不牢靠……

阿赫玛托娃果真打来了电话。大约是冬天,也许是1957年开春。多半是冬天,不过这并不重要。她给了我阿尔多夫的地址,她从列宁格勒来通常都住在那里。她请我去见她,答应给我谈跟妈妈有关的往事。

我去见她的时候是个傍晚,原来她住在莫斯科河对岸,离作家之家和特列齐雅科夫画廊不远,附近有座圆顶教堂。要找的那栋楼房或许正在维修,或许过去就已经塌陷,本来该有楼梯的地方,却是一个大窟窿,这让我立刻想起了自己的童年,想起了国内战争岁月,莫斯科有些地方现在仍然是废墟和瓦砾堆。

我按响了门铃;给我开门的是女仆,听我询问安娜·阿赫玛托娃,回答说:"她们正在休息。"我走进了这所住宅,看来,当它还是新房子的时候,主人亲自动手修建了各种隔板、壁橱以及其他有助于操持家务的设施,到后来所有的设计都看惯了,看腻了,那些隔板、壁橱等等也就变得空空荡荡荒废不用了。我等了一会儿,打量了一下四周,看了看堆满了厨房里的小摆设,然后敲了敲安娜·阿赫玛托娃的房门。过了一段时间,听见了刚刚睡醒的声音,随后,屋门敞开了,安娜·阿赫玛托娃走了出来,只见她身穿紫色的长睡衣,后襟垂到脚跟,她还没有完全清醒过来。她在阿尔多夫夫妇家住的那个房间小得可怜,让人想起船舱,但是房间很高,有一个大窗户,那里有一张沙发,一张小圆桌，两个凳子，一个小书架；那里最多只能容下两个人。安娜·阿赫玛托娃开了灯，房间里显得舒适了，我们坐在小圆桌旁边，她依然穿着像披风一样的长衫，稳重、淡定、优雅。

我们开始交谈。她问我，最近在做什么，我问她不久前回来的儿子可好。她说，他在列宁格勒工作，已经开始习惯新的生活，不过从以前的状况过渡到新的环境，他觉得艰难，需要逐渐适应。她还说，她终于感受到了幸福和平静——因为儿子回来了！

“他收到了一些文件，从中看得很清楚，镇压持续了二十二年——毫无证据，证据是‘没有参与犯罪’……”

“玛丽娜·伊万诺夫娜的书有何进展？”我说明了情况。“有多少印张？”我作了回答。“我的一本书说要印两个半印张，包括翻译……”

“……玛丽娜·伊万诺夫娜到过我这里，就坐在这儿，在这个房间这个地方，正好是您现在坐的这个位置。我和她是战争爆发前认识的。她托人转告鲍里斯·列昂尼多维奇，说等我来莫斯科的时候，想跟我见个面，恰好我从列宁格勒来了，我从鲍·列那里得知，玛丽娜·伊万诺夫娜在这里，就把自己的电话给了他，让他转交给她，请她有空的时候打个电话。可是她一直没有来电话，于是我主动给她打了电话，因为我来莫斯科待不久，很快就要离开了。玛丽娜·伊万诺夫娜正好在家。她跟我说话的口气不知为什么有些冷淡，不大爱说话——事后我才弄明白其中的原因，第一，她不喜欢打电话，说是“不会打”；其次，她认为，所有的电话都会被人窃听。她跟我说，很遗憾，不能约请我到她家里去做客，因为她住的地方很小，总之是那里的房子不太好，因此想来看我。我必须详细地向她解释，我住在什么地方，怎么走才能到达，原来玛丽娜·伊万诺夫娜不善于辨别方向，经常迷路；与此同时，她事先告诉我，她不会乘出租车，也不坐公共汽车和无轨电车，只能步行，坐地铁或者有轨电车。她说来真来了。我们见面的感觉非常好，没有彼此互相打量，她跟我说

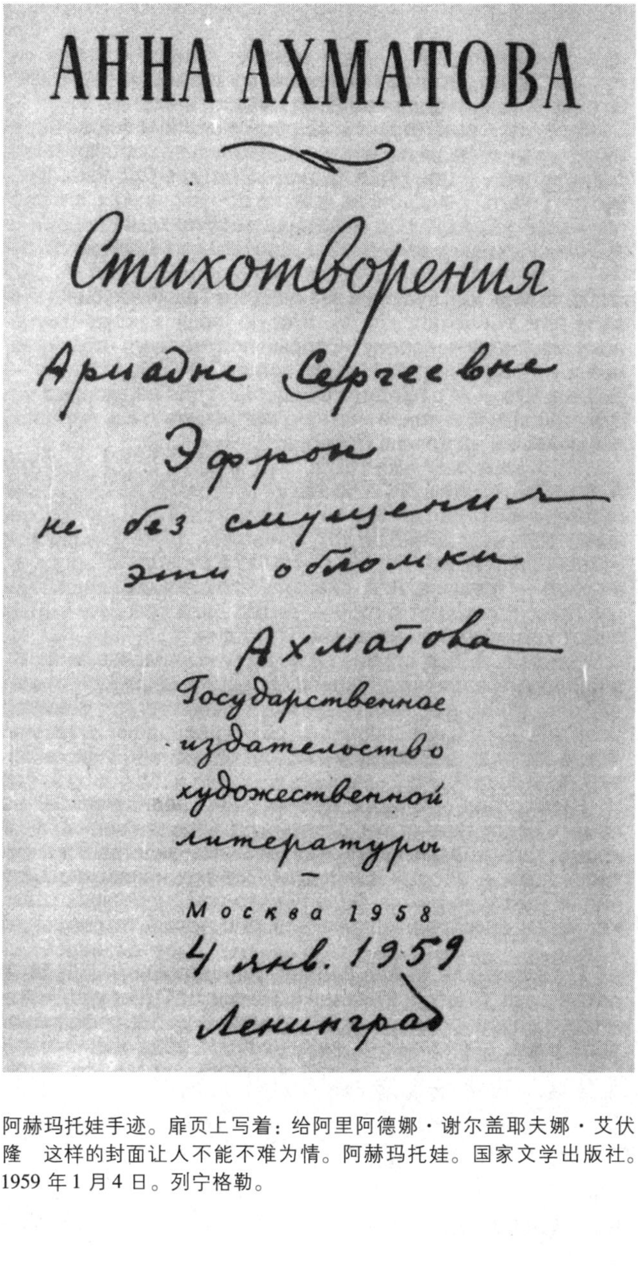


阿赫玛托娃手迹。扉页上写着：给阿里阿德娜·谢尔盖耶夫娜·艾伏隆　这样的封面让人不能不难为情。阿赫玛托娃。国家文学出版社。1959 年 1 月 4 日。列宁格勒。

了回到苏联的很多经历，说到您和您父亲，说到发生的那些事情。我知道有些传闻，说她自杀了，还说她在精神压抑的时候得了精神病——您肯定不相信这些谣言。她被那个时代杀害了，我们被那个时代杀害了，就像它杀害了很多人，那个时代也想杀害我。我们原本智力健全——可是疯狂包围了我们——逮捕、枪毙、怀疑、人人自危，对所有的人、所有的事都不敢相信。书信被拆开检查，打电话被窃听；每个朋友都可能背叛，每个邻居都是告密者；经常的监视，公开的跟踪，我认识那两个一直盯着我的人，站在街道上的两个出口，随时随地在我背后跟踪盯梢，一点儿也不想掩饰或躲避！

玛丽娜·伊万诺夫娜为我朗诵了她的诗歌，那些诗我没有见过。晚上我原定去剧院看戏，剧目是《舞蹈教师》，很快天就黑了，可是我们俩都不想告别。我们一道去剧院，想办法又弄到了一张戏票，两个人紧挨着坐在一起。看完戏她送我，我送她。后来约定第二天再见面。玛丽娜·伊万诺夫娜早晨就来了，整整一天我们俩没有分开，从早到晚就坐在这个房间里，不停地交谈，朗读诗歌，聆听朗诵。有人给我们做饭吃，有人给我们沏茶。”①

“这是玛丽娜·伊万诺夫娜送给我的——（安娜·阿赫玛托娃站起身来，从屋门旁边的小书架上拿来深色的琥珀项链，好像琥珀颗粒大小不一，中间似乎还有其他的饰物。）——这是一串念珠。”于是她给我说起了这串念珠的故事。

可惜，她说的故事，我现在已经印象模糊了，记忆怕弄混了，好像是串东方念珠，很特殊的一种，只有拜祭过先知坟墓的人才拥有那种念珠。或许，她说的并不是这种念珠，而是另外的某样东西，因为我记得，妈妈送给安娜·阿赫玛托娃的既有这串古老的念珠，还有点什么东西——是项链？戒指？胸

① 安娜·阿赫玛托娃记忆有误。玛丽娜·茨维塔耶娃没有跟她一起去看戏。第二天她俩是在作家尼·伊·哈尔德日耶夫家里会面的。

针? 只有一点记得很清楚,安娜·阿赫玛托娃告诉我,她疏散到塔什干的时候,曾经把这串念珠,也许是另一样东西给当地的某位学者看过,那个人证实,确切地说也不是证实,听她问这是什么东西,那个人说,对于信仰伊斯兰教的穆斯林来说,这是圣物,因为这种东西(念珠?)只有参拜过先知陵墓的人才能佩戴。

(其实1月1日在帕斯捷尔纳克家里,我早就发现了安娜·阿赫玛托娃戴着这样的珠串。)安娜·阿赫玛托娃把念珠戴在脖子上,从来不随意把它们丢到一边。小书架上还有第二件首饰,也很好看,样式古老,再有就是带宝石的戒指,宝石上有细微的裂纹。安娜·阿赫玛托娃说,心爱的饰物有时候能预测苦难——就在她丈夫死亡的那一天,也许是那一天的前夜,宝石上出现了裂纹。

随后,安娜·阿赫玛托娃为我朗读了她写给妈妈的诗歌,其中提到了玛丽娜·姆尼舍克和塔楼,——她说,这些诗句是在妈妈去世之前很久写的。[①]她让我看她最后一部长诗,那是写了很长时间的一部作品,其中有的诗句写地板上的兰花——也许是菊花。[②]

安娜·阿赫玛托娃还说,妈妈在她那里,凭记忆为她抄写了她特别喜欢的几首诗,除此之外,还送给她两部已经打印成出版清样的长诗——《山之歌》和《终结之歌》。所有这些带有妈妈亲手签名的诗稿,在她丈夫被捕、后来是她儿子几次被捕时,都被没收了。

我把为曼德尔施塔姆(死后)平反的消息告诉了安娜·阿赫玛托娃,我是头天晚上从爱伦堡那里听说的。阿赫玛托娃听了很激动,脸色都变了,长时间反复问我,这消息是否确切,会不会是谣传。当她相信了消息确实无误,立

---

① 《隐形人,同貌人,爱嘲讽的人……》这首诗是1940年3月16日写的,阿赫玛托娃生前没有发表。初次刊登在《文学格鲁吉亚》杂志,1979年第7期。

② 指《没有英雄人物的长篇叙事诗》。阿里阿德娜·艾伏隆所说的诗行在长诗的第二部《硬币的背面》。

刻走到厨房里的电话旁边，马上给曼德尔施塔姆的妻子打电话，对方对此还一无所知。阿赫玛托娃把平反的事跟曼德尔施塔姆的妻子说了一遍，不料她竟然不相信这是真的。我只好把爱伦堡的电话告诉她，说爱伦堡可以证实确实有平反的消息。

我们俩坐着，继续交谈，阿尔多夫的儿子来给我们倒茶；电话铃响了：曼德尔施塔姆的妻子经过核实，才相信了平反确有其事。

1957年[①]

## 给娜·尼·伊里依娜书信摘抄

……玛丽娜·茨维塔耶娃是不受约束自由放任的，安娜·阿赫玛托娃——是严谨和谐的；由此可以看出她们俩相互之间（创作）态度的差别。自由放任的一方理解（也喜欢）另一方的严谨和谐，可是，严谨和谐的一方并不接受自由放任：以和谐的观点看来，这却是**不正确**[*]的。[②]

1969年3月29日

1957年9月最初几天。塔鲁萨。乘轮船去维列戈什。松树林，向上的沙土路，松树根形成的台阶，一层层台阶，接着另一段台阶。疗养之家——却看不见疗养的人——有很多鲜艳的，可惜快要凋谢的花。越往上走，地势越

① 第一次依据手稿全文发表，经过删节的文本发表在《文学评论》杂志，1981年第12期，页98。

* 此处原文为法语。

② 摘自娜塔丽娅·伊里依娜的著作《命运》（莫斯科，1980年，页230）。

高——路两旁的椴树构成了林荫道，走到林荫道尽头，站在那里视野很开阔，左边就是奥卡河，河水流淌，曲曲弯弯，流向阿列克辛。9月的日子，到处是金色的阳光，风景优美——银色的奥卡河，金黄的沙滩。我们本来想沿着河岸走到塔鲁萨渡口，不料白费时间又返了回来；没有道路，我们在森林里绕来绕去转了向。走过的地方有椴树、山杨，有枯死的树木，有蘑菇和被风刮断的树，有山沟、溪流、灌木丛。等到空中的云缝中露出傍晚的太阳，我们才发现方向全弄错了。没办法，只好往回返，走过森林，小片空地，椴树林荫道，接着往下走，走向码头。回程的小轮船早就开走了，浮标手跟船去了塔鲁萨，两个愁眉苦脸的打渔人不愿意划船把我们送到河对岸。天黑下来了，我们走向浮标手住的小屋——估计到那里也许能找到什么人。迎接我们的是字迹巨大的一块木牌子，上面写着："当心狗咬！"一条狗体形庞大，三条腿站着，第四条蜷着，态度还算友好。

这时候出现了一个穿着船长制服的老年人，他是码头的负责人，是浮标手的父亲。他答应帮我们渡河。在船上，他问我们都是干什么的，从哪里来的，我们简短地做了回答，说我们是搞建筑的，顺便问他是不是认识当地的木匠。"那么你们在哪里盖房子呢？""在塔鲁萨，在沃斯克列先斯基山上，大概您知道茨维塔耶娃小区吧，就在那一带地方！""我当然知道茨维塔耶娃小区啦……茨维塔耶娃一家人我都认识，伊万·弗拉基米罗维奇、瓦列丽娅、娜斯嘉、玛丽娜、安德列·伊万诺维奇，我都认识……可以说他们一家人是塔鲁萨第一批修建别墅的人家。现在那个地段属于疗养之家，可以前那片土地都归茨维塔耶娃家所有。要知道从前他们冬天不在这里住，走的时候，所有的东西都留下，什么箱子呀，餐具呀，什么也不带走，门上挂把锁——就万事大吉，放心地走人啦。偶尔有人回来一趟，弄不好，出点儿什么小乱子，不过还好，最后都平安无事秩序井然。我记得，有一次大约是晚秋季节，也可能是初冬，安德列·伊万诺维奇带着他的伙伴来了，住了不长时间就走了。我们有些半大小子心里好奇，想看看他们在那里怎么样生活，就偷偷地钻进了那栋房子。我们发现，炉子点着过，熬过粥，熬粥的铁锅放在炉台上，粥没有吃完，剩下的还在锅里。我们在房子里到处走，到处看，有个杯子很好看，我们特别喜欢，就把它收归己有，更多的物件不敢拿，也不敢动箱子里的东西，可不能胡来！这么说，您是茨维塔耶娃的女儿了，很好很好。当地人称呼您妈妈，都叫她穆霞，把阿娜斯塔西娅·伊万诺夫娜称呼为娜斯嘉。她们活泼好动，一个稍微高一点儿，另一个矮一点儿。一个走路戴着眼镜，究竟是娜斯嘉戴眼镜，还是穆霞，记不清楚了。两个小姐相貌非常好看，有个叫米什卡的小伙子追求娜斯嘉，他外号叫橡树，仪表堂堂，是轮船的船长。当时我们都嘲笑他说，嗨，你往哪里钻啊，人家是教授的女儿，别忘了你是鞋匠的儿子！要说我怎么能不认识茨维塔耶娃一家人哪——我母亲，现在是老太婆啦，那时候常常给他们家洗衣服。好心肠的人家啊，都是好心人”……

老人的名字叫叶菲姆·伊万诺维奇，姓罗兹马霍夫。他还讲了塔鲁萨早些年间很多有趣的事，讲当地居民的故事，讲茨维塔耶娃家的亲戚多勃罗特沃尔斯基家的故事，特别说到多勃罗特沃尔斯基的一个女儿，柳德米拉·伊万诺夫娜，在塔鲁萨医院里当医生，而那家医院就是她父亲开创的。①

（摘自 1957 年笔记）

## 给玛·约·别尔金娜书信摘抄

……请不要以为，对“茨维塔耶娃作品”的检查大都由我来承担。原因在

① 第一次依据手稿发表。

塔鲁萨的别墅，1958 年起阿里阿德娜·艾伏隆在此居住。

于，我——是妈妈的全部生活和她所有创作的最后一个活着的见证人（只有最后三年除外），我很了解她对每篇作品的态度，她把我称呼为她的**绝对的读者**。正是基于这样的原因，我对她的作品进行细致的（全面的）筛选（包括政治方面的选择）。在国外出版妈妈的作品相当混乱，追求轰动效应，**那里**有个别人想借助这件事达到名利双收的目的……我想尽力避免这种弊端，也就是说，避免匆匆忙忙，以为是“第一次发现”，我们不想那样做。

您想必知道，我这里保存着妈妈的抒情诗——各种手稿，1939 年在笔记本上重新誊写的稿件，**全部的**抒情诗（就是说所有写出来的，发表过的和这些年一直没有发表过的）。存在数量有限的空白，不知什么原因，遗失了大约几十首抒情诗。因此，所有的核实、校对，以及最终确定文本的对与错，都必须依据我手上的资料，因为正是这些手稿（1939 年经过妈妈亲手誊写并进行了修改的手稿）消除了“传抄本”的错讹歪曲，避免了印刷错误，没有经过审查删节，保留了最真实的原貌……

1961 年 3 月 15 日

## 给安·阿·萨基扬茨书信摘抄

……三十七年之前，在巴黎，没有人给妈妈画过像，三七至三九年之间有没有画过，我不知道，没有听说过。惟一的一张铅笔素描画像，我曾经给您看过，——那是画家比利斯[①]的作品（他是男性，不是女人）。革命之前有过几张画像。在这里，在塔鲁萨，我有一尊妈妈二十二岁时的半身雕像，是娜·柯朗

① 阿隆·利沃维奇·比利斯（1893—1971），出生于俄罗斯的画家，生活于巴黎。

阿里阿德娜·艾伏隆。塔鲁萨。1961 年。

基耶夫斯卡娅[1]的作品——是石膏做的复制品,大理石雕像归雕塑家本人保存。

有一幅出自纳丹·阿里特曼手笔的早期画像,我没有见过画家阿里特曼,也没有见过那幅画像。[2]

还有一幅剪影,也属于早期的影像,的确出自女画家之手,而不是男画家的作品,我有照片。[3]

遗憾的是穿方格连衣裙的那幅画像的照片被人拿走了,说是为一本书作插图,因为那是从反拍的照片反拍的(反拍照片保存在克鲁乔内赫家里),以至于制出版来模模糊糊,效果很差,严重扭曲,我想象,他们要第二次修版,参考国家文学出版社的版本进行修改!……

1961 年 4 月 30 日

## 给伊·格·爱伦堡书信摘抄

……现在,一想到回忆妈妈的那一部分,我就觉得有点儿后悔,当时在您那里忍住了,没有读一遍,匆匆忙忙,心里想的只有妈妈。现在,重读一遍才发现,关于爸爸说得不够,也不准确。亲爱的伊里亚·格里高利耶维奇,如果还有时间,还有可能,从"技术角度"考虑出版书籍还不太迟,不至于对排版造

---

① 娜杰日达·瓦西里耶夫娜·柯朗基耶夫斯卡娅(1891—1963),苏联雕塑家。1915 年为玛·伊·茨维塔耶娃完成了两尊半身雕像,大理石雕像保存在阿尔汉格尔斯克州艺术作品博物馆,另一尊是石膏彩色雕像,阿里阿德娜·艾伏隆去世后,保存在国家文学博物馆。

② 纳丹·伊萨耶维奇·阿里特曼(1889—1970),俄罗斯画家、雕塑家。有关他为玛·伊·茨维塔耶娃画像的信息是首次披露。(他为阿赫玛托娃画的那幅有黄色披肩的坐像非常出名。——译者注)

③ 伊丽莎白·谢尔盖耶夫娜·克鲁戈利科娃(1865—1941),女画家,1920 年为玛·伊·茨维塔耶娃作剪影,最初刊载于她的《同时代人剪影》,第一辑,诗人。莫斯科,1921 年。

成太大的损失,无论如何要在最后一段对爸爸的形象和他的命运要有所修正,请您告诉他们,就说谢廖沙并非那么“软弱、谦卑、顾虑重重”。他的为人无私而诚实,高尚、坚定、勇敢。为弥补年轻时参加白卫军这一过失,他为苏联,为西班牙,担负了长期的默默无闻的危险工作,付出了巨大的努力,为此他才回到这里,他应该获得列宁勋章。关于父亲的这一方面一定要讲清楚,原因很简单。妈妈一直在说自己的事,并且会长久地说下去。对于有才华的人来说,期限长短不太重要,属于他的期限一定会到来,他们的期限很长久,远远超过许多人的寿命。常常是有才华的作家肉体死亡以后,他的名望反而像原子裂变一样影响越来越大。同代人可能不喜欢天才作家的个性,这时候个性再不会影响到他的作品的出版与发行。妈妈的“事业”让我忧虑的仅仅是**今天**面临的困难,对于她的**明天**我反倒充满了信心。说到爸爸和其他很多人,情况则完全不同。他们的魅力随着他们的死亡而消失;他们的事业融入了共同的事业,他们将永远无声无息。因此**发表**出来的每个词都很重要,只有这些资料预示着他们未来的前景。何况**您**的发言极有分量。您能使这些话说得更全面,因为您知道,让爸爸跟妈妈能够一辈子厮守、生死不离的原因,绝非是由于爸爸的软弱、谦卑和顾虑重重。您要正确理解我的意思,不要跟您自己的事情纠缠在一起,搀合在一起,对不起,如果不这样说明,那么我会自己这样说,假如不那么匆忙,不那么疲劳,忙碌到头昏脑涨。话说回来,您什么都了如指掌,这一点自然也明白。

巴塞尔市那里没有玛·茨的档案,只有两篇作品。

妈妈把绝大部分(并非像有人跟您说的只有不太多的一部分)自己的档案带回了这里,就是说大部分诗歌手稿,尚未出版、亲手修改过的散文作品,多册原始的笔记本或亲手誊写的稿件都带回来了。现在这些稿件的绝大部分在我手里,还有一部分里尔克、帕斯捷尔纳克给她的书信。不久前我收到了她写给《山之歌》和《终结之歌》主人公的信件。

1961 年 5 月 3 日

## 给安·阿·萨基扬茨书信摘抄

……妈妈随身带回来的有全部诗作,早期的,是誊清的文稿,晚期的,有誊写清楚的,也有写在草稿本里的;大型的长诗、剧本——(大部分)不是手稿,而是打字机打印稿,有她的修改,矫正、补充词句的笔迹。散文作品(大部分)也是这种状况;有些作品还属于草稿。一批原作稿件资料丢失在巴黎了。带回来的有些已经成了打印稿(我离开以后打印的)。妈妈还活着的时候,她第一个剧本《广场上的天使》的手稿[①],尚未发表就弄丢了(全部丢失),丢失的还有《暴风雪》的手稿(发表过),《捕鼠者》最后的修订稿,还有几首诗也找不到了,其中包括(早期的)非常优美的《翅膀、箭与钥匙》。《叶果鲁什卡》的初稿和誊清的第二稿也不知下落了。有一些不合要求的诗篇妈妈自己销毁了。《黄昏纪念册》、《神奇之灯》、《青春诗集》最初的手稿一部分保存在姨妈阿霞手里,后来也都丢失了。

1961 年 6 月 19 日

## 给艾·肯·卡扎凯维奇书信摘抄

……在妈妈的笔记本里某个地方曾经写过这样的话,活着的诗人不需要死后的荣誉,因此,即便现在能够出版她的小册子、诗集,甚至选集,都难以让

① 此处指的是《石雕大使》。

阿里阿德娜·艾伏隆和阿里阿德娜·切尔诺娃

我有喜悦之情。我的理智(虽然我缺乏理智)告诉我,出版她的作品是需要的,是好事——我指的是出版书籍,可是我心里一点儿也不高兴——经典作品的灰烬最有力量,尽管它只不过是灰烬。妈妈没有活到应有的天年——说**没有活到**都未必恰当。啊,艾马努伊尔·肯利霍维奇,在我看来,很多活着的人已经死了,很多死了的人——未尽天年的人却仍然活着……

我怀着深深的、难以表达的情感,把这本小书寄给您,因为我永远忘不了,这本书是怎么样产生的。您,还有阿纳托里·库兹米奇最早把种子投到国家文学出版社坚硬的土壤里,——这件事您还记得吗?[1] 那里丛生着多少荆棘啊,真该死!牛蒡之类的杂草还不算数!现在挤进去了一本薄薄的诗集,纯粹靠茨维塔耶娃式的顽强,这种顽强会激发出更多的顽强谨慎……

1961 年 10 月 12 日

## 给弗·布·索辛斯基书信摘抄

……您有关布宁的想法,我不敢苟同[2],我很喜欢他的作品,可以无休止地阅读,他跟托尔斯泰、契诃夫处于同一水平。我觉得要阅读布宁,您的心理年岭还太年轻,您的心理结构跟他还有距离……您知道吗?他是我们家的老朋友,年轻的时候,我奶奶伊丽莎白·彼得罗夫娜非常漂亮,人品出众,曾经

① 由于艾·肯·卡扎凯维奇和阿·康·塔拉先科夫的奔走呼吁,这本书列入了国家文学出版社 1957 年出版计划。但是最终未能出版问世。

② 弗拉基米尔·布罗尼斯拉沃维奇·索辛斯基(1900—1987),文学家,他娶了阿里阿德娜·维克托罗夫娜·切尔诺娃为妻,切尔诺娃一家人跟玛·伊·茨维塔耶娃关系密切,侨居国外期间,想尽方法帮助她。索辛斯基与作家阿·米·列米佐夫关系友好,他在给阿里阿德娜·艾伏隆的书信中对比了两位作家,有意贬低布宁。1960 年索辛斯基回到了苏联。

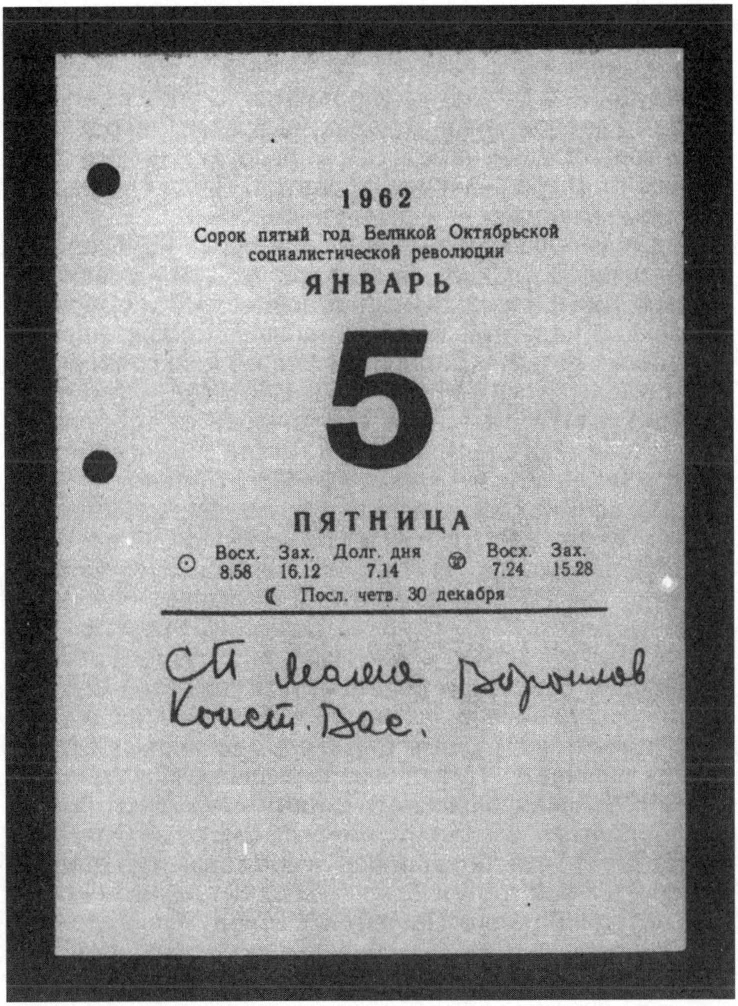


阿里阿德娜·艾伏隆的台历一页。看来这一天应当跟作家协会的秘书科·弗·沃隆科夫商谈跟玛·伊·茨维塔耶娃有关的事情。

让他十分着迷。我爸爸还是个小孩子的时候就认识他。我记得很多有意思的事都跟他有关系。在三十年代,我妈妈也承认他是跟契诃夫才华相当的作家(通过阅读《草原》)……

记不清从什么时候开始,我们家跟布宁家就有了往来关系,这两家人分别住在两所古老的、样式奇特的单独住宅里,那时候古老的莫斯科以花园、钟楼、鹅卵石街道闻名。我们家住的那所房子离特维尔大街很近,走两步就到,那房子属于革命前大名鼎鼎的历史学家德米特里·伊万诺维奇·伊洛瓦伊斯基,年轻的维拉·穆罗姆采娃——未来的布宁娜[①]常到我们家来玩。常来做客?不,能跟心爱的同学女友、历史学家的女儿娜嘉·伊洛瓦伊斯卡娅会面,预感到由衷的喜悦,脸上放光,脚步如飞地赶来;可是,一旦迈进门槛,立刻沉默不语、低头顺目、不敢说笑,因为这所房子里使人的心灵结冰——虽然有很多窗户,但气氛阴沉压抑,客厅尽管很大,却让人觉得狭小,冷淡的主人虽然富裕,却很吝啬。主人的性格石头般坚硬,家里的秩序、规矩、安排也像石头一般严格。一切言行都出自理性,没有什么是发自内心;一切都跟昨天有关,从来不考虑明天。年轻人在这样的家庭呼吸艰难,因而早早地死亡……

我的祖父伊万·弗拉基米罗维奇·茨维塔耶夫教授,第一次结婚娶了伊洛瓦斯基的长女瓦尔瓦拉·德米特里耶夫娜为妻,瓦尔瓦拉是个既漂亮又有才华的女子,可惜寿命不长,给疼爱她的丈夫留下了两个孩子——瓦列莉娅和安德列(他的出生要了母亲的命)。伊洛瓦斯基的外孙女瓦列莉娅·茨维塔耶娃和他第二次结婚所生的两个女儿——娜捷日达和奥尔嘉年龄差不多大,她们仨都在叶卡捷林尼斯基学校读书。在“皮缅老宅”里,维拉·穆罗姆

---

① 参见玛丽娜·茨维塔耶娃所著《皮缅老宅》(一译《老皮缅处的宅子》)。选集第二卷,莫斯科,1980。

采娃认识了瓦列莉娅和伊洛瓦斯基的两个女儿。很多年以后,不仅叶卡捷林尼斯基学校和皮缅老宅已不复存在,就连以前的俄罗斯再也没有人悼念缅怀了。就在这个时候,在巴黎气氛凄凉的住宅里,在我面前打开了一本厚重的纪念册,灰色天鹅绒封面,犹如一扇扇的屏风,维拉·尼古拉耶夫娜给我看一张张老照片——面庞不一样,发式却相同,命运不一样,却披着款式一样的短披风。黑眼睛,无限忧伤的娜嘉·伊洛瓦伊斯卡娅在花朵一般的青春年月死于肺结核病。她的妹妹奥丽娅,白净,两个快乐的酒窝儿,忍受不了"皮缅老宅"的压抑,逃出了家门。高高的鼻梁,小嘴像爱神丘比特——是我妈妈同父异母的姐姐,瓦列莉娅·茨维塔耶娃,从年轻的时候就"深入民间",成年以后在杂技舞蹈学校工作。这个姑娘呢?"你认得她吗?"——光滑闪亮的发辫,坚定清澈的目光,纯属俄罗斯的少女面庞,典型的俄罗斯的神态——骄矜而坚韧!她就是曾经让整莫斯科都艳羡的"**那个**"新娘,国家杜马主席穆罗姆采夫的女儿,当时还不称呼她维拉·尼古拉耶夫娜,只叫小名维拉奇卡,那时候她还不知道,她命中注定要跟布宁过一辈子,而这个布宁是植根于国土的伟大作家,尽管他离开了这片土地,但只要一息尚存他就牵挂着故土;此刻她也还不知道,她将跟随布宁长途跋涉,走过乡村城镇,直到双腿浮肿,鞋子磨烂,经历几十年的风雨,走了几十年,一直走到巴黎郊区圣热纳维耶侨民公墓。

1961 年 11 月 28 日

(摘自六十年代笔记)

## 给巴·戈·安托科尔斯基书信摘抄

……太奇怪了，我一点儿印象也没有，完全不记得1928年您曾到过巴黎[①]，这大概让您难以想象！很多事情记不住，很多事情却记得清清楚楚，我记得那些岁月，早已消失的岁月。（当然，是以自己的独特方式记住的——也就是说，童年的记忆根植于成年的记忆之中，不会随时间的流逝而改变或修正，这样的印象时刻伴随自己，常常在心中浮现……）我记得您干什么都快速麻利，记得尤拉·扎瓦德茨基不受章程约束的灵活性，记得沃洛佳·阿列克谢耶夫的好心肠……记得很多人和很多事，还记得那至今已难以想象的莫斯科。我当时很小很小，觉得天上的星星跟鹅卵石一样离我们很近——伸手就够得着似的。上帝啊，我拥有一个多么**幸福**的童年啊！是妈妈教给我怎么样**看人看事**……您还记得那座艺术宫吧？令人惊讶的、奇妙的艺术宫！楼房正面栽种着中国式的秋海棠，卢那察尔斯基住在右侧的翼楼里，米里奥季住在左侧，中间住着很多酷爱文学的作家（他们多有才华啊！）。楼下地下室紧挨着厨房的一个黑洞洞的房间（它让人想起佩罗童话里古斯塔夫·道尔居住的那样的洞穴），里面还住着个瞎了眼的老太婆，过去有权有势的农奴主……在经过了很多很多年以后，当我再一次来到那个房间的时候，心里无限感慨……真不知道怎么样形容才好！想想吧，那时候，在那难以描述的年代，出现了一些机关。它们很快就**支配**了一切！——我却躲到了一边。

您还记得恰布罗夫吧？您说，他跟未来的瓦赫坦剧场还有关系吗？我觉得，他来得很晚，不过，也有可能记混了。您还记得他吗？要是还记得，您知

---

① 巴·戈·安托科尔斯基跟随瓦赫坦剧组于1928年曾到巴黎演出。

道他来干什么,他落了个什么样的结局吗?

那些戏剧演出我还记得。附带说,您演的《圣安东尼显灵记》[①]我却没有看过,可是妈妈跟我讲过这出戏的内容,那以后一连几天晚上睡觉总做噩梦。

1962 年 11 月 24 日

## 给巴·戈·安托科尔斯基书信摘抄

……真高兴,您那里有那么多卡萨诺瓦的著作,我正在到处寻找,说不定正好有我需要的书籍。差不多再过十天,我就去莫斯科,停留时间相当长,到了那里立刻给您打电话,我们一定要见个面。天啊,没必要匆匆忙忙到这里来,现在是冬天,不能做这种荒唐事。等到开春或者是夏天,我等着您,请务必来这里做客。我带您看看妈妈去过的地方,她住过的小房子,她是在那里长大的,还有枞树,爷爷亲手栽的几棵枞树,为纪念孩子们出生栽种的。等您来的时候,奥卡河也解冻了,像妈妈活着的时候一样流淌。正是**在这里**诞生了她最早的那些诗篇,那是全部作品的源头和起点。冬天倒也不错,到处是——白茫茫的。我高兴,终于“找到了”您。

您要知道,妈妈最后的散文——写的是您,写您和那些年轻人,那是《索涅奇卡的故事》。您知道吧?

生活之奇妙——简直不可思议!令人惊奇地画了个圆圈儿——一阵风吹回来又到了原点——那一去不回的往昔再次拉住你的手——再次触动你的心……

1963 年 1 月 6 日

① 梅特林克的剧本《圣安东尼显灵记》排演时,巴·戈·安托科尔斯基扮演的角色是司祭。

## 给巴·戈·安托科尔斯基书信摘抄

……妈妈开始翻译的时间是1919年①,当时为第二创作室翻译了缪塞的《爱情不能开玩笑》*(译文没有保存下来,不过,大概翻译得很好,仿佛汇入了她自己创作的那些剧本的洪流!)。后来,到了三十年代,在巴黎,她一度对翻译俄罗斯(老的)革命歌曲非常痴迷——其中包括《失去自由沉重而痛苦》和《你们燃烧出牺牲的火光》,她翻译成法语很有光彩。(为稿酬翻译,但译得如醉如痴。)1934年,她把一系列当时的德语革命歌词和苏联歌词翻译成法语,那些歌至今还在巴黎传唱(其中包括《田野啊田野》、《快乐伙伴》中的《进行曲》等)。1936年,她把普希金的多首诗歌译成法语,其中在巴黎公开发表的有两首(只有两首!——但是毕竟比在这里多)——选自《瘟疫流行时的宴会》的歌曲和《给奶娘》。1939年至1940年已经是在这里,她翻译了很多诗歌作品——有捷克语、白俄罗斯语,还有德语的。瓦什·普沙维尔、英语的叙事谣曲、波德莱尔……记不清译了多少。在法国她把自己的长诗《美少年》译成法语(冈察罗娃为这本书画了插图);长诗的一章也许是两章三十年代曾在比利时发表。在莫斯科,四十年代初她曾经把莱蒙托夫的一系列诗歌译成法语。

她在翻译过程中,对待杰出诗人和平庸诗人的作品同样态度严谨,一丝不苟。对待后者甚至更加严格,因为翻译起来更加困难。

三十年代,她为"法苏友好协会"把一些革命歌词译成法语,为此曾经写

---

① 玛·伊·茨维塔耶娃年轻时就开始翻译文学作品。她翻译了艾·罗斯丹的剧本《雏鹰》(译文没有保存下来),还翻译了法国女作家安娜·德·诺艾的长篇小说《新的期望》(刊登在《北方纪事》杂志,1916年第9至12期)。

* 此处原文为法语。

了一段话:“这些革命歌曲——是表现人类苦难的歌曲,是号召争取更美好的生活,号召伟大的行动,伟大的决断……我随时准备翻译歌唱劳动、歌唱未来、歌唱善良、歌唱人类同情心的歌曲……”*我保存了妈妈的很多翻译作品;有大量的草稿——见证了工作的繁重及其**深入细致**,绝非徒有其表的浮泛之作。

1963 年 3 月 13 日

## 给巴·戈·安托科尔斯基书信摘抄

……妈妈翻译的普希金诗歌记不清是十四首,还是十八首[①];请原谅使用了“记不清”这样的词语,为了准备那本书的出版,现在我头脑里有点儿混乱,无论说什么,匆忙之间只能说个大概。我跟您说过,在她所有翻译成法语的普希金诗歌当中,正式发表的只有两首——选自《瘟疫流行时的宴会》的一首歌和《给奶娘》。翻译的还有《失眠时写的诗》、《英雄》、《我的名字跟你有什么关系》、《诗人!不要高估人民的爱……》。似乎还有《征兆》、《远方的岸……》、《安恰尔》、《恳求》,当然还有《致大海》。开头的一行确实是“**别了,自由的元素**”,而不是“**汹涌的波涛**”**。不,翻译这首诗的时间不是 1928 年,而是 1934 年至 1935 年之间;必须在草稿本里查一查确切的日期。

---

* 此处原文为法语。

① 玛丽娜·茨维塔耶娃把普希金的诗译成法语的共有十四首:《瘟疫流行时的宴会》当中的一支歌、《先知》、《给奶娘》、《为遥远祖国的海岸……》、《荒原上自由的播种人……》、《致大海》、《魔鬼》、《征兆》、《招魂》、《诗人》(“当阿波罗尚未要求诗人……”)、《致友人》、《致诗人》、《回忆》、《失眠之夜写成的诗》。

** 此处黑体字原文为法语。

在我看来，普希金诗歌译文的翻译草稿全部都保存了下来，也就是说，从中能看清楚由始至终的工作脉络，看到她取得了什么成果以及她所付出的努力。至于那个誊写清楚的稿本——其中遗漏了某些诗行，在她看来并不满意。据说，在列宁格勒有人保存着用打字机打印的普希金诗歌译文定稿文本；倘若这是真的，我将尽力找到它（或许安·阿·萨基扬茨能够找到，因为这个传闻出自她的朋友的熟人之口）。如果我们找得到这份打印稿，而稿件上没有妈妈修改的笔迹，那就需要跟草稿本进行核对（修改的地方很多，几乎每一行、每一节都有修改之处）。太好啦，如果您愿意承担这个课题（普希金）的研究，我非常非常高兴。

1963年3月18日

## 给安·阿·萨基扬茨书信摘抄

……附带说，整理跟梅尔兹利亚科夫巷有关的各种文件的时候，我找到了已故的塔拉先科夫的一封书信，他在信中对我说，他看了**雅洪托夫写的回忆录**，是**卡塔尼扬**帮他找到的，雅氏在回忆录中对索涅奇卡·果丽戴伊的性格给予奇妙的评价，他听了索涅奇卡朗诵的《白夜》，自己也跟着朗诵；他写道，这样神奇的鸟儿，在舞台上如此迷人的魅力，过去没有，将来也不会有了。[1]

或许您能够打听一下，看这回忆录是否已经发表了（那时候，大约六七年之前，卡塔尼扬有意把这些回忆文字交给刊物发表），如果已经发表了，那您

① 这里指雅洪托夫写的《一个演员的剧场》（莫斯科，1958）。

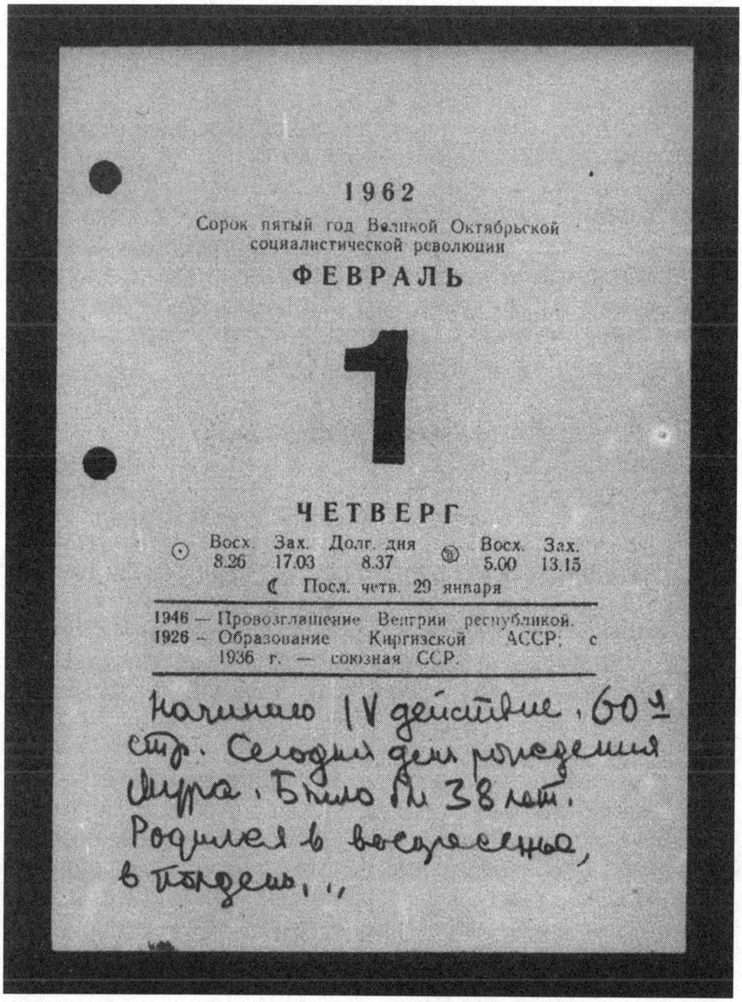


台历上写着：今天是穆尔的生日。如果他活着，就三十八岁了。他出生于星期日的中午。

能不能看一眼？我想，我们能够也需要把这样的评论收进我们所做的注释里，因为有关索涅奇卡的评论，过去只有我妈妈写的（还有我们自己的）——新发现的评论很有意思，也很有**说服力**（雅洪托夫的评价正好印证妈妈的评价）。

1964年5月12日

## 给安·阿·萨基扬茨书信摘抄

……能够找到穆罗姆采娃的《皮缅老宅》[1]，我的喜悦之情难以形容。这实在是太奇妙了！最重要的是——发现了那些至关紧要而又必需的资料，是它们引导茨维塔耶娃踏上她的创作之路，这些资料也帮助我们从谜语般的世界走向真凭实据的天地！从虚幻的抽象世界（猜不透的谜，模糊的回忆等等）走向如此现实的境界，就像城市的火车站和钢轨一样，——终于找到了通畅的道路……

1965年12月3日

## 给安·阿·萨基扬茨书信摘抄

……是什么使茨维塔耶娃的创作跟民间文学产生了亲缘关系呢？——

① 安娜·萨基扬茨从《俄罗斯与斯拉夫民族》报（巴黎，1931年2月14日，第116期）抄写了维·穆罗姆采娃（维·尼·布宁娜）写的随笔《皮缅老宅》，寄给了阿里阿德娜·艾伏隆。

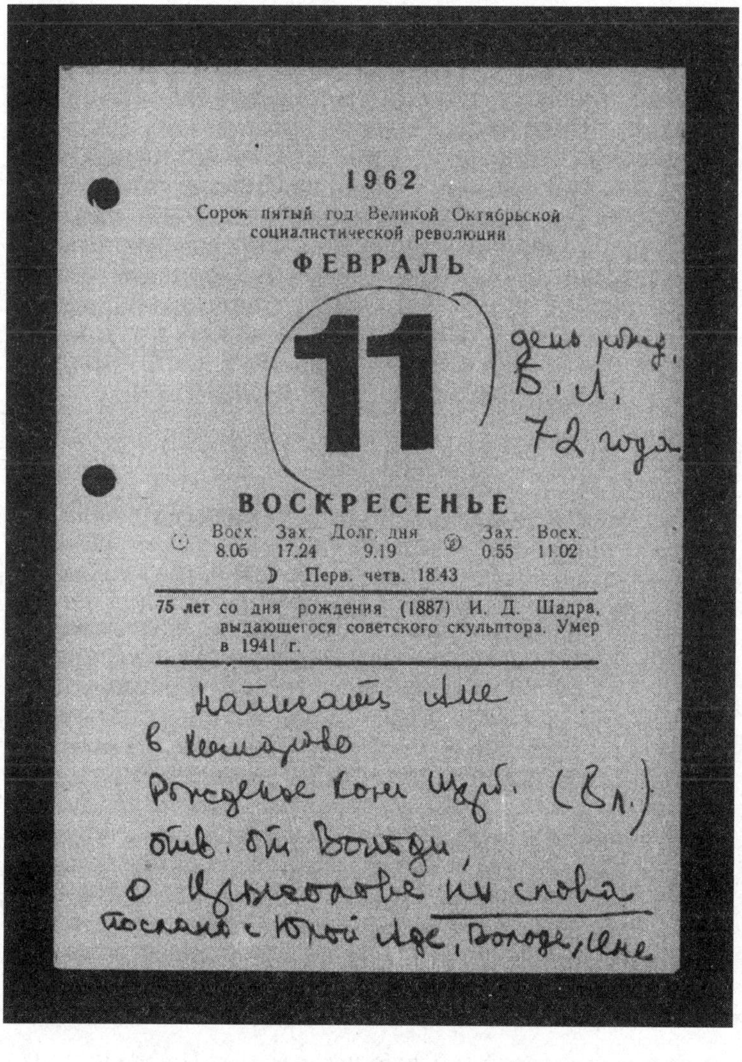


台历上标出了鲍里斯·帕斯捷尔纳克七十二岁的生日

是两类诗歌：民歌、哭调、壮士歌宽广悠长的音调（音乐因素），俄罗斯民间短歌（亦称四句头）、谜语、谚语（有时故意使用密码暗语）的精辟、简短以及**民歌的惯用句式**（所有这些说起来都很"粗俗"）。《少女王》尽管已经划分了章节，贯穿着电闪雷鸣般的句式，仍然显得节奏拖沓缓慢；《美少年》由始至终诗句简练，同样借鉴了**民歌的手法**。

茨维塔耶娃诗歌押韵的方法——完全是民歌的方式：她很少使用经典的、精确的、由于精确因而也显得**死板**的韵式；而是像民歌和四句头短歌那样——使用元音重复（不知道学者是不是有这种说法?），让人听起来形成完全**押韵的幻觉**，比如："Играй-играй，гармонь моя，сегодная тихая заря，сегодня атихая заря，услышит милая моя！"（"我的手风琴呀，演奏吧，演奏吧，今天平静的晚霞，今天平静的晚霞，我的心上人听见啦！"），也就是说，不是让"тихая"与"милая"押韵，而是让"заря"与"моя"押韵。茨维塔耶娃常用的就是这种押韵的方法，而不是别的办法。换句话说，跟平民百姓一样，她以不押韵的方式创造出韵脚来，她不是套用平民的手法，她把自己就看作平民。

谢天谢地，《美少年》不仅借用了阿方纳西耶夫收集的民间故事，而且首先是延续了《跨上红骏马》的情节，作品的内容虽然有所不同（诗人与才华），但表现的主题是一样的，都是女人为爱情做出牺牲（首先呼唤爱情，也就是说承认爱情是崇高的），为爱情奉献出自己，奉献出全部的生命。同时也是把烈火与蓝天结合在一起。"回家——冲向蓝色火焰"——"至今我尚未奔向蓝天，骑着红骏马——我的神驹"……火光与蓝天（火苗与蓝天）——来自民间版画，来自卢布廖夫[①]，"地狱"里的红色火苗，也是圣像画的内容，就像圆形的天堂树，让诱惑和死亡在自己的心里熔化（这是在天堂里呀！）……换言之，也是"地狱"。骑着**红**骏马的**天才**（茨维塔耶娃的缪斯体现着男子汉的气魄，阿

① 安德列·卢布廖夫（1360—1428），俄罗斯著名的圣像画家。——译者注

赫玛托娃的缪斯是可怜的、不幸的、脸上没有血色的女人!!!)。一切都一目了然。那个战无不胜的戈奥尔基从圣像版上走下来,为的是在民间文学中立足,化名为勇敢的叶果里,成为可爱的神话人物(跟尼古拉·乌果特尼克相提并论),成为俄罗斯民间的英雄,同时也是茨维塔耶娃塑造的英雄人物之一("而少女——那就不必了";还有伊波利特,也是骑手等等)——这里就不必再提"叶果鲁什卡"了,他身上体现着纯粹的民间精神……

1966 年 6 月 1 日

## 给巴·戈·安托科尔斯基书信摘抄

……尽管岁月如流,可是您仍然没有变,还是那种样子,跟我从童年起得到的印象相符,对于呼唤反应迅速,对于激起的浪花给予回应,不,不是石头激起的浪花,而是叙事谣曲里的酒杯激起的汹涌波浪![①] 当然啦,岁月为您增添了智慧——不然的话,那么多年岂不是白过了?——不过,您的青春并没有被蚕食成碎片,因此,您没有受到损伤,而且我们都跟您在一起……想必基于这样的原因,妈妈记住了您是个中学生,而不是大学生,您那富有浪漫气质、美丽的童心,您的少年情怀,还有那**高尚的、善于快速回应***的风格——这种种印象终其一生一直伴随着她;附带说,优秀品德被生活剥夺:**高尚****被小

① 叙事谣曲里的酒杯,指德国诗人席勒(1759—1805)写的叙事诗《酒杯》,茹科夫斯基(1783—1852)把它译成了俄语,故事讲国王把酒杯抛进大海,告诉大臣,谁能从海底捞起酒杯来,必有重赏。——译者注

* 此处原文为法语。

** 此处原文为法语。

心翼翼所取代(并非“疑心重重”),迅速回应——被裁缝习气所取代:“七次量衣一次裁”。我现在不想说什么,对于1917年或者1918年的经历,既不能反驳什么,也不能证实什么;我只知道,妈妈的笔记奇迹般地保存了下来,那些年的书籍、手稿本和日记,并非事后的补记,其中提到您,还记录了在十月的车厢里(1917年10月)偶然看到您的诗;她根据日记写了篇散文,标题就使用了《车厢里的十月》,那里也写到您歌颂自由的诗,正是那个时候您的响亮诗句给她留下了长久的印象。[①] 可是从1917年10月到1918年初只不过短短的两个月……

总括而言,小时候的笔记多次写到您,当时我年龄还很小,可是写您的那些笔记出奇地准确、条理,写您,写您和妈妈的朋友,详细转述您的剧本的内容……可惜的是,到现在我这样的年纪手就不勤快了——很多事情来不及写;我应当把很多笔记重新抄写寄给您。

1966年6月6日

## 给巴·戈·安托科尔斯基书信摘抄

……谢谢您的来信,谢谢您迅速而深刻的回应;只要有人呼唤,妈妈总是这样回应,迅速而深刻的回应,不是回声,而是发自内心,早就把呼唤者看成了亲人:既然呼唤——就意味着需要。这(跟您一样)也是一种内在的才华;

① 安托科尔斯基歌颂自由的诗(“这就是祖父一辈幻想的自由……”),被玛丽娜·茨维塔耶娃引用在《索涅奇卡的故事》里(参见《新世界》杂志,1976年第3期,页176),而不是散文《车厢里的十月》(《车厢里的十月》写于1917年,发表在《俄罗斯意志》杂志,布拉格,1927年第11—12合期。文中没有提到安托科尔斯基。)。

这(跟您一样)也是属于那一代人的优秀品质：有求必应，**善于行动**。

关于1917年至1918年：我想，你们两个人的说法都对；您的诗，妈妈是在1917年10月听说的，你们两个人认识却是在1918年初——要知道这两个时间相距很短，只有两三个月的期限。1917年秋天，妈妈在克里米亚，那是在各种事件发生之前；由此写出了《车厢里的十月》——写作时她已经回到了莫斯科。发生“巨变”的那些日子——您还记得吗？当时我们都这么说，——我正跟两个姑妈待在鲍里斯格列勃巷；附近枪声啪啪乱响，炮声隆隆；流弹打碎了育儿室的窗玻璃；早晨静悄无声，有人刚刚走出家门，立刻退了回来：巷子里躺着被打死的人。

妈妈能克制，忍耐，没有惊慌失措。局势艰难，她很往常一样镇定。从那个时候开始日子就难过了，一直艰难……

您知道吗？在我看来，您所描写的妈妈的外貌有失准确。她显得有些粗糙，个子也太高，说她身材有些魁梧与实际情况不符：您写的是：她身体强壮，肩膀宽阔……走起路来迈着男人宽阔的步伐……

可实际上，她个子不高(比阿霞稍微高一点点儿)，很瘦，看上去像个少年，像姑娘，体形却有点儿像男孩子；这里使用**强壮**未必妥当，用苗条可能更合适。她走路的脚步也不像男人(男人的步伐意味着某种步履的**稳重有力**，可是她不具备那样的身材、体格和体重)——她走路急促、轻快，有点儿像男孩子。她举止优雅、亲切，还有几分顽皮——您还记得吗？喏，您当然会**记得**。她一向都很**轻松**。

她穿的是最普通的衣服，使人想起神职人员穿的简陋的长衣。不错，那个时期，除了卢那察尔斯卡娅有吃有穿——其余所有人的所有东西，所有衣服，统统都消失了，不知道到弄哪儿去了！不过，“简陋的长衣”并不合妈妈的心意；尽管她一直不喜欢追求时髦风尚，可她身上并不缺乏女人味儿，她有浪漫的情怀，也很在意穿着合适的衣着服装。一辈子精神抖擞，看重整洁(跟阿霞的衣衫邋遢形成鲜明的反差)——她爱穿"鲍仑克雷特"款式的连衣裙,能显示腰肢纤细,身材苗条,像贝蒂娜·冯·阿尼姆①!而那样的衣装需要用窗帘、毛毯和其他材料缝制,当时并没有可以参照的样子——谁能做得出来?(我就是**这种样子***,看来,这就是理由……)

妈妈的眼睛没有一丁点儿灰色,眼珠碧绿、澄澈、明亮,像醋栗,又像葡萄(眼睛的颜色始终没有变化,从来也没有变得灰暗!),至于说到妈妈的房间(请原谅我说的全都是琐碎的小事)——是楼下很小的一间,就在我住的婴儿室旁边,那里有桌面可移动的写字台,有鹰,有一张狼皮,墙上没有挂很多壁毯,只有一张挂在靠屋门左侧的角落里,遮蔽了深藏的一角,仿佛是靠墙的书橱。房间光线较暗,没有铺地毯,只有一扇小窗户。楼上"顶层"的那一间,面积相当大(爸爸曾住在那里),可是您会觉得它小,原因是所有的目光都被吸引到通往楼顶上的窗口。那里也没有铺地毯。就在那个房间里,妈妈的诗当中有一首是为我写的,结尾的词句是:"在那(可怕的?——记不确切了。——阿·艾)岁月里,你还是个小姑娘,我还年轻。"那首诗里还有这样的诗行:"……阁楼船舱,我稿纸上奇妙的抗争……"那的确是——船舱!(而旁边就是宽敞的厨房,那里有块石板,上面有多雷为佩罗童话画的插图,从那里就一直通向阁楼。)

不过,下面是最重要的一件事:我的妹妹伊丽娜根本不是得了治不好的病。她只不过是在可怕的饥荒年代出生和成长,她个子很小,缺乏营养,由于经常挨饿,发育不良,换句话说,虽然三岁了,看上去还像两岁的样子,说话不成句,只能说单个的词;可是她懂得短诗和歌谣。她的两条腿有点弯曲,妈妈总是把她抱到窗台上晒太阳,相信这样做对她有好处……伊丽娜长得很美,是个漂亮的小姑娘,浅灰色卷曲的头发,宽脑门,高鼻梁,跟父亲一样大大的

---

① 贝蒂娜·冯·阿尼姆(1785—1859),德国女作家,曾是歌德、贝多芬、乔治·桑的朋友,德国浪漫主义代表性人物。其作品极具吸引力,充满独立和反抗世俗的精神。——译者注

* 此处原文为法语。

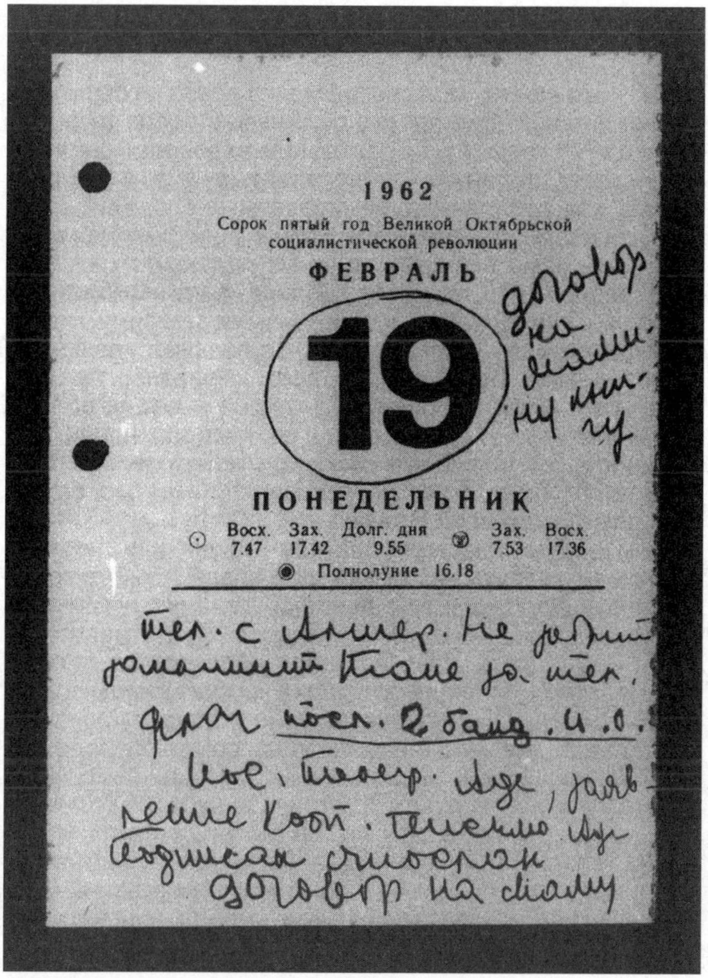


台历上写着:“妈妈出版诗集的合同……已经签订,把合同寄给妈妈。”这里所说的合同,指的是跟国家文学出版社签订的出版玛·伊·茨维塔耶娃作品选集的合同。诗集列入(大型)“诗人文库”丛书,1965 年问世。

眼睛，嘴巴也很好看。在所有来我们家的客人当中，她最喜欢索涅奇卡·果丽戴伊——总叫她“加丽达”，因此“加丽达”也爱她爱得要命，像乳妈一样爱抚她，亲吻她；现在我还看得见她们俩，那样小巧玲珑！那样美丽可爱，哎，你呀你，我的上帝！（万幸我还保留了两张伊丽娜的照片。）

后来善良的人们——有经验的好心人——劝说妈妈把我们俩临时送到康采沃模范儿童保育院（说是“两个女孩儿跟着你会饿死的，那里管吃——有美国救济的食品”。）[1]妈妈在心里斗争了很久，最后——还是把我们俩送进了保育院。咳，谁料到所谓的模范儿童保育院当院长的是个卑鄙的坏蛋，他利用美国提供的救济食品投机倒把。过了一个月，妈妈来看望我们，发现我得了要命的重病（又是肠伤寒，又是斑疹伤寒，又是“流行性感冒”，还有其他的并发症）。妈妈把我抱在怀里，用皮大衣裹紧，站在道路上等车；那些年还没有公共交通车辆，我们是碰到路过的雪橇才回来的。而伊丽娜还在“忍饥挨饿”——走来走去，不愿躺下，总是想要喝“茶”。就在妈妈为我煎熬、护理我、抢救我的时候，伊丽娜在保育院里死了——她是饿死的——被埋在合葬的一个土坑里。后来查明，那里的孩子一天就死好几个。保育院里根本就**不给吃的东西**。妈妈后来写出了这样的诗句：“我从黑暗中夺回大的，却没有能力保住小的……”

您的文章中有很多地方写得很忠实，很准确——比如妈妈不爱追究诗歌产生的**原因**；比如她从来不是**女诗人**，永远是——诗人。总的来说，您是个聪明人，是个男子汉，为此我万分高兴。千万别因为我提的“意见”而觉得委屈——那些话不是有意说的，只不过想到什么说什么罢了。

1966 年 6 月 21 日

---

① 指“美国政府救济”组织，为俄罗斯提供食品和衣物。

## 给巴·戈·安托科尔斯基书信摘抄

……您写诗人们的那本书[①]刚刚回到我的身边。(它在塔鲁萨一个人数不太多的朋友圈子里传阅——还有一个熟人圈子人数更多——不过这本书所写的内容跟他们无关!)我会给您写信,写我的**亲人**;趁着此刻心潮起伏,有强烈的欲望,像妈妈一样,也投入辩护的行动。

“肯定生活,生活本身就是肯定,我不会超越诗人与辩护者的身份而轻举妄动。”这是妈妈回忆曼德尔施塔姆那篇文章的结束语;此前她写道,诗人——从来不是预言家,永远都是——辩护者……

1966 年 8 月 7 日

## 给巴·戈·安托科尔斯基书信摘抄

……说到妈妈写的剧本,您把她的剧作从“玛丽娜诗歌大厦”里分离出来,这种做法是不是弄错了呢?[②] 天哪,所有这些剧本依然都是抒情诗,只不过“拆碎了分成不同的声音”,组成了交响乐。早期的剧本当中(它们一起形

---

① 指巴·戈·安托科尔斯基写的《诗人的道路》(随笔集,莫斯科,1965),作者把这本书寄给了阿里阿德娜·艾伏隆,题词是:“给阿莉娅,阿莉娅,阿莉娅——谢谢来信,谢谢记忆,谢谢善良,谢谢一切——永远属于您的巴维尔,这本书当中的几页您肯定会喜欢。莫斯科,66 年 6 月 26 日。”

② 阿里阿德娜·艾伏隆和安娜·萨基扬茨为“艺术”出版社编辑了《玛·伊·茨维塔耶娃剧作选集》,请巴·戈·安托科尔斯基写了序言。阿里阿德娜写这封信的时候,书籍尚未出版。该书 1988 年问世。

成了“浪漫主义”系列）有不成熟的剧作，就像那些年存在不成熟的诗一样，但是，毕竟写出了卡萨诺瓦！难道他跟《斗篷》里的人物没有亲缘关系吗？难道他所体现的不就是同样的精神吗？（附带想提醒一句，请看看《诗人文库》那一卷对剧本所作的注释吧，其中披露的主要是妈妈有关戏剧的札记、短文，那里有很多重要见解。）《暴风雪》同样是——纯粹的抒情诗……您呀，巴甫利克，您可是“浪漫主义剧作”的见证人和参与者啊（“差不多过去了五十年之久”）——有很多很多情节您一定还记得……您的写作尽管有困难，但是也有**轻松**的一面。在我看来，《阿里阿德涅》和《淮德拉》都出类拔萃，尤其是后者，居然也被您剔除在“玛丽娜诗歌大厦”之外，其实它们像《山之歌》和《终结之歌》一样，有根有据，文笔自然，也属于**呕心沥血之作**！……

1967 年 2 月 1 日

## 给巴·戈·安托科尔斯基书信摘抄

……“我不重视剧场”……1921 年为《卡萨诺瓦的结局》一书所写的预告中就有这句话。其实早在 1919 年的日记当中就出现了类似的话，前后的思想一脉相承，而 1919 年恰恰是玛·茨创作浪漫主义剧本最紧张也最为痴迷的时期。她在日记里说明了诗歌高出于戏剧艺术，因为诗人——是一流珍品的创造者，而演员，无论他多么有天才，只不过是文本的诠释者；即便置身于荒岛，诗人依然能写出不朽的杰作：就像在荒岛上自我表演的演员，而演员却离不开剧场，离不开观众，离不开舞台和道具，脱离了上述条件，演员就一事无成，英雄无用武之地！

我想，您对于“我不重视剧场”的解释，跟所有这些看法之间，意思相去甚

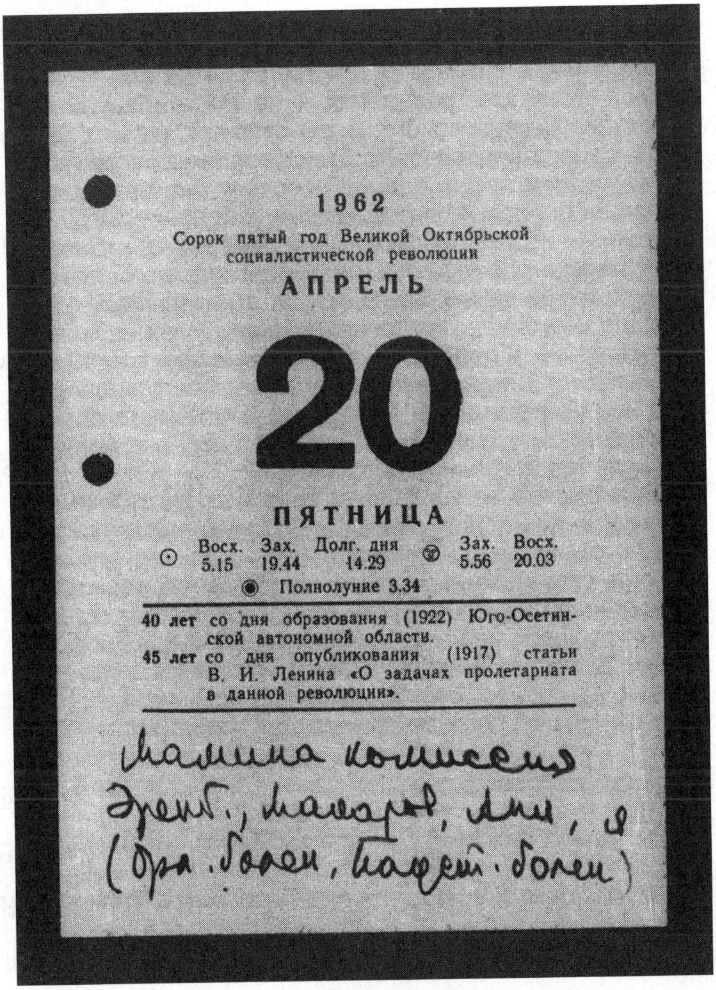


台历上的手迹为：玛・茨维塔耶娃文学遗产委员会：爱伦堡、马卡罗夫、萨基扬茨、艾伏隆（奥尔罗夫生病，帕乌斯托夫斯基生病）。

远;您以为“不重视剧场”是流露“失望”的词句,是承认自己的“失败,在剧场遭遇挫折”。恰恰相反,这句话——意在强调**语言**的首要意义,强调词语胜过“技巧”,缺乏信仰的福马的“技巧”,强调**精神**凌驾于物质之上(哪怕是凌驾于粗麻布绘制的舞台布景),同时强调了作为诗人的无上尊严。茨[维塔耶娃]认为戏剧的根基——是语言,是剧本;正是为了这个根基,她才创作了一系列的剧本。

附带说,她——“无论如何不是无倚无靠的孤零零的一个人”,您自己一定还记得,您在文章末尾写得很好,她跟“那一群快乐的夜猫子”关系密切,被他们的演出吸引,为他们的工作着迷,尽管在她心目中,除了语言,其他的都是**次要的**差事……

1967 年 6 月 3 日

## 给巴·戈·安托科尔斯基书信摘抄

……妈妈一辈子看待非语言类的艺术,其态度都不免有几分居高临下的俯视意味(只有音乐例外,她把音乐和语言等量齐观),因此,您所提到的“天真”(“天真的艺术”)在她看来指的正是戏剧,而不是诗人;指的是戏剧连同它的道具、布景、机械装置,连同所有演员共同努力一致追求的演出效果。从那些在剧场里上演过的戏剧(当然指的是优秀剧作!),也包括没有搬上舞台的剧作,究竟留下了什么呢?只留下了剧本!那些演员老了,导演们死了,布景化成了灰尘,而他们排练时念过的(或者没有念过的)台词——却是不朽的!这样的理解才接近妈妈的论述(不过,她从来没有这方面的“论述”,一个字也没有!)。妈妈面对瓦赫坦剧院创作室,为他们创作了具有浪漫主义情调的一系列剧作,可是没有一个剧本被采用。那又怎么样呢? 四十年过去了,妈妈的优秀剧作依然像当年那样新鲜、优美和悲伤……

至于那“一群快乐的夜猫子”,妈妈跟他们的关系很好,在那几年她自己也成了“很快乐的人”(狂热地跳舞),她一辈子善于熬夜,成了名副其实的夜猫子。

由于认识了包括您在内的那些演员,她才“尝试”戏剧体裁创作语言交响乐;她非常希望自己的剧本能搬上舞台——这一点跟她天生排斥视觉艺术并不矛盾。为什么事与愿违? 没关系,好在女神直到下一个世纪都跟随着她笔下的那些灰姑娘,只要灰姑娘还在,女神就保护她……(顺便说,那个不知姓名的翻译家很有才华,他把俄罗斯这个美妙的名字译成法语的 Cendrillon*!)

1967 年 7 月 8 日

## 给巴·戈·安托科尔斯基书信摘抄

……我妈妈的长诗《山之歌》和《终结之歌》的主人公[①]跟我见面,留下的印象令人惊奇、令人感动(很少遇到这种情况!)。他从法国来,逗留几天,跟俄罗斯告别,跟我——这个家庭的最后一个成员告别。他来就为了告诉我,自从我的父母去世以后,他一直生活在痛苦之中,一直想以行动表明,他是个无愧于他们的人。(他是我父亲的好朋友。)我跟他见了面,久久亲吻来自那个时代——来自那一辈的人,我热爱那一代人,虽然这种爱来得太晚,如同在

---

* 灰姑娘。

① 1967 年 6 月,康·波·罗泽维奇先生曾到莫斯科访问。

生活中一样，起初爱得太早，后来又爱得太晚，我为那一辈的人跪倒在地，一再感谢命运，我们生活在他们的荫庇之下，一直受到他们的呵护。啊，那是崇高的一代，巴甫利克！有些事、有些人，一向值得我回顾，我对此感到痴迷，以至于不想朝前看。这大概是一种未老先衰的现象吧……

1967年8月18日

## 给安·阿·萨基扬茨书信摘抄

……康·波[1]和夫人是28日抵达的。我们的会见无比伤心。康·波回忆起我爸爸和妈妈，情不自禁地痛哭流涕，他的生存像蝴蝶一样漂泊不定，而命运又像钢铁水泥一样冷酷无情，一生当中惟一的真情流露——是遇见了这两个人：妈妈的**心灵**，父亲的**行动**以及自我牺牲的精神。在我所遇到的他们那一代的人士（朋友、熟人）当中，他几乎是惟一的一个人，接近于**理解**他们，理解那无可弥补的**损失**……

1967年6月30日

## 给巴·戈·安托科尔斯基书信摘抄

……"普希金和布加乔夫"——是妈妈的作品当中让我最喜欢的主题之

① 指康斯坦丁·波列斯拉沃维奇·罗泽维奇。

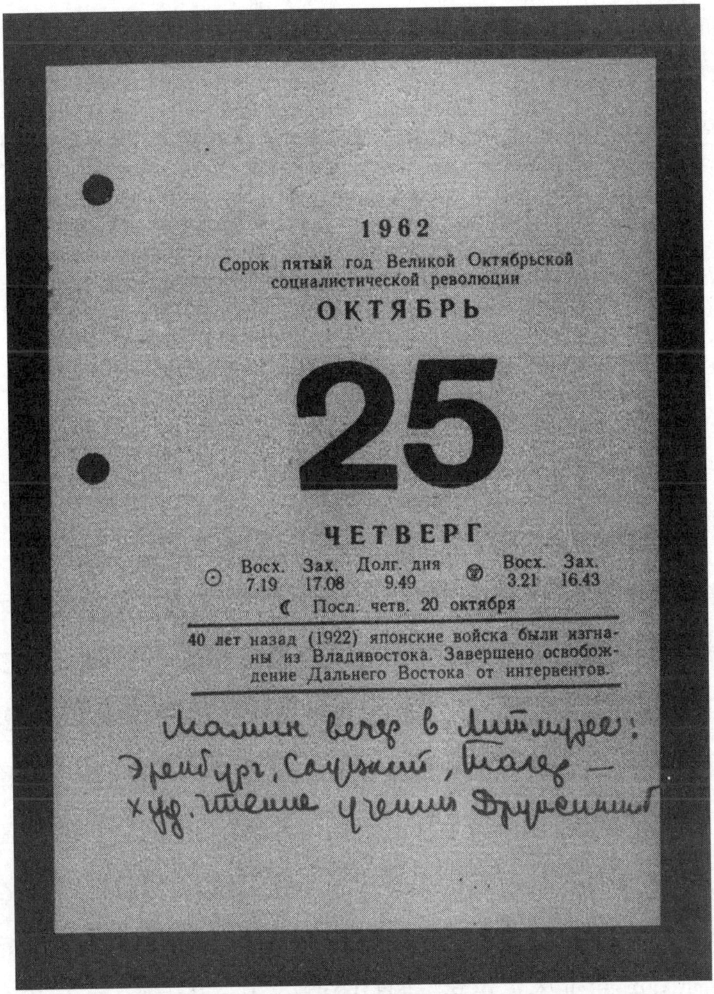


台历上写着：文学纪念馆将举办玛·茨维塔耶娃诗歌晚会。

一，自由、深刻、具有锐利的穿透力。过的日子是那样窘迫、拮据、贫困，而她的写作竟然那样自由放任！居住环境是那样简陋狭小，居然难以窒息她火焰般的激情！（永不衰竭的激情！）随着年龄的增长，我越来越意识到这是一种奇迹，尽管醒悟得很晚，我曾经跟妈妈形影不离地生活在一起，不断地触碰到她的锋芒，可惜当时不明白，那并非**锋芒**，而是有神奇魅力的**金刚石结晶体**……

1967年8月30日

## 给巴·戈·安托科尔斯基书信摘抄

我亲爱的巴甫利克！我抢救和捍卫妈妈的著作，对此您给予的反应快如闪电又发自内心，让我非常感动。我还来不及把有些材料寄给您，忽然意识到，对于我描述的妈妈和她本人之间的关系，您**难以判断**真伪，因为您所了解的妈妈是**另一个人**，跟后来的她**反差巨大**！年龄虽然只差十几岁，精神上却经历了上百年的成长；她从二十二岁到三十二岁（她跟伊萨基扬一道去参观卢浮宫）——这中间的坎坷起伏犹如从深渊到山巅，天壤之别的变化让她既体验了陷入绝境的悲凉，又领悟了由平地（地平线）攀登上绝顶的亢奋。从生活的地平线起步，并非个人生活，而是生活的"本真状态"。四十岁的妈妈是明智的、痛苦的，她已经不再年轻，具备了很强的自制力。您所了解的是——另外一个人。

尽管情况如此，还是要谢谢您，感谢您对我的赞扬，而不是责骂。毕竟感到欣慰，虽然不清楚是什么原因！……

令人惊异的是：玛·茨不断进取、不断成长，在人际关系方面，她有纵向的绝对追求，其高度是一般人所难以企及的。

这种埃佛勒斯高峰*的情感体验（总是追求埃佛勒斯的高度，埃特纳火山和维苏威火山烈焰喷发的气势）是人们难以理解的；攀登绝顶只能偶尔成功一次，立刻又返回峡谷。

这样的情感让她呼出的气息灼热如火，锋利如剑，她不明白，不能这样呼吸——偶尔一次就足够了！

她的**举止行动**（在各个方面，体现在创作中，也体现在日常生活中）一直呈现**兴奋昂扬**的状态；她处于高峰（情感、才华等等），**不理解**处于谷底的普通人固有的情感；在她看来，所有的山谷居民都是阿尔卑斯山的山民。她不明白人们由于害怕高度而产生的厌倦心理；人们因为她而患上了**高山恐惧症**。[1]

1967 年 11 月 27 日

## 给弗·布·索辛斯基书信摘抄

……是的，沃洛佳，有亲属关系。伊丽莎白·彼得罗夫娜·杜尔诺沃——是我的祖母，而雅可夫·康斯坦丁诺维奇·艾伏隆——是我的祖父。他们的孩子活在人世的还有两个女儿，长女安娜八十七岁，次女伊丽莎白八十四岁。莫罗佐夫和克罗波特金是他们家最好的朋友；克罗波特金夫妇的模样，我还记得。根据姑妈伊丽莎白的讲述，我记录了很多有关这个家的故事，

---

* 埃佛勒斯高峰，即珠穆朗玛峰。——译者注

① 最初发表于《文学评论》杂志，1981 年第 12 期，页 93。

还把很多已经褪了色的照片重新反拍……祖父、祖母和他们的小儿子埋葬在蒙帕纳斯墓地，旁边埋葬着很多1905年的政治流亡者……

玛丽娜·茨维塔耶娃的手稿档案：年轻时的索菲娅纪念册；革命年代自制的笔记本；别人赠送的、封面好看的笔记本；侨居国外时廉价买的笔记本，封皮已经破损；日常打草稿使用的笔记本和节日里誊写稿件用的笔记本。笔记本、笔记本，还是笔记本。绝大多数笔记本，无论好坏，享有平等的权利，承载诗歌或者散文作品，——有书信、草稿片段、提纲，有誊写了一半的修改稿，有重新抄写得干干净净、为了留做长久纪念的手稿。

有些传闻说茨维塔耶娃的创作是孤独的，原因是同时代的侨民诗人和作家不接受她那违背潮流的艺术风格，认为她为人孤独，是与生俱来的心理状态，其实，跟这种传说相反——玛丽娜·茨维塔耶娃是个心胸开阔的人，喜欢交往，对于任何呼唤她的声音，都会毫不拖延地给予回应，乐于接触人是她的个性；由此写出了大量的抒情诗，奉献给别人，饱含着心血，风格明快，其灵感就来自聚会与离别；由此形成了她遗留下来的大量书信，内容丰富，多姿多彩。

与或近或远的朋友通信——有些朋友真诚，有的居心叵测——茨维塔耶娃投入的不仅仅是充沛的激情、对生活的肯定，**行动**的力量，这是她习以为常的对待别人的态度（正像她常说的："朋友就意味着行动"），而且以高度严谨的创作态度对待那些信件，不轻易放过草稿中的每一个词，深思熟虑，反复修改，即便是最平常的书信，写的是日常琐事，也能感触到她深邃的智慧、真挚的情感和丰富的想象力，其用心程度绝不亚于她正在写作的和那些已经完成的作品。

茨维塔耶娃写的书信，并非所有的都那么"清楚整洁"；其中有些信写给大大小小的笔友，跟对待那些或多或少从事艺术创作的人一样，她都一律在笔记本上先打草稿。多亏了这样的习惯，她写给鲍·列·帕斯捷尔纳克书信

阿里阿德娜·艾伏隆在森林里。六十年代。

的绝大部分初稿在她的档案中都完整地保存了下来，帕斯捷尔纳克后来丢失了茨维塔耶娃写给他的书信，他在自传性文章《人与事》(载《新世界》，1967年第1期)当中，进行了痛苦的回忆。保存下来的还有她写给深深热爱的诗人之一莱纳·马利亚·里尔克的书信以及很多很多书信的初稿。

在“艰苦创作的日子里”，书信往来的友谊甚至替代了茨维塔耶娃跟他所敬重的同一时代作家的当面交往。比如，她跟帕斯捷尔纳克通信多年，却很少见面；她跟阿赫玛托娃直到1940年才彼此认识；跟里尔克，还有几个通信者，从来没有见过面。

1969年[①]

老一辈的诗人写诗通常都严格遵守节奏和格律，我记得其中有一位诗人曾经问玛丽娜·茨维塔耶娃一个问题，她是被古典主义和浪漫主义的奶汁养大的，从哪里学来的那么多民间歌谣、壮士歌、四句头短歌、神话、哭调和舞蹈歌曲？她回答得简短、认真又深刻：

“是俄罗斯革命开导了我。”

正是在革命的最初几年，幅员辽阔的俄罗斯开始放开喉咙用自己的声音、自己的语言说话，采用真正属于民间的原始语汇，原生态的诗句，携带着它全部的狂放，使用丰富的民间俗语和谚语，所有这些不由自主地渗透进了茨维塔耶娃的创作，并且永远深深地扎根其中，从而改变了她的诗歌作品的结构、风格和词汇。

正是在那个时期，她的作品压缩了抒情主人公的空间，出现了史诗性的人物，他们不满足于情感的抒发，而是充满激情和牺牲精神，他们要征服的不是身边的环境，而是命运，他们是超越普通人身材高度的人类的英雄。正是

① 为发表玛丽娜·茨维塔耶娃的书信所写的前言，见《新世界》杂志，1969年第4期，页185。

在那个时期，创造出了在语言、内容、宏大规模方面特别具有俄罗斯特色的长诗《少女王》、《小巷》、《美少年》，开始构思并且完成了《叶果鲁什卡》第一稿的部分章节。

茨维塔耶娃感到惊讶并深受吸引的是民间文学塑造的勇敢的叶果里形象的丰富与多姿多彩，他的命运的转折极具想象力和神话特色——他是“农民心目中的正面人物”，是“善于战斗的庄稼汉”，是保护牲畜、让狼敬畏的牧人，还是把聪明过人的叶丽萨维娅解救出蛇窟的勇士。

如果说长诗波澜壮阔、暴风雨式的情节使自己主动地进入茨维塔耶娃的笔记本，在那里安家落户，那么叶果里的形象则不受传统圣像故事框框的拘束，迷失在洪流般一个接一个的事件里，面目模糊不清，为茫茫的雾气所笼罩，直到有一天长诗的主人公亲自来敲诗人的房门。走进房间的是个年轻的红军战士，像农民一样面颊红润，一双蓝眼睛。他破旧的背囊里有黑面包干，马哈烟，还有一本薄薄的阿赫玛托娃诗集，军服口袋里装着几张委任状，还有加盖了紫色大图章的证明信，还有茨维塔耶娃很少联系的一个朋友写的一封短信，请求帮助“来人”安置一下出差期间的住处。“来人”住在原来用作厨房的那个房间里，那里的天花板上有个小窗户，自从他住在那里，“所有的东西全都乱了套”，不是放错了地方，就是移动了位置……

从早到晚他到处奔跑着去办公事，回来的时候，无论办事顺利还是碰了钉子，他都乐呵呵的，灵巧地把该劈的凳子劈成劈柴，给小炉子生火，我们一起喝橡实咖啡，吃士兵们吃的面包干，听他讲述孩子的故事或者讲他自己的战斗经历——革命和国内战争的故事，讲史无前例的灾难和空前绝后的胜利，讲行军，在泥水里行军，在沙漠里行军，在黑土地上行军。作为年轻人，他爱这片土地，渴望和平时期的播种与收割，为了这样的日子而战斗。提到土地，他挥舞着手掌说话，像面包师烤面包一样，锤炼字句，他答应把这样的面包献给我们，献给整个俄罗斯，献给整个大地。茨维塔耶娃一边听，一边沉思,欣赏着这个讲故事的小伙子以及他未来的面包,而此时此刻她所构思的勇士叶果里形象渐趋清晰,只见他翻身跳下骏马,抛开了印有拜占庭文字的红斗篷,换上了斜领男衬衫和原色粗呢子衣服,摘下了受难者的荆冠,戴上了见过世面的男式便帽。构思渐渐成熟,脱离了“生存意识”,转向普通的日常生活,摆脱了战胜神话妖怪的套路,转向克服日常生活中的恶,抵制来自四周对自己内心的诱惑。这样一来,“幼年”的叶果里就和他的狼崽兄弟偷偷地进入别人家的果园,想从果树上摇晃下果子来,后来克制住自己的贪念,被园丁聪明的劳动所感染,双手空空离开了那里。“放牧”时的叶果里为养育他的主人看护牲畜,像罗姆洛一样,“放牧”时的叶果里,虽然被商人雇用,却不受金钱的主宰,把他要卖的货物全都白白送给了买东西的人……

叶果里新的道路通向苹果园一样的天堂,不仅要经过高山深谷、火焰河等一连串的考验,还要经过贫穷的乡村,经过手艺人和小市民的集镇,乡间墓地,经过如今已不复存在,那时候正趋向消失的古罗斯。不过,当他置身天堂,面貌一新的虔诚信徒,在那些长着翅膀的天堂居民之间,在脱离了狼群袭扰的绵羊之间,他却感到闷闷不乐,身边是没有形体的伊丽萨维娅,说话没有实实在在的词儿。于是他又返回了他所需要的人间,而人间也需要他。

从1920年冬天起,玛丽娜·茨维塔耶娃开始写这部长诗,一直写到出国的时候,当时写完了“幼年”、“放牧”、“经商”三章,还写了其余三章最初的草稿。1928年在法国,她又重新修改加工其中的一章,但是没有改完,《叶果鲁什卡》的构思最终未能完成。

至于叶果鲁什卡的生活原型,他的出差未能继续多久;诗人和长诗的主人公很快就永远告别了。差不多过了五十年以后,他找到我的时候,他的头发全都白了,还是那双蓝眼睛,他成了“来自边远地区”的农艺家,的确把毕生献给了大地。他还跟我说:“您认不出来了吧?”过去的岁月太久了,很难辨认一个人。他问:“还记得吗?”

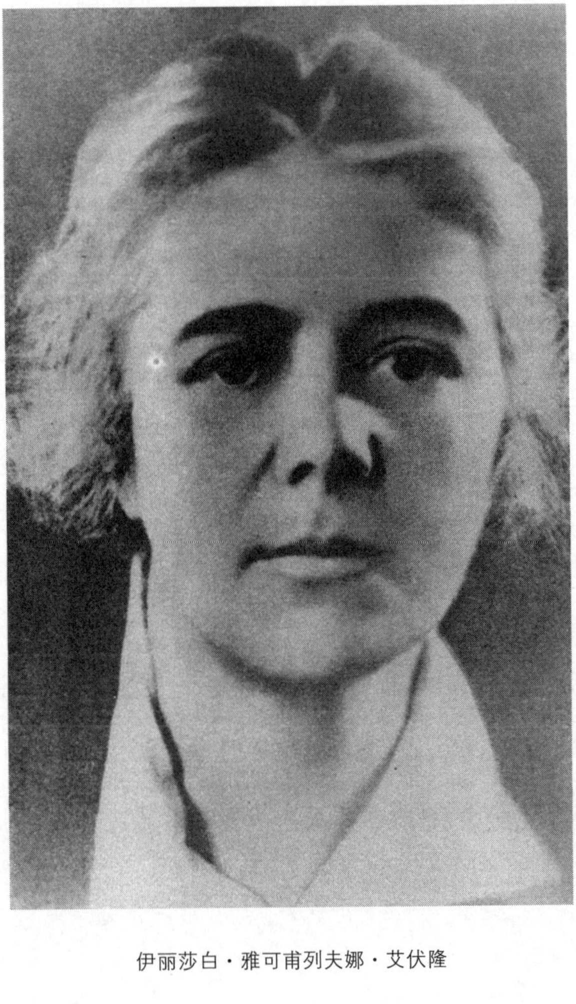

伊丽莎白·雅可甫列夫娜·艾伏隆

我们俩都还记得。

去年他不在了——但是他的青春和他对于家乡土地的忠诚将长久地留存在茨维塔耶娃的长诗当中。

1971 年①

## 给伊·雅·艾伏隆书信摘抄

……那条河就在鼻子尖底下流淌！可我一次也没有去河边玩过：从陡峭的山坡上下去并不太难，但怎么样爬上来呀？等天气稍微凉快一点儿，无论如何我会去游玩一次，沿着玛丽娜小时候走过的路走一趟。我越老，越接近自己的那些长辈，心灵跟他们融合在一起了，我为他们生活似乎超过了为自己生活，超过了为流逝的岁月生活。岁月的**流逝**能感觉出来，而爸爸和妈妈活在我的心里。现在，我的年龄比他们故去时的年岁已经大了很多，我看待他们更像是看待自己的孩子，而不仅仅是父母——这一点很难说清楚，不过，我觉得您一定能理解！……

1972 年 7 月 23 日

① 玛·伊·茨维塔耶娃长诗《叶果鲁什卡》序言，依据阿里阿德娜·艾伏隆的笔记刊载。本文略有删节曾发表于《新世界》杂志，1971 年第 10 期，页 119。

# 与鲍里斯·帕斯捷尔纳克的通信

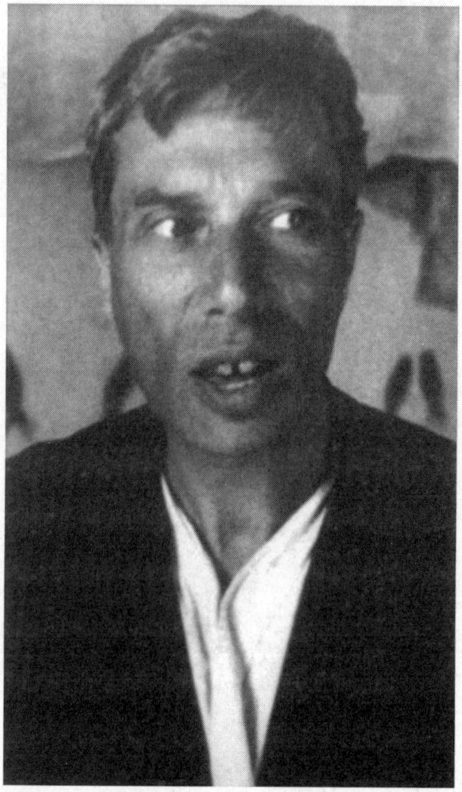

鲍里斯·帕斯捷尔纳克。奇斯托波尔。1942 年。

1947 年 5 月 3 日。莫斯科。

亲爱的阿莉娅！我曾两次给您写信，当然，这不是表白的理由。也许，我在别墅会写得内容更多。挺住了，不要灰心丧气，我们应该见面。祝一切顺利。

紧紧地拥抱您。

您的鲍·帕

1948 年 8 月 1 日

亲爱的鲍里斯！对不起，我简直是头蠢猪，一次也没有给你写信：一直等着真正有空闲的时候，给你写封真正的书信，长篇的书信。可是没有时间，大概永远也不会有。情感和思想与其说无法表述，倒不如说来不及表述。我住在梁赞已经快一年了，在当地艺术学校[①]工作——工资每个月三百六十卢布，扣除各种款项，能拿到手的只有两百卢布多一点儿——你可以想象领到工钱

---

① 阿·谢·艾伏隆在版画师范学校任教。

的快乐！承担的工作很多很多。一直想这个夏天去一趟叶拉布加，当然，就目前挣的这点薪水根本就去不了。阿谢耶夫给我写信说，没办法找到妈妈的坟墓。我不信。

你知道了我写信的目的，我怕你会很生气。因为这次写信怀有私心。我迫切需要你翻译的莎士比亚（剧本），首先是《罗密欧与朱丽叶》。你曾经往那里给我寄过，但是在那种条件下想要保存那些书根本是不可能的。

在我任教的学校里，设有戏剧布景专业，可是没有莎士比亚的作品，没有办法找到。无论我，还是学校都想不出办法来，可是不能没有莎士比亚的作品呀！年轻的学生（大部分来自城市郊区的乡村）从来就没有读过莎士比亚，如果你不给我们寄来，那么学生们就永远也看不到。要是你不能赠送，那就借给我们阅读，然后我们还给你。不过，我想你会赠送。恳求你啦。

给我写信说说你自己的情况，哪怕少写几句呢。我听说，你结婚了。真的吗？如果确实是这样，那倒挺好。特别是交往不久就该结婚。

热烈地亲吻你，爱你。一定要写信。

你的阿莉娅。

你还记得你在巴黎怎么来看我们[①]吗？有很多橙子，天气很热，在宾馆的走廊里半身赤裸的拉胡蒂来回溜达，我们去逛书店和商场，你什么也不留意，只想自己的心事，是想家里的人吧？

我的地址：梁赞，列宁大街，30号，梁赞艺术学校。

再一次亲吻你。特别渴望能跟你见面。

1948年8月9日。别列杰尔金诺。

亲爱的阿莉娅！

---

① 1935年鲍·列·帕斯捷尔纳克到巴黎参加反法西斯保卫文化国际作家代表大会。

谢谢你的来信，可我回信有些拖拖拉拉，写得也很仓促，无论如何我会想办法完成你的请求。请告诉我，信是否已经收到。三年前就打算把我翻译的莎士比亚作品汇总出一本专集（还有《亨利四世》年表，《李尔王》的两部分）。当时我还为专集写了前言，我把一份清样（打字机打的）和几本书一块儿寄给你。最近几年我开始学习写作，我所有的作品都没有出版，因此任何人都不知道。不过，这符合事物发展的规律，这跟生活的其他方面是谐调的，我并不为此苦恼。总的来说我各个方面都很好，很多事做得挺顺利，自我感觉良好，你听到的有关我的传闻不准确，我妻子身体很好，我没有跟她离婚。

我维持生活的手段是靠翻译文学作品挣点钱，做起来非常认真，确实展示了自己的才华，比如现在正翻译《浮士德》，利用零星时间，断断续续也从事创作，跟以前相比，我觉得更加得心应手，效果好多了。最近我在写一部长篇小说，已经写完了第一部（小说分为两部），等我译完《浮士德》，我会继续写这部小说。我不想把小说寄给你，怕你不喜欢它，但是第二部当中的一章，我倒想让你看看（什么原因，要花费很多时间才能解释清楚），写一个人死于1929年，他留下了一本诗歌手稿（手稿是在他去世后发现的），这些诗将成为未来一章当中的部分内容。

如果我不是这样匆匆忙忙地给你写信，我大概会随着你的书信陷入回忆，唉声叹气，没完没了地回忆过去。不过最好还是不要那样。写信告诉我，克鲁乔内赫说得对不对，他说你的名字叫阿里阿德娜。可我一直叫你阿莉娅，我以为这是阿列克桑德拉的爱称。这一点我有必要弄清楚，万一将来给你寄点什么东西，地址写对了，别把名字弄错了。

阿谢耶夫给你回信说找不到你妈妈的坟墓埋在什么地方，他并没有说错！我曾经询问过一些当年居住在叶拉布加、后来迁居到奇斯托波尔的人，他们的说法大致也是这样。不过，我同意你的说法，亲自到那个地方耐心去查问（可能要很长时间），也许能问出个结果。基于这样的考虑，我倒是想起来了一个人,我和阿谢耶夫都认识他,好心肠的瓦西里·德米特里耶维奇·阿甫杰耶夫(鞑靼自治共和国,奇斯托波尔市,卡尔·马克思大街,74号),他是个植物学家,了解当地的历史,从事各种艺术创作,尊重并怀念你妈妈,春天起我就此事给他写过信。不过,要想让他给予帮助,最好先往后拖一拖,等到你准备去那里的时候,再跟他联系也不迟。

亲吻你。衷心祝愿你事事顺利。别灰心丧气(这并非不负责任的托词,而是坚定的、经过深思熟虑的劝告)。

您的鲍

48年8月14日*

亲爱的鲍里斯!寄给我的东西都收到了,对你感激不尽。诗非常好。我拆开了信封,拿出信来,旁边坐着梁赞的玛丽娅·伊万诺夫娜,她是个会计,也不问我,抓起诗来就看。我说:“放下吧,玛丽娅·伊万诺夫娜。那是翻译的诗,反正您也看不懂。”但是她没有放下,一边看一边说:“哪儿有什么不明白的。相反,全都看得懂。非常好。”为什么我不说自己的感受,先写玛丽娅·伊万诺夫娜对你译诗的反应呢?原因是这种反应非常好,现在你翻译的作品,就连普通人也能理解。不仅内容比原来更深刻,同时形式也比以前更单纯。确实是非常出色的诗歌作品,对于阿谢耶夫最近寄给我的诗,我就没有这样的感觉。可是我又不能不写信告诉他,我不太喜欢他的作品。看来他也不喜欢我这样说,以后就再也没有来信。

是的,亲爱的鲍里斯,很快就三十五岁了,我,阿里阿德娜(这个名字叫起来真别扭,就连我自己也常常把它写错!)。假如我叫亚历山德拉,说不定我

---

* 原件日期标为“48,4,14”,显然是笔误,因为从书信内容判断,应该写于48年8月1日之后。——编者注

阿里阿德娜·谢尔盖耶夫娜在梁赞艺术学校。1948 年。

的生活会顺利一点儿?

大体说来,这是个不幸的名字!愿上帝保佑。你寄的东西昨天都收到了。你的书让孩子们高兴极了——但愿你能亲眼见到当时的场面!他们惟一的遗憾是你没有在书上题词。他们甚至从我这里拿走了你寄书用的包装纸,以便确信,“的确是他寄来的”。即便是莎士比亚本人寄来的,也未必能博得如此热烈的喝彩声。

今天向我宣布了上级的指令,根据指示,我必须交出自己的工作,离开学校。我的位置——如果不是去坟墓,退一万步讲也不再是人民教育系统。我的惋惜之情,你未必能够想象。虽然日子过得有点儿艰难,可是工作合乎我的心意,学生们都喜欢我,我在年轻人当中也心情愉快,我教给了他们很多知识。真的。这些年来我明白了很多事,变得很善良。从前我也不凶狠,现在是自觉的、有意识的善良,尤其是对待那些悲观失望的人。我工作得很好,做的事情很多。现在,我已经记住了所有学生的名字,了解了他们的生活,每个学生都愿意来找我寻求帮助,让我出主意,然后保护他们或者帮助解决困难,我却要被调走了。去什么地方——自己也不知道。安顿下来,出奇的艰难,因为(在当前的状况下)我没有任何赖以生存的专业知识。幸亏这一次是压缩编制,不然的话那就真的无路可走了!记得你说:“别灰心丧气。”我并不感到沮丧,但心里确实不轻松。你知道,我早就该去劳动或者去集体农庄,立刻就去,可是一点儿体力也没有……流放的那几年身体一直不好,最近一年也不好过。现在简直不知道该怎么办才好。看来,只能先写到这里了。对不起,说得有点儿混乱,我太累了。

感谢你为我所做的一切,再次感激不尽。(难道可以这么写吗——“再次感激不尽”?)。你再也不喜欢回想过去了,对吗?可我跟过去一样,经常回想我们坐在报刊协会[①]对面的小花园里的情景。

紧紧地亲吻你，可爱的人。

你的阿莉娅

1948 年 8 月 26 日

亲爱的鲍里斯！谢谢你好心寄来的明信片和好心的承诺——只不过我不太相信，你比我能富裕哪里去。我觉得，你跟我一样，也是个穷人。聊以自慰的是那句话：财富不亲近好心人。似乎财富从身边溜过，我们总也抓不住，把握不了机会。你那篇关于莎士比亚[②]的文章我还没来得及读，看来最近也读不成，我收到后很快就被别人拿走了，几个人传着看，一定要给我寄散文，暂时还写那个地址，地址一有变化，我立刻告诉你。不管发生什么情况，都要及时告诉我，哪怕是我到另外的地方工作，最坏的情况就是我从人间消失，上帝保佑，千万别发生这种不测。

大概还有两周左右我还能受到我的“房东”的款待，他们特别不愿意放我走，对我非常好，总想把时间尽量拖得长一些，但是不可能拖延太久。问题的关键在于，没有人替我辩解，我在这里生活的时间太短。原本一切都可以安排妥当。最后一段日子工作太多，简直没有停闲的工夫。我本来就很疲劳，这段时间累得要命。

阿谢耶夫有时候给我写信，词句漂亮、流畅。他的信里仿佛有表面应付的意味，让人不免怀疑他暗藏着什么心机，可究竟是什么，我也不知道。他往往喜欢赞扬我聪明，谈到妈妈时言辞空洞，所有这些都引起我的戒备，不敢轻

---

① 报刊协会坐落在莫斯科斯特拉斯特街心花园，1938 年该协会成立。阿里阿德娜·艾伏隆任职的《莫斯科评论》杂志编辑部跟报刊协会在同一座楼房里办公。

② 鲍里斯·帕斯捷尔纳克把他写的《翻译莎士比亚剧本的体会》以打字稿寄给了阿里阿德娜·艾伏隆。这篇文章后来收入《文学莫斯科》文集 1956 年初次发表。

易信任他，可是离开了信任，就谈不上真诚的关系。他准备到这里来“看望我”。即便他真来了，未必感到满意。不过，你不要告诉他！至于“不要说什么”，我自己也说不清楚。困极了，想睡了。

我自己不知道以后会有什么样的遭遇。离开这里？去什么地方？我不想走，愿意留在当地，但愿不受任何人的打扰。当然，我可以去沃洛格达投奔阿霞[1]，可是她长得太像妈妈了，太絮叨，太爱说话，还有其他的一些习惯，让我难以忍受。你不要以为她自私自利——可是每时每刻都需要以顽强的毅力忍耐，现在我担心自己做不到。我自己本来就脾气急躁，感谢上帝，只不过外表上看不出来罢了。阿霞性格外露，特别爱发火，我怕自己跟她吵架，为什么有这样的担心，我自己也不知道原因。我怕自己嘴太笨，我特别不擅长表达，我说的这些话你都明白吗？日子过得太快啦！好像不久之前妈妈才打开你寄给她的《超越障碍》和《生活，我的姐妹》，里尔克[2]去世的时间也不长，不久之前我还是个小姑娘，居然认识了小姑娘柳威尔斯[3]，自己将来也像这个小姑娘柳威尔斯，那时候的穆尔还在玩你父亲寄给他的白熊木木斯。

在又小又冷的梁赞博物馆里有你父亲的绘画作品，电台常常播放斯克里亚宾的乐曲“……离开我神的步伐”[4]，我和柳威尔斯在摩尔达维亚相遇，在一本陈旧破烂的年鉴里，在高高的围墙后面，在大森林里，那里住着谢拉菲姆·萨罗夫斯基……我和你在生活中时不时会躲进一种环境，以便逃避从远处抛来的石头，偶尔会碰见某个很久以前很亲近的人，然后再次期待命运的转折。“平时”与“很久以前”之间的界限消失了，就像平日与岁月之间的界限已经消

① 阿娜斯塔西娅·伊万诺夫娜·茨维塔耶娃(1894—1993)，玛丽娜·茨维塔耶娃的妹妹。

② 莱纳·玛利亚·里尔克(1875—1926)，奥地利诗人。1926 年经帕斯捷尔纳克介绍，玛丽娜·茨维塔耶娃认识了里尔克，相互之间开始通信。

③ 指帕斯捷尔纳克的中篇小说《柳威尔斯的童年》。

④ 这里的引文不准确，引自帕斯捷尔纳克的长诗《一九〇五年》中的《童年》一章。

阿娜斯塔西娅・茨维塔耶娃。1980 年。

失。我小时候就被一种感觉所困扰，时间——已不存在：半夜之前是晚上，半夜之后是早晨，那么什么时候是夜晚呢？而现在，中午之前是童年，中午之后是老年。人生又在哪里？我这番梦话般的胡言乱语，你能明白其中的某些意思吗？无论如何，我非常爱你，紧紧地亲吻你！

你的阿莉娅

1948年9月5日

亲爱的鲍里斯！请原谅我说的愚蠢的俏皮话，不过，你所有的译作都好，最近译的比过去更好。我不知道自己最近的做法，或者像法国人所说的"这一步骤"，是否正确，我跑到商店给自己买了件大衣。对与错暂且不说，可这是难以克制的欲望，欲望往往支配行动。我买了大衣，穿上了大衣，让自己相信这么做是必要的：因为我没有大衣，没有人会送大衣，除非发生奇迹，而奇迹就是大衣，这就意味着所有的做法都正确。后来心里又想，那么多厚厚一沓钱，如果我不买大衣，就会用来买煤油、买鱼和其他东西，那不是"花销"，简直是把钱"糟蹋"了。想到这里良心变得平静，心情轻松多了，我就去商店橱窗看着自己的影像自我欣赏。谢谢你啊，鲍里斯。你让我感动，跟过去完全不同，你的礼物让我高兴，不过，这并非你所说的那些话，对于这些我都无话可说。有一次我们去原始森林的沼泽地割草，那是秋天的一个日子，天气阴霾压抑，两条腿沉重、疲乏，从这一片草墩子跳向另一片草墩子，随身携带着令人厌恶、可又离不开的工具，生活中似乎还从来没有过这种感受，除了森林和雨水，就是雨水和森林，此外就什么都看不见了。根本就看不见地平线，四周是树干和倾泻的雨水，一切都是垂直的——看不见天，也看不见地：天空——是雨水，地面——是雨水。我不记得谁在我身边，我们相互之间看不清对方的面目，每个人都觉得自己特别孤独，可能大家都有这样的感受。休息的时候,他从怀里掏出用肮脏的破布裹着的一块面包,——你经历过疏散,肯定也知道,面包意味着什么！他掰了一块,吃了起来,把掉在膝盖上的面包碴儿,星星点点的碎屑都拣起来放在嘴巴里,然后捧起树根附近水洼里的水喝了几口,接着把面包裹好又藏进怀里。接下来休息的时候,他又坐在我旁边,高大、肮脏、浑身湿淋淋的,陌生、冷漠,看了我一眼——默默地把手伸进怀里,掏出面包,小心翼翼地打开包裹的布,说了一句:"吃吧,妹子!"他把自己的那块面包递给我,用手指把沾在包布上的碎屑一点一点沾起来放进嘴巴里——他自己也饿得慌。那时候,鲍里斯,除了一句"谢谢",我找不到其他的话说。就是在那个时刻,我忽然明白了,其实生活当中什么都有,过去有,将来也会有,不仅仅有雨水和森林——还有别的东西。过去头上有天,脚下有地,现在是这样,将来也是这样。只不过那是个陌生人,相距遥远,而你——可亲可近,你和那个人都为我创造了奇迹,这是用语言难以形容的奇迹。是的,你不妨想一想战争时期最艰难的日子,想一想战争时期的苦难,所有那些艰难困苦我们都承受了,挺住了,也熬过来了。

我除了一件大衣,没有任何新近购买的东西。处境仍旧艰难,至于我的安排,暂时仍在原来的地点干活儿,以后有什么变化,我自己也不知道。假如在不久的将来有可能离开这里,我打算投奔阿霞,在那边,或许安德列[①]能帮我找到一份工作,帮我安顿在他们那里居住。在这边,我一无所有,没有一个亲人,生活无比艰难。但是在那边,鲍里斯,到最后恐怕也不好过。跟阿霞的关系非常非常难以相处,连续超过两个小时就难以忍受。除此以外,她是妈妈的亲妹妹,是镜子里的妈妈,几乎是妈妈,可又根本不是她,可怕,我无力应付那样的局面。鲍里斯,我的力量有限,我的根很难抵达地下的源泉。我提醒你,不要把你给我寄钱的事告诉阿霞,不然的话她责备我不去叶拉布加。

---

① 安德列·鲍里索维奇·特鲁哈切夫(1912—1992),阿娜斯塔西娅·茨维塔耶娃的儿子。

可是我知道，如果妈妈还活着，她更希望我有大衣穿，不是妈妈的阿霞，不会有这么体贴的想法。

紧紧地亲吻你，亲爱的！怎么才能见到你呢？把你的小说寄给我。给我写信暂时还寄到学校，如果我的通信地址有变化——我会及时告知。

你的阿莉娅

1948 年 9 月 20 日

亲爱的鲍里斯！今天一大早，我听见了白鹤飞过的叫声。我走到窗户旁边，仰望它们在黎明前灰蒙蒙的空中飞行，随后再也睡不着，不由得想了很多事情。我自己也不知道为什么给你写信要提到这些白鹤。拆开你的来信，我会想起飞行的鹤。或许其中有什么隐秘的联系，一种可能是你灵动的笔体跟这些强有力的大鸟飞行的姿势有某些相似之处，它们在冬夏迁移，来往飞行于北方与南方，没有中间地带，生活中不存在黄金分割的区域。

我很喜欢听暮霭和清晨传来鹤唳的声音，喜欢看它们排列成行整齐飞行的剪影，喜欢看与队列有一段距离，落在最后的那只白鹤，无声地扇动有力的翅膀，追赶自己的伙伴……“一切败笔都已修改”——这是你写的一句话。我不理解。我表示怀疑。第一，要想改变“一切”——（好的或者坏的），不要说人的一生，即便能活七辈子，时间也不够用。第二，我像个野人一样迟钝，表达自己的想法都极其困难——脑子里一片混沌，只有我一个人能够明白，我只能自己跟自己说话。这些混乱的思想拥挤在脑子里，只要它们不彼此吞噬，不相互争吵，“头脑就变得轻松”。我特别想要告诉你，你——在我所知道的诗人当中，是第一个擅长把隐秘变为清晰，把难以表述的内容说清楚的诗人，在你之前的几位先驱，比如说丘特切夫、费特，有时候偶尔能够做到这一步。他们的偶有所得——以我的观点和我的感觉——体现在他们最好的抒

阿里阿德娜·艾伏隆与难友合影,他们的工作是制作木勺。拍摄照片为集中营里的墙报使用。波契马,摩尔达维亚加盟共和国。1945 或 1946 年。

情诗里。不过，对于这些问题，我并非合格的评判者，诚然，我的听觉极其灵敏，即便是你说的最难以理解的话，我只要听半句就能明白，可是牵涉到其他的客观事物，我的理解力就非常笨拙，甚至比聋子还要迟钝。当我还是个小姑娘的时候，我的感觉特别灵敏，大概跟爱看电影有关，跟爱看带插图的杂志有关，跟常常阅读马尔丽特[①]令人舒心的长篇小说也有关系，可惜，那种感觉早就已经退化了，就像蛇轻轻蜕去了一层皮。

自然界最最美好的景色、最欢乐的音响、最纯洁的气息，都让我想起你——不管我是多大年龄，无论是在什么样的条件下，我都会想你——诗歌雨的创造者，最初的雨点儿像水银珠似的坠落尘埃，雷雨使树叶簌簌抖颤，从眼泪到微笑，或者倒过来，从微笑到眼泪，这是个柔和的、闪光的、有女性气质的过程。大自然的感情、童年的感情、节日的感情以及女性心灵对忧伤、味道、气味的感触，对不起，也许我亵渎了这些优美词语的音响，——所有这些统统掌握在你的手心里。不，只有一点，如果你当真认为"一切败笔都已修改"，那么你对自己未免过于苛刻。其实，你上面所说的败笔之作当中有很多精彩的片段，我甚至害怕，比这更好的作品以后你再也写不出来了！喏，当然了，像每个真正的诗人一样，你的笔下也会出现糟粕，但是，没有糟粕便没有创作。妈妈早期的诗歌当中该有多少糟粕与败笔呀——我说这些冒犯她的话，但愿她别生我的气！

今天的诗歌，以我的眼光观察，简直就是"我们每天不可或缺的面包"，只有马雅可夫斯基一个人完全掌握了它，他也被诗歌所掌握。可是人并非只靠面包才能活着，即便在这样的时代，当面包意味着一切。我这样说**有事实依据**[*]。诗人的力量是伟大而深刻的，与这种伟大而深刻的力量相当的只有读

① 叶甫盖尼娅·马尔丽特(1825—1887)，德国女作家。她的长篇小说情节曲折，带有感伤色彩，颇受读者欢迎。

* 此处原文为法语。

者的记忆,而诗人对于这种记忆通常并没有什么概念。你——也是这样。我所说的话依然**有事实依据**。

好吧,今天想说的都说完了。我也忙得要命,可是忙的都是些无聊又无奈的事情,愿上帝保佑,不提那些事倒好!我累了。

亲吻你!

阿莉娅

1948 年 10 月 10 日

亲爱的阿莉娅!我答应过把稿子寄给你,现在寄的打印稿是我的朋友玛丽娜·卡吉米罗夫娜·巴朗诺维奇[①]打印的,她跟你妈妈的名字相同,对你妈妈十分敬佩。我已经发现增补的那句法语当中有打错的词,可我没有时间纠正它了,不过我估计错误不会太多,以至于败坏阅读的印象。等你读完了手稿,除非特别要好的、真正的朋友,没有必要再给别的什么人看,请你把手稿转寄到下列地址:伏龙芝市,邮政总局,存局待取,叶莲娜·德米特里耶夫娜·奥尔洛夫斯卡娅[②]。假如这样做你觉得不太方便的话,请你给我写信说明情况,就通过邮局再把手稿寄给我。我一直住在别列杰尔金诺。我的小儿子有一天跟我说,阿里阿德娜·谢尔盖耶夫娜来电话了。我们有个熟人叫阿里阿德娜·鲍里索夫娜,可能是她打的电话,我儿子弄混了。

吻你。你的鲍。

---

① 玛丽娜·卡吉米罗夫娜·巴朗诺维奇(1901—1975),翻译家,帕斯捷尔纳克的朋友,不止一次为帕斯捷尔纳克打印小说《日瓦戈医生》。

② 叶莲娜·德米特里耶夫娜·奥尔洛夫斯卡娅,记者,翻译家,被流放到伏龙芝市,通过库利耶夫的介绍认识了鲍·列·帕斯捷尔纳克,经常与他通信。

1948年10月14日

亲爱的鲍里斯！昨天收到了书，今天收到了明信片。谢谢你。前不久我去莫斯科，住了几天，给你打电话，对方告诉我，你在别墅，这么说，你儿子没有弄错，打电话的确实是我。万分可惜没有机会见到你，直到此刻我仍然觉得惋惜。作家协会有几个好心人约请我去莫斯科，他们想帮助我理顺找工作的事，就是我已经奔走了快两个月的那个工作。冉罗夫[1]答应跟各个方面洽谈，尽力予以协调，他昨天来到梁赞参加庆祝共青团成立三十周年活动，但是见不到他，给他往"星光宾馆"（流行的说法叫北极星宾馆！）打电话也找不着他，因为他不在宾馆里待着，其他地方也找不到。正是这些琐碎的、接二连三的麻烦事，让我烦躁焦虑，再加上以前经受的苦难，最终败坏了我的心情，几乎每时每刻都在重复一句话："未来的日子怎么办？"……这也是近期流行的咏叹调里的一句歌词。当昨天的往事不断地涌上心头，让你对明天反复权衡，惴惴不安，心情沉重，痛苦，几乎快要发疯，这种压抑感不停地折磨着我，我想要摆脱也摆脱不了。

告诉我，这本书[2]我可以看多久？我在这里还有一段日子。我有个想法，就我的处境来讲不可能很快实现的梦想——那就是为它画插图，按照为书籍绘制插图的规矩，应当设计封面、衬页等等，这些都不去管，只是单纯地画几幅素描，勾勒人物形象，使隐约的形体，变得伸手可及，更容易记忆，你明白我说的意思吗？或许我画出来的并非你心中的形象，也许并不符合你的想法——为什么要说"也许"呢？另一种可能，恰恰是你所想的，正好与你的想象吻合。不过要实现梦想必须具备一个条件，上帝保佑，那就是我仍然留在这里，万一我不久之后投奔阿霞，那就很长时间什么都干不成了。果真是那

---

① 亚历山大・阿列克谢耶维奇・冉罗夫（1904—1984），苏联俄罗斯诗人。

② 指鲍里斯・帕斯捷尔纳克尚未出版的小说手稿《日瓦戈医生》。

种局面,实在可怕,我说的都是真心话,我对自己的坏脾气有清醒的认识。

吻你。

你的阿莉娅

1948年11月6日。莫斯科。

亲爱的阿莉娅!

到现在我还没有给你写回信。我总是忙,我想继续写长篇小说,我想做的事很多,不过要赶跑浮士德,这想法说出来非常可怕。

你在梁赞落脚的事是否已得到安顿?是否得到了冉罗夫的帮助?究竟能不能留在梁赞?请把这些情况告诉我。如果你有困难,过段时间我再想点办法尽点力。

手稿在你那里,你想看多久就看多久,我对你画的画儿很感兴趣,很想看看。手稿是不是已经看完了,你对它有什么感想?我有一系列的任务,都是自己给自己规定的,我确切地知道自己该干什么,该说些什么话,但是我必须挣钱养家糊口。因此总是匆匆忙忙。吻你。

你的鲍

1948年11月12日

亲爱的鲍里斯!收到了你的明信片,请原谅很久没有提那本书——时间匆忙,再就是我不想说它,因为我想说的是——这段时间几乎什么事都做不成,原因是节日之前忙得让人神经错乱,主要的教学工作之外,还要为“秋冬季节”的到来提前做好准备,这是梁赞日常生活中纳入计划的内容。那本书星期一才能还给我,等我手里有了那本书,把我的所有想法全都详详细细地告诉你。我当然是第一个读了这本书,而且连着读了两遍。非常好。可我特别希望,事件与事件当中的间隙能得到充实与拓展,诚然,小说本身包含了那么多的事件也还没有充分展开,你明白我说的意思吗?只要书还到我手里,我就把所有的想法都写出来,现在只稍提一两句,只不过想说,我们——我和书都安然无恙,很快就会发出声音。这里有非常出色、非常优美的景致,像你的文字一样给人印象强烈。可我担心自己画不好,达不到理想的要求。插图——是把作家的语言转译成绘画无声的语言,线条、斑点、光与影的语言。转译你的语言尤其困难,你属于不可译的大家之列,需要跟你才华与气魄相当的大画家,需要绘画大师,真见鬼!需要时间,需要稍微安静的环境,——这里说的不是绘画大师,而是没有名声的我自己。

冉罗夫原来对我出奇的同情,一切该做的,他都做到了,我的工作得到了恢复,1 月有可能增加素描课——每月多收入两百卢布,这就挺好了。由于意识到白白耗费了不少时间,最近一个阶段我很苦恼,无缘无故地常常发烧——什么地方也不疼,就是忽冷忽热的不好受。

紧紧地亲吻你,很快会给你写信,写很多很多内容,谈出我的本质看法。

你的阿莉娅

1948 年 11 月 20 日

亲爱的、狠心的鲍里斯!请允许这一次我不听你的话,也不做你的朋友,(暂时)也不把"它"寄往伏龙芝,甘愿"因为它而忍受痛苦",并且"为它耗费自己的夜晚"。何况我这样做不久前得到了你的批准。这是一。其次,我对你的态度和我对小说的态度有什么直接的联系呢?虽然小说是你写的,但是,既然已经写完,小说就是小说,它可以独立存在,它可以自己为自己负责。基于这样的原因,对作者的态度好,对作品的态度不好,或者对作品的态度好,对作者的态度不好,都是正常的,或许作者和作品都能让人惊心动魄,总

阿里阿德娜·艾伏隆。梁赞。1948 年。

之一句话：一切都有可能。这样一来，如果我给你写信，大量篇幅谈论你写的作品，这根本不意味着想要证明我对你的态度。这是第二点。第三，你谈到缺点的合理性，这是该**你**说的话吗？你可以说缺点的合理性，比方说自己孩子的缺点，但是不能说这个孩子，不能说这个你运用文学方法创作出来的孩子！

你写作，依据你的能力和你的想法写作，你应该允许我阅读，依据我的能力和我的想法来解读，也要允许我写作，或许写的未必完全符合我的心意，因为我从来都不擅长写作，只能写成什么样，算什么样。看在上帝的面上，你再也不要给我写表面上出主意，实际上特别狠心的明信片了。

请原谅我的拖拉——我没有空闲，时间也来不及。确实也有时间。但是它从来不属于我支配，时间总是逼迫我、驱赶我做些鸡毛蒜皮的琐事，忙于跑腿打杂，说废话和家务事。比如，生炉子，生着了也不暖和，做饭，做了也吃不饱，如此等等，都让我厌倦了。随它去吧。深情地亲吻你，亲爱的、狠心的鲍里斯！

你的阿莉娅

1948年11月12日

亲爱的阿莉娅！如果你已经看完了手稿，离开它不会给你带来特别的伤害，如果按照我的请求去做，不会给你造成太多的麻烦，请你按照寄给你的方式，再把它寄出去吧，地址如下：吉尔吉斯共和国，伏龙芝市，邮政总局，存局待取，叶莲娜·德米特里耶夫娜·奥尔洛夫斯卡娅。我非常感激你。如果可能的话，不要拖延。我不清楚，你是不是在梁赞，不过，我想，虽然你离开的日期尚未确定，但你临走之前能够把办理这件事的结果告诉我。

吻你。你的鲍

鲍里斯·帕斯捷尔纳克。1932 年。

1948 年 11 月 27 日

亲爱的鲍里斯！今天才收到你 11 月 12 日写的明信片，你让我赶快寄书，不要耽误，没想到你的明信片该补贴邮票，因此在邮局里押了很久，直到我收到通知才领回来。我只能到 12 月 1 日或 2 日把书寄给你，请原谅我耽搁了几天。暂时还没有领工资，一点儿也没有办法。我真舍不得把这本书寄走，很想多留一段时间，还想画几幅画，可这些都需要时间，可我没有空闲时间。为自己做点事的时间就更少了。

吻你。

你的阿莉娅

—

1948 年 11 月 28 日

亲爱的鲍里斯！我终于找到了一丁点儿急需的时间，好跟你说说话。不过要提前请你原谅我的语无伦次——我写信已经跟你说过，因为长久哑巴似的不说话，已经变得拙嘴笨舌不会讲话了，很难用人们常用的语言来表达个人的情感和思想。我的头脑里有很多想法本来清晰而有条理，可是一旦要用词汇来表达，就难以说出口来，有很多障碍、禁忌、恐慌，堵在我心里。为了消除这样的阻碍，需要时间，可是没有时间，需要奇迹，也没有奇迹出现。

不过，拙嘴笨舌与根本不能讲话相比，毕竟是向前迈进了一步，这一点让我感到欣慰。

一开始我先说说，是什么阻碍我说话，或者说我对什么不理解，或者说我不能认同的是什么。第一，可怕的拥挤。一百五十页的打字稿塞进了那么多的命运、时代、城市、岁月、事件、情欲，压挤了它们必要的“体积”，剥夺了必要的空间、视野和空气！而且这不是偶然的，这不是写作本身的问题（有时候“写作”是自发的行为！），这是创作态度有意识的、过于严苛的要求，首先是对自己的苛求,因为我知道,同时代的作家当中没有一个人能像你一样,具备这么开阔的视野,拥有这么广阔的空间。第二,是对待书中人物的态度,他们在拥挤的空间里几乎是脑门与脑门互相磕碰。你对待他们像对待违法的罪犯,把他们安置在双层的座位上,或者,就像路易十四①对待大主教一样。

为什么这样安排？是不是出于一种意愿,在重要的内容当中突出重点(就像我妈妈的一篇作品的标题"活生生的人活生生的事"),不要任何多余的东西,要让复杂的事物变得简明扼要？可是,这种"简明扼要"却把要讲述的内容复杂化了,事与愿违*,以后你的叙述将随时弥补,把被你抛弃的东西不得不再次一一恢复过来。

这样就得到了一个浓缩文本——命运、时代、激情,读者将陷入这迷宫当中,当然,这种看法只是我个人的见解！被你删去的那一章,应当恢复,被你"简化"了的情节,也该写得更丰满。照现在这种写法,这些人物——拉拉、尤拉、冬妮娅、帕维尔,所有这些人,都仿佛生活在另一个星球上,那里的时间另有规律,一天等于我们的三百六十五天。因此他们完全没有空闲随便聊天,没有悠闲自在、无忧无虑的平常日子,就像法国人所说的"休闲时光"**。他们不说蠢话,不开玩笑,跟我们生活在大地上的人毫无共同之处。我们年轻时往往冒傻气做蠢事,他们却从来没有这些可笑的经历。这样一来,他们的成长就缺乏循序渐进的可信性,他们的成熟就过于突然,让人难以置信。

帕杜利亚,"天生乐观,喜欢交往",除了那次游行说俏皮话嘲讽某人,你就再也不给他任何机会让他开玩笑了。然而开朗乐观是他的天性,他善于逗人发笑,为人解闷,正是这一点引起了身受重伤的拉拉的关注,尽管面对拉拉,由于心生爱慕而有些慌乱。而在尤里亚金,帕杜利亚几乎就变成了尤拉,

---

① 路易十四(1638—1715),法国波旁王朝最专制的君主。"朕即国家"是他的名言。——译者注

* 此处原文为法语。

** 此处原文为法语。

所差的只有一点,就是不会写诗。你在第135页这样描述他:“他很聪明,也很勇敢,少言寡语,爱开玩笑”,叫人不能不相信你所说的话。如果你没有后面这几个字,那么任何读者都不会猜到帕杜利亚是个爱开玩笑的人。

要知道,爱开玩笑,观察敏锐,机智幽默——这些性格对于人际关系会产生极大的影响,或结交朋友,或树立敌人,或给人安慰,或让人气恼,在小说当中这些都是绕不开的,是不应该撇在一边的。

再说拉拉:对于她不仅要有信心,就像对写作成功抱有信心一样,也不仅要把她的形象塑造得合情合理,她是真实的,有生命力的,她现在依然还活着。因此,当我给你写到她的时候,并非在说书中的女主人公,而是在说一个活在人世间的女人,只有你一个人能决定她的命运。你要把一年三百六十五天都给她,而不仅仅是那些有重大事件和心情波动的日子。要让她自己走过去朝科马罗夫斯基开枪,而不是用几页枯燥的叙述延缓她的行动:“……生活让拉拉厌烦”,“……她快要发疯了”,“……她想把熟悉的一切统统抛弃”,“……假如科马罗夫斯基理解有误或者想方设法贬低她,那么,她就朝他开枪”。与其说行动重要,莫如说行动之前的准备更重要,既然决心已下,行动就不可更改。在这种情况之下,不可避免的射击却没有发生,并非因为射击可有可无(不对,拉拉不可能有另外的选择!),而是因为出于自己的责任心,随着事件的激化,你取代了拉拉,用自己的话代替她说话(她也不止这一次说的不是自己想说的话),你为她最为痛苦的几年说话,替她的咎由自取说话,替她决心报复但还隐忍不发的岁月说话,的确,这一切她都无奈地忍受了,可是在她完全没有意识的情况之下,已经不可避免地开了那一枪。

现在——这一枪——是否把拉拉从科马罗夫斯基手中解放出来了呢?拉拉是否凭借这一枪把自己心中的科马罗夫斯基给打死了呢?

如果答案是肯定的,那么科马罗夫斯基就不应当,也不能在拉拉的婚礼上出现。这是一种很坏的结果,是违背客观规律的——罪孽,这对拉拉,对帕沙，对唱歌祝贺的宾客，都是一种放肆的冒犯。这样做对科马罗夫斯基本人来说也不合逻辑。本质是恶棍却伪装成绅士的这类人物允许自己粗鲁无礼，却不会放肆地冒犯什么人。无论在什么地方，无论在什么时候，无论在什么样的环境里，他都不可能扮演一个失败者，也不会扮演一个充满喜剧色彩的丑角。在他看来，那些所谓的"年轻朋友"，是什么人都行，惟独不是他的朋友。帕沙不会宽恕他，拉拉呢——拉拉可以从生活中把他一笔抹去，但是，但是当他再一次出现，天知道，会有什么样的野兽在她心里骚动，不骚动是不可能的。她可能有各种各样的反应，惟独不应该"……大声地、心不在焉地回应"，"……完全忘记了是跟谁在说话……"

然后，你知道吗，我特别想了解，拉里莎看见科马罗夫斯基时的心情。"……在客厅门口放慢脚步，犹豫不决，希望脸朝着大厅的科马罗夫斯基能够发现她……"这是多年之后再次相遇，当时她已经看见并且认出了他，在那些客人中间他显然跟别人不一样。她在门口之所以脚步迟缓、犹豫不决，就因为她的目光看见了他，认出了他。这或许只是一个细节，但在我看来，这样写非常符合她的心理。

请问，既然这个女人的感情既深切又强烈，她在尤里亚金怎么能觉察不到帕维尔的情感变化呢？帕维尔决定离开这件事本身在她看来是出乎意料的，但并不意味着他决意断绝关系才会有这样的决断。要知道她对他的关系绝非那么肤浅，以至于对于他的变化都熟视无睹，看不出苗头。既然帕维尔感情起了变化，那么她作为女人，而且是这样一个女人，对于种种变化应该感到内疚的女人，怎么男人觉察到的事情，她反倒没有感觉呢？这是又一处莫名其妙的疑点，情节缺乏潜在的发展逻辑，让我们直接面对生活与命运的转折，直接看到下一步行动，下一次的情感爆发。

帕维尔和拉拉性格有很大的差异，这种差异日渐增长是由于他们对待周围的人和周围的环境的不同态度所引起的，不妨引用你的见解，"看来拉拉对他缺乏了解”。(附带说,这是再次指责拉拉的直觉不够机敏!通常说来,女人对她们丈夫的兴趣总是缺乏了解的,但这种心情永远不会流露出来!)面对所有这些情况,帕维尔本来应该大发脾气,可实际上他比过去更爱拉拉了,他离开她的时候,仍然怀着依恋。为了描写这样的差别,这样的爱情,描写他们之间充满了矛盾的复杂关系,写得既容易理解,又合乎逻辑,还需要更加广阔的空间,增加情节发展需要的时间——你这本书再增加很多很多页怕也写不完整。

帕维尔对他的女儿是什么态度?他陪女儿玩吗?女儿睡觉的时候,他深情地注视过她吗?在这个家里孩子是不是哪怕生过一次病,是不是哪怕有过一个不眠之夜,是不是有一次为孩子担惊受怕?如果这些经历都没有,那么要孩子干什么?难道仅仅为了他(或者是她)在小说第二部里突然长大(或者死亡)吗?

后来帕维尔上了前线。于是拉拉失去了他,跟以前相比,拉拉对帕维尔的爱不那么强烈了,可是对他的评价却没有什么变化(她也应该这样做!),就像我们大家失去了某个亲人,不知道他是死是活,就不轻易提到他一样。在这种情况下,距离以及音信不明会使离别的两个人变得万分亲近,可是拉拉在收不到帕维尔来信的时候,“一开始并不觉得心慌意乱”。的确,一开始,有必要心慌意乱吗?换一种场合,为某个人感到担惊受怕,往往让人焦虑,忧心忡忡,坐立不安,但是在某个晴朗的日子,突然之间,那种担忧的情绪戛然而止,从此之后,永远放下了那份忧虑,再也不会烦恼。可是,一开始,像拉拉这样的女人,过去常拉着丈夫的手,躺倒在他的脚边,一开始收不到信,她有可能会发疯,白天她大概会安慰自己说:“军事行动时时有变化,他找不到空闲的功夫写信”,而到了夜晚——必定失眠。她对孩子的态度,应该是惶恐忙乱,而不应该“把女儿托付给里波奇卡照看”,到后来成了“可怜的孤儿”。(附带说,这样的话不应出自拉拉之口。这样说的应该是基沙尔太太。)

一般说来你对孩子的描写重视不够。尤拉和冬妮娅的孩子在哪里呢?你对东妮娅的分娩有过精彩的描写(你曾经把她比喻为一条船,写得很生动),可是后来生下的男孩儿就消失了,再也没有出现过。也没有任何笔墨涉及母爱和父爱。当尤里·帕甫洛维奇在前线遇到戈尔东的时候,他在回忆中竟然没有一句话提到儿子,也没有提到妻子。为什么会这样?既然没有提到,说明他并不想念。不错,在医院里,当拉拉出现的时候,尤拉的脑海里出现了冬妮娅的形象,可是那种回忆仿佛已经非常遥远,似乎他们之间的关系早已结束,虽然这之前并没有任何交代,其实这是在以后才会出现的情节。还有最后的几点挑剔:你把尼古拉·尼古拉耶维奇·韦杰尼亚平丢到什么地方去了呢?这个被你视为重要人物的老人后来像掉进水里一样消失得无影无踪。拉拉的母亲和兄弟又在哪里?奥莉娅·焦米娜一出场写得很好,后来却莫名其妙地不见了,这是为什么?拉拉的母亲和罗佳不可能不时时出现在她的生活当中,就算她们性格不合,令人厌烦,但既是亲人,那是无法避讳的!拉拉的婚礼,她生孩子,离开家去尤里亚金,阿玛丽娅·卡尔洛夫娜都没有露面,即便是她居住的地方比较远,但无论如何都是绕不过去的。还有非常荒谬的一点,年老的母亲不可能不呼唤成年的女儿拉拉,拉拉和母亲,即便是谈不上相互关爱,起码女儿也会有所抱怨。

尼古拉·尼古拉耶维奇是个非同凡响的聪明人,他生的儿子尤拉也很聪明,满怀爱心,他不可能不对周围的人产生影响,尤其是对年轻人,可是他却突然从尤拉的生活当中消失了,也从他自己的生活当中消失了。你不让他们父子争吵,不写他的出走或死亡,那么他究竟发生了什么意外呢?我对奥莉娅·焦米娜尤其感到惋惜,她原本可以成为一个出色的女主人公,起码可以成为陪伴主要人物成长的一个重要人物,你却把她抛弃在那座教堂里,跟她在一起的还有怡然自得的普罗夫·阿方纳西耶维奇。奥莉娅·焦米娜在小说第二部里还会出现吗?如果答案是肯定的,那么这样安排是不是出场已经太晚?

抛弃了这些人物,你是不是发觉读者有可能归咎于拉拉,这些情节会让人觉得她心肠太硬,其实她原本不该是这种性情,你说是不是这个道理?

对了,还有一点,特别希望你能明确指出她上中学、上大学的年龄。很想了解,激情如何与考试、分数、升级相结合,内心的风暴如何与外在的纪律相协调。小说中曾写到拉拉喜欢穿灰褐色的连衣裙,曾参加中学生天真的恶作剧……可这些描写实在太少,太少,太少啦!

亲爱的鲍里斯,请原谅我一而再、再而三地吹毛求疵。这些缺陷可能极其渺小,但关键在于,我对于你无所不能的细节之神崇拜得五体投地,格外欣赏你在作品当中把细腻的描写跟宏大的气势,跟你质朴的笔触结合在一起,能够破解纠缠在一起的人类遭遇的难题,因此,当我看到你开始自我美化或者裹足不前,忽然放松了对自己的严格要求的时候,简直就想发脾气。

哦,这本书需要更加开阔的空间,它在大声呼唤,提出自己的要求,你可以做到这一点,也应当做到这一点,扩展空间,增加空气,而不是仅仅提供氧气袋了事。不要跟我说什么,你知道该怎么做,一定会做自己了解的事情,请相信我,就连我(没有吹牛夸口的意思)也清楚,你在做什么,你想做什么,你应当做什么以及你渴望做什么。但愿这些话听起来不致过于刺耳,这是实话,确实如此!我认为这些都是发自内心的言语,我这样心急火燎只有一个原因,从开头几行到结尾几行,我喜欢这本书,因此希望它能够趋向完美。

这本书非常纯净、明亮、质朴(除了画面与画面之间相互衔接的空间过于“拥挤”,内部结构偶尔也有这样的问题)。书中蕴含着巨大的力量,具有很大的优势,超过了你过去写的很多作品。我这里所说的清晰与简洁,不仅仅停留在“便于理解”的层面,而是指它特有的**透明性***,这本是你的创作固有的特

---

* 此处原文为法语。

点，但在这里达到了完美的程度。所有人物的语言都极其精彩。这本书当中人物众多，但是没有一个是多余的累赘。老太太季韦尔辛娜写得很好，她带着两个儿媳妇站在火车旁边，离尤拉父亲的遗体很近，还有女裁缝法伊娜·席朗奇耶夫娜，还有伏福雷金和他坐在轻便马车里的妻子，吉马泽特金，维沃洛奇诺夫，舒拉·施列辛格，德施凯维奇，看守“阿斯科里多夫墓园”的马尔克，爱玛·埃内斯托夫娜，科尔纳科夫夫妇，鲁芬娜·奥尼西莫夫娜，拉曼诺夫两兄弟等等——总之几乎所有的人物写得都很好。

难以描摹的滋味儿、气味儿、颜色——都能引起感触、情绪、回忆，你驾驭这些难以把握的细节却得心应手，这种能力一直让我佩服，这次更让我感到惊讶，遇到这种情况，我们常常束手无策，甚至绞尽脑汁也找不到恰当的词汇。

冬妮娅橘红色的头巾，开枞树晚会前一天城市的夜晚，还有那棵枞树，在别墅的拉拉，她看到森林和旷野的感触，拉拉的康复——鲁芬娜的住宅，尤拉的祈祷和突然晕倒，葬礼后的暴风雪，黎明时被绑住腿的马匹，房间里散乱的餐具，接近前线地带的大麻气味儿等等，——可是我一想起你的一段文字，仍然不能不生气，我找到了这几句，并且抄了下来：“她洗澡，游泳，划船，参加了在河流对岸的夜晚聚餐，跟大家一起放焰火，跳舞。”喏，你为什么要这样写？何况写的是拉里莎！

鲍里斯，那趟五点钟的快车很出色，那是“一列干净的、黄蓝相间的列车，由于距离远使火车显得很小”，受到庞大计划的驱使它朝我们很快地驶来，满载着很多人的命运与遭遇，其中一个人的性命就在我们眼前突然中断了。于是我们跟随着季韦尔辛娜和她的两个儿媳妇去看那个跳车自杀的人。

一切机缘巧合与相互呼应都听命于你，你跟别人不同，从来没有故意拼凑的痕迹，在这一方面，你像生活本身一样强大有力。我非常喜欢你写的……比如“拉拉在床上动一动左肩，就能感觉到自己的身长和体态……”还有她做梦，当她感觉自己的“身长和体态”正常，体力和精神处于平衡状态，她

“不允许玛莎走到小河对岸去”，在另一种情况下——目睹死亡、腐烂、奴役，也不允许玛莎走到小河对岸去！

（是的，我应该替尼古拉·尼古拉耶维奇说一声抱歉。因为你打发他去了洛赞纳，我曾经推测，“你不会强迫他离开”，你的安排跟我的预测恰好相反。可这个洛赞纳根本就是作者硬塞进来的，并非命运发展必须遇到的一个地点，我对此深信不疑，这个地方不值得花那么多笔墨去描绘。）

拉拉、尤拉、帕维尔的形象深入人心，让人心疼，因为我们了解他们，是由于你塑造了他们，我们爱他们，我们又失去了他们，因为他们死了，走了，离开了，就像疾病、青春、生命消失了一样。就像我们也要死亡，也会离开这个世界一样。

我小时候就想过：过去的日子都到哪里去了呢？究竟怎么回事？原来有的——说没就没有了，以后也不会有了，可是曾经有过，存在过，我过去是另外一个小姑娘，坐在这片土地上，询问天空：曾经有过的，都去了什么地方？另外那个小姑娘究竟在哪里？她一直在寻找昨天，她想弄明白世界是怎么样创造出来的。

还是那样的土地和天空，把我们和他们联系在一起，把我们和未来联系在一起，可是我们有一天也要成为过去的人物。

你做得多么好啊，能够这样做的也只有你，不让他们几个变成没有姓名、被人忘却的人物，你用自己善良又智慧的手抓住了他们，用自己的呼吸和劳动，复活了他们的生命。

你变得更坚强、更严格，头脑更清晰、更理智。

谢谢你。

你不要生气，不要嫌我太任性，你该理解我，为了我所了解的人，为了我想念和热爱的人，我渴望有更大的空间，渴望意志更顽强。

明天我去寄书，虽然我特别希望它能归我所有，或者留在我这里时间比

阿里阿德娜·艾伏隆和她的女友。梁赞,1948 年冬。

较长久。

这些当然不是我想要告诉你的一切，还想跟你说话，可惜我的时间不够了，再说我觉得，或许你对这些话一点儿也不感兴趣。

吻你，亲人。

你的阿莉娅

1948年12月2日。莫斯科。

天使阿莉娅，你代表所有的人给我写信，也比所有的人写得更好。看来你说得对，稍过一段时间，等有了空闲，我愿给你解释，为什么会有这样的结果。我迫使自己和这部作品从属于这个环境，因为作品产生在这个环境里，不能让作品跟环境脱离，在艺术创作中往往不是这样。这个环境所产生的神经错乱（与环境的要求相违背）成了我的依据，其实并非为它的缺点辩解，而是看作它的组成部分，是它允许存在的内容，在我看来，作品不仅是过去生活的反应，也应当带有当前生活的烙印，受压挤的、艰难喘息的、窘迫的烙印。如果我不是那么匆忙，经过加工进行删节，或许，我的判断不会有错，当代的心灵（跟我自己的心灵一样）有一千条理由不喜欢过于冗长的作品。大概我变得精明了，情节过于集中的弊端随着时间的推移或许会有所舒缓，变得更加从容。

不要以此为理由跟我争吵，——我同意你的见解。你有很强的洞察力，你是正确的，里尔克的散文的确存在这样的弱点，可是我把他当神一样看待。

你写这封信的笔迹和你妈妈的笔体是多么相像啊！

你的鲍

我担心你在听到我的劝告之前已经把手稿寄往伏龙芝了。如果还没有寄，那就太好了。

1948 年 12 月 4 日

亲爱的鲍里斯！这结果太出乎意外了——1 号傍晚我给你刚寄走了那本书，4 号，就是今天，收到了你的信，同意我把那本书长久留在身边。我懊悔极了，我多么渴望把那本书留在身边啊！第一，我想为它画插图；第二，有些片段想反复阅读，因为记忆和想象能引发不同的感受；第三，这部作品特别吸引人、有强烈的感染力，同时能产生持续的影响，我很想把这种影响跟作家本人的影响加以比较，你明白吗？最近几天我服用治咳嗽的可待因，没有注意剂量，可能吃多了，引起了不良反应，让我觉得快要死了。当然，服用可待因，死是死不了的，不过，我感谢这种药物带给我新的感受和体验。读你这本书，跟这次服用可待因的感受有些相似——第一次阅读的时候，一系列的细节让我难以接受，觉得达不到应有的高度，也许是受到咳嗽的刺激，我把这样的感触误认为是这本书给我留下的主要印象。后来，我对自己的感觉，就跟杰克的自我感觉差不多，既然听从了奥莉娅·焦米娜的劝告，知道生活里到处有碎玻璃，这时候，不再计较那些细枝末节，我的内心得到了拓展，对主要情节有了新的认识。

有很多事情想跟你诉说，可是我太疲乏了。一点儿力气都没有，——意想不到的结果——看起来适合我干的活儿，只有拉水了。

吻你。

你的阿莉娅

1948 年 12 月 15 日

亲爱的鲍里斯！收到你那封来信，没有给你回信，原因仍然是忙和乱，我对你的厚重的书表达的浅薄看法，你居然没有生气，这让我很高兴。你是不是从来就不会生气？我呢——只是偶尔会发疯，但是向来不生气，上帝保佑，不过，我给你写信想说的并不是这些事。我在学校图书馆一本陈旧的图书登记册上发现了一条记录——“列·帕斯捷尔纳克,画册,四十卢布”,可是图书馆里根本没有这本书的踪影,图书目录上也查不到。苦苦思索,突发灵感,我居然找到了那个人和那本书,书放在他手里已经两年。想必你会有这本画册,大开本,蓝色封面,有很多绘画作品,1932 年出版,马克斯·奥斯本写的说明词。画册上有赠言:“赠给敬爱的维拉和奥西普,列昂尼德·帕斯捷尔纳克,1934 年。”这本画册怎么到了这里?维拉和奥西普究竟是什么人?我们这里没有人知道,你也未必了解——说不定,你还记得维拉和奥西普?请给我写信,我对这件事很感兴趣。我们学校一部分艺术方面的图书是战争临近结束那一年在梁赞州某个地方购买的,它们原来属于一位当地的老画家,画家去世以后,家人变卖了这批图书,至于老画家的名字就没有人知道了。也可能这就是那个奥西普?还有,在我们学校图书馆里,我从一堆破烂的绘画作品当中发现了几张建筑设计绘画,其中有的经过了作者的修改,使用的是墨水(尚未画完的树木、窗户、护栏,有的加了阴影,有的画了条线表示取消)。看着这些有待完成的作品,我陷入了沉思,心想多年以后,假如作者再次找到了这些早期的设计图,以其更加成熟的眼光,从新的构思角度考虑,大概会用全新的线条和手法重新进行修改。绘画上的签名——诺阿科夫斯基①,我不知道这个人,我对建筑师可以说一无所知。但是最近几天我在一本书里碰到过这个名字,是西多罗夫论雷贝格的著作《杰出的建筑师教育家》。这样在我的头脑里,诺阿科夫斯基的画、你父亲的书,还有维拉和奥西普几个人之间就有了联系。帕斯捷尔纳克的画册是不是从诺阿科夫斯基的藏书当中流落到这里?他们几个人谁还活着?谁在战争结束那一年死在了梁赞地区?也许几个人之间根本就没有关系,一切都纯熟偶然?你父亲的作品多么好啊,出

① 斯坦尼斯拉夫·弗拉基斯拉沃维奇·诺阿科夫斯基(1867—1928),斯特罗加诺夫美术学校教授,建筑师。

类拔萃的绘画，能抓住人的灵魂。你和你父亲都有远见卓识，既透彻又灵动，在这方面非常相像，不能说相像，应当说是血缘，是亲情。（以前我只知道他为托尔斯泰画的肖像，还有为你画的那一幅，头发蓬松，精神焕发，我特别喜欢那幅画像。）从这本蓝色封面的画册，到你最近的小说，引起了很多很多的联想。

我寄给你的这封信，就像一匹灰色劣马不时做梦胡乱说的梦话。我尝试上班的时候写信，四周的人乱糟糟的有说有笑，而那本蓝色封面的画册，像一只同名的大鸟，就在这儿，摆在我的面前。

亲吻你。

你的阿莉娅

1949 年 1 月 21 日

亲爱的鲍里斯！你一直沉默，但这没有什么。我希望最近几天去莫斯科一趟，就便看望你——到时给你打电话。这简直不算是书信，说是电报倒差不多，可目前正在考试阶段，几乎没日没夜连轴转地工作，都快要支撑不住了。很想能见到你，无论如何要见到。

你的阿莉娅

1949 年 1 月 29 日。莫斯科。

亲爱的阿莉娅！

你能够猜想，我有多么忙：浮士德：四千七百行押韵的诗句，我从 8 月开始翻译，想在最近几周结束！谢谢你字里行间发自内心的深切关注，你提到了我父亲，我舅舅奥西普，我舅妈——瓦莉娅（他们全都不在了）。这个舅舅考夫曼博士，一辈子在梁赞州地方医院当医生，一开始在图马，后来在卡西莫夫。大概他们夫妇俩去世后，他们的东西被人拿走了或者变卖了，那本画册就此流落人间。

诺阿科夫斯基曾在莫斯科斯特罗干诺夫学校担任学监，据认识的人说（我出自私心有意收集这样的信息），他是建筑学教授，出类拔萃的建筑画画家。——谢谢你所做的一切，你格外聪明，对你无须多言，你自己就能了解、领悟。用不了多久，到2月份，我想给你寄点钱，比寄给阿霞的稍微少一点儿。你的明信片上说要来莫斯科，这件事把我拖住了。该怎么办呢？要不要等你？请回复。

你的鲍

1949年8月26日

亲爱的鲍里斯！一切都像梦，我一直难以清醒过来。我从莫斯科回来后很快就失去了工作，匆匆忙忙只来得及给你写了一封很短的信。很快我就被押解到这里来[①]（需要受过专业教育、工龄长的人，像我和阿霞这样的人）[②]，而我到达指定地点走了将近四个月，一路上受尽了苦难。最难熬的一段是从古比雪夫到克拉斯诺亚尔斯克，又热，又渴，心里难受死了。从克拉斯诺亚尔斯克坐船沿叶尼塞河行驶了很久很久，很远很远，平生我还从来没见过这么宽阔的北方河流，地图上标得清清楚楚，冷漠地汹涌流淌。从来没有想到我会亲眼目睹这样的河流。河水穿过原始森林，两岸已经变成了森林苔原，寒气从北方吹来，仿佛非人间的怪兽张大的嘴巴，过去吹，现在吹，将来还会吹送寒气。离这里很近的某个地方一定有个神秘的作坊，为这遥远的边陲大量制

① 阿里阿德娜·艾伏隆在这里用隐语暗示自己的第二次被捕（1949年2月22日），以及她将被流放到图鲁汉斯克，长期被囚禁在那里。

② 过去受到清洗的人们，按照刑法第五十八条的规定，要重新延长刑期或者流放。

阿里阿德娜·艾伏隆画的素描。叶尼塞河。她被流放到图鲁汉斯克，永远在那里定居，实际上是从1949年7月末住到1955年6月将近七年。

作坏天气。“强烈的寒潮到来了”——这就是我们。这里的晚霞难以描述，或许只有伟大的作家才能胜任，耗费了大片的金黄、绯红，它们想要表达的感觉却不是火、不是光、不是温暖，而是不可避免、不可更改的死亡的寒冷。阴森森的寒冷。已经感受到的寒冷。以后的严寒将更加可怕！

我被留在了图鲁汉斯克村，走三四百公里还到不了喀拉海。清一色简陋的木头小屋，惟一的石头建筑是过去的修道院，样子还不好看。尽管这样，这里依然是区中心，有医院、学校和俱乐部，那里除了放电影就是举办舞会。街道上有走动的牛和莱卡狗，到了冬天莱卡狗就要拉雪橇。也就是说，只有狗能拉雪橇，不用牛来拉。正像已故的奥斯塔普·宾德尔所说的，的确，这里不是里约热内卢，他想了想还补充说：“甚至也不是圣弗朗西斯科。”图鲁汉斯克——是个有历史意义的地点。雅·米·斯维尔德洛夫曾经被流放到这个地方，从附近一个流放地点来看望他的是伟大的斯大林本人，1915 年至 1917 年他被流放到图鲁汉斯克地区。当地的老住户对他们俩印象深刻。斯维尔德洛夫住过的小房子变成了纪念馆，可是我一直没有机会到里面去看看，因为我们和那里的看护人员歇班的时间相重叠。我被告知一定要在三天之内找到工作——而工作在这里非常非常难找！这三天当中，为了找工作，为了有个落脚的角落，我几乎挨门挨户去敲人家的门。在最后时刻，我还算幸运——被安排到学校里当清扫工，每个月一百八十卢布的工资。我的职责并不复杂，但是有各种活计。有二十二天我必须到某个荒岛去割草，一百公担的青草必须自己用爬犁拖回来。大大小小的蚊子把我叮咬得不成样子。几乎每过一个半小时就下雨，草是湿漉漉的，我们也都浑身湿透了。然后再晾干。住在帐篷里，帐篷也是一会儿是湿的，一会儿是干的。伙食很差，因为我们对气候变化估计不足，随身携带的燕麦和面包太少。现在正忙着修理——粉刷墙壁，把学校的课桌和其他家具刷一遍油漆，擦洗各个教室的地板，锯木头、劈劈柴——每天干活儿长达十二到十四个小时。自己到叶尼塞河去挑

1949 年秋天。图鲁汉斯克。阿里阿德娜·艾伏隆在学校里当清扫工。

水,路很远,还要上坡下坡。经过这样的操劳,我的样子已经成了牲畜,就像拉水车的驽马,丑陋不堪,瘦得皮包骨头,又像解剖用的骷髅架子。不过,眼睛依然遵循老习惯,受到美丽景致的吸引,把它们记在心底,这里的风景和西伯利亚一点儿也不一样。回到住处,发了疯似的,每分钟都渴望写作,画画儿。没有空闲,没有纸,所有的愁闷都憋在心里。心快要爆炸了。

现在我(都快三十六岁了)回想过去,生活中从来没有过自己的房间,没有个小房子可以插上门,不打扰任何人,也不让任何人来打扰,自己平静地写字画画儿。最近几年,对于人们正常的居住环境我都感到陌生了,以至于在维·米·英贝尔[①]家里看到安乐椅、立柜、沙发、绘画,竟然感到万分压抑。可是在你家里我又喜欢得要命,特别想用手去触摸所有的家具。总之,这些年我已经变成野蛮人了,胆子变小了。需要很长很长时间才能抚平我的伤痛,我才敢想,什么事我能做,什么东西我能要。但是,我的命运注定了——我不是那种善于安慰别人的人,不是,的确不是,可我一直不信,一辈子总这么晦气倒霉,我常常想,有一天一觉醒来,眼前一片光明。

割草回来,很长时间有空就写自己的证明材料。后来收到了你的翻译作品。谢谢你,亲人,请原谅我成了个要饭花子。甚至向你伸手乞讨,太可怕了,可怕的是此刻坐在这个小房间里哭泣,自己像牲畜一样地劳动,仍然双手空空,没有属于自己的窝,吃喝还那么艰难。像我这样劳动,有谁需要?对谁有益?谁又会心里高兴啊?鲍里斯,我一直思念妈妈。我记得她非常清楚,几乎每天夜晚都梦见她。大概她一直关注着我,因此我还能活着。

我领了钱,你知道吗,给自己买了棉袄、棉鞋、裙子,以后还要买毡靴,以后有钱就买劈柴过冬,在这之后,再攒点钱,看到什么吃的东西就买,买了立

---

① 维拉·米哈伊洛夫娜·英贝尔(1890—1972),俄罗斯女诗人。

刻统统吃个精光，就像杰克·伦敦小说里的人物。[1] 大概这些细枝末节的唠叨让你觉得太乏味了吧？

亲爱的鲍里斯，你的书全都留在了“家”里，就是留在了梁赞。我恳求你——为我提供少量的藏书。我一直都需要身边有你的著作，永远不和它们分开，非常渴望。非常渴望你能寄来自己的作品，包括诗歌，莎士比亚译本，如果允许的话，我还特别想看你的散文。还有《在早班车上》。还有，如有可能，寄些写字用的纸和随便什么样的笔记本来，这里根本就买不到。

我庆幸的是见到了你。以后给你写信再说这些。有你，太好了，我亲爱的鲍里斯！我急切地盼望得到你的信息，快点回信。说说你的情况。这里的云彩常常像你的笔迹，那时候天空就成了你手稿的一页，我尽情畅想，阅读你的作品，心情就感到愉快。吻你，谢谢你。

你的阿莉娅

1949 年 11 月 20 日

亲爱的鲍里斯！你的莎士比亚[2]令人着迷，早就寄到我这里来了，我不愿意匆匆忙忙给你简短地回信，一直在等，希望等到个真正空闲的夜晚，到时候能跟你单独相处——超越空间的距离，跟他（也就是莎士比亚！）单独相处——跨越几个世纪的间隔，最后，面对自己，忘掉世界上的一切。但是没有办法，毫无结果。看来，只有在另一个世界，我才能等到那样的夜晚了，因此眼下给你写信，只能像饥饿的狗吞噬一块干粮那样仓促——匆忙慌乱。

我记得，妈妈曾经写过，现在喜悦只会使人受到伤害，刹那间引起刺疼的感觉，我收到她的书信时，往往有这样的感触。实际上生活常常带来这样的

---

① 杰克·伦敦（1876—1916），美国小说家，这里指短篇小说《生活的意志》。

② 指鲍里斯·帕斯捷尔纳克翻译的莎士比亚第一卷和第二卷（莫斯科，1949）。

触动,只要你耐心地等待——往往不会失望。这里到处是雪、雪、雪,没完没了地下雪,河流穿上铠甲,坚硬犹如坦克,树木冻得像玻璃,房舍歪歪扭扭,像压瘪的面包,就在这偏僻荒凉噩梦般的环境里,忽然收到了你两卷本的译作,目睹你飞扬的笔迹,立刻如梦初醒,眼前雾霭消失,心头亮堂起来,精神振作,挺直了腰板。不过,喜悦之后是痛苦,痛苦,就像过去收到妈妈的书信后的心情一样,就像跟你见面后的感受,就像在梁赞艺术学校图书馆看到你父亲的照片,就像看到你的小说《柳威尔斯的童年》,其中所说的既不是柳威尔斯,也不是童年。

每间隔一段时间,在时间之外,生活忽然会成为姊妹,带来惊喜,然后一切又恢复成老样子。下雪,下雪,千百次地下雪。这种白茫茫一片的景色有时候会引起失明的感觉,视力产生错觉,以为那绝对的白,就是绝对的黑暗。北方,像个白化病患者,想入非非,希望看到红的、蓝的、绿的色彩,就好像一个病号总吃淡而无味的饮食,渴望品尝酸的、咸的、辣的菜肴。让人郁闷的还有凝滞的感觉,似乎周围的一切全都冻僵了,虽然风在不停地刮,不是吹你的胸口,就是推搡你的后背,夹裹着北冰洋的寒流,使得图鲁汉斯克的寒冷更加威猛,让人难以忍受。呼吸特别困难,心脏剧烈跳动,难以承受这样的坏天气,你只能咬紧牙关,免得心脏跳出来。平常日子该忙活的事不少:刚用手去捂鼻子,手就冻僵了,等你烤手的时候,眼睫毛又结冰了。9 月 18 日头一次真正下雪,那天是我的生日。以后就越来越冷,越来越冷,一直降到零下四十五度,可是当地人说,这仍然没有到达图鲁汉斯克寒冷的极限。

春天等到六月才来临。

我干的活又苦又累,一言难尽,白天黑夜要劳动十四到十六个小时,累得要命,几乎没有工夫睡觉,甚至来不及吃什么东西。我住的小房子,四面墙上的裂缝往里灌风,女房东过去是富农,她至今也弄不明白,不算其余的农具家什,她的三十头牛羊、五台缝纫机、七个茶炊都不知道被弄到哪里去了。围在她身边的是亲人和贫困,因此我们这里总是人很多,很拥挤。只有我出门去干活儿或者下工回来的路上,自己有十五到二十分钟的个人时间,陪伴我的只有寒冷。有条棕褐色的莱卡狗,起了个犹太人的名字“罗扎”,这名字和它的嘴脸无论如何难以协调起来。大概我是惟一的一个人,想方设法喂它,抚摸它。罗扎躺在街上睡觉,早晨起来它的脸上都是霜。只要一看见我,它就站起来跳舞,然后我们一起去各干各的活儿,(它拉水,运劈柴)。我们就这样生活。

在俱乐部,或者在我干活儿的“区文化之家”经常演电影。我还是个小姑娘的时候,特别喜欢看电影,现在却觉得一点意思都没有。它的很多条件——化装、布景、灯光,都让我感到压抑。我从来都不去看,再说也没有时间,我也不想看。最近有一天下工,从黑暗的大厅里走过,偶然看了银幕上几个镜头,演的是美国影片《罗密欧与朱丽叶》。朱丽叶涂抹得嘴唇发黑,发型类似露易莎·奥尔科特[①]的“小妇人”,衣衫不整,用纯美国口音说话,跟出身于阿根廷人的罗密欧叽哩哇啦地大声说话。拱顶的窗外有类似夜莺或云雀的叫声。银幕弯曲,下面坠着一张双人床,那张床配得上好莱坞的辉煌。

我当然不想耽搁,回到家,累得要死,也很困倦,一把抓起了你翻译的《罗密欧与朱丽叶》。这部可怕的作品充满了激情,极其单纯,贴近生活到了惊人的程度。既现代,又古老,就像生活本身一样。你多么棒啊,鲍里斯!谢谢你,为了莎士比亚,为了你本人。谢谢你,为了你所做的一切,我的亲人。我特别笨拙,不善言辞,我说话的时候,常常词不达意——我希望,即便这样你也能明白我想要表达的意思,我确实不善于表达。

我这里根本没有书籍。我特别渴望得到你的《在早班车上》。你的书我都想要。如果不太麻烦的话。如果麻烦——也想要。

---

① 露易莎·梅·奥尔科特(1832—1888),美国女作家,《小妇人》是她的代表作。——译者注

用力亲吻你。给我写信。

你的阿莉娅

这两本书印得多好啊！

1949 年 12 月 20 日

我亲爱的、可怜的阿莉娅！

请原谅我不写信，现在我不能给你写信。我恳求你保重身体，乃至习惯于坚强，即便是最为艰难的时刻，当你开始觉得生活毫无意义，精神快要崩溃的时候，也要学会坚强。

你是个绝顶聪明的姑娘，这样的天赋务必要珍惜。你对很多问题的观察、判断、见解都很深刻，你的写作能力非常出色！就在你给我写这封信之前，我曾去看望过伊丽莎白·雅可甫列夫娜[1]。济娜伊达·米特罗方诺夫娜[2]朗读了刚刚收到的你寄给她们的书信。透彻！深刻！尖锐！——绝妙，绝妙！

我自己的情况没什么可说的，一切都是老样子，让她们俩给你写信吧，我可怜的好人[3]刚刚遭遇不幸，就像你以前遇到的那样。

一旦将来情况允许，我就把书中摘抄的片断还有别的文字寄给你，只要

---

① 伊丽莎白·雅可甫列夫娜·艾伏隆(1885—1976)，阿莉娅的姑妈。

② 济娜伊达·米特罗方诺夫娜·施尔克维奇(1888—1977)，伊丽莎白·艾伏隆的好朋友，多年跟她住在一起。

③ 这里指的是奥·符·伊文思卡娅，帕斯捷尔纳克的女友，1949 年被捕。1950 年 1 月 11 日阿里阿德娜·艾伏隆给姑妈伊·雅·艾伏隆和济·米·施尔克维奇写信说："不久前我收到鲍里斯的来信。他也稍微提到了自己的情况。我很可怜他——他的女朋友'背叛了他'。他告诉我，曾去看望你们，还说你们会给我写信写到他的情况……

我对鲍里斯怀有完全特殊的情感，无限的柔情，并为他感到骄傲，这种情感很难用语言来表述，正如真正的情感都难以描述一样。不管怎么说，由于妈妈的关系，我把他看作亲人，你们能理解吧？因此我对他的感情还应该加上血缘亲情。"

有这样的机会。衷心祝愿你一切顺利。

你的鲍

1950年1月5日

亲爱的鲍里斯！刚收到你寄到这里的第一封书信。谢谢你。我觉得已经不是头一次写信提到，你的笔迹总让我联想到扇动翅膀飞行的大鸟。此时此刻正是这样，刚刚看到信封，立刻就觉得那些白鹤、那些天鹅都飞回来了。当这些成群的候鸟排成楔形队列，宛如战士们寄的三角信，缓缓飞走的时候，那该叫人多么伤心啊！地平线上有一排哨兵似的枞树，叶尼塞河的波浪发出沉重的抱怨声，河水散发出凛冽的寒气。北方——实在是个让人恐惧的地方！我在北方过过很多冬天，但是没一个冬天像这里每时每刻都让你觉得寒冷。在这里过冬太艰难了，甚至连它的美都让心灵受到压抑，也许是因为这里冬天的美已经失去了动人的魅力。如果我不是觉得这里出奇的寒冷，我对过冬大概都已经麻木了。无所谓了。

我并不觉得绝望，鲍里斯，我只是累得要命，从头到脚，从外到内，浑身酸疼，也许，这就叫作绝望？

你的忧伤让我非常痛苦，主要是因为你才觉得苦闷。本来有很多话想跟你说，可是这里漫天遍野的雪让人沉默！我只能思念你，想象自己和你在一起。

我自己的生活能跟你说些什么呢？要干的活儿很多很多，没完没了，极其无聊，一点儿意思都没有，特别渴望成为画家，虽然没有颜料，没有画笔，干活儿的时候想这件事，不干活儿的时候也想这件事。想象自己是在室内干活儿，而不是在寒冷的露天地里顶着风，冒着雪劳动，盼着有一天梦想能够实现，心里就感到真正的喜悦。多多少少能用上专业就好。就目前的条件来说，这就是最大的幸运了。

居住条件不好，主要的是没有属于自己的一个角落，在极其罕见的空闲时间，我还得和那些人待在一起，可是我跟她们既没有共同语言，也没有共同爱好，几个人住在一起——太别扭了。永远觉得寒冷，尽管我好像已经变成了木头，尽管我自己还能挣一点儿钱，尽管您还接济我，给我寄钱。所有的一切艰难困苦都能忍受，甚至没有让我丧失希望，因为我知道，柯罗连科的小火星[①]——就在前方，而不是在背后。现在，我的生活确实已不再有任何幻想，我只求能够生存活命——像一头驴被赶牲口的人牵着走，他手里拿的牛蒡草，就是我的一点指望。

你写信夸我聪明。可是我，说实话，宁愿做莫斯科最傻的傻瓜，也不愿在图鲁汉斯克做数第一的聪明人。

你翻译的莎士比亚，我读了无数遍。这本书我无比珍惜，我把它借给了一个不太熟悉的小伙子，他在我们这里很小很小的图书馆里想借阅你的诗集。他把保存完好的诗集还给我，说他非常喜欢，不过又说，要想从莎士比亚的文笔当中把你分辨出来可真不容易，他特别渴望读你的诗歌，可惜我这里一本也没有。我只记得《一九〇五年》当中有关海的片段，还有《在早班车上》写枞树的那一段。到现在我也不清楚，那小伙子是干什么的，看样子像个地质工作者，或者是地质测量员，或者和“地质”工作有关。大概他自己也写作。

该说的都说完了。紧紧地亲吻你，爱你。谢谢你为我所做的一切。

你的阿莉娅

---

① 柯罗连科(1853—1921)，俄罗斯作家，《小火星》是他写的一篇随笔。——译者注

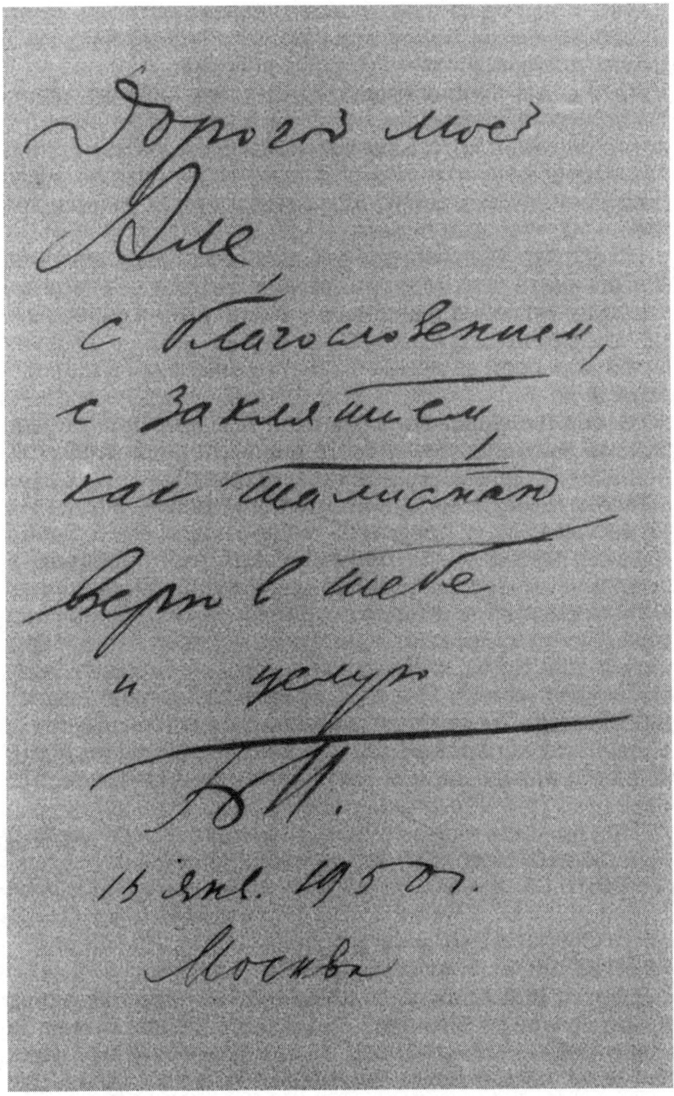

Дорогой моей
Але,
с благословеньем,
с заклятьем,
как талисман
веры в тебя
и целую
Б.П.
15 янв. 1950 г.
Москва

鲍·列·帕斯捷尔纳克手迹，写在《诗歌与长诗选集》（莫斯科，1945）扉页上，这本书寄给当时流放到图鲁汉斯克的阿里阿德娜·艾伏隆。

1950 年 1 月 19 日

我亲爱的阿列奇卡！感谢你 1 月 5 号寄来的航空信，我的亲人。又没有什么可给你写的，并非因为没有空闲时间或者是因为我的事情“重要”，而是由于不能跟你诉说我的太多的忧伤，那样做是愚蠢的，有悖于处事之道，总之有上千条原因不便开口。

不过有些事必须告诉你，你知道了会高兴，开心，听我给你解释究竟是怎么回事。既然经历了所有的痛苦历练，你仍然活着，没有被摧毁，这只能说明生命之神活在你心中，你拥有特殊的精神力量，这种力量总是斗志昂扬，总是在最后高唱凯歌，总能够高瞻远瞩，目光具有穿透力！这就是源泉，非同寻常的源泉，真正的源泉，你未来的神奇源泉，富有魅力的源泉还将伴随着你，你现在的遭遇不过是外在的暂时经历，尽管它的延续让人感到可怕。

倘若话题仅仅涉及你的才华，我不会如此啰哩啰嗦絮絮不休。实际上还有一种能力，可以对事物的走向以及环境的变化施加魔术般的影响。你亲口讲述的这些磨难，你所经历的种种不幸，这也是你所创造出来的奇迹，是源自你本身的奇迹。

千万别误会，以为我对你产生了浪漫的爱情，妄图爱上你以及诸如此类的非分之想（其实我早就爱你），——我只想让你知道，你能**做**什么：你的书信像一个活生生的女人注视着我，书信居然长着眼睛，它居然能拉住我的手，而你却还在那里判断亲疏与是非！我相信你的生命力，我可怜的忍受折磨的孩子，记住我说的话吧，将来你还能看到……！

我原本想给你证明一件事，可是自己觉得证据还不太充足。这种事情永远也不可能得到证实……我给你寄去了一点儿钱和两三本小薄书。等歌德一卷集出版，其中有我翻译的浮士德的一部分，拿到清样文本，就寄给你。紧紧地亲吻你。

你的鲍

1950 年 1 月 31 日

我亲爱的鲍里斯！这不是书信，只不过是手忙脚乱之中随便写下来的几句话。你寄来的东西都收到了，为此向你表示诚挚的谢意。像过去一样，你的诗再次震撼了我的心，消除了其中的障碍，揪住脖领让它振作起来，命令它站稳脚跟——活下去！要挺直了腰板活着，睁大眼睛，竖起耳朵活着，不要眯缝着眼，不要畏畏缩缩，不要蹲下身子偷懒，不要向命运屈服！从小时候爱你的诗歌，永远爱，到最后一息痴迷于你的诗歌，以初恋的全部激情，以黄昏恋的全部激情，以过去和未来所有爱恋的全部激情痴迷于你的诗歌。你的诗歌作品不仅善于描写从来无人描写的情境，表达难以表达的情感，以力量和语言的精确令人震撼，令人痛苦与喜悦，它们不仅是不可缺少的精神食粮，它们过去是，现在是，将来也永远是衡量诗歌良心的标尺，是衡量人类良知的标尺。我会就这些诗歌给你写信，只要我稍微能集中精力——肯定会说出自己阅读的感受。

对于你的书信我多少有点儿生气。没有必要，我亲爱的鲍里斯，对我抱过高的期望，也没有必要夸奖我，更不必把你自己的品质和优点强加在我的名下。顺便说说，也许不该说，妈妈曾经由于罕见的才华而使自己痛苦，这才华也让她身边的亲人痛苦。她的一部分友谊、大部分恋爱从本质上说来都是在重复耶稣与无花果的情感纠葛（你也有这种奇妙的经历！），结局总是一样的——妈妈对她遇见的一棵无花果树大声说道："你多么贫乏啊，实在平庸！"[①]然后走向下一棵无花果树。这些无花果树当中头一棵就是我。最让我感到生气的是你竟然说什么，我可以想想那段情缘是怎么开始的，或者想想与此类似的情感经历。天哪，情感纠葛长期延续已经都超过二十五年了，可

---

① 这句诗引自鲍·帕斯捷尔纳克的诗篇《圣迹显灵》，原作初次发表于《帕斯捷尔纳克诗选》第 1 卷，莫斯科，1985 年，页 416。

你到现在居然还没有察觉，而且还试图进行防范，说出几句话来给予告诫。我是读着你的诗歌看着你的画像长大的，是在你来自远方、像乐谱一样的书信陪伴下长大的，见证了你和妈妈的通信，你们俩永远亲近又永远分离，你很久很久之前就已经融入了我的血液和躯体。在你之前，我只记得妈妈，只爱妈妈。你们俩——是我最为热爱的两个人和两位诗人，你们俩——是我身心的一部分，是我的良心和骄傲。至于说到爱情，过去有，现在有，将来还会有，你们的相会，十年当中只有一次，你们的距离超过了几千公里，书信来往也没有超过神明对你心灵的提示。或许也可以说，你们俩没有会见，没有通信，相互之间只存在距离。

亲爱的鲍里斯，你能够对我诉说的全部忧伤，我从心里能够理解，请相信我。这样的忧伤，我非常熟悉，空旷的夜晚，恼人的白天，所有亲近的人——都像陌生人，自己和对方的烦恼酿成心中可怕的疼痛。因此脸上的皮肤仿佛受了灼伤一样绷得紧紧。白天还好打发，到了夜晚，一只手一而再、再而三地抚摸内在的创伤，**五脏六腑的伤疼***，就像普罗米修斯受伤的肝脏和啄食他肝脏的神鹰①！如果你睡着了，那么醒来的时候，你的创伤已经愈合，可是你的梦境会带来更加锐利的刺疼。夜晚的回忆历历在目，总是陷入惶恐的沉思……我无限亲近的人啊！请原谅我的胡言乱语，我可怕的笨拙难以表达我的所思、所想、所感以及我所了解的实情。但是你能通晓风雨的语言，青草的话语，我这个头脑简单的人所说的这些话，当然你能明白。

亲吻你，为你祝愿。

你的阿莉娅

---

* 此处原文为法语。

① 普罗米修斯从天庭把火偷给人类，惹恼了宙斯，他把普罗米修斯钉锁在高加索山上，白天派神鹰啄食他的肝脏，晚上又长出肝脏，第二天神鹰又来啄食，循环往复，使普罗米修斯遭受无穷的痛苦。——译者注

1950 年 2 月 19 日

亲爱的阿莉娅！你的信充满了真情和思想，写得很好，为什么你把它叫作寿命短暂的字条呢？你的书信中包含了很多的内容，你何必还要在写信之外再谈论什么诗歌呢？仿佛我是个欲壑难填的吸血鬼似的，——真没有必要，阿列奇卡。我寄给你这几本小册子，因为你提到了那个“小伙子”，放在俱乐部图书室里，说不定有人用得着。

我患感冒躺了很久，高烧不退，至今还觉得自己浑身像散了架子似的。那种感觉类似生存的大地爆发了强烈的地震，又像是囚犯面临控诉和审判，经过对人生的反省，灵魂仰视着迷茫和孱弱。

我害怕跟你谈论这样的话题，因为我每次这样的暗示都会引起你反驳的风暴，可是我在生活中的挣扎实在是拖延得太久了，我的两条胳膊早就无力地下垂了，这是毫无疑义的，我早就屈服了，再不为什么去痴迷地追求了。

叫我感到高兴的是，家里人生活还需要我，还有两三个人让我牵挂，比如你，让我感到亲近，我对他们多少还有点儿帮助。必须挣钱，上帝作证，这将是我长久推卸不掉的责任，在我看来，这恰恰是在证明我的生存还有价值，而我挣钱的手段如今只剩下了文学翻译。至于其他的事情连想也不再想，万物各有时序，对往昔该心怀感激。

我写字还有些困难，从笔体能看得出来身体的虚弱。亲吻你。

你的鲍

请告诉阿霞，就说我病了，最近不会给她写信。

1950 年 2 月 22 日

亲爱的阿莉娅！

前几天我给你写信的时候，心情压抑沮丧，头脑昏沉，我都不清楚，信中是不是思维混乱，语无伦次，——你把那封信丢在一边算啦。

现在我好多了，不要为我担心。不过，那封书信里说的一句话仍然有效。请不要总想着一件事，以为在我面前，你肩负着某种道德上的义务，以为你在某些方面被我说服得还不够，有什么话还没有说出来，还没有都写出来。你运用语言的能力日臻完美，你也很坚强，我能感觉到也知道你对我的关爱，我为你的才华和高尚精神感到骄傲。我什么都知道，不必为我耗费时间和精力，你的生活条件异常艰苦，你自己更需要保重，保重。我说这些话没有别的意思，直截了当，完全没有别的意思。

祝你一切顺利。如果有时间，有可能——还会给你写信，说说自己的情况。谢谢你。

你的鲍

1950 年 3 月 6 日

亲爱的鲍里斯！一前一后连续收到你感冒期间写的两封信。不，我亲爱的鲍里斯，你说得不对，我还远远没有达到在你面前"肩负着义务"那种高度，也没有想过，能不能，或者应不应该为你"证明"些什么。莫非到了老年岁月我的书信，我书信中的意图，也会像阿霞的书信那样，依据人的义务，要求人家给予答复，难道就这样令人厌烦，令人痛苦吗？（我在生活中从来还没有遇到过比这更叫人苦涩的信件！）看完你因为友爱而把语气变得柔和的回复，我感觉自己是"**第二号讨人嫌的女人**"*，因而愧疚得要命。你知道吗，当我想给你写信，谈论你的诗歌时，根本不是出于什么义务感或者友情，只不过觉得这样做自己格外高兴，更加开心的是，这些诗会被别的人借走传阅，在我手里根本就留不住。以前的日子，现在觉得遥不可及，那时候什么都有，还有诗歌。

---

* 此处原文为法语。

现在的生活中什么都没有。然后你的诗出现了，觉得刹那之间似乎什么东西又都有了，因为在诗歌当中什么都有，有往昔，有未来，有永恒，一切都有，这正是心灵获得生机的源泉。我想把这些感受都告诉你，可是我在这里的每一天都充满了惊恐和难以预料的情况，因此，除了诉说惊恐和不确定性，我也就再没有什么可说的了。凭自身的经验我知道，这样的信件是多么叫人痛苦和多余，再说这样一些人，既没有人爱，也没有人敬重，更得不到别人的同情。在这种情况下，我觉得与其怪罪我本身，倒不如怪罪这荒谬的环境。真的，这里零下五十度凄惨的严寒，小房子里的拥挤与昏暗，工作不稳定，被管制受欺压，没有权利，所有这些都让我觉得是在倒退，仿佛到了"爱丽丝的奇幻国度"[①]。我不再往下写了，免得加重你的感冒，影响你的身体和心情。

我愿意给你写信还有一个原因，因为你对自己缺乏了解，不是指你对本身，而是对你自己的诗。最近几天我收到了一个年轻女友的来信，她是文学系最高年级的大学生。已经跟丈夫离婚，把三岁的儿子丢给外婆，自己去跟一个小伙子生活，她用几个词来形容这个人："奇妙的头发，狂热的帕斯捷尔纳克崇拜者。"她本质上不属于大利拉[②]那种类型的女人，这里的关键显然不在"奇妙的头发"。我受到这个故事的感染和触动，情不自禁地想象，这个年轻人有与众不同的头发，还有几本你的诗集，他让这个二十三岁的女人神魂颠倒，肯定借助了你的雨水和电闪雷鸣，借助了"含泪的华尔兹"和"圣诞节"，他改变了她的生活，催促她坐上"早班列车"，驶向莫斯科郊区的某个地方，现在她还住在那里，觉得十分幸福，直到有一天清醒过来，意识到他剽窃了别人的作品。因为诗——是你写的，至于头发，原本就不重要，哪怕他是个秃顶的男人！

---

① 指《爱丽丝漫游奇境》，英国作家路易斯·卡罗尔（1832—1898）所写的童话。——译者注

② 圣经神话中参孙所爱的非利士女子。——译者注

这一男一女两个人，你都不认识，还有很多很多人你也不认识，可是你的诗给他们带来真正的快乐，这样的快乐是我无论如何也难以形容的。现在我连想要尝试说明的念头都没有。

最近几天最高苏维埃代表团的代表到我们这里来了。虽然冷得可怕，但是所有图鲁汉斯克的居民都出来欢迎他。孩子们在柱子上、围墙上招贴标语，乐手们用酒精擦拭喇叭，歌手们吊嗓子，反复排练“苏联英雄”进行曲。工人和职员带来了旗子、画像、标语、口号，在荒凉的雪地背景上显得分外鲜艳。从飞机场那边传来了铃铛声。我们明明知道声音是从飞机场传过来的，可是四面八方都在响，原来这里空气清新，回声就格外强烈。当几匹毛茸茸的小矮马拉的雪橇出现的时候，所有的人都高声欢呼：“乌拉！”，人们纷纷向代表奔跑过去，一片拥挤混乱，很难立刻就辨认出哪个人是代表，陪同他来访的人很多，所有人的脸都冻得红彤彤的。穿的都是白色的羊皮袄。起初我想，自己已经是成年人了，不应该跑跳喊叫，但是后来忍不住还是跟那些举着标语的孩子们混在一起，跳过篱笆墙，爬到雪堆上，大声呼叫“乌拉！”，回到上班的地方非常满意，穿的毡靴里满是雪，走起路来嘎吱嘎吱地响。

你知道，我特别喜欢各种各样的游行、节日庆典、民间娱乐活动，甚至喜欢集市贸易，特别喜欢俄罗斯人成群结队熙熙攘攘的场面，不管城市，还是乡村，遇到民间节日，人们涌上大街，热闹非凡，任何剧场，任何“民间”景观都不可能带给我如此巨大的快乐。

而这种场面却让妈妈感到难以忍受。

我又一次胡言乱语给你写了很多，对于你现在的生活说来，这些都纯属多余。我能清晰地想象出你的生活，我有感觉，我确实了解！

紧紧亲吻你。再别生病了！

你的阿莉娅

1950 年 3 月 29 日

亲爱的阿莉娅!

我收到了你的书信,跟往常一样非常出色,你询问我的病情;像前些时一样,我回信简短又匆忙。

你描写代表到来的场面很生动,写跟他的会见,写自己,都很精彩。这些你自己都心里有数。你虚拟的那个标题"第二号讨人嫌的女人"手法同样奇妙。你对其中的一切都了如指掌。让我深情地亲吻你。

《复活》当中有一部分插图是我父亲的作品,如果由于健忘我给你寄了第二本的话,请原谅我的疏忽,你把第二本随便送给什么朋友好了。

我在书里塞进了几页新写的诗,是我 11 月和 12 月期间写的,是过去(散文当中的情诗)作品的续篇。这些诗可能让你立刻受到触动,虽然看上去风格不太鲜明,(艺术上)带有过多的隐私。但是,只要反复阅读,过一段时间,你就会明白其中的内涵。假如我现在提出建议能得到你的认可,而你做起来又不太困难,那就重抄一遍(即便是用手抄写),寄给阿霞一份。

问题是我担心邮件能不能寄到,因为我在书里塞进了几页诗稿,而这样做是不允许的。

你的来信让我感到高兴还有一个原因,是我一度为你的身体状况感到担心。

你的鲍

我没有什么变化,身体健康,工作时间很长,很好。

收到邮件后回信,及时跟阿霞联系。

1950 年 3 月 29 日

亲爱的阿莉娅!

今天我给你寄了一封航空信,但是在邮局我另外还寄出了几封信,那封航空信是不是投入了邮箱，现在我记不清楚了。很有可能，它被遗失在盛碎纸的篮筐里，忘了寄给你。

那封信比现在写的要详细得多（你不必为这件事太惋惜），赞扬你描写代表到来的场面，赞扬你以佯装的口吻诋毁自己（第二号讨人嫌的女人），你的知识面很广，对很多事了解得很透彻。

除此以外，还有几点请求：

1）假如过去我曾送给你《复活》，这次由于健忘又寄了一册，请原谅我的糊涂，你把书随便送给什么人好了。

2）如果经过反复阅读，你终于弄明白了夹在《复活》里那几首诗的意思（那是散文当中的情诗），也许它们很难打动你，万一你认为可行，还值得做的话，就把这些诗重抄一遍，寄给阿霞。这几首诗是我在冬天刚开始的时候写的。

心爱的朋友，那封信写得太匆忙，真蠢，我怕它丢失，要了个心眼儿，不得不写这一封让人觉得委屈的、更短的快信。

原谅我吧。吻你。

你的鲍

1950年4月10日

亲爱的鲍里斯！你的信，两封，同一天同一时刻寄到了我这里，——还有书和诗歌。谢谢你。

说说诗歌：在我读过的你的所有诗歌当中，没有，也不可能有“令人讨厌的”作品，是的，的确是这样，不可能出现那种状况，你的诗本质上具有极强的**吸引力**，与此同时可能在某种程度上具有反吸引力。至于说“非清晰性”和“个人的非艺术性”，在我看来，你的诗从来都不追求什么“清晰性”和“艺术性”，谢天谢地。我觉得，“清晰性”是“徒有其表”的同义词，而“艺术性”和人为的虚假矫饰是邻居。也许这一点我说得不正确，只是个人的理解，也许这是类似高卢风格的返祖现象，也就是**为艺术而艺术***。在我看来，高卢人在分析艺术和手艺的时候，根本就不使用“艺术性”这样的概念。你是怎么样想的呢？再者说，你的个性体现在诗歌当中怎么可能是“非艺术性的”哪？我强调的是“你的”，换句话说，很多诗人可能有，可是在你的笔下不可能出现。

你的诗——非常精彩。谢谢你这些诗，谢谢你写了这些诗歌作品，谢谢你——就是你。

我抄写诗歌寄给阿霞。

至于说到“第二号讨人嫌的女人”，这个说法既不是凭空杜撰的，也不是假装的。原因是我不止一次遇到过这种情况——收到的是发自真心写来的书信，可是不敢接受这颗心，因为对恋爱害怕得要命，虽然渴望被人爱，却不敢主动地流露爱意（不要把这意思理解得过于狭窄！）。之所以这样写，是收信人的需要，而感冒患者尤其需要。问题的关键不是想办法“投其所好”，而是把话说得一语中的。

你在莫斯科送给我一本《复活》，我没有随身带到这里来。你又给我寄来一本，让我格外高兴，不是由于托尔斯泰，而是由于你父亲，他采用更好的艺术方法表现主题，跟作者一样满怀着热爱，却一点儿也不那么多愁善感。你知道，小说的第一部分写得很精彩，第二部分却索然无味，让我非常扫兴，原因是，情节虽然紧张，按照主题和构思向前发展，跌宕起伏，却加入了过多的说教，虚伪地宣扬托尔斯泰所谓的“真理”，仿佛作者不是托尔斯泰，而是主张素食主义的信徒在那里著书立说了。

遗憾的是，插图翻印质量不好，一部分插图被删掉了，显然是担心印刷效果太差。比如那幅晨祷的插图（也可能画的是周四濯足日？）——画面上所有

---

* 此处原文为法语。

的人都举着蜡烛,删去了那个特别可爱的男孩儿,他正在按着奶奶教给他的样子画十字,用力捏紧的手指在脑门上贴着一绺头发。被烛光照亮的头微微低垂,只看得见前额和那一只小手。有一幅画面特别有力,喀秋莎穿着囚犯穿的长大衣,几乎是背对观众,远处看得见聂赫留朵夫,她背后站着押解的警察,警察的手显示出警戒的意味。

我在梁赞的时候看到过你父亲的一本画册,印刷非常精美,其中有一部分是小说《复活》的插图,当时我给你写信提到过那本书,至今我还后悔,那时候没有想到把这画册偷出来,其中有很多给你画的肖像,童年、少年的画像,还有你母亲的肖像。

生活跟往常一样。比任何时候都更盼望春天到来。通常春天都会依照时序来临,可是在这里,要想让它到来,必须有超人的意志和超人的紧张期待,要知道它在这里不是普通的春天,而是奇迹,就像拉扎尔复活一样。(你最近的诗篇写拉扎尔[①]写得非常好!)我一直在内心深处祈求并大声呼唤,迄今喊来的春天的日子只有一个,有点滴的春水,有初现的水洼。我刚一感到高兴——一切都消失了。又是暴风雪、雪堆、严寒。

我们的村庄有点儿像伯利恒。像圣经里写的一样贫穷,也许曾经有过奇迹,但是在雪中融化了,也许,只能等待奇迹,等得让人绝望。

除了雪还是雪,低矮的小房子,毛茸茸的母牛,毛茸茸的狗。很长时间不得不克制自己的冲动,总想弯着腿,躬着身子出去观看四周的风景,城市有城市的吸引力,乡村有乡村的吸引力,即便是坐落在更北方的乡村,也自有它的吸引力。

工作很多,最近体力不好,却一直超负荷运转,虽然在做分内的事情,仍然渴望有真正的工作,这种热情似乎难以扑灭,我认为自己是个画家,工作最

---

① 指鲍·帕斯捷尔纳克的诗《晦气的日子》,最初发表在帕斯捷尔纳克《诗选》第一卷,1985年,莫斯科,页416。

好接近所学的专业。

感觉自己身体疲乏,不习惯这里的气候。一直持续低烧,体温总在三十七点五度上下,总觉得心里憋闷,再加上其他的杂乱事,让我非常疲惫。

不过,总体而言,一如往常,所有苦难尚可忍受。

谢谢你所做的一切。

亲吻你。

你的阿莉娅

1950 年 4 月 17 日

亲爱的鲍里斯！非常感谢你的汇款,你可能想象不到,这些钱来得多么及时,它们帮助我摆脱了困境。最主要的,谢谢你的关心。年复一年我变得越来越无依无靠,总是被人遗忘(?),因此在我看来人的关怀、人的善良就是天大的奇迹。我觉得我本人并不比过去心肠更硬,不过绝对不再像从前那样多愁善感,也不再轻易伤心落泪,小时候我可是特别爱哭,二十岁之前,我曾经为契诃夫的“深棕色头发的女人”号啕痛哭,看电影时哭泣落泪,那时候常常爱哭天抹泪。大约十年前我贮存的眼泪全都哭干了,现在只有特别高兴的时候才会流泪,这种情况很少发生。

我们这里一连三天都是春天的好天气。积雪颜色发乌,雪堆开始出现蜂窝状的孔洞,逐渐松散融化,房顶上往下流水,天空中飘浮着灰蒙蒙有暖意的云。原始森林离绿色还很遥远,不过,它已经泛出淡青色,笼罩着李子酱色的一层雾气,当地平线上的落日余晖穿过森林,落在雪地上的影子都很柔和,宛如长长的睫毛阴影。在阳光下所有的枝叶都变得柔软了,冷杉茂盛的树枝像狐狸尾巴,冬天时树木轮廓显得枯燥、简洁、清晰,现在全都改变了。小娃娃和小狗崽都爬出来晒太阳,这是冬天的收获,跟小牛犊和雏鸡一样,都出生在低矮的农舍里。一时还看不见鸟儿,听不见它们的叫声,不过有一次我偶然发现了一群白胸脯麻雀,长着奇怪的蓬松羽毛。

非常怪,最近一段时间,我不是在生活,而是"重新忍受"冬天,"熬到"春天。(请原谅这纸质量太差了,可是在这里就连这样的纸也难以弄到手。)

今天我去看医生,她对我说,在这样的年龄不应当有这样的心脏,她建议我多休息,避免过于激动,过于烦恼。她开了各种各样内服的药物。当时我有个奇怪的念头,这些乱七八糟的药物彼此是相克的。至于多休息、少激动、少烦恼,你自己也能猜出来,而有关心脏——她说得不对,这心脏还要顽强地战斗哪。

一切官办机构,比如派出所、诊疗所、办事处等等,都散发着根深蒂固的官方气味儿,总让我从心里感到压抑、苦闷。今天我在诊疗所一连待了四个小时,排队候诊的有各种各样的病人——长着连鬓胡子的男人,头发乱蓬蓬、脸色苍白的女人,脸上长满了雀斑的半大小子。带靠背的长椅,椅子背已经磨得很光滑,墙上贴着标语:"我们治好了癌症","保护孩子,避免夏季腹泻",一个个目光呆滞,哎呀呀呀!实在太苦闷了!所有压低了声音的谈话都在诉说疼痛,心绞疼、膀子疼、胃疼、胸口疼、头疼,疼啊,疼、疼、疼!我也感到一阵阵轻微的心绞疼,那么多病人忍受着各种疼痛的折磨,跟他们相比我觉得自己还算健康,为此有些莫名的愧疚,恨不得振作精神赶快离开。

此刻再想想那些宾馆、码头、车站该有多么好啊!那里也有苦闷,另一样的苦恼,那些苦恼充满活力、长着巨大的翅膀,眼看着就会变成欢乐,这是不是真的?有力量就不会逃避幸福。候诊室里的苦闷则完全不同,活生生被拔掉了羽毛,那是看不到任何前景的痛苦(精确的形容!)。那不是苦闷,是秋天的苍蝇。

我给你写的都是不着边际的胡言乱语。四周非常吵闹、拥挤、混乱,尽管如此,特别想跟你说上几句话,更确切地说,看着眼前乱七八糟的景象,特别

阿里阿德娜·艾伏隆的绘画

渴望能跟你说话！我感到很痛苦，苦闷得要命，特别怀念莫斯科。平生还从没有这样的感觉。要知道我在莫斯科生活的时间很短，从出生到八岁，那时候还很小，后来长大了又在那里过了三年，总的情况很复杂，就这么回事儿。这是最可怕的苦闷，苦闷——是爱情不可分割的一部分，是不是这样？我这一辈子见过很多城市，庄严的城市，美丽的城市，反复观赏，能够理解，给予高度评价，但我谈不上喜爱，的确，从来都不喜欢。离开那些城市，就不再想念，就像见过的舞台上的布景。

但莫斯科——确实是我心爱的城市，我母亲心爱的城市，**我的**城市，我惟一的个人所有，失去它，让我无论如何难以抚平心中的痛惜。我做梦常梦见莫斯科的街道，大街小巷，正是莫斯科的街道，不是其他城市的街道，确实如此，绝非为了说说漂亮话。话虽这么说，我却不想生活在莫斯科，不想这样过，不愿意让这座城市成为日常生活的城市，天天走那几条走惯了的路线。我倒是乐意，假如我的生活能由我自己的双手来支配，我想在距莫斯科很远的地方生活和工作，正是在北方，比这里更靠北的地方，真正的生活与工作，而不是像现在这样过身不由己的日子。我要写几本书，只有人数不多的读者，我要好好写，我发誓！最遥远的北方，对于作家说来是个未经开发的地方，绝对没有任何人写过它，没有写出过任何真正的作品。

然后我就乘飞机飞往莫斯科，沉浸在其中，接着再乘飞机离开。

所有这一切都不过是幻想。

热烈地亲吻你。谢谢你。

你的阿莉娅

1950年5月5日

亲爱的鲍里斯！向你提出一个迫切的请求：我非常需要妈妈的诗歌：

1. 献给普希金的组诗;2. 献给马雅可夫斯基的组诗;3. 关于捷克的组诗。妈妈写最后这组诗的时候,捷克斯洛伐克已经被希特勒占领。大概这些作品你那里都有,万一没有的话,可能克鲁乔内赫那里有[1],他那里有妈妈很多作品,手稿和重新打印的作品。如果你和克鲁乔内赫都没有,那么莉莉娅[2]那里有草稿。所有这三组诗我都需要。现在是这样——如果你去找克鲁乔内赫,我特别要请求你,千万别提我的名字。我跟他关系不好,他可能拒绝我,但不会拒绝你。最后的指望——是莉莉娅。那里最为困难,因为她们俩都有病,很虚弱,让她们俩做这件事太难为她们,也太麻烦,除此之外,如果那里没有打印好的清样,或者誊写清楚的稿子,在草稿里面找到需要的作品也绝非易事。只不过我想让妈妈的笔记本就保存在老地方,因为即便是态度再慎重,也可能会有丢失,就像丢失的书信那样,而手稿一旦丢失——就是难以弥补的损失。

我知道,求你做这些事很麻烦,但是我再没有别的人可以请求,因为只有请求你来做,我才放心,这是一。其次,无论如何,请你来做,如有可能,最好能抓紧时间。

除了上述请求,假如有可能的话,最好能给我寄几本你自己的书,也就是你自己的诗集,我手头只剩下了一本你送给我的,有你的亲笔签名,这里的读者当中,有些人也想拥有你的著作,人数很多。如果同样的一本书难以多寄几册,那就少寄几本,我送给图书室,那里经常有人询问你的诗集,却连一本也没有。

提出了这么多让你为难的请求,请原谅。只有上帝知道,我自己做这些事情有多么高兴!

---

① 阿列克谢·叶利谢耶维奇·克鲁乔内赫(1886—1968),未来派诗人,收藏家。1940 年至 1941 年期间结识了玛·伊·茨维塔耶娃。茨维塔耶娃死后,她的一些手稿落到了他的手里,被他后来卖掉了。因此阿里阿德娜·艾伏隆很不喜欢他。

② 莉莉娅,阿里阿德娜的姑妈伊丽莎白·艾伏隆。

很晚的时候给你写信,由于疲劳头脑不太清醒。今天是出墙报的日子,该干的事情很多,再说五一节之前的劳累还没有缓过劲儿来。时间已接近午夜,可是街道上还很明亮。虽然不太暖和,但北方春天这样亮堂就很好。现在正是春天最繁盛的时期。不久前我意识到,为什么在所有的季节当中,我最不喜欢的是春天。从早晨起,飘着大片大片的雪花,然后太阳从云层里钻出来,雪融化了,房顶上开始流水,脚底下是水洼,化雪后露出的土地,一条条的流水。随后刮起了猛烈的冷风,水面结一层薄冰,房檐下挂起了冰柱。接下来的风懒洋洋的,带一点儿暖意,几乎就是芳香的熏风了,然后又雪花飘落,接着就细雨纷纷。几乎每个白天,每个夜晚都是这样。有一次我走过跨越沟壑的小桥,迎面吹来潮湿的风,几乎刮跑我的头巾,吹得膝盖发冷,可怕的雪粒抽打着面颊,迫使我裹紧衣服匍匐在地。还有几步就能跨过沟壑,一派寂静,太阳露出了面孔,四周平和、温暖、晴朗。这之前的愤怒原来是场小小的玩笑,也许,甚至是一场戏剧的排练演出!这时候我忽然明白了,为什么春天不太合乎我的心意:原来春天是个女人,真正的女人,心情永远变化不定,很容易从欢笑转化为流泪,从言语转化为行动,从亲密接吻转化为怒扇耳光!女人,我自己就是女人,我能看出她性格多变,喜怒无常,因此我更喜欢夏天的稳定,秋天的坚韧,冬天的严肃。(最大的心愿是温和适中的气候!)

很快就到流冰时期了。我第一次在这么宽阔的大河里看流冰翻滚漂浮。叶尼塞是一条大河,比伏尔加河宽阔很多。我害怕流冰,即便在莫斯科河看流冰也害怕。这很恐怖,就像分娩一样。春天诞生河流。去年我在奥卡河上最后一次看流冰,实际上我既感到害怕,又有点儿不好意思,看自然界的流冰,仿佛是在看某些个人隐藏在心底的秘密,尽管河里的流冰都在眼前,看得清清楚楚。

我又面临着隔段时间就出现的不幸——再过两周就要失业了,也就是说,我们单位没有办法再给我们发工资,因为我们不是在编人员,只能拿临时工资。找份工作非常困难,几乎找不到。天啊,我该怎么生活,该干什么呢?脑子里一片混乱,就是想用脑袋去撞墙,也不知道该去哪里撞才好!也许在这两周期间碰巧能发生奇迹,虽然几乎没有任何机会。想摆脱坏运气,想碰到好运气,我都无能为力!(这也是奇迹!)

热烈地亲吻你。

你的阿莉娅

1950年5月25日

亲爱的阿莉娅!

关于捷克的组诗伊丽莎白·雅会寄给你。克鲁乔内赫找到了献给普希金的组诗,我们正在寻找献给马雅可夫斯基的组诗。现在大家都到别墅去消夏了,办成这件事不太容易。

每次话题涉及你妈妈的书籍或手稿,就像有刀扎我的心。我手边没有留下父亲的手稿,没有留下茨维塔耶娃和里尔克的手稿,诚然,我应该受到责备,而且是致命的谴责,因为这些人对我说来像生命一样宝贵,像失去生命那样令人疼惜。* 在这种情况下,我无以自辩,不想说自己生活如何,日子怎么安排等等,但是只有一点聊以宽解,在我所有的罪孽当中,这不是最卑劣的。我去参加反法西斯作家代表大会,那一次见到了你,我不想跟父母见面,因为我觉得当时自己的气色很糟糕,我羞于跟他们见面。我坚信以后还有更合适的机会,可是后来他们死了,先是母亲,后来是父亲,就这样我们没有见到最后一面。所有的人都逃不过这样的顺序,我在生活中经历了很多次生离死

* 所有手稿都在某些朋友和熟人手里,可想不起来究竟在谁手里,这种朋友和熟人很多,数都数不过来。

别,但是我向你发誓,绝非有意忽视,绝非不爱!

你有关春天、有关流冰的文字很出色。

我暂时还是没有自己的著作,如果有,一定寄给你。现在给你寄一本歌德的作品[①],有意不签署我的名字,便于你转赠给你们的图书馆,可以写上你自己的名字,如果你觉得这样可行的话。

这一卷是我翻译的浮士德,若是你感到满意,那倒也没有什么好奇怪的。一个人要得到社会承认,在生活中该做出多大的牺牲,要塑造一个自我封闭的世界,我觉得是该好好学习的时候了。还有更多趋向完美的翻译作品更让人惊喜,有名或无名的作品,也许译者没有煊赫的名望,在许多杰出的译作中间,浮士德也许会湮没无闻。

这是我的发现。或许并不值得耗费心血从事翻译,可是很多人仍然潜心学习翻译。

热烈地亲吻你。

只要有机会,就给你汇一点钱。

你的鲍

1950 年 5 月 28 日

亲爱的阿莉娅!

寄给你《献给普希金的组诗》,只找到了后半部分,前半部分仍在寻找。伊·雅可甫列夫娜会寄给你捷克组诗。这是克鲁乔内赫亲手抄写的,为了不耽误时间,我没让他用打字机打印。

要找的只剩下了有关马雅可夫斯基的组诗,我们会继续寻找。

请原谅我的匆忙,用邮件寄给你歌德的一卷集,你要觉得有兴趣,就抽空

---

① 指《歌德作品选集》,1950 年,莫斯科。

看看。随后我再寄一本带签名的,赠送给你们的图书馆。

你的鲍

1950年6月7日

亲爱的鲍里斯! 收到了你的来信,还有另一封信,其中附有诗歌作品。现在我才意识到,妈妈的作品被弄得有多么凌乱。克鲁乔内赫亲手抄的只不过是献给普希金组诗当中很少的一部分,并非所谓的"前一部分"、"后一部分"。我记得那组诗起码有十几首,凭着记忆我能回想起那些题目来,可惜现在头脑过于迟钝,不像当年那么好使了。

当我想到妈妈写的作品数量那么巨大,很多被我们丢失了,我就感到害怕。更可怕的是当我想到创作这些作品有多么艰难。真是创作的一生,毕生的创作。还有很多作品估计能找到和恢复原貌,只有我能做这件事,因为我是她生活与创作的惟一活在人间的见证人,在漫长的岁月中,一天接一天,一个小时接一个小时目睹她怎么写作。要知道我们从来没有分开过,直到我回国之前,在我离开之后,她写作,我不在她身边,可是写的作品数量有限。

我一直不能做这件事,我看不到她的手稿,我没有机会寻找稿件,恢复某些作品的原貌。她活着的时候我没有为她做过什么,她死了以后我仍然不能替她做什么。

你所说的话,我全都明白。当然,那时候你不可能跟我父母见面,那时候还觉得未来有更美好的前景,那时候还存在很多"想象的空间",可生活就这样过去了,对于许多人说来,生活已经结束。越往后日子越沉重,难以回复旧貌,不可挽回的事情竟然越来越多。

我累得要命。这么漫长、这么黑暗又寒冷的冬天,一直要想办法抵御严寒,现在春天来了——下雨、刮风,刮风、下雨,颜色如铅的河流开始翻腾,白夜,灰蒙蒙的日子。5月20号开始出现翻滚的流冰,至今还在奔流的河水里浮动,不过出现的频率越来越少,冰块被磨得也越来越缺棱少角。河流出现了快艇,今天或明天夜晚将有第一艘轮船从克拉斯诺亚尔斯克开来。无论什么地方暂时还看不到绿色,一些母牛在村子里游荡,它们个子矮小,眼神忧郁,经过一个冬天身上的毛纠结成了一团一团的乱毛,它们啃噬我们的篱笆墙上的树皮。

一句话,我的心情像丘赫尔别凯[①]一样压抑和无聊——惟一的希望是等待真正出太阳的那一天了。

我是夜晚给你写信。没有点灯。睡不着,日子过得很无聊。何况生活艰难,苦闷,对前景毫无信心!"苦难终会过去!"——我用这句话自我安慰,这是所罗门充满智慧的开导,库普林也曾引用过这句格言。不想活下去的念头也会消失,愿望就像生活本身一直充满了变化。相信你一定十分了解,白夜会生发出这种并不深刻的哲理意念,四周刮着海洋上吹来的风,下着瓢泼似的雨,整个自然界都像落汤鸡一样无精打采。

这时候传来了轮船的汽笛声——是阿尔汉格尔开来的船,这是第一条轮船的第一次鸣笛。这就意味着,"约瑟夫·斯大林"号轮船开来了,它的船长是我们这个地区的代表,我在一封信中曾经提到跟他见面的情景。

我这里工作没安排好,房子又出了问题,一切都乱了套,忙得我团团转,与莫斯科相比,这里许多事都没有章法,要想解决非常棘手。偏僻的角落,低矮的茅屋,破旧的房子,什么地方我们没住过呀!但居住条件的艰苦都好对付,只盼能快出太阳!见不到阳光,我好像患了精神上的坏血病!你在信中提到的那本书,我还没有收到,等得让人不耐烦,我怕他们不会交出来了。最

---

① 丘赫尔别凯(1797—1846),俄罗斯诗人,十二月党人,普希金的朋友,先被判处死刑,后流放西伯利亚服苦役。——译者注

急需的是诗歌。耳朵里听到小说就厌烦。

谢谢你所做的一切,谢谢,我亲爱的。只要我这里安排得有了头绪,我就给你写信,像个正常人那样写,现在只能按照雨水的节奏书写。

为你所做的一切,非常爱你。

你的阿莉娅

1950 年 6 月 24 日

亲爱的鲍里斯!非常感谢你的来信,信和汇款都收到了。多亏你的帮助,我们搬进了另一处房子,虽然离村子中心远了点,房子也并不完善,但比原来的住处好多了,在那里整个难熬的冬天我们都被冻怕了。这所小房子就坐落在叶尼塞河岸上,一间卧室,一个小厨房,三个窗户,分别朝南、朝东、朝西。有三畦菜地,还有三棵小云杉树。这所小房子出售,跟我一起住的女伴[①]打算买下来,可是钱不够,正好你寄来了汇款,让我们凑够了买房子的钱数,我刚取出汇款,立刻就买下了房子,这样一来,我这个生活宽裕的日子也没有不动产的人,忽然在这遥远的北方成了拥有房产的人,虽然是共同拥有者之一。不过,对于这房子能不能成为不动产,我缺乏足够的信心,因为它离河流很近,遇到洪水泛滥,它有可能变成动产。但是距离发洪水的时间还有整整一年,这段时间我就是个幸福的人,可以住在自己的房子里,没有房东,没有邻居,没有探头探脑的窥视者。

很长时间没有给你写信,因为从一个地方搬到另一个地方该操心的事很多,很麻烦,相当耗费体力。我累得筋疲力尽,而且一直在生病,也说不清是什么病,很可能是北方当地的地方病症。发烧,嗓子干——看来,难以适应当地的气候,在这个冷得要命、到处是石头的冻土带,在这不结果的土壤里,无

---

① 指阿达·亚历山大罗夫娜·施科季娜(1901—1996),阿里阿德娜·艾伏隆的受难女友。

论如何难以扎根。

6月22日又下了一次雪,幸亏很快就不下了。总是刮风,下雨,仍然很冷。这段日子只有三到四天的好天气,晴朗,有太阳,周围的风景一下子都变了:原来阴沉沉的大自然隐藏着那么多美好的景致,看来要把忧伤化为快乐只需要一点:阳光!现在无论白天夜晚太阳都不会消失,所有的时间都能看见它。真的,完全没有夜晚,"着了迷的居民简直不知道他们该怎么做,是躺下睡觉还是应该起床!"

还没有来得及读歌德,因为忙于拉水、运木柴、整理菜地、洗衣服、收拾房间,还要上班,那里把我的工作减少了一半,连带工资收入也少了,可是上面忘了减少工作日,因此工作比冬天时并不少,4月才领到最近一次的工资。

或许实际上我的工作并没有自己想象的那么多。问题的关键在于体力越来越弱。以前顺手捎带做完的事,现在要耗费更多的工夫。

莉莉娅答应寄给我的诗稿还没有收到,我不知道在她去别墅之前,她能不能找到那些稿子。她给我寄的包裹里有我以前的笔记本,可是我也没有收到,说不定那些诗会在那些笔记本里。很久没有收到莉莉娅的来信了,我从包裹单的附言里得知她要去别墅。她的身体太弱了,求上帝保佑她的病情能有所好转,我们距离太远了,我一直为她感到担心。理智告诉我,我们再也见不了面了,可仍然盼望出现奇迹能够团聚。

谢谢你,亲爱的。等我稍微缓过一口气来,我会像正常人一样给你写信。现在写的只是最近在干什么——写得又慢又凌乱。亲吻你。

你的阿莉娅

《叶尼塞河岸上破旧矮小的房子……》,阿里阿德娜·艾伏隆的绘画作品。1950 年。

1950 年 8 月 1 日

亲爱的鲍里斯！很久没有给你写信——我病了，爬起来很吃力，不过，现在感觉又活过来了，虽然两条腿还很软，感觉腿变得很长，像骆驼腿似的，又仿佛是“爱丽丝漫游奇境”。这里真是个奇幻国度，刚过了几天，太阳就要缓缓地沉落了，接替它爬上天空的是又大又红的月亮，仿佛世界末日似的，让人害怕，不过天还是很明亮的，月亮漫无目的地移动。短暂的夏天就这样过去了，几乎没有感觉到温暖，不是刮风，就是下雨，乌云满天，不停地变幻。已经感受到北方吹来的寒气。太阳仿佛只在空中有点儿暖意，却温暖不了空气，更遗憾的是，它来不及让树木变成深绿，树叶还像在春天一样嫩黄，忽然就出现了秋天的锈色。我知道，冬天快要来了，这是不可避免的，9 月就会下雪，出现寒流，实在叫人难以相信。你觉得叶尼塞河上很长时间还会有轮船航行，会有运货的驳船，有跳跃的快艇，还有很长时间能听见野鸭嘎嘎鸣叫，夜晚有鹬的叫声，乱飞的蚊子令人讨厌，歪歪斜斜的小房子的屋门还会长时间洞开，你会觉得孩子们在漫长的冬天脸冻得惨白发青，现在脸色红润，眼看着他们成长，在灰蒙蒙的石头河岸上笨拙地玩着夏天的游戏。所有这些幸福剩下的日子已屈指可数，无论如何让人难以相信。

你已经很久没有给我写信，虽然最后一封信曾提前说明夏天会很忙，我还是感到担心。不错，我还不至于像阿霞那样没有脑子，她总是慌慌张张、相信预感，以为做梦灵验，这一次我还是多多少少受到她的影响。长时间收不到书信，我会急得发疯，当终于收到了信件，得知亲人们都平安健康，我这个一度坐立不安的人忽然又觉得一切正常，以至于下次接不到来信也会想：一切都好，所有的亲人都永远安康。

阿霞很少写信，要写就使用复写纸，只在开头的称呼和最后结尾用手写，她在信里总是诉苦，事先就想推脱，说没时间读书看信，从她的笔迹就能猜测她是挤时间写信。我很高兴，曾经去过沃洛格达[①]郊区，到他们家做客，那时候我发现，她真像艾伦·坡——甚至比他要逊色。整个夏天没有收到莉莉娅的一封来信，我不由得感到害怕，想想她已届老年，身体虚弱，心脏不好，很可能发生意外，还想到有许多事情她还没有来得及诉说，她是家里的长女，有关她的父母、她自己、我的父母，她的漫长的人生道路，肯定有很多话要说，谁能想到这一生已经不可挽回地接近了终点。我非常、非常爱她，理由很简单，爱她罕见的纯洁与高尚，平易近人和善于生活，还爱她面貌的奇特——眉毛和眼睛带有悲剧性的特征，看鼻子有点儿轻率，一张嘴却常带微笑。而最主要的是她排行老大，在几代人的心目中，她代替母亲尽职尽责，而她自己却从没有感受到母爱。为什么在我们的家族里，所有的女人都有这样令人惊奇的命运？与此同时每个女人除了自己的遭遇，还要关注其他女人，深入理解她们，承受她们命运的苦难与不幸。

我不记得，是不是在信里给你写过，我跟从梁赞来的女伴在这里住在一起，我们俩买了一所坐落在叶尼塞河岸上的小房子。这个梦想能得以实现，她凭借的是过去的积蓄，我是靠你寄来的汇款。房子很小，一间卧室带个小厨房，现在我们又自己动手盖了个外屋，为的是冬天能更暖和一点儿。三个窗户有的朝南，有的朝东，有的朝西。从使用的建筑材料来看，它很像狄更斯笔下的茅屋，因此难以猜测它是否能经受得起冬天的坏天气和暴风雪的摧残。首先它可能被风暴(冬天的)刮倒，其次，可能被春天的洪水冲走。不过，图鲁汉斯克的其他房屋大都是这种样子，一直也没有发生什么不测。我们的小房子里外都抹了灰，经过了粉刷。我们还用杆子圈起了篱笆墙，提防淘气的孩子和母牛钻进来，四周种上了白桦树和云杉，不过成活的却只有三棵。小房子的外观很美，四周安静又开阔，而重要的是——没有房东，没有邻居，

---

① 1948 年阿里阿德娜·艾伏隆在梁赞生活期间，曾去沃洛格达看望阿霞和她的一家。

没有窥视者。亲爱的,感谢你的帮助!

完全没有想到我会得痢疾,看来是饮用叶尼塞河水引起的,那河水虽然清亮,味道甘甜,但是夏天饮用容易闹肚子。痢疾这种病非常讨厌,拉肚子拉得很虚弱,稍微活动一下,就想呕吐,有临近死亡的感觉。身体衰弱、疼痛,不像往常那样灵便,心灵也随之痛苦、疲惫,让人十分苦恼,以前从不会想到死亡,忽然觉得生命极其珍贵,开始想怎么样才能保全性命呢?真的,在我的人生当中出现了这样的时期,觉得体力越来越衰弱,不敢想未来的日子。这时候忽然会醒悟,原来体力比性命更重要!对不起,我又在发牢骚了,现在终于能站起来了,精气神也好多了。我真想冲着月亮放声吼叫。

热烈地亲吻你,等着你的明信片,哪怕只写两三句话也好。

你的阿莉娅

1950年9月8日

亲爱的鲍里斯!费了很大劲也没有给你写成信,尽管不顺心,却没有一天不想念你,没有一天不在心里跟你交谈。可是由于忙碌、劳累,以至于这些心里的谈话难以变成纸上的文字。非常感谢你寄来的《浮士德》,尽管这感谢已太迟太晚。对于我来说,这本书是一大发现,因为在这之前(很久以前)我看过老的译本,有俄语译本,有法语译本,在那些译本当中,由于翻译语言的笨重啰嗦,歌德完全给毁了,同时败坏了读者的兴趣。我喜欢你的译本,对你也很苛刻,但是找不出任何瑕疵——简直是无可挑剔。

总括而言——你翻译的语言十分优美,你翻译的莎士比亚的所有作品,我都读过,这里先不说其他的优点,你不受古老语言的牵制,比任何人都善于传达时代的精神,或许由于这样的原因吧,读者感觉自己与书中人物是同一个时代的人,人物的语言——就是读者的语言。你的词汇无比丰富。一开始我匆匆浏览了一遍，现在重新阅读，读得很慢，怀着欣赏的心情，词句、音韵、节奏，都带来真正的享受，一切都生机勃勃、坚实有力，是真正的艺术杰作。

我可爱的鲍里斯，谁在你的作品当中感受不到开朗乐观的情绪，他就大错而特错了。你能做到这一点，自然不会轻松！糟糕的批评家并非因为他不擅长写作，而是因为他不会阅读！

像往常一样给你写信晚了，像往常一样身体疲惫，原因依然像往常一样没有心情把一切都告诉你，如果把心里的话能尽情向你倾诉，那该有多么好啊！这里的日常生活把所有的时间吞噬得一点儿不剩，首先吞噬的就是一个人为自己保留的那点儿业余时间。我有时候写字，有时候绘画，有时候读书。读书差不多都是占用睡眠的时间，至于说到写作和绘画——那就没有任何成果可言，白天黑夜很难为自己争取哪怕是一个小时的时间。

不过，生活中还是有不少叫人开心的事。今年这里的秋天出奇地美妙，虽然冷，天气却晴朗，我几次到森林里去采浆果，采蘑菇，走在金色的杨树、金色的白桦树中间，感到自己很幸福，仿佛回到了童年，那时候的喜悦大都跟森林有联系。我特别喜欢脚底下的树叶沙沙有声，喜欢有弹性的苔藓，我一直有种感觉，好像妈妈就在附近不远的地方。信教的人祭奠过世的亲人，我思念妈妈的时候就去森林，在那里觉得她还活着，活在那些茁壮的树木中间，我不是在那里"想念"，而是整个身心意识到她仍然活着，而且离我很近。

多亏你的帮助，我的住房已经解决，得到了妥善的安排，这是叶尼塞河岸上一所非常好的小房子，有卧室，还有厨房，我跟一个女朋友两个人居住，我们还养了一条狗。还盖了存放劈柴的外屋，里外抹灰都是我们自己干的，全部刷上了白灰，没想到白灰水特别腐蚀手指，再握笔都感到指头僵硬，弯曲大拇指和食指尤其困难。整个夏天都在忙着拉土、运牛粪、准备其他的建筑材料。事事艰难,因为就我们俩干活儿,但是满怀着期望,跟以前的简陋住处相比,今年冬天不会再挨冻了。最重要的是——没有房东,没有邻居,这样很好!剩下要做的还有很多困难,需要储备燃料,过冬的土豆,最难的是购买劈柴,需要准备很多,可眼前连一块也没有。眼看着快要下雨了,一下雨去森林很困难。这里的交通很不方便。

所有的家务活儿都是自己动手,做饭、洗衣服、擦地板、拉水、锯木头、劈劈柴、点炉子取暖。当我回想起大城市供暖中心提供暖气——心里就非常羡慕:它给了人们多少自由支配的时间啊!我担心图鲁汉斯克要等到最后才会有这种设备,也许重孙子才用得上吧,当然不是我自己的重孙子,跟我同村的乡亲们对于落后的生活模式已经感到厌倦了。

用不了多久,冬天就要到了。已经感到寒冷,我们的四周又将是一片昏暗。一定要想办法熬过这个冬天!大雁和天鹅很快将从这里飞走,最后一批轮船也快要启航——岂止大雁和天鹅想离开这里!甚至连乌鸦也都飞走了,难以忍受这里恶劣的气候。

有空闲的时候,哪怕给我写张明信片,很长时间了,我对你几乎一无所知。好在莉莉娅经常写信。她抱怨夏天总是下雨。我期盼下雨不至于影响你顺利的写作,你一边创作,最好能抽时间到城外稍事休息。要是我有机会离开乡村去休息,我会特别高兴。

最近几天,仿佛又回到了童年——屏住呼吸看电影《基督山伯爵》。可惜没有配音,所有的人物说的都是法语。热烈地亲吻你。

你的阿莉娅

前厅所见。阿里阿德娜·艾伏隆的水彩画。

1950年9月21日

亲爱的阿莉娅!

对不起,很长时间没有给你写信,你不要担心。你的身体怎么样? 我为此感到忧虑,想念你,我可怜的孩子。

为什么我会沉默,我有哪些苦恼,是什么原因让我不得不违背个人意愿放下手头的工作,停止自己的创作和文学翻译,恕我暂时不对你说明其中的原委。

我是否写信告诉过你,整个6月份一个月,我译完了莎士比亚的《麦克白》,把誊写清楚的稿子交了出去? 所有的译作都是这样的速度。

《新世界》杂志刊登文章骂我译的《浮士德》[①],罪名是,众神、天使、魔鬼、精灵、可怜的姑娘葛丽馨的神经错乱以及一切"非理性"的内容都翻译得过于华丽,而歌德的先进思想(什么样的思想?)都抛弃在阴影里,未能给予应有的关注。出乎意料的是我已经拿到了翻译第二部的合同! 我不知道这件事将来会如何收场。看来,这篇文章实际上没有造成太大的伤害,这一点还是值得庆幸的。

请原谅,最近可能不再给你写信,你不要等了。在叶尼塞河旁边修建小房子,我会给你寄点钱,不过要等到11月以后。

伊丽莎白·雅可甫列夫娜从她的别墅给我来信,在信中为你担心,还夸奖你画的水彩画,说你画的叶尼塞河风景很好。

你写信说到阿霞,说她用复写纸抄写稿子的方法,说她所处的环境以及其他情况,所有这些跟我说得几乎一字不差。你和我是多么相像啊! 亲吻你。

你的鲍

---

① 塔·莫狄廖娃(1910—1992)的文章《鲍里斯·帕斯捷尔纳克翻译的〈浮士德〉》(载《新世界》杂志,1950年第8期)。

1950 年 9 月 25 日

亲爱的鲍里斯！很长时间没有收到你的一个字，让我真的很担心：你的身体怎么样？无论健康，或者生病，收到这封信以后，给我寄张明信片，好让我放心。你该明白，等待书信多么耗费人的精力，只有几个亲人还活在人间，我一直为他们的安危感到揪心。说实在的，每封从内地的来信都让我精神振作，这些书信就像是我心灵的马达最后的燃料（内心的马达一直在燃烧！），这个夏天总是担惊受怕。

对于这个地区来说，今年的夏天很好，连续很多天一直天气晴朗，因此自然界原来掩藏着的美都展示出来了，格外好看。我只能在持续不断的忙碌中挤出一点时间才能欣赏这种美景。“生活的琐事”简直吞噬了我，吞噬了我的全部生命。为了必不可少的面包，没完没了地挣扎、劳碌、奔波，我还没有真正地生活过，丰富多彩近乎是奢侈的梦想。不过，无论在多么艰苦的条件下，总要想方设法“为心灵”抽出一点儿空闲。可是，在这里——却做不到，因此我总是心里不安，每天都忙得不可开交，到头来却感觉空虚，无望，我归咎于自己懒惰，实际上完全不是那么回事。劳动一天的结果，只是为了填饱肚子，为了躺下睡觉，你自己想想，那该有多么可怕！以前在我心里沉睡的意识，一直等待着苏醒过来，现在，终于苏醒了，却发现空喜欢一场，眼看着一个又一个小时，一天又一天，一个月又一个月从身边流逝，再也追不回来。流逝的岁月已经不少了。可这种样子的生活你却没办法改变，除非你不再生存，或者突然得到了一大笔钱，凡事雇人代劳，可这样又叫人反感，尽管妈妈有权利这样做，她还总是自己动手，我就是这样理解妈妈的！

但是我仍然希望将来能轻松一点儿，也许到了冬天能有一点属于自己支配的私有时间，因为夏天一直忙着为过冬做准备，这样一来，从理论上说，冬天应当更自由，更安静。不过，立刻就会想起，冬天也要为夏天做准备，因此你就觉得一辈子都会忙得团团转，像个蹬轮子的松鼠，然后像一匹瞎马，只记得整天绕圈子,却记不得在什么地方绕圈子！附带提到了松鼠,我曾经在家里养过一只松鼠,关进笼子里,立刻就蹬轮子。那时候我还很小,养松鼠的笼子放在育儿室的窗台上。那只红褐色的松鼠长着白肚皮,看着它蹬轮子,我觉得一点儿意思也没有。

夏天我和一起住的女伴儿为小房子抹灰,做冬季保暖的准备,还自己动手盖了外屋,外屋里外也都抹了灰,这些事写起来反倒轻松！要弄到建筑材料非常、非常困难。因为这些东西根本就不卖给私人。不过我们假装是某个组织,最终还是买到了需要的木板,难的是不得不自己拖回来。然后既说真话又说谎话买到了钉子。以后订购了一扇门,不料最初给我们做的门太窄,后来又做的尺寸太短,不知道后来怎么又膨胀变长了,一句话,按在门框上正合适。

随后又要买锁、买门鼻门钩、买窗框、买玻璃、买板条等等,烦心的事没完没了。

我们从森林里拉回苔藓,从壕沟里运回泥土,为了和泥抹墙还收集马粪、牛粪,却装出一副样子不是给自己干活儿,“一会儿用爪子抓一根草,一会儿用鸟喙叼根羽毛”。所有这些都是上班前下班后干的,此外还要加上做饭、洗衣服、擦地板和其他琐碎的家务事。一切都靠自己,自己拉土豆、运劈柴、往回拉水。无论干什么,都要仔细算账,拼命地节省。尽管很多活儿都是自己动手干,还是觉得花的钱太多。现在我最想做的一件事,就是去住旅馆,最大的心愿是去莫斯科,去参观博物馆,去做客,在街道上走来走去。我甚至做梦常梦见城市,梦见很多城市,虽然没有去过,在梦中却觉得认识,而偏远的乡村,谢天谢地,我清醒的时候早就厌烦了,觉得还是做梦更好。

忙到最后,我们有了一座很棒的小房子,里外粉刷一新,既干净,又很舒适,工作回来一进门,心里就高兴,终于有了属于自己的一个角落,没有邻居,也没有房东,很安静,周围是开阔的河岸,从三个窗户都能看见那条大河,目

阿里阿德娜·谢尔盖耶夫娜为她粉刷以后的小房子画的画。

前的河水还算平静。

我们到森林里去过几次，采集了很多蘑菇，做了腌蘑菇、醋渍蘑菇，晒了干蘑菇。做了三罐子果酱，本来可以做三桶，可是糖太贵了。这里的浆果有黑果越橘、水越橘，听说还有紫红越橘和云莓果，可是我们不知道究竟在什么地方，去原始森林我们怕走得太远，每年夏天都有人迷失在森林里，比如说今年吧，警察所所长的丈母娘就在森林里失踪了，很多人去找，还出动了飞机，找了很久也没有找到。

我们的房子坐落在一处陡峭的悬崖下面，紧挨着河边。左边的邻居相距三百米，他们住在窑洞里，右边没有住户。有一天夜里，猛烈的敲门声伴随着疯狂的喊叫声惊醒了我们，非常害怕。我们不敢开门，这个不速之客继续砸门，还用脚踹门，门栓脱落了，他跌跌撞撞进了外屋。我鼓足勇气，把女伴关在房间里，自己也走到了外屋。发现一个醉醺醺的中尉浑身肥皂沫和酸奶油——原来他闯进外屋的时候碰到了盛着酸牛奶的桶，后来又摔倒在泡着衣服的洗衣盆里。听到我愤怒的质问，他回答说，他是在山区进行边界巡查，每个居民都会乐于接待他，让冻僵的边防战士烤火取暖。我说，毫无疑问，他已经超越了某种边界，我提出来带他去愿意敞开怀抱接待他、让他取暖的地方。起初中尉还胡搅蛮缠，认为我们的房子最适合让他休息，不过稍后他服软了，于是我抓住他一条胳膊，吃力地把他拖出了外屋，带到了……警察所，那里值班的警察看到我非常吃惊(一个独身的正派女人是我可怜的名声!)。的确，我的衣着看上去有几分荒唐——光脚穿着拖鞋，裙子，背心，上衣敞着怀。而被我抓着一条胳膊的是个浑身肥皂沫和酸牛奶的中尉。不过这种情况非常少见，因此我希望这个中尉是头一个，也是最后一个闯进门来的不速之客。

现在为劈柴发愁——过冬需要二十到二十五立方米，可是我们只有五个立方。已经购买了五立方的土豆。

只有点着了灯，躺在床上，喘口气才能清醒过来，四周特别安静，反复阅读《浮士德》最美妙的片段,或者读其他的翻译作品。你说得对——这本书总体的翻译水平很高,歌德从过去译本语言的笨重繁琐当中得到了解脱,跟其他译本相比较,确实很出色。好在我没有任何嫉妒或羡慕的情感,没有任何偏见与激情,非常清醒地意识到,我已经远远地脱离了这些高尚的事业,尤其是诗歌翻译。脑子已经生了锈,类似的事情一点儿也做不了,我的词汇量已经贫乏得要命。正是基于这个原因,这本译作词汇的丰富多彩让我感到快慰。

有人给我的女朋友寄来一些旧衣服,其中有一本带镀金切口的法语书,是维尼的《斯泰勒》[①],这是 1832 年写的作品,我第一次读这本书已经是二十多年以前的事情了。现在重新阅读,不由得想起了妈妈,她非常喜欢这本书,书里讲的是不同时代三个诗人的遭遇——三个诗人是瑞里贝、奇杰尔顿和谢尼埃。你还记得这本书吗?是不是很久以前看过?让我感到刺激的是主题和语言的不协调,语言过于"巴洛克化",仿佛总是端着架子,如果可以这么比喻的话。在那个遥远的时代,做个真正的诗人是多么可怕呀!维尼有关同时代的诗人和前辈诗人有一句话说得很有道理:"诗人为苦难而生,却获得荣耀的名声。[*] 可是以今天的观点来看,这句话未免过度张扬。

就这样吧,非常期待来信,哪怕是一张小小的明信片。你该明白,大雁已经排成楔子的队形飞往南方,眼看着凛冽的冬天就要到来,可是这里还收不到书信。

热烈地亲吻你。

你的阿莉娅

你知道吗,今天是我爸爸和妈妈的生日。

---

① 阿尔弗雷德·德·维尼(1797—1863),法国诗人和作家。长篇小说《斯泰勒,或蓝色魔鬼》出版于 1832 年。

* 此句原文为法语。

1950 年 9 月 30 日

我亲爱的阿莉娅！

我又收到了你的来信，诚心诚意，充满智慧，写森林，写你妈妈，写我的翻译。我常常把你的书信拿给别人看，夸奖这些书信，说它们写得好。

可是最近我给你写的都是些漫不经心、匆匆忙忙的短信，内容很空洞，只不过怕你惦记，以为我忘了你，让你不要担心。

要说原因，除了时间不够，再就是最近一段日子我很安静，不愿与外界接触，这一点不想解释*……不善于表达我的本性，丝毫也不灰暗，而是明亮、欢乐的性情，可我的笨拙给他们带来了阴影，把时常变化的情绪传染给了他们，本来就难以沟通，现在更多了一层障碍。

或许这是疑心太重，但正是由于这一点，我变得克制稳重，免得写长篇大论的书信，给你带来苦恼。请原谅我吧。

可能在你给我写信谈论浮士德之前，我一度想给你写信，对于《新世界》杂志上发表的译文给予批驳。你不要担心，这些都是无足轻重的小事……

1950 年 10 月 7 日

亲爱的鲍里斯！我太高兴啦，终于又见到了你在信封上的笔迹！的确，你长时间的沉默让我总是提心吊胆，忍受煎熬，我非常害怕，自己也不知道为什么。也许是因为，在我出生的时候，依照上天的安排，把赐予我的全部忧患分散给我所有的亲人、亲戚和熟人，现在这忧患又被我传染给两三个人。忧患无数，亲人稀少。我并不期待你的来信"论述周详"，因为第一，我不会由于你的关爱而提出无理的要求；第二，我知道也理解你有多么忙碌。但是我认

---

* 扯断的纸页上有附言：（半页纸被撕去了，1950 年烧毁了，也许稍晚，1953 年烧毁的——阿·艾）背面是书信的后半部分。——编者注

为,一个月当中写两次只有几句话的明信片不会影响到歌德或者莎士比亚的翻译,这样做却对我有一定的好处,我能够了解基本情况——知道你平安健康,至于其他的方面,凭借我超人的直觉(有天生的遗传因素,也是后天努力的结果)——十有八九能够猜测出来。

我们这里从9月28号起就完全进入了冬天,与去年相比,今年入冬晚了十天,头一次下雪碰巧是我的生日。已经穿上毡靴,围上头巾,裹上防寒的衣服,显现出过冬的笨拙臃肿。四周一片银白,死气沉沉,非常寂静,不过轮船还在行驶,今天开来了今年倒数第二条船。有两样东西急不可待,一个是大雁向南迁徙,另一个就是最后一条船离开码头。看天上的大雁列队飞行,很像战时前线寄来的三角信,大雁鸣叫着相互应和,那惊恐的声音冲刷着心灵。"冲刷心灵"——这是个多么传神的说法呀!要知道它说得颇有道理——雁队飞行,最后一只雁嘴里叼着线团的一根线,那个线团其实就在我心里。哦,阿里阿德涅之线!森林里立刻显得安静又空阔,放眼望去,到处都是落叶!落叶——就是诗,就是文学,而今天的森林——是赤裸的真实。的确,光秃秃的树站在那里,露出本真的面目,你忽然觉得自己有几分尴尬,就像受到惩罚的孩子面对无数的荆条。前两天去采桦树条准备扎扫把,采了一些枝条,不知为什么忽然有些害怕,就赶紧回家。四周的积雪白得刺目。大自然为自己的过去谱写了雪白的一页,为的是到春天翻开全新的篇章。它有这样的能力。奇怪的是,走在森林里,迎面碰见了一个人,记得去年他已经死了,我确实认得他。那个人从我身边走过,还点头问好。我至今想不明白,他是不是那个去世的人,还是另一个面貌很像他的人,如果是他——说明他没有死,如果不是他,是另外一个面貌像他的人——说明那个人也活着。

身体没什么,只是心脏不好受。都怪这里的气候,越往北,心脏越难受。爬上一个小山坡,仿佛攀登一座高峰,提一桶水,觉得比两桶水还要沉重。莉莉娅给我寄来了一种疗效神奇的药物,闻起来有樟脑和萘的气味儿,还有防虫剂的味道。我记不住一次服用几滴,因此就喝一小口,相信它有效,不知道是真有效,还是心理作用,莉莉娅告诉我说很管用。生活中没有什么亮点,因为跟我一起住的女伴失业了,没想到只剩下我为数不多的工资,再没有其他任何收入维持生存,也就是说,每个月两个人靠二百二十五卢布生活,找工作非常困难,因为我们俩干不了体力活儿,可是"脑力工作"连想也别想。无论我的工作条件多么艰苦,尽管这份工作不太稳定,每一天每个小时我都清清楚楚地意识到,我是幸运的,因为还有这份工作。此外,我很喜欢各种各样的节日和纪念日,我的主要生活内容就是为这些节日和纪念日做准备工作。

好在我们俩现在有活儿干,在入冬以前来得及收拾我们的房子,置办各种必需的用品——我们有两张单人床、三个凳子、两张桌子(其中一张是属于我自己的工作台),有炊具,还有水桶等等。我们有五袋土豆,半木桶腌白菜(我们这里不种白菜,是从外地运来的),除了腌白菜,我们还有腌蘑菇和醋渍蘑菇,也有晒干的蘑菇,还做了两木桶果酱,因此入冬的时候不会为吃的发愁。可是说到劈柴情况不妙,大约需要二十立方米,可我们贮存得很少。你看到这些有关家务的胡言乱语,一定烦得要命,可是我忍不住把这些琐事都写出来,就像犯了神经病一样——这正像有些人看见动物内脏就皱眉头,而另外一些人却疯了似的爱吃这些东西。

关于《浮士德》的文章我没有读过,只在《文学报》上看到过有关它的评论,我给你写信曾经提到过这件事。

亲爱的鲍里斯,真希望你能知道,我多么渴望回家,我平时有多么苦恼——走到外面,一片寂静,仿佛耳朵里塞上了棉花团,困在这样一个荒僻遥远的地方!有可能我会爱上这天涯海角,或许是我自己的选择——出自本心!当太阳离开这里的时候,我变得失魂落魄。大概我就喜欢黑暗!

热烈地亲吻你,给我写明信片,我将殷切地期待。如果夏天你写出了什么作品,请寄给我,你的每一行诗——都带给我快乐。

你的阿莉娅

不久前借到了《包法利夫人》[①],我很喜欢这本书,你喜欢吗?这是一本杰作,并不亚于《安娜·卡列尼娜》。而《萨朗波》让人联想到蜡人博物馆——尽管也涉及种种情欲。你大概知道,还有一个帕斯捷尔纳克[②],诗人,好像是立陶宛人或者是什么地方的人,我在文学报上看到过他的诗歌作品。

1950年10月10日

亲爱的鲍里斯!刚刚收到你的头一封信,今天又收到了第二封来信。我本来想立刻就回信,只要时间允许的话,可惜恰恰没有空闲。你的信让我很受感动,觉得心里温暖,往深里说,让我从内心感到精神振作,这样的情绪是越来越少见了。谢谢你这封来信。不,我没有看到《新世界》杂志上的评论,看到的是《文学报》上跟那篇评论有关的评论。看了这篇随声附和的文章我很郁闷,这倒不是因为我讨厌其中的"谩骂",而是由于评论者的观点是虚伪的,在我看来,这种杜撰毫无根据,我根本就不相信他的说法,批评和批评家缺乏真诚,这是让我郁闷的主要原因。你的《浮士德》尽管写了很多精灵鬼怪,但是格调明快清晰,充满了生机和活力,还有强健的思想,所有亡灵和彼岸的幽魂跟它接触,都会黯然失色,尽管看的是译文,有一点舞台道具的意味。(总而言之这是一部引人入胜的作品,展现了歌德无比锐利的思想,无论何时何地都所向披靡的风格、时代精神、超前的意识、幻想和气势。他的作品中有某种可怕的真实,他的"细节之神"及其种种细节,如同一个善于当家做

---

① 《包法利夫人》以及后面提到的《萨朗波》,都是法国作家福楼拜(1821—1880)的小说。——译者注

② 列昂·帕斯捷尔纳克(1910—1969),波兰诗人。

主的大叔,把所有的细节都安排得井井有条,无懈可击,其他的就属于美化修饰,镀金添彩。他创作《赫尔曼与窦绿苔》,就有这种挥洒自如的感觉,而在《少年维特之烦恼》当中,还显得有些稚嫩。浮士德调遣的妖魔鬼怪,若细加分析,既不在地下,也不在空中,他们在歌德的工作余暇品尝着德国人的健康食品。附带说,我不喜欢玛加蕾特,在所有的人物当中她最弱。)是的,你看,歌德的强健的思想、他的生命力、非现实主义语境中的稍嫌粗鲁的现实主义,所有这些都是我第一次读了你的译本以后才明白的。(这之前我读过不少译本,全都像患了贫血症,语言累赘啰嗦),综上所述,可以得出公允的结论,正是你向读者传达了歌德的“先进思想”,在《新世界》发表评论的批评家阅读能力很差,写出来的文章更糟糕。

你说过:“你不能给朋友们带来幸运”等等,当然,你的说法绝对错误。其实这不过是一种多疑心理(超强的多疑!),也是对待朋友超乎寻常的客气。你在痛苦时依然光明磊落,心地善良,你的书信字里行间(还有你本身!)蕴藏着一种让人感动的力量,我读你的来信常有这种感受,这一点我在前面提到过。我有许多感触难以表达,难以说清楚,由于跟别人缺乏交往,由于没有机会写作,我的许多想法跟我的情感一样,极其混乱,模糊得要命,落实到文字就很拙劣。不过,我有这样的想法——过了很多年以后,当今这些批评家的孙子们写文章,将会探讨你创作中的乐观主义精神,他们会轻易地证明这一点,这是毫无疑问的,如同古代希腊从零星的碎片中得以重生再现一样毋庸置疑。可你生存在今天,呼吸在今天,这一点能不能给你安慰,我不知道,但是我知道,这样的命运属于上帝的选民,他们的命运像这夜晚的星空一样,无可争辩,属于永恒。为什么我这样仰慕你,阅读你的来信无限喜悦,当我想念你,给你写信的时候,为什么感觉自己依然保持着本性?这不仅仅因为你——是老朋友,在我心里,你的名字永远跟妈妈的名字联系在一起,我爱你,除了自己,还替他们表达爱心,另外还有一个原因,我从来没有涉足创作,虽然能观察，能倾听，却哑口无言，从来没有写出任何作品，崇拜你像崇拜造物主，崇拜人世间的你——精神永恒（你是我惟一值得信赖的人，品德最为高尚的人，因为我相信——事业都是由人的双手创造出来的！）。我格外热爱和敬重你，还有一个缘由，你没有把自己的才华埋进泥土，你没有像米丘林那样进行嫁接，总之为你活在世上所做的一切倾诉我的爱与尊敬。请原谅我断断续续、毫无章法、混乱得要死，本来觉得脑子里想得有条有理，清清楚楚，不料说出来竟这样语无伦次！记得你有一次给我写信，说我试图“编织跨越距离的爱情”（你写的词句不是这样，但意思非常接近），你千万不要这样想。不，我说的一切跟各种各样的爱情无关，我的情绪就像此刻笼罩着我的北方的夜晚，就像已经被冰层覆盖的叶尼塞河，就像受到钳制的大地仰望着星斗闪烁的高空。

说实话，过的日子依然很艰难。过得筋疲力尽，你明白吗？与其说是我本人觉得疲惫，不如说我走到了十字路口，可能已濒临死亡，或者正处在另一种生活的前夜。我有时候做梦，梦见自己重新回到了莫斯科，在其他任何城市生活都不合乎我的心愿。这是惟一的让我魂牵梦萦的城市，其他城市，都像有风景画片的纪念册，我会记住它们，我对它们的态度可能有失公正。我对祖国的感情开始于莫斯科，描述整个苏维埃联邦辽阔的国土，最终还要返回到莫斯科。我和妈妈的关系也是这样，我的生命以对妈妈的爱开始，也将以对她的爱结束，从童年的情感开始，一半无忧无虑，一半依赖妈妈，由她主导，等到经历了种种坎坷磨难之后，对感情有了清醒的意识，我和妈妈拥有平等的权利。

今天傍晚开来了最后一条轮船，沿着昏暗的河流，河面上已经结了一层薄薄的冰，几天之后就让河流穿上钢铁似的铠甲，那种颜色很讨厌，让人想起刚刚被冻死的鱼。经过装扮的好看的轮船，像在莫斯科河上行驶的船只一样，冲碎了薄冰，缓缓向前，这是明年开春之前运送最后一批游客，最后的一批货物。从冬天到冬天间隔期十分短暂，从这次结冰到下次结冰仿佛是时间的一次跳跃，难道说直到末日都这样周而复始吗?!

一系列冬天的节日就快开始了，我的工作多得简直可怕，累得晕头转向，挣到的一点点报酬少得可怜，尽管生存环境很差，我还是养了两只小狗崽和它们的妈妈，还有一只猫。这只猫从来不逮老鼠。小狗仔睡在铺了沙子的箱子里，到处拉屎撒尿，给我原本单调的生活增加了某些色彩。现在我们这里是夜里一点钟，你们那里才刚刚晚上九点。亲吻你。

你的阿莉娅

如果有可能的话，把你新写的作品随便寄一两本，很久没有寄过你的著作了。

1950 年 11 月 8 日

亲爱的鲍里斯！谢谢你，所有的邮件都收到了，像往常一样，非常及时。由于忙碌节前的准备工作，未能立刻回信——工作多得要命，整个 10 月和 11 月初没有任何空闲的时间，简直叫人恐怖，今天是头一天，可以稍微喘口气，我觉得自己都快支撑不住了，仿佛生了一场大病似的。工作忙到不可开交的日子，由于你无比的顽强，居然把所有的任务都如期完成，那时候也会感到格外开心，这种喜悦丝毫不亚于休息时候的那份快乐，时间由自己支配，可以看书，可以去欣赏大自然。遗憾的是现在这样舒心的日子几乎没有，做不完的事情、没有做的事情永远让你感受到沉重的压力。以前我对这些事不太在乎，那时候反倒轻松一点儿。

我们这里冷得难以忍受，昨天，10 月三十三周年纪念日，气温是零下五十二度，因此不得不把预定举行的群众大会和游行改期，过去天气允许的情况下，盛大节日都举办类似的活动。我觉得非常遗憾，除了在莫斯科，我在任何

阿里阿德娜·谢尔盖耶夫娜在筹划墙报

地方都没有过节的那种感觉，比如说在这里吧，这地方如此荒凉，偏僻遥远，到处是雪，非常寂静，在这种条件下，即便是在莫斯科也不适于举办节日庆祝活动，再说红场本身就是过节的场合，自古以来就在那里集会，总是旗帜招展，反观这里呢，即便拉出大幅的标语，插上彩色的旗帜和红旗，欢乐的气氛总觉得有点特别，仿佛是窗口的光亮，是住所的装饰，好像要证明不仅世界上有人劳动，还有共同的喜庆，尽管参与这欢庆的有许多雪堆！

从10月中旬开始一直是——严寒、严寒、严寒。我们在寒冷的雾气中醒来，透过迷茫的雾看见相距不远的、散发出微弱白光的太阳和月亮，还有两三颗巨大的星星一动不动，就像在伯利恒看到的星星一样。呼吸艰难，吞咽的不是空气，而是本地罕见的某种混合气体，能够洞穿人的胸膛。一切都发出响声——你去抱劈柴，点燃炉火御寒，劈柴有声响；你踩着雪走路，脚下的雪有响声；远处传来狗的叫声，你自己的呼吸，还有烟囱里冒出来的烟，都有响声。雾气白天也不消散，只是变得更加明亮，到傍晚又是那种情景，太阳、月亮和三颗很亮的星，随后不见了太阳，只看见月亮和星星。大约再过几天，暴风雪又来逞凶，原本熟悉的小路，忽然变得高低不平，出现了一个个雪堆，走起路来咔咔作响犹如刀砍鲜白菜的声音，我们的小房子完全被厚厚的积雪掩埋了。尽管如此寒冷，叶尼塞河却还没有完全结冰，有些地方还能看见河水，被银色的冰凌衬托着，流水闪烁着金黄色的光斑，因此有水的那一片俨然像个巨大的宝库。正是这一片片金属似的河水冒着蒸汽，回旋缭绕，跟雾气融合在一起。一般说来——这景象很美，只不过忍受不了那刺骨的寒气。

通古斯女人早就稳稳地站在那里，站了很久。由她经手运送割下来的草，寒潮来临之前那些草一直留在河对岸，他们还运送劈柴，拉草或者拉劈柴最常使用的是一些狗。莱卡狗早就长出了厚厚的绒毛，能够抵御寒气和狂风，这些狗本身就像它们拉的干草车。它们躺在雪地上睡觉，把黑鼻子藏在白色的尾巴里，你从旁边走过，它们会睁开懒洋洋的栗色眼睛，然后接着瞌睡。它们从来不咬人,尽管有个凶猛的名字,可是它们很少汪汪汪地叫唤。我们也养了一只小狗,不过并非真正的北方狗,好像是一只看院子的狗。它的毛不像本地狗长得那么密实,因此它一直跟我们待在家里,可是看门倒尽心尽力——能叫唤,还敢咬人。我们还有一只名字叫罗曼的西伯利亚猫,它的日子过得不赖,尽管只有一次逮住了祸害我们的老鼠,到现在两个多月了再也没有捕鼠的欲望。虽然不逮老鼠,倒是喜欢抓狗的尾巴,抓我的纸片或画稿,满屋子乱跑乱转。不久前看院子的母狗生了三只小狗崽儿,但是我们清静惯了,它们过于活跃,我们把小狗崽送给了很好的人家,现在我们又可以安心地休息了。

在过节之前的一个月,我什么都做不成,什么书也读不了。从早晨天刚蒙蒙亮一直忙到深夜,不停地写标语口号,没完没了的标语口号,还要编写墙报,出光荣榜,最后还要背过各种必须完成的指标,捕鱼和采购皮毛完成计划的百分比数字,准备可能有用的引文以及诸如此类的一大堆琐碎事务。大约病了两个星期,一直发高烧,但是工作仍然要坚持下来,有病没病,拼了命你也得坚持。熬到最后,该做的都做完了。这一年没有人骂过我,也没有人强迫我返工重做什么,我自己也不知道,这究竟是为什么。往常在过节之前,总要挨骂,有人催促,还总不满意,不满的原因并非做得“不好”,而是他们“不喜欢”,有的人不喜欢这个,另外的人不喜欢那个,在这种情况下,工作起来非常棘手。总的说,很不容易。现在,从 11 月 1 日起,我将领取全额的工资,可是这之前好几个月一直领取一半的薪水。这样一来我会轻松一点儿,我很满意,尽管我的全额工资也并不算多,可总归还是一件好事。你给我寄来的钱,我用来购买了木柴,雇了两个锯木工,他们管锯木头,劈劈柴,把劈柴码放整齐,虽然这工作不太累,但是外面很冷,既然能雇人来干,我就不想自己做了。我还有些存款,以备不时之需。最重要的是买到了劈柴,没有劈柴,说句实话,在这里根本就过不了这个冬天。谢谢你,亲爱的,我们享受的温暖都是你给的。这让我们的日子过得很舒心!

现在我正重新阅读《汤姆·索亚历险记》,依然兴致勃勃,虽然从很小的时候就能背诵这本书,甚至能背诵不同的版本。举例来说,记得小时候在周日学校里有个小姑娘朗诵短诗:“玛丽亚有一只小羊羔”,可是1949年译本是:“玛丽亚有一只小绵羊”,意思差不多,可开始说“小羊羔”更好,因为小绵羊是要被吃掉的,只有小羊羔才适合在周日学校里朗诵。

我们图鲁汉斯克运气不错,这得感谢早来的冬天:最后一条轮船要往更远的北方运苹果和葱,由于担心难以抵达最后的码头(很像圣经上的说法!),就把船上的苹果和葱卸到了我们这里,因此我们多年来头一次在这里出售真正的葱和真正新鲜的苹果!

我们的小房子里现在很好,又暖和又舒适,我感到幸运的是毕竟有一个属于自己的窝,不必看家神似的看房东的脸色,也没有其他的邻居。劈柴差不多有十立方米,也就是说烧半个冬季足够用的,有土豆,甚至还有酸白菜,有各种各样的蘑菇,腌制的、晒干的、醋泡的,甚至还有少许黑果越橘做成的果酱。因此跟去年相比是好多了,呸,呸,呸!千万别让毒眼给盯上,这些都得感谢你。我们夏天忙着修理的小房子的取暖设备效果很好,现在没有一处透风,即便在零下五十度屋里一点儿也不觉得冷。看到这些琐碎的家长里短,你是不是觉得很无聊?我只不过写得上了瘾,在我看来,“征服北方”是一个很有意思的题目,即便是在这么一个很小的范围内!

恳切地请求你,有可能的话,请给我寄一些你自己写的或是翻译的作品。

热烈地亲吻你。

你的阿莉娅

“……我们的小房子四周一夜之间会出现高过房顶的雪堆……”阿里阿德娜·艾伏隆的素描。

1950 年 12 月 5 日

阿莉娅，亲爱的，请原谅我给你写信的时候很少，偶尔才写，对不起，写得太少了，其实有时候想写，却没有写，看起来就像没有写过信一样，请你不要误解，以为这是冷淡或者有意轻忽傲慢。

夏天快要结束的时候，大约有一个半月到两个月我在写自己的小说，现在经过思考，决定回过头来继续翻译浮士德的第二部，这有点像你写的那些标语，与我往常的写作相比，这次进展得很缓慢，难以克服的笨拙庞大的构思，夹杂着处于萌芽状态的巧妙创意，它们压抑不住地冒出来，却变成了自鸣得意的平庸。或许可以这样说，这种劳动绝对是谁都不需要的，可是总得有人做些没有人需要做的事情，那就最好来做这样的事。

阿列奇卡，我在这里写这段文字是为了填满这半张纸。我想对你说的内容，全都包含在这几行文字当中。生活，不断地迁居搬家，住宅的狭窄，教我养成了一个习惯，不爱保留那些书籍、文件、手稿、影集照片、往来书信，免得占用居住空间，把书架、桌子抽屉塞得满满的。我常常把这些东西销毁、丢弃或者送给别人，当然，正在创作过程中的那部分手稿除外，最珍贵的、最有价值的送给图书馆(要知道，这一部分最终也会被人统统拿走)。当我不在人世的时候，留下来的只有你的书信，因此大家会断定，除了你，我不认识任何人。

你又一次令人惊奇地描述了自己的生活，记载了北方的荒凉与寒冷，仿佛是无所用心，随便闲聊，我提到这些只有一个目的，就是给予赞扬。这是实践得出的结论。一个人这样观察、这样思考、这样说话，说明了他在复杂的生活环境里对自己具有充分的自信心。不管生活怎么变化，生活条件多么让人疲惫，甚至时时受到恫吓与威胁，但是他怀着轻松的心情，自认有权利坚守从小时候开始的那一条为他所理解和热爱的路线，他充满了自信，惟独倾听内心的召唤。

高兴吧，阿莉娅，你就是这样的人。面对这种处境，你的磨难就变成了财富！热烈地亲吻你。

你的鲍

1950年12月6日

我亲爱的鲍里斯！我没有给你写信，也没收到你的来信，看来我们的书信来往难以超越这冰天雪地和万里阻隔。你当然有忙不完的事情要做，我也有很多工作要干，想干的总也干不完。一天天忙活的都是琐碎的小事，顾不上休息，难以推脱的任务满满当当堆在那里，有的是重复劳动，很多事做也做不完，甚至连做梦都梦见这些乱七八糟的琐事，仿佛是个被人抽打的陀螺，不停地旋转，转得头晕目眩。看起来“掌管琐事的神”是个凶神恶煞，我觉得自己非常不幸，原因是细枝末节的琐事占用了我所有的时间，耗费了我全部的生命，却得不到任何有价值的结果，得到的只是些瓦砾般的碎片。的确，这几个月一直忙活过节的各种事情——这就是工作。到1月份就会轻松一点儿。这个冬天跟去年的冬天完全不同。那时候冻得人难以忍受！现在是连续不停的暴风雪，没完没了地呼啸咆哮，我们的小房子四周一夜之间就会出现高过房顶的雪堆，昨天走过的小路，已经被雪山掩埋，昨天高高的雪堆，忽然被狂风铲除，露出了衰草残存的地面。让人觉得就在附近的某个地方，在北极，开动了一个巨大的螺旋桨，眼看着我们就会被它吹得飞起来！然后有两三天的间歇——真正的大晴天，一切都在原地，非常牢靠，毋庸置疑，在雪白的背景衬托下，活动着的只有人、马匹和狗。可是一旦狂风又刮起来，“石头下的狂风”——(“石头下的通古斯卡”是一条河的名字)，又会天昏地暗，一切被吹得底朝天。不停的风暴与偶尔的晴天交织在一起，实在让人惊心动魄。让人惊心动魄的还有夏夜的星空，让人透不过气来的漫天的乌云，辽阔无边的大地——有时候结实牢靠，在脚底下发出声响，有时候覆盖着蓬松的积雪，还有神奇的风,正是普希金描写的"飞旋的暴风雪"。这一切令人称奇还有一个重要的原因,那就是在我们的小房子里非常暖和与舒坦,棚子里面贮存着劈柴。去年我们的房子透风,寒气很容易钻进来,那时候没有现在这样的心情,顾不上欣赏窗外的风景。

明天我们将迎接我们地区代表委员会候选人的到来——确切地说是坐飞机来,我写了数不清的标语,一部分是明天使用的,另外也为即将举行的委员会选举做准备。整个小镇子都在收集大大小小的小铜钟和铃铛,跟去年一样,又将出现一个真正美好的节日。我不知道为什么无论在什么地方,都不如在这里,在西伯利亚,更能真切地感受节日气氛。大概这里的人更质朴,更单纯,四周都是白茫茫的积雪,平常日子过于单调。喏,你不妨自己想一想,在到处是积雪的日子里,忽然驶过铃铛乱响的三套车,到处是标语,旗帜飘扬,叫嚷与欢呼声此起彼伏,所有这一切情景都像在电影里,却又不是拍电影,你说,这该有多么刺激!

几天之前几个通古斯人乘坐鹿拉的雪橇来到我们这里,他们分头去办理自己的事情,只留下一个通古斯女人看守着几头鹿,这个扁平脸的女人模样挺好看,皮肤黝黑,眼睛温柔明亮,就像鹿的眼睛,她脚上穿着柔软的翻毛皮靴子,上面缀着花花绿绿的小玻璃珠子,还缝着各种颜色的碎皮子作装饰,上身穿带风帽却没有扣子的半大鹿皮袄,看来穿衣服的时候是脑袋直接钻进领口穿上的。这一切都像童话里说的一样,浅黄色的鹿头上长着美丽的鹿角,鹿身上有深褐色或金色的斑点,它们当中只有一只鹿浑身雪白,闪着银光,无比神奇、珍贵,那是主持婚礼的神鹿。

这个冬季我们俱乐部里没有来艺术指导员,上级决定让我组织一个戏剧小组"承担社会宣传任务"。我指导排练了两出短小的喜剧,演出效果不错,现在我们开始排练《屈打成医》。一开始我就碰了钉子,几个小伙子断然拒绝穿着短裤和袜子上场("胆子太大了!"),他们建议我选择普通人穿的裤子、军

阿里阿德娜·谢尔盖耶夫娜抱着小猫罗曼

人穿的裤子、海军服和夏天穿的带蓝条格的海军衫,脚上穿皮靴、皮鞋、翻毛软底皮靴或者毡靴。莫里哀在棺材里稍微动一动,就会掀起一场持续的风暴。噢,几个年轻的小伙子一直不听话,我为能不能排练好这出戏非常担心。

我累得要命,缺乏睡眠时间,往往半夜醒来的时候,会产生疑问:这是十二月的夜晚吗?现在的白天非常短暂,但仍然像照相时的镁光一样耀眼刺目。到了夏天,根本就不能睡觉,天太亮,无论是谁全都睡不着。

我养了一条狗和一只猫,中午休息时匆匆忙忙跑回家,两个可爱的小家伙都会迎接我——一个蹲在门口,仿佛警戒值班,另一个像家里的精灵一样从火炉旁边跑过来表示亲热。通常没有人到我这里来做客,我也从来不去看望什么人,根本没有那样的想法。我的生活看起来很孤独,不过我从来不会由于孤独而苦闷,将来也不会感到苦闷,只要保持勤快耐劳的习惯。不劳动的悠闲日子永远都不适合于我。这样看来一切还算正常,只是心脏偶尔由于气候变化感到不适——盼望将来能逐渐习惯。

收音机里广播说莫斯科的气温一直在零下二度到零上二度之间,真叫人嫉妒,又觉得可笑,这就叫不一样的冬天!通常我们能从苏联不同的城市电台收听到四次广播体操,以后就是给低年级、中年级、高年级学生播放的各种节目,等莫斯科时间晚上八点播音结束的时候,我们这里已经是深更半夜了。不光是收听莫斯科的播音,要等到无线电中心台停止播音,人们才会上床睡觉。

请原谅我这些胡言乱语。热烈地亲吻你。

你的阿莉娅

阿·谢·艾伏隆与阿·亚·施科季娜在她们的厨房里

1951 年 2 月 12 日

我亲爱的鲍里斯！为什么你连一封信也不给我写(我指的恰恰是我)？我知道,你时间不够用,根据切身的经验我知道,这种处境并不轻松。我太渴望收到你的来信了,甚至看着一个字迹相当灵动的信封,突发奇想,觉得你的信完全不需要"航空"的渠道,就能够超越所有的空间阻隔飞到我这里来。我写信的感觉前后有变化：以前写信,觉得是为了让收信人高兴,因而写信就包含着一部分尽义务的因素,这是个永恒的动因。现在呢,我写信的时候主要是为了让自己开心——这是我的通气孔,是我投放到外部世界的"目光"。义务变成了另外的事情——工作、劈劈柴、日常的操劳,只有写信成了自我满足的娱乐活动,我是踮起脚尖走向最后的一块净土,你明白吗？我还没有一次耽误过写标语、洗土豆、劈劈柴、擦地板,可是写信——却往往挤不出时间。当然,我给你写这些决不是为了引起你的反驳,让你说什么,我的信让你感到无上的快乐,不,我说这些是因为,实际情况真是这样,如果仔细想想,确实如此。如果不去细想——结果还是一样。

今年这个冬天让我觉得非常可怕,尽管我抖擞精神跟它搏斗,并且想方设法要战胜它。去年的冬天可能也很恶劣,不过我对它还缺乏了解,这几年每年都觉得呼吸越来越艰难,零下五十度的严寒和暴风雪,让人简直难以忍受,发了疯的大自然和古怪的天气想把人的身体和心灵都置于冷冰冰僵死的境地。每走一步,每次呼吸——都是跟恶劣环境的搏斗,根本不可能像平常那样走路和喘气！除了这些之外,还加上一个我从小难以忍受的昏暗,长期的昏暗很恐怖,让人感到特别压抑,虽然在幽暗中星星变得更明亮,有好看的北极光,还有其他光怪陆离的奇观。现实是黑暗加寒冷,可是有些信奉东正教的傻瓜认为,有罪的人一定要烤火,要沸腾,还要用舌头去舔灼热的东西。然而,我不认为自己有罪,我不承认这里是等待进入天堂的涤罪所,如果是虔诚的信徒,处在我的位置,就是一心要寻找天堂,其结果就成了个非常滑稽的笑话！总括而言，没有什么可说的，造物主设想得很美、很宏伟，确实也出现了恢弘壮丽的景观，只不过对于照明和取暖，没有人关心和过问。附带说，在我看来，这里的那个老头子有很多想法不错，可是没有一项能够彻底做完。

跟黑暗、冰冷的冬天形成奇妙对照的是我们的小房子，虽然小，却温暖、可爱，像个有性命的生灵。它坐落在能够防风的山脚下，周围是一望无际的旷野，仿佛看不到它的存在。看不到河流，看不到河岸，看不到天空，一切都消融在暴风雪、消融在严寒和漫漫的长夜之中。春天会发生什么事情？当积雪融化成溪流，从山岩上冲向我们的小房子，迎面又会看到汹涌喧腾的叶尼塞河。我希望，溪流经过我们的门口，然后又平静地离去，也有可能出现意外，巨大的冰块被春天的河水推向河岸，有的冰块的体积大大超过我们的小房子！

跟过去一样，我的工作很多，跟过去一样疲惫，由于这种疲惫的感觉变得越来越迟钝。我的身体跟气候没有直接的关系，气候跟我的身体也没有关系，不过我还算相当结实，没有出现太大的毛病。做梦只梦见莫斯科，梦见城市，清醒的时候，只能面对偏远乡村的生活。读书很少，却总有一些意想不到的发现。重读了巴尔扎克，可怕的是遇到了很便宜的盗版书，但是，法国人总有些真正闪光的杰作。他们有数以千吨计的语言矿藏！阿列克谢·托尔斯泰早期的作品——就像无声电影可笑的剧本！而列夫·托尔斯泰无论早期还是晚期，他的作品都是永恒的！一般来说可以得出结论，真正的最优秀的作家，在大多数情况下都是性格非常强悍的人。观察的才能——是强悍的才能。屠格涅夫笔下的主要人物，除了几个女性形象以外，好像每个人物身上都有作者的影子。反观托尔斯泰该有多么厉害！一般说来，越出色，就越厉害。只有高尔基和罗兰心肠柔和。契诃夫也是个很厉害的作家，他不想让读者和他所写的人物过于痛苦。对不起，亲爱的鲍里斯，请原谅我这些胡言乱语——我一边写信，一边看表，还没有来得及说些正经的话，就该收笔了，马大又在拉扯玛利亚的衣角，示意她应该干的家务活儿还没有干完。[①] 因为我年纪老了，世上的很多事都忘记了（“我真的老啦，达妮娅，人老啦，头脑就迟钝。”……[②]），现在我不明白，这姊妹两个哪一个是真正的“女主人”。关于这一点妈妈有个说法说得有道理：“我成了两个老太婆的孙女儿：一个干粗活儿，一个手白净。”[③]

热烈地亲吻你，等待信息。

你的阿莉娅

1951年2月25日。莫斯科。

亲爱的阿莉娅！

谢谢来信。我已经感到不安，给伊丽莎白·雅可甫列夫娜打过电话，问她有关你的情况，还想给你发一封电报。

我现在确实忙得要命。儿童出版社出版了由我翻译的莎士比亚五个剧本，作为中学生读物，其中就包括最近译的《麦克白》。稿酬要等将来才会给，为此必须仔细、耐心地反复审核全部译文，一页接一页地看，一个字母接一个字母地核对，尽力接近原作，以便得到生动的译文。这样做是必要的，编辑当然会注意到这种努力，这种必要性并非来自事情本身的暗示或者生活的要求，而仅仅是为了有利于出版，为了在某个时刻，比如说翻译莎士比亚，该把这作品交给哪个译者呢，出版社会想到我们。世界上的一切都是变化的，会

---

① 此处指《路加福音》第十章。耶稣进了一个村庄，有一个女人，名叫马大，接她到自己的家里。她有一个妹子，名叫玛利亚，在耶稣脚前坐着听他的道。马大伺候的事多，心里忙乱，就进前来说：“主啊，我的妹子留下我一个人伺候，你不在意吗？请吩咐她来帮助我。”耶稣回答说：“马大，马大，你为许多的事忧虑烦扰；但是不可少的只有一件；玛利亚已经选择那上好的福分，是不能夺去的。”

② 见普希金《叶甫盖尼·奥涅金》第三章，第三十五节。

③ 这里的引文不准确，参见茨维塔耶娃的诗作《头一个老太婆有四个儿子》。

朝着好的方面变化,我所耗费的时间和精力不会白废,而会带来回报。这些文本经得起时间考验,寿命能有三十年到半个世纪之久。

我曾经答应给你寄些钱,怕你等得心急,我原来指望 2 月,正好是冬天最冷的时候,可是这想法后来推迟到 3 月底或者 4 月。凡是我答应过的事,你尽可以相信,但是什么时候兑现,却没有一定的日期,因为这不取决于我的意愿。请原谅我说的这段话,你的梦想和精神都毫无错误可言,也不必隐秘地抱怨距离遥远——所有的过错都怨我,我早就打算 1 月份为你做点事情,让我苦恼的是有心却没有做到。不过用不了多久,很快我会纠正自己的过失。

对不起,这封信写了两页纸我居然没有告诉你任何好消息,甚至也没有任何实质性的安慰。我身体健康,正在工作,依然停留在个人创作的边界之外,我的全部身心都属于你,我爱你,我相信,你经得起一切考验,对这种信念怀有信心,相信这一信念的明智和富有远见,所有这一切,再加上其他一些尚未形成文字的想法,是得不到允许的、不配享受的奢华,默默保存在我心里。亲吻你,阿莉娅。

你的鲍

1951 年 3 月 5 日

亲爱的鲍里斯!你的来信让我非常高兴,有了精神,内心也更坚强了,说真的!你的所有书信,即便是匆忙之间写的短信,甚至是生病期间写的信件,都充满了开朗乐观的因素,有很多我以前不知道的滋补心灵的维他命,它们像蓄电池一样对我有充实鼓舞的作用,这些书信给了我力量,让我坚强地继续生活下去。

我不知道为什么,这个冬天比上一个冬天过得更艰难,虽然居住条件比过去好多了——小房子很暖和,完全是“属于自己的”,也就是说,自己住着很舒适,还具有安徒生童话和狄更斯小说的某些特点,由于和周围自然环境的空旷、萧条、单调呆板形成反差,更加彰显出它的独特。刮风、下雪、严寒、暴风雪,周而复始。一个人要跟恶劣的自然环境不断地进行抗争,不是面对狂风暴雨,就是天寒地冻,冷得难以忍受,这种经历让我疲惫得要命。这个冬天持续得很久,像驴子一样倔强,又十分冷酷无情,我的体力已难以承受。一方面,我对这样的坏天气已逐渐适应,对它蛮荒的景致已失去了新鲜感,另一方面,对生存的艰难依然还不习惯,生存条件的恶劣仍然让我感到震惊。

总之一句话,正像法国人说的,有趣的笑话都简短,这说法同样适用于"冬天"。

可是等气温忽然上升到零下二十度,零下十五度,我们就觉得——春天来临了！我们会解开大衣的衣领,用整个胸腔呼吸,精神振作,在强烈的阳光下眯缝起眼睛观赏自己的家产——蓝灰色的木头小房子,房顶上还有一层厚厚的毛茸茸的积雪,被人踩得很瓷实的大小道路和羊肠小径,远处的一线原始森林成了区分天空和大地的界限,叶尼塞河或陡峭或舒缓的河岸,哦,天啊,这一切又是多么美好,多么壮观啊！可是随后不久,又开始刮讨厌的北风,我们的好心情被它吹得没了踪影……

这里的三月依然寒冷,就连当地的猫也不觉得三月是属于它们的,它们不会到房顶上溜达,仍然卧在火炉旁边取暖,老待在屋里,眯缝着眼睛,什么都不想。

这里的星星倒是给人带来惊喜。昨天收工回来很晚,天气比较温和,非常寂静,奇妙的星空深深吸引了我,让我感到陶醉,除了观赏,感受,其他的一切全都忘记了。恍惚间我好像参与了星球灿烂辉煌的运转,感觉宇宙是可以意会的,仿佛它就在我的心间,而不是在外部,仿佛它就是人的内在结构,人——成了它整体结构的一部分,你明白吗？昏暗不见了,并不是说出现了光明,不,只不过仿佛黑暗是由无数的小小的光亮斑点组成的,也就是说,是无数发光体构成的“昏暗”,有着数不清的光斑让我的视觉在黑暗中产生了幻觉。

当然,这奇妙的景象一言难尽,我的语言显得过于笨拙。只有音乐家或者少数诗人,才有资格描绘星空。何必要提音乐家与诗人呢——他们的才华自有他们自己表达的机会!

不过,这夜色,这星星,这一切毕竟是美妙的,而来自大地、隆隆作响平和的声音,那是邻近的农庄发电机发出的响声!

当然,没有必要一一罗列,因此不再赘述。热烈地亲吻你,祝愿你有旺盛的体力、精力、创作力,其余的皆属次要!给我写信!

你的阿莉娅

关于钱的事,你不用担心,第一,你没有允诺过一定汇款;第二,如果特别困难,我会自己请求帮助,没有提出来,意味着暂时没有困难。吻你。

1951年3月26日。莫斯科。

亲爱的阿莉娅!

最近一次我答应过尽快给你写信。我想跟你谈谈我自己,我已经很久没有跟你谈过自己的事了,我知道,你多么渴望了解这些情况。但是这样做起来特别难,总是有始无终,不是信没有写完,就是写完又撕毁了。可是我毕竟还想跟你说点什么,说跟你有关的事。以此为限。

请听我给你的劝告。从现在就开始努力,尽管没有空闲时间,这么说吧,以契诃夫为典范,以散文形式快速地创作短小精炼的小说。你有大量的体验感受,从中选取素材,不诉苦抱怨,不温不火,以中性的方式写故事,这是你当前的写作能力足以承担的。切记,我指的是小说,不是回忆文章,不是阿莉娅的随笔或随想,不是散文诗,而是你亲眼所见、亲身感受的经历,稍稍有所加工润色,步入创作的轨道。总有一天你需要这样做。你——是作家,让人心痛的是,你的很多书信悄悄地流露出这种才能,遗憾的是这种才气有时受到了扭曲,举例来说,你在书信中写到什么都很鲜明,很大胆,对于书信来说,过于华丽,你开始在心理分析中白白耗费和践踏这些才能,你总是匆匆忙忙把非常罕见的事情赋予常见的形态,力图恢复那遭到损毁的书信体的谦卑。

将来时机一到,你渴望创作有生活内容的长篇小说,长篇故事,真正的文学作品,采用的方式将是开放式的,创作上有某些变化,跟你自己的切身经历或左或右总有某种程度的偏离,因此你必须提前进行磨练,把这样的作品当作试金石。可能我说得不对,写给你的书信或许就是这样的试金石。

最近一段时间我的脖子疼得厉害,不能低头。是该到诊疗所看看,给予应有的重视了。可是我的心情既开朗又平静,我希望这种良好的心态也能感染你,学会顺从忍受,这种坚韧也是你母亲给你的遗产,对于我,还有很多人都有影响。不过,你自己天生就是这种坚强的性格,很容易让自己心态平静。吻你。

你的鲍

祝你健康、顺利,我永远想念你,爱你。

1951年4月2日

我亲爱的鲍里斯,谢谢你。现在,在这里各方面条件都很困难的情况下迎接这个春天,我不再担心受怕了。这里的春天——就是为今年的冬天做准备:积攒木柴,修补房屋,还有其他的沉重负担(这只属于个人的家务劳动,与日常工作,各种各样的社会活动无关)。亲爱的,仿佛你一直就在这里,在我身边,尤其在我感到难熬的时刻,我并不觉得自己孤独,因此才有勇气克服日常生活中的各种艰难困苦。

阿霞已经回家,经过了长期的医疗,她没有做手术,视力有所好转,其他状况没有什么改善,可她的视力恰恰需要身体状况全面的好转。6 月到 7 月她等待儿媳妇带着孩子们来看她,看来,安德列已经签了合同,要到远东[1]工作几年。阿霞一方面为他们能来看她感到高兴,另一方面又担心,妮娜[2]能不能在那边安顿下来并找到工作,阿霞是不是能照看她的小孙女儿(身体情况是不是能适应),等等诸如此类的事情。主要的是——她有一块很大的菜地,在妮娜到来之前,她应当在菜地里种上蔬菜,可是她现在病还没好,身体很弱,真难以想象怎么样来应付这些该她操劳的难题。

我们这里今年这个春天来得特别早,仿佛骗人似的。一切都变得潮湿了,由于潮气沉重,天空好像也变矮了半截。夜晚小心翼翼,让人提心吊胆,仿佛突然有个尖锐的响声——比如轮船的汽笛,就能引起歇斯底里并发症——风雨大作,雪花纷飞——那才标志着春天真正的来临。此刻却非常安静,尤其是不刮风的时候,沉静加上空阔,对于神经的刺激一点儿也不亚于孤独。说实在的,对于这样的寂静我并不习惯,特别安静的时候,我的脑子里会出现城市、森林、大海,最近几年,还常常出现人们生活的喧闹声,热热闹闹的说话声从来不会让我感到厌烦。北方的沉寂,尤其是在放牧的日子里,那出奇的宁静总是让我感到不安。等着却总也等不到有人说话的声音,大自然像一头任性而倔强的灰驴子,一直保持着沉默。(你是否还记得茹拉夫廖夫怎么样读《黑桃皇后》吧?——“伯爵夫人默不作声”……)

我怕河里翻滚的流冰:叶尼塞河就在鼻子底下,好像我们稍不留神,就会被河水冲走似的!

5 月之前的 4 月,我有很多工作要做,事前我就感到累得慌。我的心脏不

---

① 这里指远东边疆区。

② 妮娜,阿霞的儿媳,安德列·特鲁哈乔夫的妻子。

好,本来应当减缓工作量,现在反而要加速,我一直觉得心里不好受,仅仅这一点就让我疲惫。好在我还没有想到死,也没有想到治疗。上帝见证,根本没有空闲的工夫。没有工作,大概我会发疯的。这样生活只不过越来越消瘦,白头发越来越多罢了,聊以自慰的是可以观赏四周的美景。这里还有动物,都是白色的——莱卡狗、白鹿、北极狐、白鼬等等。白鹿真是漂亮极了!毛色全白其实并不多,你知道吗?大部分鹿的颜色像积雪开始融化的时候,一片白当中露出一块一块的土地。那也是早春的颜色。因此我格外喜欢白鹿,尽管天气还冷得厉害,白鹿却让人联想到春天。

一旦我有喘息的时刻,马上给你写信,希望写得更有条理,这封短信只不过想告诉你,收到了你的来信,为此向你表示感谢。给我写信,不要等"有空的时候",因为不会有空闲的时候。

亲吻你。

你的阿莉娅

1951年4月4日

我亲爱的鲍里斯!刚刚收到你的来信,也刚刚给你寄走了回信——也就是说,先寄了一封信,就收到了来信。你在信中写到了我,替我出主意,谢谢你的好意。可是,我不是作家。我当不了作家,因为我不写作,之所以不写,因为不能写,不然的话,我会让一切作为都从属于写作,而不再从属于对我来说世界上最重要的事情——大大小小各种应尽的职责。这是一,其次,我当不了作家,因为总也分辨不清事物的开端与结尾,即便我有心写作,却不知道从何处下笔。永远学不会像契诃夫那样,无论写什么事或者写什么人,哪怕从半路写起,也总是收放自如,看上去符合客观规律,我就缺乏这样的本事。就这样一直挣扎在源头与入海口,后世子孙与前辈祖先之间,其结果自然是

阿里阿德娜·谢尔盖耶夫娜·艾伏隆。二十世纪五十年代初。

一团糟。我已经意识到，这是我生活中不正常的状态，可是却找不到摆脱这种心态的办法。比如，明明知道母亲已经不在了，知道她是什么时候，怎么样离开的，可是对她的思念却无止无休，我说这些一点儿也不神秘，也不涉及“阴间”的迷信，其实，死亡并非总是意味着——终了完结。还有，她出生的年月，对于我说来，并不意味着她命运的起点，比如说，可以追溯到她的父母，两个性格迥异的人却悲剧性地结为夫妇，这叫人感到困惑，我说的这些你明白吗？可能我的话又在绕圈子，依然没有触及到事物的本质。

我喜欢契诃夫。我知道，自己的话也许说得不准确，只不过心里偷偷地想，更确切地说，有种感觉，写短篇小说就像没有孩子的人爱养小猫小狗一样。

第三，我当不了作家，原因是对自己的要求过于严苛，苛求到了极端化的程度，以至于刚写了几行就不明白“什么是好，什么是坏”，为了追求更好的表达方式往往就开始胡说八道，我找到了一个旧笔记本，上面胡乱记了一些构思的初稿，这让我不止一次确信，我什么都干不成。

我当不了作家还有一个原因，每个写作者都必须走自己的创作道路，从写作能力较弱，受某个作家影响，到写作能力逐渐增强，最终形成自己的风格，我却没有这样的道路可走，我已经三十七岁，在这样的年龄，我不允许自己写出很差的作品，可是创作出风格独具的作品又无能为力，因为不具备自己的创作面貌。看到的、听到的、经历的、感受的、接受的、理解的，所有这些内容还没有找到得心应手的表达方法，谢天谢地，不然的话，作家就太多了，读者怕被他们吞噬而纷纷逃避。

还有很多原因让我当不成作家，尽管你指出我的书信当中偶尔有“闪光和勇敢”的因素。我本身闪光的东西本来就太少，勇气就更少得可怜，在我身上常常流露出来的——不是谦卑，也不是在书信中卖弄才华，而是真诚。我的生活注定了我过早地铸就了真正勇敢、有光彩的内核，那是我原本可以依靠的正直品格（这样的品格帮助人走正路，远离“庸俗卑下”，尽管有时候得不到上帝的庇护!)。

你的生活当中肯定有我不了解,也猜不透的经历,非常遗憾,你从来不写这样的内容。我对你的性格非常了解。对你的经历却知道得很少。你去诊疗所看过脖子吗?大夫说该怎么医治了吗?有没有疗效?附带说,最近几天我的脖子也疼得要命,找不到任何原因,说不定是你的脖子疼从老远的地方传染了我,再不就是脖子跟脖子有亲属关系,它们的负担都太重,我也说不清楚,好在我的脖子疼症状已经减轻,没有去看病,自己就好了。

你知道,天气不好或者阴天的时候,我心情郁闷烦躁,什么事情都干不成。精神和体力都感觉难以忍受。只有出太阳的时候,才能恢复过来,心情渐趋平静,可是出太阳的时候很少,尽管白天越来越长。好像在阳光下一切都更容易理解,一切都更坚固、更明亮、更美观!大地上没有阳光,心里感到压抑憋闷,灰蒙蒙的一切都显得混乱!

我们这里开始解冻已经有好几天了,中心大街上非常活跃,男孩子们开始滑雪橇,雪橇跟毡靴子用细绳子连在一起,还有的拴上铅笔头儿,女孩子们穿着标准的高筒毡靴,头发梳理得很整齐,莱卡狗的皮毛很肮脏,瘦瘦的母牛身上画着地图似的斑点,总而言之,各种各样的人和动物应有尽有!在所有这些乱糟糟的春天景物上空,飘浮着贝多芬欢快的乐曲(转播莫斯科的节目)。太好啦!

我借到了托尔斯泰的《童年与少年》,正在重新阅读。上一次阅读(准确地说是第一次)差不多是三十年之前,我记得非常清楚,那本书,还有我读书的感受。现在读当然有所不同,你知道吗,我读得很不好,因为总是中途停下来,思考是怎么写的,这么一来,什么人物也都记不住,记住的只有内容与形式是如何联系在一起的。现在我听音乐,也会把构思与演奏者区分开,品味他演奏得好不好,如果是乐队演奏,就会注意每个演奏者和它们使用的乐器。而从前关注的却只有“音乐”。

青少年时期痴迷于读书是多么好啊！所有的感受都很认真！只有现在重读托尔斯泰的《童年与少年》，我才明白，托尔斯泰写这个时期的生活，一方面怀着善意，另一方面却有几分嘲讽的意味儿，没有这样的心情是写不了童年生活的。

亲爱的鲍里斯，每次写信到最后总是说错话，惹你生气，是该说声对不起，可混乱与荒谬总难避免，没有别的办法，原因是我实在太疲惫了，脑子难以集中。这次写到最后可能同样荒唐，因为这确实是真实的情况。我写信总是很混乱，写出来的跟心里想的不一致，连百分之一都不到，词不达意，事与愿违，一个原因是脑子里乱糟糟的，耳朵里总有轰鸣的响声，因此工作起来很容易疲倦，不是体力的问题，而是精力分散，缺乏自我控制力。你给我写信，让我无限感激，你跟妈妈和谢尔盖一样，早就是我的亲人，永远是我的亲人，面对你，我没有个人痛苦的感觉，可是想到父母，我有很多无可挽回的过失。孩子——总是愧疚的，他们受到惩罚，当他们意识到自己的错误总是为时已晚。

谢谢你为我所做的一切。亲吻你。

你的阿莉娅

写写你家里人的情况。你儿子怎么样？我到你家里的时候，当时你是一个人，我很难想象你家里的生活状况。你儿子几岁了？他好像是出生在三五或者三六年，甚至是 1937 年[①]。我惟一记得清楚的只有一件事，很久很久以前，就在我要离开莫斯科的前夕，你跟我说过怎么样和三岁的儿子谈话，你可能已经忘了，我却还记得十分清晰！因为我跟你见面的机会很少。现在你跟我稍微说说他的情况好吗？此刻我不再写信，也不想躺下睡觉，只是尽情地回想啊，回想……

① 帕斯捷尔纳克的儿子列昂尼德·鲍里索维奇(1937—1976)。

可是你建议我——写小说！不，不，鲍里斯，我愿意继续做你的好读者。我没有能力组织和处理材料。再见。

亲吻你。

1951年6月4日

亲爱的鲍里斯！我给你写信，河里仍然有翻滚的流冰。6月4号！简直是太可恶了！白天和夜晚都很明亮，整天都是阴天。既辉煌壮观，又令人厌烦。的确，当太阳出来的时候，一切都会变得奇妙，可有太阳的日子少得可怜！一般情况下，光亮——是大自然的正常心态，可是在这里它的心态永远是恶劣的：郁闷、生气、抱怨、哭泣，而它发起脾气来，那种气势和规模往往让你见所未见，闻所未闻！

我们这里常常洪水泛滥，这让很多岸上的居民陷入痛苦的境地，小房子、小船、篱笆墙被洪水冲走了，再也不见踪影。我收拾好了手提箱，像祈祷一样，默默背诵《铜骑士》[①]，让我惊喜的是，洪水居然没有触动我们的小房子，感谢上帝！不过还是让人感到惊心动魄。现在，洪水逐渐消退，不过窗户下面仍然涌动着来自海洋的潮水。我喜欢大海，更喜欢大洋，可是却不喜欢河流，从小就害怕江河，害怕沉底，害怕激流，总觉得自己弄不好就会成为一个淹死鬼。除此之外，即便是平静的河流，也让我心神不安，而海洋，不管是平静还是在暴风雨中，我都会喜欢。不过，这些都并不重要。我给你写信，一个目的是求你哪怕给我写一张明信片。我已经很长时间没有收到你的来信，一点也不了解你的情况，只是通过看《文学报》知道你带头签名购买公债。主要的是我想了解你身体怎么样，工作怎么样。

我很瘦弱，疲惫得要命，有工作的时候，工作劳累，工作少的时候，担惊受

① 指普希金的长诗《铜骑士》，其中描写了彼得堡洪水泛滥的情节与场面。——译者注

怕,怕丧失工作的机会。冬天,由于漫长的昏暗,眼睛感到疲劳,现在白昼持续不断的光又耀眼刺目。除此之外,这里的日常生活各个方面依然像往常一样,异常艰辛,特别贫困。不过,我暂时还精神振作,能够忍受,尤其是有一点儿阳光的时候。在我看来,只有太阳,真正的、自由的、慷慨的太阳,能够医治我心中怀疑的各种疾病,说心中怀疑,是因为我从来不找医生看病,我害怕从他那里忽然得知,自己果真得了什么病症。

在这里根本找不到一个人说说心里话,真的,我在心里只向你一个人诉说。偶尔遇到非常宁静的时刻,心里的一切杂念都已消除,只留下理智的想法,我跟你一个人说话,怀着质朴的信任,就像隐居的修道士独自面对神明,那时候并不觉得身体疲乏无力。在我熟悉的诗人当中你是最优秀的诗人,最擅长把难以言传的心绪转化为人类语言,因此,当我"无从表达的"意念在内心翻滚、沸腾、冷却、沉淀,凝结成闪闪发光的晶体,犹如星座一样,那时候,我愿意超越叶尼塞河流域,把自己的想法告诉你,即便我说的话永远也传不到你的耳畔,我也毫不委屈。隐修士向神明祈祷的声音,附近带刺的灌木丛也能听见,不过这对神明,对带刺的灌木丛,对隐修士本人都不会有任何伤害或损失。

大雁、野鸭、天鹅陆续飞回来了。仰望候鸟迁徙我心里在想,为什么那些为俄罗斯春天谱写乐曲的音乐家,没有一个人关注大雁忧伤的交谈,要知道,列队的大雁在飞行过程中,不仅嘎嘎地鸣叫,它们还相互谈心,用各种音调重复同一个简短的乐句,这个乐句在空中平稳、忧伤地回荡,与这种旋律相应和的——是雁阵有节奏拍打着的、强有力的翅膀。还有就是刚刚从冰冻状态中解脱出来的河流的轰鸣声,你闭上眼睛,就能听见,不用看,你就清楚——春天来了! 俄罗斯的春天,让自然界久久期盼与等待的春天,在最初的日子显得如此吝啬,此后不久却变得美轮美奂!

亲吻你,保重身体,给我写信。

你的阿莉娅

1951年7月25日。别列杰尔金诺。

亲爱的阿莉娅!

对不起,我没有给你回信,从今天你来的电报看,我的沉默引起了你的不安。我觉得我应该,也愿意郑重其事地给你写封信,此刻先写几句,家里的人都离开别列杰尔金诺进城去了,我想利用这个机会给你寄一封航空信。

我的脖子、左肩膀和后脑勺神秘的疼痛,这个夏天终于找到了原因(或者说原因之一)。原来在这个部位早就长了一个肿瘤,是良性的脂肪瘤,必须动手术切除,这就有了指望,将来可以免除"痛苦"。不过这次动手术之前,还有些生活中急需处理的问题,我都想往后拖一拖,等我结束了《浮士德》的翻译(全部),等回到城里时再做手术,大概要等一个半月或者两个月罢。

我不知道,这样的拖延会让我付出多大的代价,承担怎样的风险,在旁人看来,对这种过分的忍受与顽强精神及其带来的痛苦,或许感到难以理解。跟《浮士德》相比,这良性的脂肪瘤不过是琐碎的小事一桩,我想尽快结束翻译,也是为了减轻做手术的痛苦。你这么精明,肯定能猜到这些话的含义,甚至能猜测我这个傻瓜不曾冒出的念头。在这封报平安的短信最后,是对你才干的夸奖。因为除了诊断出的病症,我认为自己的内心和精神是完全健康的,还可以顺利地做成很多事。

祝你身体健康。紧紧地亲吻你。

你的鲍

很少写信还有一个原因,写字的时候往往感到疼痛。写字的姿势加重了这个部位肌肉的负担,从井里提水,在菜园里干活,疼痛就会减轻,因而有一种奇妙的安定感。

再过一个月,我会给你寄一点钱,无论如何不会晚于10月。

1951年8月15日

亲爱的鲍里斯！收到你的来信，我的感觉很像丢失了孩子的父母，以为孩子出了意外（掉在河里，迷失在森林里，从树上摔下来等等），孩子毫发无损地回到家里，多少有点儿不好意思，说一声：回来晚了。在这种情况下（依据我切身的经验）父母往往会大发脾气，刚才还为找不到孩子伤心落泪，忽然变得愤怒，对孩子严加惩罚才算了事。我也是这样，刚收到你的信，起初感到高兴，后来心里一阵发火[①]，随后又觉得高兴。你明白吗？这么长时间你一直保持沉默，真让我提心吊胆，几乎要发疯，后来才知道主要原因是跟浮士德博士打交道（当然，这比跟玛嘉蕾特交往要好！）。我从邮局回来的时候，边走边想，歌德倒是很好——想怎么写，就由着性子去写，后世的作家们呢，却要费尽心思去揣摩。不行，鲍里斯，你不能这么长时间不给我写信，惟独你不应该这样做，你应该明白这其中的道理，最后，我还要说，我在生活中提心吊胆的事已经够多的了，我可不愿意为什么浮士德再担惊受怕。如果你不想写信，那就拍个电报好了。你不写信，想没想过，我坐等来信会多么难过？我知道，你本来有一种能力，善解人意，无所不知，大概最近由于翻译梅菲斯特，原有的本领受到损耗，因此，我要再一次告诉你，对于我说来，你无比珍贵，因为只有你让我联想到父亲和母亲，觉得你比莉莉娅和阿霞更好亲近，莉莉娅只让

---

① 阿里阿德娜·艾伏隆很长时间收不到帕斯捷尔纳克的来信，开始为他担心。1951年7月9日她给姑妈莉莉娅和济娜伊达·施尔凯维奇写信询问说：

"……我已经三个月没有收到鲍里斯的来信了，是否听到了什么有关他的信息？他给我写的最后一封书信，抱怨身体不好，我当然为他沉默感到不安。"

7月16日又给她俩写信说：

"……一定要给我写信，告诉我，鲍里斯是否健康，我已经很久接不到他的来信，实在感到担心。"

8月13日再次给她俩写信说：

"……不久前我收到了鲍里斯的来信，终于可以放心了，他说，忙于写作，还像过去一样脖子疼，可是不清楚疼痛的原因——有一个囊肿，万幸不是恶性的肿瘤。他说等到最终译完《浮士德》，从别墅回到莫斯科，他要做手术切除囊肿。"

我想起爸爸,阿霞只让我想起妈妈,只要你活着,只要你还呼吸,还写作(有时候我也写作),——我就不会觉得自己是个孤儿。这些当然并不神秘。我出生的时候离你很远,但是我感到你对我的影响比对你自己的孩子还要深远,我从小时候就习惯了听你的诗歌,听你的各种信息,从来没有想过要改变这种习惯。你不要紧张,我不会无谓地纠缠要做你的"女儿",我不会死乞白赖地跟什么人攀亲戚,让我难过的是,我不得不把自己的一些想法解释给你听。当然,事情还不仅仅牵涉到父亲和母亲,我特别爱你,其实理由很单纯,你是个值得信赖的诗人,真正的人。我感到很幸福,因为有段时间跟你生活在一起,可以给你写信,十年当中有一次跟你谈话的机会,这无疑是我在后世子孙面前最值得炫耀的精神财富,他们只有通过读书和查找文献才能了解我们这个时代和这个时代的人。

这里的夏天很不好过,动不动就下雨、刮风,各种各样的雨,各种各样的风,最主要的是冷雨冷风让人觉得寒冷。经过了一个寒冷的冬天,我们还没有暖和过来,还没有好好休息,心里的寒意尚未消融,又将面临另一个同样凛冽的寒冬。眼看着秋天已过了最美好的日子。白夜已经结束,黑暗正从北方朝这里移动,白天大片大片的光明会被吞噬。工作很多,家务事更让人心烦——从春天起就开始准备过冬,可是做起来困难重重。不久就是答应过的轮休假期——十二个工作日,我将利用那段时间采浆果,采蘑菇——同样是为过冬做些储备。

自我感觉还不错,只是觉得很累,心口一直疼痛。我的治疗办法是"忽略不计"——居然很有疗效。

请问,你一定要做手术吗?我手上肿了一个包,医生给我烤电治疗,慢慢肿块变软了,后来就消肿了。我害怕做手术。

8 月 31 日是妈妈去世十年的忌日。想起她来——像活着一样。就在这一天。

热烈地亲吻你。给我写信!

你的阿莉娅

前两天收到阿霞一封来信,儿媳妇带着孩子去看望她,看来,阿霞为此感到高兴,可是她没有明说。起码妮娜能帮助她干一部分体力活儿,这就很好了。安德列已经十六岁了,真难以相信!时间过得多快呀!

1951年8月28日。别列杰尔金诺。

亲爱的阿莉娅!

最近几天,我译完了《浮士德》的第二部,自己都不敢相信。随后经过我的手,为少年儿童出版社校对了莎士比亚的五个剧本。我的自我感觉良好。脖子疼还没有消失,那里长了个脂肪瘤,时间已经不短了,需要开刀动手术,可是我还像往常一样,病情逐渐好转,对四周的环境感到满意,既在写字台旁边写作,也在菜园里劳动。我给你写信有意挑选了八月一个阳光明媚的日子,为的是随信寄给你一份明快、平静的心情。后背和脖子疼已经折腾了半年多了,让我几乎什么事都干不成,最近一段时间,即便仍然有疼痛感,不过疼痛的感觉渐渐被甩在了身后。

我一直惦记着你,随时想为你做点儿切实有益的事情,爱情和夸夸其谈则不在考虑之列。不过目前做这件事不太方便。如果你有耐心,那就等一等,再过一个月,到9月底,等我回到市里的时候。万一等不及,那就说实话尽快告诉我,我就尽力早点做。

如果你给阿霞写信,请替我致意。我收到了她寄来的明信片。我一定想办法给她回信。紧紧地亲吻你。

你的鲍

阿里阿德娜·谢尔盖耶夫娜在工作

1951 年 10 月 9 日

我亲爱的鲍里斯！刚刚收到你的书信，不是因为这封信走得时间太久，而是因为我本人不在图鲁汉斯克，刚刚从邻近的集体农庄回来，我们在那里收获庄稼忙活了整整一个月。一开始很有意思，到最后累得要死，冬天快来啦，每到临近冬天都让我感到忧虑。到现在我还没有完全回复过来，因为马上投入了俱乐部的工作，干农活儿的劳累还没有缓解，又增加了宣传工作的忙碌。

集体农庄——距离图鲁汉斯克二十八公里，去那里只能在叶尼塞河上乘坐农庄的摩托艇，摩托艇发动机坏了，就只能划桨，划桨划得胳膊累了，就沿着河岸步行，步行累了，就再次上船划桨，翻来覆去地折腾。

最后，终于在陡峭的河岸上出现了一个小村庄——米罗叶吉哈，有几十座看上去还算牢靠，但已经显得陈旧的小房子，一座教堂，没有钟楼，四周都是一眼望不到边的原始森林，你站在每一棵树跟前都不由得想顶礼膜拜。

一切情景都像预先设想的那样，歪斜的烟囱里冒着浓烟，狗在叫，孩子吵闹，俄罗斯乡村的忧愁，再加上傍晚时刻朦胧幽暗的光线，愈发让人心情沉重。我们走进了一个接待“外来人”的房子——房间里很昏暗，有小孩子的气味儿。有人点着了一盏灯，哦，我的上帝！几把维也纳的椅子，角落里摆放着四角包着铁皮的箱子，带雕花木框的古老穿衣镜——你朝那里照一照，只见深陷在里面那个表情木讷的女人原来就是你自己。墙上挂着几幅画像，画中人物精神抖擞，留着金色的头发和胡须，身穿带铁甲连环、难以弯曲的战服，就像廉价出售的文物一样。一张圆桌子，桌子上摆放着茶炊，桌子旁边坐着一个大鼻子、白头发的老太婆，她正在喝茶，使用的是镀金的库兹涅佐夫细瓷茶碗，她的膝盖上卧着一只耳朵并拢的老猫。两个皮肤白净的小姑娘穿着印花连衣裙，衣服略显短小，见到陌生人，她们俩多少有些拘谨，但是一点儿也不害羞地让客人看她们赤裸的肚皮，我觉得我碰到了曾经听说过的那个时代,原来它就是这个样子。大鼻子老太婆眼神精明干练,在这里已经生活了四十年——她从叶尼塞斯克“出嫁”到这里,还有另外一个老太太,已经八十七岁高龄,她是头一个老太婆丈夫的姐姐,就在当地出生,在当地活到老年。她去取来了火,点着了茶炊,她的身体仿佛是随着潮水漂浮的木头。她穿着革命前时兴的绸缎衣服,有的地方已经打了补丁。她的眼睛因岁月的消磨而逐渐褪色,但她的视线依然锐利,且有几分狡黠。我在这一家住了一个月,白天在地里干活儿,晚上跟两个老太太郑重其事地聊天,她们俩给我讲了很多很多故事!我发现,一些不识字的人常常有惊人的记忆力。虽然缺乏书本的滋养,可是她们善于把自己和别人生活中的事件全都牢记在心,一直保存到进入坟墓,不管有用没用,一点儿都不肯丢失。两个老太太跟我讲,过去米罗叶吉哈这地方的商人怎么样做买卖,信奉萨满教的人怎么样来这里购买货物——那时候年长的老太太还是个小姑娘,——“萨满常常整宿不睡觉,我们也整宿不睡,我们害怕,就不停地祷告:‘上帝显灵吧!’……还有一个萨满女巫师,在这里得了重病。后来就死了,人们把她埋在卡敏河旁边,坟头上挂了一个铃鼓,可怕的是夜里她会站起来,追赶过路的行人,因此过路人常常被吓死,直到神父一边祈祷,一边在她的坟头上钉了一根杨木橛子,以后她再也不出来祸害人了!”她们俩还给我讲述,神父怎么样把当地的居民统统赶进叶尼塞河,为他们进行洗礼,讲述商人怎么样用伏特加酒、珠串和斧子交换皮毛和鱼。她们还说,那些流放犯人怎么样被驱赶到这里,那些人得到了“帮助”,学会了捕鱼,去森林采集浆果,他们常常聚在一起,读书,争论。在这家人的房子里,就曾居住过斯大林,还有斯维尔德洛夫和很多流放到西伯利亚的布尔什维克也常常到这里来。“这里还有个叫姚纳的警察,当动荡开始的时候,上级命令他抓捕布尔什维克,布尔什维克纷纷到大森林里去躲避,……姚纳背上一背囊面包,遇到该抓捕的人,就送给他一个面包,说,快走吧,躲一躲吧!后来斯大林知道了这件事,就下了命令——任何人,任何时候,都不要伤害姚纳,姚纳是个警察——真让人想不明白。不知道姚纳现在是活着还是已经不在人世,从前他曾经带着他儿子一起在克拉斯诺亚尔斯克的玻璃工厂上班……”

有关农庄的情况以后我再给你说,因为现在太累了,写字都没有力气了。在我外出的这段日子,积累了许多家务活儿,还有很多不能推卸的公务,可是浑身乏力,而干活儿是需要花费力气的!劈柴、土豆、双层窗户框需要收拾打理,口号、标语、墙报、广播剪辑,等待抓紧时间完成,工作这么多,这么杂,实在消耗体力和精力!特别是刚刚参加完抢收土豆、蔓菁,成公顷的土豆快要上冻,蔓菁被积雪覆盖,几句话也说不完。谢谢你答应汇款,不管什么时候寄都行。附带说,在集体农庄干了一个月的活儿,挣了六十卢布,两公斤半牛奶,一麻袋土豆!紧紧地亲吻你,如果心情不腻烦的话,很快再给你写信。

你的阿莉娅

1951年11月9日

我亲爱的鲍里斯!谢谢你极其美好的书信。我看了很长时间,反复看了好几遍,我沉浸在书信当中,就好像走进了一道门,门里面是往昔的岁月,是你们俩创作的岁月和辽阔空间,你们俩就像一只鸟的两个翅膀。我心爱的翅膀,光彩闪烁、纯洁有力的翅膀,你们至今和我在一起,一直没有分离,即便是远在天边,你们也不会抛弃我,不会抛弃我的心灵。简洁单纯——可能还有一个原因,在我的记忆中,那些年联系着海洋,联系着大西洋的风浪、云彩晚霞、日出日落,联系着我那遥远的人生地平线——你的诗行与这些美好的回忆相伴,让我感受到其中的壮丽辉煌!所有这一切不知不觉、牢牢地融入我的心田,我说不知不觉,是因为此刻回想不起来,什么时候我第一次听说你的名字,什么时候第一次读你的诗,就仿佛我记不清什么时候第一次看见海洋。好像你一直就在我身边。

这里也有海洋的风，不过是非常猛烈的暴风。我真希望冬天的海洋能进入睡眠状态——呼吸尽可能舒缓、轻松！今年的冬天差不多是从8月份开始的。好多天以前四周就笼罩着积雪，有些地方雪还很厚，只有叶尼塞河的中流部分冒着蒸汽，那里还没有结冰。当然，由于“气候条件和天气恶劣”，11月7号我们这里没有组织游行，不过，广场上还是举行了群众大会，这是每逢重大节日必不可少的传统，像往常一样既动人，又好看，有三种颜色——白的是雪，红的是标语，人们穿的衣服是时代的流行色。你还记得佩罗童话里的“时代色”吗？翻译成“天气”是错误的。同样，灰姑娘的水晶鞋应当是……大概你也有那一本书，大开本，红色封面，切口镀金，最重要的是有多雷的插图。至今我还记得披着“驴皮”的王子在黑暗的森林里行走，记得小红帽提的篮子里带着烤饼，另外一个小姑娘，头上扎着丝绸带子。还有吃人怪的女儿头戴金冠在一张很大的木床上睡觉。我的记性很好，各种奇奇怪怪的故事都能牢记不忘，记住的各族民间故事有一千多个——可有什么用呢？至今还像小时候一样，对许多故事翻来覆去地琢磨，想弄清其中的道理。鲍里斯，我早就脱离了人世间的生活，我像睡着了一样，原因是我没有别的出路——这样工作是必要的，工作就是生活，写作和其他所有的想法是不允许的，即便没有其他的事情，也不能从事写作。我在这厚厚的积雪下面沉睡，甚至不知道那姗姗来迟的春天会不会降临，我愿意证明，自己是一棵小麦，并非无用的荒草。也许我永远没有办法冲破坚冰。只有你偶尔的来信阳光一样给我温暖，随后又是冰天雪地和重重困难，这一切都不由我自己做主，也跟我没有任何关系。

斯克里亚宾[①]！你还记得他住在什么地方吗？好像是鲍里斯格列勃巷或者沙地尼古拉大街。他的两个女儿，阿里阿德娜和玛丽娜常跟我一起玩，他

---

①　亚历山大·尼古拉耶维奇·斯克里亚宾(1871—1915)，俄罗斯作曲家，曾住在沙地尼古拉大街。斯克里亚宾的遗孀塔吉雅娜·施廖采尔是玛丽娜·茨维塔耶娃的好朋友。

去世让他妻子和母亲一直痛苦不堪。他妻子很漂亮,生就一双黑眼睛,常穿一身天鹅绒的衣服,常常守着他的乐谱哭泣,不允许任何人触摸他的乐器。她的名字叫塔吉雅娜·费奥多罗夫娜。她常常头疼,最后死于脑炎。在她去世以后,斯克里亚宾的住宅才变成了纪念馆,那里总是保持着肃穆、宁静的气氛,不许有杂乱的脚步声和喧哗声。

节日之前的准备工作让我累得要命,不光劳累还几乎冻得要死,工作的房间不生炉子,没有炉火,非常吵闹,在地板上写标语口号,没完没了地写,脑力劳动却让两条腿吃苦受累,因为一直跪在地上写字,就像过大斋节最后一周忍受磨难。工作很多,除了那些标语口号,却看不到任何成果。跟在莫斯科或者在梁赞的日常生活相比,这里就像野蛮的史前期,没有意义的工作占用了所有的时间,耗费了许多体力。

我给你写信,又像是一路颠簸,坑坑洼洼,语无伦次。我可不想这样跟你说话,但是没有办法,上帝作证。

如果你愿意也有可能,请给我寄一些新写的作品,并给我写信。

你的阿莉娅

1951 年 12 月 5 日

亲爱的鲍里斯!我给你写信非常匆忙,因为时间都被工作吞噬了,做完一件又来一件,工作总也做不完,一切都得“记录在案,形成文字”。谢谢你的来信。我知道你这样写信有多么困难,因为跟上次来信相距时间很近。我的想象力不受神经错乱和空间距离的干扰,我能准确地判断你的生活与工作情况。我对此从不怀疑,时常想念你,对你**满怀忠诚**!我总共只见过你几次,可是你在我的生活中占据了那么重要的位置,这不免有点儿可笑。“重要位置”——或许说得不确切,过于空乏。准确地说——是我生命的一部分,肌体

阿里阿德娜·艾伏隆的水彩画。她在图鲁汉斯克居住的房间。

的一部分,就像我的妈妈在我还不记事的时候就进入了我的生命,成了我的一部分,我也成了她的一部分。一般说来,凡是你感觉清晰、单纯的思绪,当你想要在纸上描述它的时候,它就会脱离这种情感,变得飘渺而遥远,成为难以把握的虚幻。

当我匆匆忙忙去不远的地方,四周除了雪还是雪,偶尔会看见歪歪斜斜的篱笆墙,由于寒冷,电线发出强烈而忧伤的嗡嗡声。心情愉快而单纯,仿佛呼吸几口新鲜空气,看几眼图鲁汉斯克冬天的风景,就足以让思绪各就各位井然有序。遗憾的是这种药物有效的时间并不长久。

我的疲惫有所缓解,这让我不安,让我警惕。没有一点儿气力,剩下的只有忍耐力,也就是说,这是我临近老年惟一可以指望的最后一点生命资源!

有时候我想,万一发生奇迹,我的生活出现变化——根本性的转折带来幸运的机遇,浑身会重新充满力量。无论你做了多少事,体力不可能完全消失,绝不会出现精疲力竭的局面!

我们这里的冬天从 11 月的节日开始就下降到零下五十度的严寒,12 月寒冷一点儿也不减弱,可是我多少能回复一点儿体力。在天寒地冻的环境里工作非常恐怖,凛冽的寒气从四面八方逼迫和摧残着你!能够自救的只有一招,那就是欣赏这里美丽的冬景,野蛮荒凉,却美观,就像美丽的继母。忍受她的各种各样的坏脾气,同时欣赏她的美貌。

哪怕不常写,还是要抽空给我写信。你的书信,还有莉莉娅的来信,是惟一让我心里感到温暖的安慰。其他方面有了桦木劈柴就足够用了。

热烈地亲吻你,永远跟你在一起。

再次感谢你所做的一切。保重身体,但愿你各方面的情况都处于“不错”的状态!

你的阿莉娅

1952 年 1 月 14 日

亲爱的鲍里斯！很长时间收不到你的来信，我自己也没有写信：太累了，累得都痴呆了，干不完的活儿累得要命。我的脑袋就像我在其中干活儿的俱乐部，房子里不生火，很冷，一个角落里堆着过时的标语，另一个角落里放着电影海报，第三个角落里摆着一个大木桶，第四个角落里是刚刚开始抄写、还没有完成的墙报，中间堆的是破烂布景。不过，你不要把我们的俱乐部想象得太糟糕，我这里说的是"我们的工作间"里的情景，俱乐部毕竟还是俱乐部，一切正常，只不过非常冷。

1 月份我的时间会稍微轻松一点儿，每天工作八到九个小时，不过，除了洗衣服、收拾房间、做饭，还是来不及做想做的事情——日常生活排挤了思考生存的时间。不过，冬天的日常生活倒是有其舒适的地方——居所、温暖、火炉。舒适还跟狗有关——一只真正的栗色狗（却有哥萨克的心灵！），还有一只懒洋洋的西伯利亚猫，从眼睛鼻子到每一根毛都美极了。

这里几乎遇不到有意思的人，或者说他们关注的事情非常无聊，相互之间的关系根本谈不上高尚，需要的是忍耐力。而我缺乏的恰恰是忍耐力。

在我看来，我们的小房子非常可爱。女人家通常都舍不得抛弃手边的东西和小玩意儿。我跟阿达（尤其是她，可怜的女人）经常收到寄来的邮包，房间里的东西增加得很快，除了堆得满满当当的家具，还有很多陈旧的、没有任何用处的东西，比如坏了的剪刀、磨损了数目字的皮尺，抽屉里还有夹头发用的夹子、发卡、发针、抹布、线团、连衣裙上的腰带，诸如此类的东西，很多很多，当然，最重要的是觉得扔掉实在可惜——毕竟是个"念想"吧！有人还给阿达寄来了一顶带羽毛的天鹅绒礼帽。（我把这顶帽子拿到俱乐部充实了我们的道具。我不在场的时候，有个小伙子试戴了这顶礼帽，他是我们俱乐部戏剧小组的成员。最近排练他扮演了美国强盗，戴的就是这顶礼帽！）

的确，我们的小房子很可爱还有一个原因，我们把所有的纪念品都装在一个箱子里,那箱子成了我们的座位。表面上看不见那些纪念品,我们的房间收拾得简朴又干净,因此并不显得太狭窄拥挤。感觉狭窄是由于受到周围空旷环境的压迫,四周的荒凉总让人觉得压抑。一切幻想总是与叶尼塞河逆流而上,也就是说,从北向南。为过节我们准备了一棵非常漂亮的枞树,既整齐又蓬松,我今天刚刚把它收拾好,显得很有精神。我从小就喜欢枞树,看到它从心坎儿里高兴。虽然没有正教的悼念仪式,我对妈妈的思念充满了光明,是妈妈给了我美好的童年,教给我观察、倾听、理解。她尤其教给了我怎么样感觉,印象太深刻了。

请原谅我的笔迹歪歪扭扭,纸太差了,再说是垫在膝盖上写字,请原谅可能有很多很多写错的词句(指不合乎正字法的要求),——我不知道该如何为自己辩解。我不想为自己的胡言乱语道歉,你宽宏大量,肯定能发现这是一封出色的书信。请回信,哪怕只写几句也好。还有一件事,鲍里斯,如果不太麻烦的话,请给我寄一本带插图的《钦差大臣》,或者果戈理其他带插图的著作,我们这里图书室里只有一本《塔拉斯·布尔巴》。果戈理的周年快要到了,可是这里却什么都没有。

热烈地亲吻你。

你的阿莉娅

1952年1月28日

我亲爱的鲍里斯!终于收到了你第一封来信,珍贵的家信。谢谢你!我并没有立刻感到轻松,因为你的疾病让我一直心情非常沉重,由于受惯性影响一时轻松不起来,不过,得知你逐渐康复,心里毕竟亮堂了许多。就仿佛我为你祈求北方幽暗的天空,祈求北方寒冷的河流,祈求四面的风,祈求北方所有自然界的元素,就仿佛你受到这些力量的捕获,就仿佛一切都取决于它们!

我并非祷告,我不会祷告,我不相信祷告,尽管我知道阿霞会念很多祷告词,但是在痛苦的时刻,在不幸的时刻,我还是像信奉多神教的教徒一样,让自己消融在天空中,并非人们空想的那样,而是就在自己的头顶上空,我能感觉到自己的命运能够跟自古以来运行不息的所有星球、所有自然元素相遇相逢——那时候疼痛就会平息。不受时空的局限,不受任何条件的约束,我走进你的帐篷,用双手抚摸你的心。可惜,这种出神入化的时刻非常短暂!不得不再一次用头撞墙——这是惟一有效的制止头疼的方法,我不仅自己使用,还教给了其他人使用这种自助自救的方法。

我的生活跟从前一样,仍然有很多工作要做,跟从前一样最后一点点时间也被聪明的主人剥夺了,真正要做的事情需要付出很多努力,而实际上最重要的事情是一直惦记你的病情,其实,不只是病情,而是你的生活状况。

你们一家人去了疗养院,很好;你已经回到家里,很好;你给我写了信,非常非常好!一切都好极了!你将在哪里休息,是在莫斯科郊区还是到比较远的地方?你跟济娜[1]在一起,这很好。说实话,我熟悉你熟悉到倒背如流的程度,比任何一个孩子熟悉自己的妈妈还要仔细和深刻,——可是对于济娜,怎么说她呢?几乎是一无所知,太生疏了!至于她的名字叫济娜,还是三个星期之前从阿霞寄来的一张明信片里知道的,明信片上说,济娜给她写信说你的身体好多了。

我只记得,很久以前,你曾经有几天到法国,我们到旅馆去看你,房间里有很多书,还有很多橙子,那时候你就爱她(济娜!),爱得要命,却含含糊糊说不清楚。后来我们陪你去商场,你给她买了一套修理指甲的用具,还买了连衣裙,你跟我解释她的身高和衣服的尺码,你让我替她试一试衣服的尺码,那时候你看我的眼神是那样的心不在焉。就从那一天开始,济娜,连同她的身

---

① 济娜伊达·尼古拉耶夫娜·帕斯捷尔纳克(1897—1966),鲍里斯·帕斯捷尔纳克的妻子。

高、衣服尺码、头发和眼睛的颜色、她的性情本质、她的一切,都记在了我的心里,感谢她,正是她成了你的妻子,——这对我说来充满了神秘。总而言之一句话,契诃夫说过:“妻子——就是妻子。”各种各样的妻子。其中也包括济娜。

我亲爱的,康复很好,逐渐健壮,不要心急,不要夸大良好的自我感觉,也不要用身体不好让人担惊受怕。我知道,还需要一段逐渐趋向正常的时间,现在你的身体处于回复平衡和趋于稳定的阶段。

像往常一样,请求你不要为我梦话般的胡言乱语吃惊,我总是晚上写信,几乎是在睡梦当中,因此,清醒的句子很少很少,不过,其中有一句最重要的——那就是我非常爱你,爱得你已经告别了医院,回到了家里。我们所有的人都在祈求,都在盼望你康复,包括济娜,阿霞,还有那些我不认识的人——当然还有我。

热烈地亲吻你,我亲爱的。快好起来吧!

你的阿莉娅

1952年3月19日

我亲爱的鲍里斯!整个冬天我没有收到一封你的来信,你说多怪,即便你固执地沉默一百年,我也不想责备你。是我自己有错,因为我给你写的全都是让人心烦的胡言乱语,在好的情况下,或许能引起你的关注,愿意用不太厌烦的口吻回信,在不好的情况下,你只能一直沉默。这种坏毛病时时在我身上爆发,就好像我经常患牙疼病一样,这种坏情绪不由自主地就流露在信件当中。

我们这里有美妙的三月,难以忍受的明丽闪光刺得眼睛生疼。窗户上的冰凌开始融化,房檐上挂着羊犄角似的冰锥,但是仍然还不会彻底消融。寒冷依然还像冬天。这里的夜晚非常好,特别安静,仿佛等待某种非同凡响的声音,让你有所准备,以便侧耳谛听。只是自己的胸膛能够感受到激烈的心跳。看那些星星! 它们好像有意在眨动眼睛,忽明忽暗地放射光芒,它们像鸟儿一样发出委婉的鸣叫声,释放出我们无以名状的色彩,似乎它们不想惊扰宇宙的严格秩序,不愿打乱星座的准确排列形式。银河清晰地呈现在叶尼塞河上空,即便在冬天依然是乳白色的,让人看着舒心,一目了然。如果临死的时候能仰望这样的天空,就这样凝视,那就不会恐惧,不会痛苦,也没有任何罪恶感。只不过我想,死亡总是来得过早,我们从第一个亲人死亡就逐渐向死亡接近。比如说,当我意识到普希金死于决斗的那一刻,我就开始有了死亡观念,这件事开始得很早。以后就不断地经历死亡,越来越痛苦。(这使我尽力不写让人厌烦的书信,我的上帝啊!)

我的生活仍然是无限的忙碌,努力地工作,劳累,趋向痴呆。因为得了感冒有幸在床上正儿八经地躺了三天,这是多年来的头一次。多少看一点书,睡觉,只想高兴的事,比如童年的经历。稍微休息了一下,立刻感觉好多了,大概我是极度的疲劳,因为一年当中我只有两周的假期,即便是那两个星期也是在忙碌各种家务事当中度过的。因为该做的事情纷至沓来,一会儿炉子坏了,该修,一会儿房顶漏了,该补,随时还会碰上其他的事情,说这些非常无聊,因为都是属于个人的私事。我倒真盼望能休息一个月,哪怕去基斯洛沃茨克,只求什么事都不干,站在疗养院阳台上观赏四周的风景。即便那里没有这么奇妙的夜空,我也乐意去一趟。

哦,鲍里斯,但愿你能了解我多么不习惯乡村的生活,住别墅的日子除外,乡下生活带给我很多的烦恼! 尤其是除了你自己居住的地方,抬眼望去,是无边无际的空旷。我只想住在城市,只盼着生活在莫斯科。满怀着荒谬的期望,等待梦想可以实现。在我的命运当中应当还贮存着发生奇迹的机遇。非常渴望你的来信,很想了解你的情况。热烈地吻你。

你的阿莉娅

你的忧伤[1]有信吗？她在什么地方？生活怎么样？给我写信说说她的情况。

1952年3月27日。莫斯科。

亲爱的阿柳莎，请原谅我，在你面前我感到万分愧疚！

没有找到也没有给你寄果戈理，很久没有写信。我写这封信是答复你19号最近一次来信。你跟过去一样心明眼亮，机智过人，甚至把罪名强加在自己头上也做得格外出色。你所有的书信，包括那些臆想的，或者假装臆想的、让人觉得压抑的书信，都写得很好、非常生动，是我当前最愿意阅读的文学作品。可是你该知道，我有多么爱你，你自己也知道本身的价值。最好我赶快来告诉你几件事。对待时间，我又成了可怕的吝啬鬼。为了自己，我想尽快把长篇小说写完。背部的疼痛仍然没有消失，交了《浮士德》以后，突然晕倒过两次，疼痛得厉害，时间很长，很神秘（一次疼了六个小时，另一次几乎疼痛了一昼夜），疼痛的部位在肚子的左下方（看来有可能是肾结石，有待于诊断查明）。我的自我感觉还好，如果病情危急，让我和家里的人惊恐不安，我也就不会把这些情况告诉你了。从这件事明白了一个道理，得到了身体不适的信号，不必整天都一门心思想如何治疗，只谈论自己的病情，或者写信谈论这些事，而是该抓紧时间做那些最重要的、必须赶快做的事情，并非有什么人确定必须由我们来做，而是你自己觉得重要，一定要做完的事情。这就是我急于做事的原因。不过我拿起笔来并非为了写这些真实的经历。

你在来信的末尾写到，只想"住在城市，只盼着生活在莫斯科"。你还说"满怀着荒谬的期望，等待梦想可以实现"。我愿以最关切的方式分享你的期待。我相信这一点，就像我对自己的身体充满了信心，如同相信我的长篇小

---

① 此处为隐语，暗示奥尔加·伊文思卡娅（1912—1995），鲍里斯·帕斯捷尔纳克的女友。

说,所有这些都更待未来梦想成真,这是不同事物殊途同归。为了给这种信心增加保障,我把你妈妈的一份手迹寄给你。她写的诗多么动人啊！我给你写信提到过,我什么都没有,没有所谓的藏书,没有档案资料,没有保存来往信件,没有自己的手稿,一无所有。多次搬家过程中不断地减少、毁坏、丢失,父亲的绘画作品究竟弄丢了多少,什么时候丢失的,现在我也记不清楚了。不过,他的一部分画册,我还是妥善保存了下来,那是各种开本的练习册,有些是速写稿本,包括他多年的绘画手稿,从1885年到1920年之间,有些画一挥而就,有些笔法自由,非常优美,风格多样,篇幅很多。从很早的时候起,一连好多年我都准备把父亲所有的画稿看一遍,为每件作品贴上标签,注明画作的内容,可是一再拖延,这成了压在我良心上的一座山,而更主要的是自己失去了快乐,对再次回顾过去感到冷淡。这次疾病发作,又是看医生,又是作X光透视,我每天起床以后不是立刻工作,大约用了一周的空闲时间,终于开始看那些画稿和练习册。所有的画册都蒙着一层灰尘。我发现了我大学期间写下的札记:"生活平和、怡然自得,不知道痛苦。鲍利亚来了,天天吵架,发生冲突……"在一捆捆的书信中还发现了很少见的约请函、名片,那上面的人名跟绘画没有任何关系。那些资料中还有我在马尔堡大学求学的证明,你妈妈写的几张纸也在那里面。大概是我把书信跟画册放在一起,装在了一个篮子里,那些信件是阿霞某个时候送给我的。所有的稿件都发表过,是不是这样呢？写在《手艺集》里的文字用的是红墨水。哪本书里使用了黑墨水呢？我把这手迹寄给你,就像妈妈远游归来送给你的照片、护身符,这是对未来的担保。诗句激情如火,十分完美！语言是那么贴切而富有人情味儿！这封信应当重新再写,换一种方式。请你原谅我的匆忙。这次就算是随信附带的札记吧。吻你。我先不给你找果戈理,不过4月初可能给你寄点钱。

你的鲍

1952年4月12日。莫斯科。

亲爱的阿列奇卡!

最近一段时间我像个单身汉似的不断地用航空排炮惊扰你:一封封电报只有两三个字,一个个信封里几乎没有什么内容……你妈妈的卷宗资料早就打印出来了,很早,3月底就弄好了,银行里的汇款单也填写了,不料收取稿酬却一再拖延。我觉得明天终于可以给远在天边的你寄点钱了。

请原谅我的匆忙,说话简短。祝贺你春天愉快,晴朗的节日即将来临。不知道为什么我的心境感到少有的快乐和兴奋。

亲吻你,我亲爱的。

你的鲍

1952年5月6日

我亲爱的鲍里斯!无限感激你所做的一切,你寄来的和我收到的书信,感谢你也不仅仅是由于这些原因。第一点,感谢你首先要感谢你本人,因为你——就是你!读你的书信,妈妈的诗歌,总是让我特别激动。我还记得妈妈用红墨水写的那些诗篇,记得那阁楼,记得窗户窗棂上的纤细的十字,记得那一年——1919年。阁楼上写的头一首诗,看来不完整,诗行有丢失,结尾我也背不出来了。用黑墨水写的那些诗,是篇幅很长的组诗《青春诗篇》里的一部分。这些诗从来没有完整地发表过,手稿也没有保存下来:有一份打字机打印出来的完整清样。谢谢你,我亲爱的!

的确,我很喜欢你,原因是你很少给我写信,你当然不必做什么解释,因为其中的原因我全都明白。我爱你并不是由于你的天才,换句话说,或许不仅仅是由于推崇你的天才,而是由于你善于深入其中的某些范畴,有针对性的范畴,义务的范畴,喜欢你创作中显示的坚韧。妈妈也有这种气质,让我引

窗外风景。阿里阿德娜·艾伏隆的素描。

以为荣,她的一本诗集起名叫《手艺集》绝非偶然——我记得她每天最重要的事就是坐在书桌旁边写作,不管遇到什么情况,从不间断。这种勤奋只有不多的人,非常有限的人,通常所谓的天才才能达到,写诗的人数以万千计,写到最后有多少人称得上富有灵感?为什么《手艺集》会起这样的书名,也许你知道其中的缘由?卡罗丽娜·巴甫洛娃[①]有四行诗,妈妈非常赏识:"啊,你呀,不会在庙堂里/亵渎或者冒犯神明,/我的忧伤,我的财富,/我的手艺啊,神圣!"(只有"忧伤"一个词,我没有把握,这是我从小背过的诗句。)

不过,盼望你不要滥用我对你的爱,只顾写主要的作品,而忽视了给我写信。我希望时时能够了解,你健康地生活着,一张明信片就可以解决问题,打个电报也行。

尽管这话说得有点野蛮,有件事我至今不能原谅自己,有些事没有做过不值得反悔,可是我在美术学校工作期间,没有把你父亲的画册从图书馆里偷出来,实在是太后悔了!当时我给你写信曾经提到过看画册的事情,那本画册印刷得精美极了,其中都是极其出色的作品,尽管依然是那些为《复活》所作的插图,有很多孩子的画像,其中也包括你,当时还小,还是少年。有一幅画的是家庭节日,所有的人手里都拿着礼物。你的一幅画像,画了身高的四分之三,你到今天仍然跟那幅画相像。画册里有很多托尔斯泰和夏里亚宾的画像,而更重要的是,画册里包含着许多充满活力的画面——绘画只完成了一半,处于未完成的状态,比如有待完成的手势,在未完成的状况下却变成了永恒。

你不要笑话我,真的,我还不算特别不幸,如果这本书如今在我手里,那我就算是很幸运了。因为这样的画册没有地方可去寻找,什么地方也找

---

① 卡罗丽娜·巴甫洛娃(1807—1893),俄罗斯女诗人。这里的引文并不准确,引自女诗人的抒情诗《你,在贫乏的心里得以保存……》。

不到。

总结过去的经历和感受,我有一点体会,失去了很多多余的东西,保存了很多真正的东西,也就是说,各种各样的电影看不成了,没有时间轻松阅读和参观了,所有这一类的兴趣,这样的需要,都跟我无缘了。如果注定我不能从事创作,那我最想做的就是尽情读书,尽情观察、审视,尽情体验真正的情感。有机会创作并不仅仅取决于外在的原因,上帝作证,是否有所作为,关键在于自身的内因!

不久前我给莉莉娅写信说,我有一种奇怪的感觉,好像我过的不是自己的生活,而是另外一个人的生活。

在到达图鲁汉斯克之前,一切都由我自己决定,可是在这里,仿佛是一段空白,真正的、活着的我依然留在过去,比如说,留在轮船上。第一次有这样的感觉,自己却找不到原因。没有原因,也没有自我。能找到自我的时候非常少,五一游行,偶尔读到一本真正喜欢的书,再比如最近几天我们欢送一个年轻的工作人员参军入伍,你不妨想象一下,在飞机场,不时传来飞机起落的轰鸣声,要上飞机的人已经放行,手风琴演奏新兵入伍的乐曲,人们按照惯例跳舞、唱歌,新兵的母亲和姊妹脸色铁青,玻璃门外是苍白、虚弱的春天:雪花无力地飘落,由于下雪,原始森林好像长高了,所有的树似乎都踮起了脚跟,四周还看不到一点儿绿意。手风琴又响起来了,又有脚后跟跺地的声音,人们又在唱歌,不过人们的脸色并没有变得开朗,他们知道送儿子、送兄弟、送伙伴参军是不能掉眼泪的。可是为人送行,忍不住总想哭泣,甚至明明知道这次送行应该高兴,还是想哭!就是在这样的场合我觉得多多少少恢复了一点儿"自我意识",或许是因为那一刻焕发出了真正的生命感触?可是在回家的路上,我又变成了那个不是我本人的我。

再一次感谢你。我特别盼望你不生病,这个夏天你各方面都顺利成功。请问,你后背疼痛是不是由植物性神经疼引起的,或者有类似的感觉?这种疼痛往往持续很长时间,不过,幸亏不是致命的病。这类毛病通常很难确诊。你是不是该找个有名的神经科医生给看看?

热烈地亲吻你,亲爱的。愿你健康,心情平和。

你的阿莉娅

1952年6月5日

我亲爱的鲍里斯!叶尼塞河上偶尔还能看到漂浮的冰凌,可已经是6月了!无论如何我难以适应这里的气候和天气,以人们通常习惯的日历衡量,这里的季节变化总是落在后边,一切都是世界上最落后的。窗外——下着令人惆怅的雨,细雨濛濛,引发愁情,四周的天地还有靠近家门的叶尼塞河都被雨幕笼罩。这场雨就像久拖不愈的疾病,连续下了几个昼夜,终于发脾气似的下大了,然后下啊,下啊,呆板单调地敲打着房顶。我们这里今后一个阶段不会再有夜晚了,会出现一个连续不停的很长很长的白天,就像那个连续不停的夜晚。任何地方都还看不见小草和花朵,春天还懒洋洋、慢吞吞地在拖延,就像童话里老太婆的女儿,阴沉着脸,很不高兴。航运还没有开始,不过我们期待着最近几天有客轮从克拉斯诺亚尔斯克开来。大雁、野鸭、天鹅正陆陆续续飞回来。似乎一切都准备停当,一切都各就各位,就等春天来临了。我观察到这些情景,不需要神启,不需要灵感,也不需要真正的事业,尽管一直忙得团团转,我也感谢这种忙碌。一大堆琐碎的工作与操劳都不能减轻我的愧疚感,我负责做的事情,我都会尽力做好,但是所做的这些事情实际上没有任何意义。日常生活吞噬了生存意识,结果就像今天这里持续不断的雨水,当地的土壤根本就不需要,再说雨水淋漓一点儿也不美。

没有一个能够谈心的人。当然,过去那些曾经跟我交谈的朋友,仍然留在我的心里,不过我只能一个人独白,唱独角戏!至于对话,连想也不敢想!

苦闷,说实话,非常苦闷!

对不起,请原谅我,你那里总是天气晴朗,我却带着自己淋漓的雨水打扰你。可是,不跟你说,还能跟谁说呢?你知道,河水就在附近喧哗,当流水声和风声交织在一起的时候,我常常想起自己的童年,想起妈妈带领我去克里米亚,去看望马克斯·沃洛申的母亲普拉,我们称呼她叫老祖。夜晚,圆形的房间,像在塔楼里一样(我记得那确实就是个塔楼),桌子上有一盏小灯,是蜡烛,或者是带灯罩的灯。黑暗从窗户缝里钻进来,听到的声音一半是潮水汹涌,一半是风在呼啸。妈妈说:"这是大海的响声。"头发斑白的老祖普拉在桌子上切面包。我走路走累了,觉得有点儿害怕。

有时候我觉得,我已经生活过很多次,你明白吗?有些人只能生活一辈子,可是有些人却活在很多人的心里,他们能生活好几辈子。比如,现在我正在读一本有关十二月党人的书籍,就有一种感觉,好像是发生在不久以前的事,我忘不了他们,可能是因为,不朽的人让活着的人感到亲近?要知道,普希金——完全是我们的同代人,而茹科夫斯基——距离我们就很遥远。谢尔盖·米哈伊洛维奇·沃尔康斯基,是十二月党人的孙子,他的父亲就出生在西伯利亚,我一直忘不了他,觉得他跟我们很亲近!

下雨了,就让它下吧,生活毕竟是有意义的。想来想去——有生命力的——永不泯灭!

等你翻译累了的时候,想到菜园里去转一转干点什么,就在那一刻,在翻译与菜园之间,给我写一张明信片(求你了!),就让我还有哪怕一丁点儿对话的幻想。我非常想知道你的身体状况,非常盼望你远离任何疼痛的折磨。你长期沉默的时候,我就想(哦,有时是猜测!),你大概是生病了。我给你写信,与其说因为下雨,因为这个晚上有空(夏天很少空闲时间——准备劈柴、土豆、出去割草、收庄稼、去建筑工地!),不如说渴望跟你说说心里话。想说的话还是没有都说出来。

热烈地亲吻你。多保重！

你的阿莉娅

1952年6月14日

亲爱的阿莉娅！

我还想就你上次来信跟你谈谈，你的观察能力多么出色，让我感到格外亲切。我还在继续写长篇小说，刚写出来的一部分你还不知道，有一段跟你上一封信中提到的非常近似：描写春天积雪融化后显露出来的土地，写它刚刚摆脱冬雪压迫的样子，还写春天生命的嫩黄，跟秋天死亡的枯黄相互衔接，如此等等。

我通常在4月和5月份工作效率很高，我从刚刚写出来、还没有来得及誊写的小说当中，挑选了很长一个片段。给几个朋友朗诵。就在不久之前，大约一周多一点的时间吧，这件事让我感到格外幸福。

我身体健康，过得很好，阿莉娅，好得有点儿过分，感到愧疚，时有古怪念头和荒唐行径（写散文，朗诵），我允许自己这样做。

我们明天要搬到别墅去住，现在匆匆忙忙给你写这几行文字，四周地板上摆放着好几条绳子，还有凌乱的、等待捆绑包装的文件。

我很好，阿莉娅，我心情平静，不知为什么想开玩笑。我在生活中没有消沉，反倒准备燃烧，想烧得气势辽阔，像整个地平线都烈火升腾，就仿佛我是熊熊烈火的火苗，就像你想到空气、时间、人类的大自然，你仅仅是这其中的一部分一样（这是高度的抽象），我害怕被毒眼注视，我害怕说这句话。我没有什么可惋惜的，我有点儿像赫列斯塔科夫[①]，我在讽刺另一个时代，不知为什么我会有这样的命运，我可能虚度一生，可能承受不起赋予我的使命，无力

① 果戈理（1809—1852）的剧本《钦差大臣》里的主角，爱慕虚荣，喜欢吹牛撒谎。——译者注

建树功勋，无言为自我辩解。

看，这就是我在翻译与菜园之间写给你的明信片。我想在夏天结束这部长篇，因为开始写这部小说也完全是为了自己。**整个身心属于你**[*]。

鲍

1952年9月6日。别列杰尔金诺。

亲爱的阿莉娅，我可爱的朋友！

有人从城里给我带来了你的信，信上有日落时的母牛，有音乐也有叶尼塞河河水带来的双重苦闷。哎呀呀呀！阿莉娅，哎呀！你什么都明白。我在这里沉默、困惑、离群索居。还能有比这更烦闷的吗？我能说什么呢？我又能做什么？只能咬自己的嘴唇。不过，在这之后我会写信谈谈你的绘画，我的生活就是这种样子。我从内心深处不喜欢这样过日子。跟去年相比，今年夏天我体力劳动更多，在菜园里掘地，给土豆培土，挖垄沟，给苹果树施肥，有太阳的日子每天干五到六个小时的活儿，我自己的感觉很单纯、很平静。因为一切事情都做得特别缓慢，如果到了冬季《浮士德》单行本能出版，就寄给你。我的长篇小说也在继续写（剩下的结尾很悲惨，有各种各样意想不到的事件）。春天在城里我曾把这一部分读给几个熟人听，附带说他们大多是伊丽莎白·雅可甫列夫娜的朋友，不过她本人还不知道这一部分的内容，现在我刚刚为她抄写了一份。很快，也许再过一周，我会给你寄点钱，或许，也给阿霞寄一点，夏天我收到过她寄来的明信片。我知道，这些汇款总是拖延，常常寄得太晚，千篇一律的重复，简直该挨骂，我也知道区区一点钱什么都改变不了，不过，这间隔很久才有的一点接济，如果能给你平淡的生活哪怕带来一点点自由，那就叫人欣慰了。

---

* 此处原文为德语。

热烈地亲吻你,谢谢你所做的一切。我也曾说过,不迷恋土地和粪肥,愿意跟你聊天。你要身体好,有勇气——这些都不是空话。

你的鲍

1952年10月1日

我亲爱的鲍里斯!谢谢你奇妙的来信,收到这封信时,图鲁汉斯克正下着第一场雪,这里还没有从去年冬天的寒冷中缓过气来。当地所有的候鸟都纷纷离去,所有的轮船都相继开走,一切的一切,为了生活,为了温暖,都离开了这个地方,这封信却像只顽强的鸟儿,逆向飞行,从南方来到北方。每年的这个季节都折磨人的心灵——就在我给你写信的此刻,听,窗外传来了轮船告别的汽笛声,轮船上有这样的风俗:最后一次航行,拉响汽笛与码头告别——直到下一个春天再度返航。大雁飞走了,天鹅飞走了。开始下雪了,四周的景物变得像高加索山区一样昏暗。我真想冲着月亮大声吼叫。别的地方昼夜交替,我们却沉入了如此漫长的黑夜,像一个孤儿,面对漫漫长夜!当夏天的太阳在心里引起阵阵刺痛,让你感受到季节变化的时候,那才是真正的冬天到了,它甚至让你感到舒适。

总的来说,日子过得还是无比艰难,好在我一直能感觉到,你在生活,在写作。这一点似乎可以成为借口,为我非人的生活,为我懒得写作进行辩解,就像上面说过的夜晚可以用曾经说过的白天来进行辩解一样。究竟为什么——我还没想明白,结果就是这样。我给你写这封短信,为的是能及早寄走,上帝保佑,有一段短暂的好天气,不然的话,以后天气恶劣就只能拍电报了。我都快累死了,连一秒钟喘息的时间都没有。我觉得连做梦都很匆忙。家务事劳累,上班让人疲惫不堪,总之这是一年当中最累人的一段日子。我很快还会给你写一封回信,尽量把想说的都如实地写出来。暂时只能写这封短信,感谢你来信,你是我的快乐! 亲吻你,最重要的是——身体健康!

你的阿莉娅

1952 年 10 月 10 日

我亲爱的鲍里斯! 刚刚收到你有关翻译的信息以及写在公文用纸上的几行奇妙的文字! 谢谢你,我亲爱的,无限感激你所做的一切,主要的原因是,来自于你的所有信息,对我来说都是节日的快乐,换句话说,这些都是我绝对缺乏的,而没有这些信息我就绝对难以生存。每当看到你的笔迹,我立刻就有一种特别幸福的感觉,就像小时候,知道第二天是复活节或者圣诞节,或者退一步说,是我要过生日。总之,我爱你爱得要命(也许,这就是遗传!),我爱你,就像选民爱选民,也就是说不受时间、时代、空间的局限,没有障碍,能超越各种藩篱与阻隔! 不过,我了解你的习性,我相信,你明白写这几行字的人远在天边,你回信肯定会说,你得了感冒,说你忙得不可开交以及诸如此类的话。你已经好几次指点过我,遗憾的是你的指点没有效果。

我们这里的冬天,最初一段时间并不寒风刺骨,这就算挺好了。周围的环境都谱写得黑白分明——雪是新鲜的初雪,雪地上的一切都显得新,显得小,所有的小房子、小人儿、小马、小狗。只有河流还像往常一样,只不过完全失去了平和的原貌,虽然被冰封雪裹,但它仍像过去一样难以遏制地流动,让人惊心动魄。

这里的天空显得低,显得近,比任何地方都更容易让人理解。在这里似乎举手就可以触摸到太阳和月亮(并不像离莫斯科那么遥远!),你能够亲眼目睹北方好天气与坏天气的交替变换,并不觉得有什么值得惊讶。只有北极光有时候出现在天空,并不显得太高,让你有些心动,随后不久又消失不见了,也没有什么值得大惊小怪的。

如果没有你，想必我会非常孤独，因为我向来观察事物有几分你的眼光，感觉好像跟你在一起，这让我稍微轻松了一点儿。

因此在这里生活，仿佛举着“松明火把”。

今天，最后一艘轮船开走了。离开了我们丑陋的河岸码头，拉响了告别的汽笛，驶向南方，躲避这里的寒冬。而我们得留下来，陪伴河岸码头、平民百姓、堤坝、草垛、翻过来扣在地面上的船，所有的东西都蒙着一层雪。还算温暖，地平线上一片红，就像切开的西瓜——这是严寒降临的征兆。我为什么要给你写这些呢？冬天就是冬天——契诃夫说过“妻子就是妻子”，我们不妨借用他的口吻说话。

从开春到第一次下雪，我一直为各种各样的家务事吃苦受累——修理房子，准备劈柴，说苦恼是因为，所有的事透支体力，从心里不喜欢，并不是因为这些活儿太累、太难，而是因为，这都是替自己干活儿，所有的活儿都必须干，所有的活儿都不是我想要干的，你明白吗？晚上躺下睡觉，做的还是同一个荒唐的梦——深夜里在城市转悠，寻找“普林泰姆斯”商店，它出现在一个角落里，灯火通明，我走进商店，整宿在各层楼游逛，让那些丝绸、花边、各种装饰品小玩意儿弄得眼花缭乱、头昏脑涨。应当说，我并不需要这样的商店，正像我不需要图鲁汉斯克的生活一样。无论做梦还是清醒，整个夏天遇到的都是北极——我曾经离开的地方，又再次来到的地方。总之一句话，这个夏天算完啦！

重新阅读契诃夫的小说，我非常喜欢他的作品。看完了伊格纳季耶夫[①]的《服役五十年》，其中克列孟梭有关白利安的一句话说得格外精彩：“这个人什么都不懂，什么都明白。”我也是这样。

---

① 阿·阿·伊格纳季耶夫(1877—1954)，俄罗斯外交家，作家。《服役五十年》是他写的回忆录。——译者注

冬景。阿里阿德娜·艾伏隆的速写。

这封像往常一样疯狂的书信,我要打住了,因为都快累晕了,剩下的话睡觉的时候再说,这一次做梦不去逛我的商店了,只想陪着你在城市里漫步,说话,让我们畅谈一个通宵。

除了其他的帮助,这回还要特别感谢你寄来的汇款,像每次接济一样,总是在最困难、最需要钱的时候,你就伸出了援手!附带说,我用这些钱首先给自己买了个赛璐珞做的柠檬黄狮子,只想给自己证明,我怎么想,就怎么做——没有其他的考虑!

热烈地亲吻你,当然,让我们拥抱一下吧!

你的阿莉娅

我焦急地等着读你的作品,创作的或者翻译的都行!

1952年10月19日。莫斯科。

阿列奇卡!

谢谢你这封写了两页信纸的书信,你认为这是抓紧零星时间写的,可我觉得这就够了,没有必要写得更多了。不要急着给我写信,用不着写很长的信,不要担心,不要因为写信增加自己的负担。我不想让你耗费时间和精力,即便不来信,我也了解你的一切情况。

我知道,寄给你的那点儿钱,刚刚够你还债用的,只要有机会(可能很快)还会给你再汇点款。

9月最后几天,我在别墅的生活非常奇妙,自我感觉棒极了!上帝知道我能够把握自己,抓住自己的机会,无所畏惧,这个月开头几天去城里,我已经开始写长篇小说的结尾,写作很顺利。

很长时间啦,大概已经有十年了。我早就该彻底地医治牙病,应该下决心把所有剩余的牙齿都拔掉,换成假牙,像现在很多人所做的那样。我鼓足了勇气,不料却受到了惩罚。假牙安装得不合适,口腔里总觉得别扭。人们说,一开始都是这样,以后习惯了就好了。这件事打消了我的傲慢,让我受到了报应。

除此之外,《新世界》杂志一连四期(第七期到第十期)刊登了格罗斯曼[①]的长篇小说《为了正义的事业》,引起了很多争议。很多人建议看看这部小说。我利用空闲时间开始阅读。

小说开头描写战争在边境爆发的头一个夜晚,使用了很多既聪明又深刻的修饰语,有很多富有诗意的生动描绘,有几行写到雅斯纳亚·波良纳的家园,反复提到母亲(施特鲁玛)的书信,提到儿子读这封信的感受,还有写幼儿园疏散的那一部分,写德寇的飞机飞到斯大林格勒上空,写柏林纳粹社会党人的部分,我都很喜欢。

然而写得苍白、粗糙的篇幅,越来越多,其中包含着演说词一样的高昂语调,刻板地进行道德说教。看到第三部,我对作者失去了信任,到了第四部,已经对他产生了反感。我不能容忍这种情感的虚假和推销式的拔高人物形象,即便是有个借口:"就像战士需要一块面包一样,需要……母亲的爱。"我对每一步都闪烁光彩的所谓普遍性持怀疑态度(比如,他看到晚霞,就会没完没了地回忆各种各样的往事,几乎把一辈子的生活都回顾一遍。或者,这里写的是某个人的某件私事,却忽然东拉西扯地写到了秋天的潮湿,想到了在乡下的童年,还有诸如此类的联想,几乎牵涉到整个宇宙)。

写得好的片段确实存在,但是比较罕见,而且经常转变为华而不实的叙述。当这种方法变成了固定的修辞手段,这就意味着真实性和深入生活实际的观察已经让位于依照演说艺术原则滔滔不绝的机械性长篇大论了。六百

① 瓦西里·谢苗诺维奇·格罗斯曼(1905—1964),俄罗斯作家,主要作品有长篇小说《人民是不朽的》、《为了正义的事业》、《生活与命运》。——译者注

页小说当中只有六十页是真实的，生动的。一个聪明、有才能的作家怎么能够出现这种情况呢？这就像牙疼一样让我难以容忍。

一开始他在某种程度上吸引了我，我准备拜倒在他的面前，任由他把我踩在脚下，不把我放在眼里。然而这种事情并没有发生。他改变不了我的本性，也攻陷不了我愚笨的“堡垒”，这是成年人之间的对话，要求自己有明确的方向，这个例子充满了矛盾，说明作家是有才华的，可惜他的才华得不到充分的施展，因而显得很平淡！

我很高兴自己站在一旁，怀着“孩子”似的喜悦，对自己热爱的事业却一知半解，仿佛心不在焉地瞧一件怪事，面对着中了魔的文学界，这里需要灵感，需要专业的执著精神，需要原创性，需要大量的生活细节，整体上却很难闪耀光彩，这种例子很常见，这部四卷本的长篇不过是又一个例子罢了。

不过，可能我有嫉妒心，有偏见，因而出现了判断错误？请你来检查一遍。如果你们俱乐部里有这部四卷本的长篇小说，请你找来读一读。那里有很多优美的片段，很多地方会让你感到震撼。以诚实的态度给我来信，把你的想法告诉我。也许我的感觉不对，不要怕，告诉我，我不会改变对你的爱。

你的鲍

很奇怪，当人要撒谎的时候，内心（好像作者没有想到会那样写）和外在举止（违背真实），还有语言都会意想不到地发生错误，仿佛作者捂住了耳朵，或者把笔交给了另外一个人，本来是乘坐轮船，回来的时候却是小木船，出发的时候是乘飞机、坐火车、汽车，等来的是一片寂静，期待第一次举杯，却出门去寻找牛奶。

1952年10月25日。莫斯科。

阿莉娅，我患栓塞被送进了鲍特金医院。我想我能够恢复。我收到了你的信。谢谢你,亲爱的,我神奇的姑娘。我不跟你撒谎,还想再给你寄点钱,可是医院里找不到可以委托的人。盼上帝保佑,让我赶快康复。不允许写信,不许动。用力亲吻你。

你的鲍

1952 年 12 月 8 日

我亲爱的鲍里斯！不久前收到莉莉娅的一张明信片,紧接着又收到她一封电报,她说你身体见好。[①] 感谢上帝！我这并非激动和不安,因为几乎所有时间我都在为某个人或某件事激动或不安,这一次不过是为你的病情感到担心,我没有什么事,除了你的病情,什么都不明白,什么都没有感觉。总而言之,我跟你一起生病,我一直感到疼痛。不错,收到你身体见好的信息,我的心情轻松多了,可是我向来有个习惯,我对各种各样的疼痛和不安反应比较强烈,感受持续的时间也比较长久,往往肉体上的疼痛已经停止,可那种疼痛和不安在心理上还会存在很久。现在就是这样,我心里一直感受到你的疼痛,虽然明明知道你的病情已经好转。

一直没给你写信,原因是内心处在一种呆滞状态,直到看了你病后寄来的短信,呆滞状态才真正消失,所有的时间都在想念你,跟你在一起,渴望把自己的全部力量转化为你的力量,好尽快战胜疾病。这不是空话。

我这里一切还都是老样子。今年这个冬天似乎特别残酷,一直在零下四十度左右,有几天气温下降到零下五十度,再加上天天刮风。我们俩从早到

---

① 1952 年 10 月 20 日,鲍里斯·帕斯捷尔纳克患心肌梗塞。11 月 8 日阿里阿德娜·艾伏隆给姑妈莉莉娅和济娜伊达·施尔凯维奇写信说:“……11 月 6 日收到了鲍里斯用铅笔写的一封短信,说他患重病住进了鲍特金医院。我立刻手脚冰凉,心里感到惊慌害怕。我恳切地请求你们俩,给我写信,或者拍电报,说明他的病情,我非常担心,不然的话,怎么了解他的情况呢？我甚至不知道该怎么样称呼他的妻子,他家里的其他人,我一个也不认识,没有办法询问,什么都不知道。”

晚工作，回到家里，仍然冷冰冰的，墙都快被雪给埋住了。幸亏我们的火炉很好，立刻就暖和起来。比寒冷更叫人厌烦的是黑暗，白天很短很短，转眼就过去了，没什么好说的。从早晨到晚上点着煤油灯，只是偶尔有太阳的日子，就像短暂的黎明。眼睛很疲劳，其实由于很冷和昏暗，由于不可逃避的单调，身体各个部位都很疲惫。这里的一切都很单调，很少有新鲜的闪光或者某种新奇的事物让人惊喜。因此，这里最让人们高兴的就是过节了，节日是真正“美好”的日子，到处有标语和旗帜，在冬天雪白雪白的纸页上写出红色的词句。我住在遥远的天边，对于距离、空间等概念已经变得麻木，失去了感觉。站在高高的河岸上，只有种感觉，背靠着北极，脸朝着——莫斯科，头顶是天空。一切都很近，很简单，很直观，初升的太阳照着冰封的荒漠，还有星星雨，还有……还有……还有……附带说，这个“还有”，我“有权利”随时使用，只有一种情况除外，那就是到了“结束”的时刻。不能不喜欢个别章节，可整本书却难免叫人失望。它写得散乱，没有中心，没有起伏，没有人物——就是一本小册子，而不是一本书。格罗斯曼当然是有才华的作家，毫无疑问拥有锐利的观察力，可是我一直不喜欢这种叙述方式（比如，爱伦堡，还有很多作家也是这样，这种笔调好像是从多斯·帕索斯[①]开始的）——作者好像在写电影脚本，似乎预先看到了出现在银幕上的画面。有几个地方（在我看来）写得不合逻辑，比如，一个女友在防空洞里给另一个往衣服上佩戴胸针，仿佛觉得她们以后再也不能见面似的。一个老年妇女把头巾披在另一个女人肩膀上，这才是符合真实的细节，一个十八岁的姑娘给另一个十八岁的姑娘佩戴胸针，即便是在炮弹爆炸时，胸针也未必显得珍贵，值得纪念。此外，我觉得，有意强调生离死别，未必符合知识分子的性格特征。有时候你知道一件事，无论如

---

① 多斯·帕索斯（1896—1970），美国作家，著有《美国》三部曲，擅长描写社会生活的宏大场面。——译者注

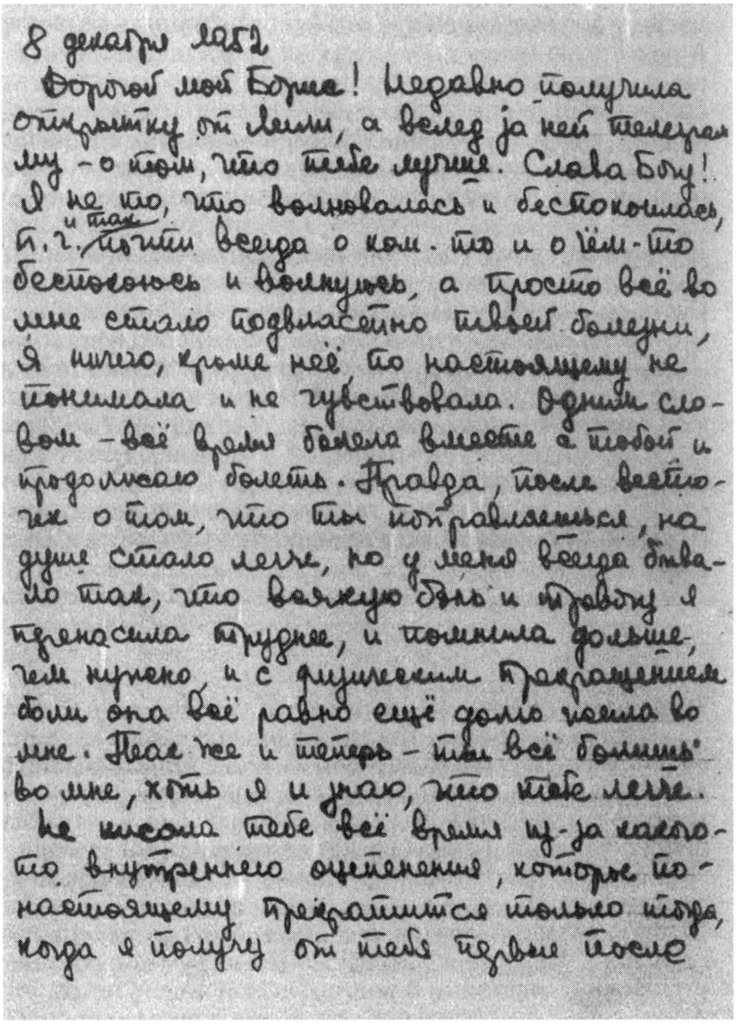
8 декабря 1952

Дорогой мой Борис! Недавно получила
открытку от Лили, а вслед за ней телеграм-
му — о том, что тебе лучше. Слава Богу!
Я не то, что волновалась и беспокоилась,
т. к. и так почти всегда о ком-то и о чём-то
беспокоюсь и волнуюсь, а просто всё во
мне стало подвластно твоей болезни,
я ничего, кроме неё по-настоящему не
понимала и не чувствовала. Одним сло-
вом — всё время болела вместе с тобой и
продолжаю болеть. Правда, после вестo-
чек о том, что ты поправляешься, на
душе стало легче, но у меня всегда быва-
ло так, что всякую боль и тревогу я
переносила труднее, и помнила дольше,
чем нужно, и с физическим прекращением
боли она всё равно ещё долго жила во
мне. Так что и теперь — ты всё болишь
во мне, хоть я и знаю, что тебе легче.
Не писала тебе всё время из-за како-
го-то внутреннего оцепенения, которое по-
настоящему прекратится только тогда,
когда я получу от тебя первые после

阿里阿德娜・艾伏隆的书信手迹

何却不想让另外一个亲人知道，担心他知道了会心情沉重。这本小册子里有很多很多这样的情节让我感到郁闷。说得更确切一点，我是从自己的角度找茬挑刺儿，如果作者是我，我不会这样做，我会用另外的方式来写……其他的地方不错，交谈的口语运用得好，自然景色描写得也好。

紧紧地、紧紧地亲吻你，快些好起来吧，我亲爱的。我能够想象得出来，疾病和卧床不起该让你有多么痛苦！祝你康复！

你的阿莉娅

1953 年 1 月 12 日。莫斯科。

阿莉娅，阿列奇卡！

你和你的言语一直和我在一起。我——在家里，不久济娜将陪我去疗养院。一直觉得心脏不好受，总是小心翼翼地提防，不知什么时候是个头，再过段时间可能就快发疯了。卧床两个月弄得脖子又动转困难了（并非说笑话）。不过，这些都是小事！

哦，我妈妈是这样，我们家的人总是这样，住进医院的头几个晚上非常危险，像站在死亡的门槛上！在上帝身边是那么辽阔与神圣！我欢呼，感谢，我祈祷。上帝啊，我小声说，刚才说的不过是感谢的话语，如果你要把我带走，我从头到脚，整个生命都成了奉献给你的贡品，我将和其他献给你的礼物一道，像永久的回声融入你的事业。

可爱的朋友，我愿意永无尽头地亲吻你。

1953 年 2 月 15 日。鲍尔舍沃。

亲爱的阿莉娅

有可能你的来信寄到了莫斯科，就放在我们家里，可是我不知道。济娜陪着我在这里,在科学院的疗养所已经是第二个星期了。现在这里的气温长时间在零下二十度,有时到零下三十五度,我能想象你所在的地方该有多么寒冷。可是在森林里像童话一般美好。我已经完全康复了,能够稍微做一点事。济娜3月初离开这儿,我在这里还要再住一个月。特别渴望默默地独自一个人散步。匆忙躲避那些熟悉的人,大概他们认为我是一个难以言喻的怪人。生活中周围的人总是太多太多,他们聊起天来头头是道,什么都谈,就像是难以穿透的浅薄琐碎!

大概你两手空空没有钱了吧,我可怜的孩子。我打算4月9号给你寄点儿钱。1935年我离开你们以后,那个夏天好像在这个地方住过一个月。三九年或者四〇年夏天你妈妈似乎在这里或者在附近住过一段时间,可是难以见面。对于我说来那段日子沉重而凄惨。我的一切都受到钳制,无路可走。现在我觉得自由多了,心情也更加轻松。

你的鲍

1953年2月25日

我亲爱的鲍里斯！今天我梦见了你(这样的梦难以解释,此刻我正在回想阿霞消瘦的病容,在我的想象中,在梦里,她总是这种模样!)。不过,我还是想说说梦中的情景。我和你紧挨着往前走,左侧是淡青色闪闪发亮的流冰,那是大海,你说,一切都是有条件的,相对的,比如那些松树既能生长在克里米亚,也能生长在图鲁汉斯克,可我听不太清楚,只是从旁边看你的侧影,因为背向太阳,半边脸是黑的,不知为什么脸色显得既高傲又顽皮。我们行走期间,有些装着伏尔加与顿河水的水罐车超过了我们,然后出现了一座城市,在城门口你喊住了一辆水罐车,为了吃药,向司机讨一点水。药装在一个四方形的小瓶子里,每天要服用四次。我们想找个杯子,为找杯子笑了起来,我双手捧着药粉,你俯下身子喝药,我从高处看着你的后脑勺,心里充满了柔情。后来你用手拍了拍水罐车,像拍着一匹马的肋骨,你说,水——是神圣的活命水。"好啦!"司机说了一声,神圣的活命水开走了。这以后,我们在城市里转悠的时候,你忽然像个大老粗一样说道:"反正得告诉你妈姆,要经常敲打你!"后来想了想又说:"我的头没地方放,枕在你膝盖上待一会儿吧。"我想,你怎么做都行,说"妈姆"(因为说的是我的妈妈!),甚至说"敲打"。我醒了,觉得你确实就在身边。虽然天黑了,可是仍然觉得高兴,因为遇见了你,印象鲜明,难以磨灭。我到邮局跑了一趟,收到了你从鲍尔舍沃寄来的明信片。感谢上帝,你觉得自己好多了!你难以想象,我为你的病情该有多么担心,如今手里又攥着你的来信,这是多大的快乐啊!只是你不要工作时间过长,不要过度劳累。因为你工作的时候,大概不会觉得疲倦。我只有干家务活儿的时候会觉得累,特别厌烦有些人不停地聊天,因此特别理解你为什么散步的时候渴望孤独。看来要等到我老了的时候才能克服狂想症的影响,我一直觉得只有我一个人在跟别人"交谈",其他的人都是"痴人说梦"。实际上这两种情况,我都应该尽力避免。

这么说,你目前在鲍尔舍沃。是的,我们一家人在那里居住过,我们住的别墅离车站不远。我在那里有过一段真正的幸福,也曾体验过什么是幸福。不像后来的岁月,经过比较我明白了,所谓幸福,只不过是还活着,每一天都有这样的意识,准确地说是——幸福的意识。太不可思议了!要知道年轻时候的我才是真正的我啊!

跟过去一样,我要干很多活儿,不过,能挤时间阅读,读过的书也能进行思考。

顺便问一句,你是否看到了布宾诺夫发表在《真理报》上评论格罗斯曼小说《为了正义的事业》那篇文章?(我对其中一个前置词的用法有怀疑,不知道你怎么看?)

这封短信我冒险给你寄往鲍尔舍沃,的确想象不出来确切的地址。反正你住在那里!

你还记得吗?有一次我和你坐在茹尔卡斯商店对面的街心花园里,你当时心情沉重,可是我陶醉在鲍尔舍沃生活的幸福回味中。你说,你羡慕我年轻,羡慕我活得那样单纯。看来,你欺骗了我,这是惟一的一次。

我们这里的白天变长了,变暖了,大约十五度到二十度之间。我的第四十个春天来临了,不过,从纯属女性的角度来看,我丝毫不受触动,因为这里的气候甚至有利于维持猛犸象的青春!

热烈地亲吻你,赶快好起来吧!

你的阿莉娅

1953 年 4 月 10 日。莫斯科。

阿列奇卡,再次让我亲吻你,拥抱你。很想在这个夏天把长篇小说写完。后天我去别墅。感觉喜忧参半,不过可喜的感觉更多。因为有很多变化,可能跟你有关。[①] 可是属于我的时期还比较遥远,如果它终将来临的话。

你的鲍

1953 年 5 月 6 日。图鲁汉斯克。

我亲爱的鲍里斯!我像本地的狗一样累(说的正是本地的狗,因为整个冬天用它们拉水拉木柴),因此只能拖到现在才有气力给你写几句话,感谢你始终如一的关怀。我的亲人,谢谢你做的一切!你在鲍尔舍沃休假的时候,我依据想象的地址往那里寄了一封信,不知道寄没寄到,如果没寄到,损失也

① 斯大林 1953 年 3 月 5 日去世,苏联政局开始出现变化,敏锐的帕斯捷尔纳克感觉到了这种变化,写信告诉阿莉娅,命运可能出现转机。——译者注

不太大。的确,这一年充满了变动和事件,我对此多多少少有一点感觉,但是头脑混乱,完全缺乏应有的意识。看来,我的心里充斥着“经历和忍受的苦难”,其余的所有事情似乎都难以触动我的心灵,如果我还有颗心的话,那也破碎到了难以收拾的地步。总而言之,我像个野蛮人一样劳累,稍微休息片刻,然后接着再干,我的体力让很多人都感到惊讶。

又是春天了。春天在这里一直延续到初夏,到处白茫茫的像银鼠皮,间或露出一片片的黑土地。起初,这罕见的春天雪景曾经让我感动,现在却习以为常,甚至厌恶这绵延数千公里,长达几十天的葬礼似的一片雪白了。一望无际,单调呆板,让人心情压抑,还有比这更令人难以忍受的吗?不管你在这里住多久,反正永远也看不到丁香花开。鸟儿不叫,花朵不香,母鸡不生蛋,一切都跟别的地方相反。诚然这里跟别处一样,也有春天,一年当中最好的季节。其他方面还有什么可说的呢?

偶尔收到阿霞的来信,既勾起我的柔情,也带给我苦恼。她的信总是写在碎纸片上,没头没尾,这一段是摘引,那一段是原创,简直像西徐亚人古墓里发掘出来的文献一样,让人感到莫测高深。你猜呀,猜呀,总也找不到答案,偶尔发现,文字披挂着青铜盔甲,究竟为什么要这样的装束,仍然猜不明白。阿霞身上有很多和妈妈相像的气质,可惜都扭曲变丑了,她跟妈妈既相像又不像,如同这里矮小的松树,侏儒般的日本树,跟外地的松树,真正的日本树相差甚远。我爱妈妈,始终怀着自豪的心情,而对阿霞却恰好相反,完全不是这样。阿霞拥有无可争辩的才能,既顽强又灵活,这是妈妈所不具备的品质。莉莉娅写信也很少,偶尔才写一封,但她的来信总给我带来无尽的喜悦。她充满了温情和光明,充满了——用什么话形容才好呢?母爱,或许有点儿接近我想表达的本意?她对别人的态度,对工作和生活,所体现出来的大概正是母爱:对所有的人、所有的事,始终都秉持善良和责任感。只有她,还有你,让我体会到某种亲情,这么多年来我是无人关心的孤女,这一点令人心痛！从表面上看，我对此已经习惯，可是内心深处——难以接受。即便是被人收养，成为人家的女儿，通常都在二十五岁之前，四十岁的女人成了老妖婆，还有谁要？人家会以为你是一头母熊哪。

莫斯科郊区的春天是迷人的，请截取一小片春色寄给我好吗？请给我写信，写你的心情，写你的工作。我知道，你追求真理，公正无私，知道你多么珍惜时间，很少写信，但是，无论如何还是给我写几句话才好。我差不多也是一部长篇小说了（很长、很长、很长、很出色的小说……），布罗克豪斯百科全书[①]未必能包容我的一生，或许，至高无上的缔造者能为我设想出一个并不太过忧伤的结局？（我写这几句，意在表明，我完全有资格收到来信！）

我几乎没有察觉，今年这里庆祝了五月节，只看到了很多穿着节日盛装、喝得醉醺醺的人。其中一个为了呼吸新鲜空气，用脑门撞我们俱乐部的窗玻璃。撞碎了玻璃，他走了，结果是我们到现在还呼吸着新鲜空气。

热烈地亲吻你，祝你身体好。你为我所做的一切，让我永远满怀感激。

你的阿莉娅

1953 年 5 月 29 日

我亲爱的鲍里斯！我很想念你，尽管很少写信。不仅是我的时间，就连我本人都被连续不断的操劳吞噬了，准确地说，不是吞噬，而是被切割、被撕成了许多小小的碎片。偶尔我会把这些碎片全都收集到一起，我发觉自己变成了一个像马赛克壁画一样的女人。或者说“天鹅冲着云彩飞，青虾一心往后退，梭鱼拼命奔河水”[②]，——我一个人要扮演三种角色。在这种疲惫的状况下就连写封信也很难。

---

① 布罗克豪斯百科全书，德国出版家布罗克豪斯于 1798—1811 年主编的百科全书。——译者注

② 这里引用的是克雷洛夫（1769—1844）寓言《天鹅、梭鱼和青虾》里的诗句。——译者注

5月即将结束,今天在我们这里是第一个春天的日子,天空蔚蓝,还很寒冷。寒冷的原因是河里漂浮着流冰。窗外是真正的海洋的轰鸣,声势威猛而冷漠无情。我从很小的时候就对水的浩渺冷漠感到震惊,任何一堆篝火都会给人以温暖的感觉,胜似这奔流如海的叶尼塞河,这条大河越接近海洋就越发助长海洋吞噬一切的气势。水是冷漠无情的,像死亡一样有力,我害怕水,不喜欢水。昨天,我亲眼目睹了一个从岸上打捞木头的男孩子被河水吞没。一根长长的绳子一头拴着铁钩子,另一头紧紧攥在手里,当河面上有木头漂过来的时候,就用力把绳子抛出去,让铁钩子牢牢地抓住木头。男孩子把绳子抛了出去,不料铁钩子没有抓住木头,却抓住了木头旁边的浮冰,巨大的冰块把孩子从岸上拖进河水,裹挟着他的身体顺流而下。就在离河岸两三步远的地方,翻滚起伏的冰块吞没了他,什么都没有剩下,岸上的人们全都吓傻了,惊呆了!河水仍然在奔流,刮着"寒冷的北风",天上乱云翻卷,神没有创造奇迹,人们也没有进行抢救,在泥土的河岸上母亲拼命哭喊,撕扯着自己的棉袄。刚才她还在洗衣木盆里洗衣服,她的脸、她的胳膊、她的胸膛显得惨白,像是熔化的金属,人们不忍心看她,纷纷扭过头去。死亡和痛苦都是赤裸的,确实惨不忍睹。

鲍里斯,亲爱的,由于这个孩子的惨死,我开始厌恶这里的春天。当地的天空一会儿阴云密布,一会儿空空荡荡,河水——冷酷无情,绿树——又矮又小,人们——都是高尔基很久很久以前描写过的那般模样。村庄里几头母牛走来走去,瘦骨伶仃像在圣经的梦里游荡,母牛的眼睛全都一样,恰似古希腊的雕像。它们啃光了山杨树的树皮,在围墙和电线杆上蹭痒。放牧前休息的马匹从小桥上走过,人们纷纷躲避,不料双脚陷进了污泥。几个"半大小子"坐在土台上打量路过的"小妞儿",一个个穿的都是从当地商店里买来的衣裳,有两个穿着印花上衣,有三个穿着粉红袄,有四个穿着大花大朵的衣裳,

阿里阿德娜·艾伏隆和阿达·施科季娜在她们的小房子旁边

就像花斑马,所有的妞儿穿的都是——蓝袜子。看着这些眼前的人物,忽然闻到了从河那边飘来的稠李树淡淡的花香,听见了手风琴无往不胜的雄浑旋律。

今天开来了第一艘轮船。姑娘们跟我说,乘客当中看不见年轻人,也没有什么值得关注的人。倒是有个年轻人衣着考究,可后来了解到他是边区委员会的指导员,来这里检查当地共青团组织的政治学习成果,于是对他的兴趣立刻打消了,让位于神圣的惊恐。

我们的昼夜交替趋向正常,可并不因此而轻松。热烈地亲吻你,祝你健康!

你的阿莉娅

1953 年 7 月 27 日

我亲爱的鲍里斯!你的健康,还有你的沉默——让我非常不安。你出什么事了吗?你的自我感觉怎么样?给我用明信片写几句话好吗?它足以给我勇气熬过未来的两个月。

我过的日子还是老样子,这种"老样子"让我越来越迟钝,或者说越来越圆滑,即便是最近一段时间发生的非常事件似乎也触动不了我的心。[1] 可能心已破碎,再也没有心了。

我们这里的七月,四年来头一次感到真正的炎热。听收音机广播,克拉斯诺雅尔斯克的天气跟塔什干和阿什哈巴德都是一样的。图鲁汉斯克也不甘居落后。与往年相比,提前一个月草木生长,花朵开放,因为太阳昼夜照

① 这里指贝利亚被揭穿的事件。7 月 31 日阿里阿德娜给伊丽莎白·艾伏隆的书信中写道:"有关贝利亚背叛的消息在我们这个平静的角落引起了真正的震撼。当我知道他是被中央委员会揭穿的时候,心里的一块石头落了地……这个人太可怕了,衷心感谢中央委员会,以成千上万受他迫害的人们的名义消除了这个隐患,如果他还掌权,可能有上百万的人受到迫害。"

耀！假如没有成群的虻蚊，那就要多好有多好了。这些蚊虫注定要在这里生存，它们不怕阳光，不怕饥饿，可以不眠不休地飞舞叮咬。

浆果逐渐成熟了，我常去森林，可是在森林里戴着防蚊面纱，提防小蚊子叮咬，只能集中精力寻找黑果越橘和蓝莓越橘。是不是会陷进沼泽，或是碰上一头母牛，躺在那里一动不动，像一块大石头。到处都有母牛——森林里有，飞机场上有，墓地里有，每条街道上自然也有走动的母牛。可是这里只出售酸牛奶。

我讲自己一件事，有时候坐在俱乐部窗户旁边，我会认真观看路过的行人，熟识的人穿着新衣服，我会想："哪儿弄来的布料？怎么弄到手的？"四年来，所有当地居民的面孔我都认识，外来人一眼就能看出来。附带说，有段时间，有些获得赦免的人到这里来，其中大部分都从事地质调查工作，他们来这里消夏。这些人确实给我们单调的生活带来了某些变化，他们抢占了几处房子，消灭了不少蚊虫。（当然不是所有的外来人，而是某些不养马的人。）

在邻近的村子里出现了一个光屁股的人，他是从叶尼塞河里游泳爬上来的。有的集体农庄庄员给了他裤子和汗衫，后来问他要证件——问他怎么会落得浑身赤裸。那个人说，他得到了赦免释放，跟其他几个也得到释放的伙伴一起离开了集中营，路上他们赌牌，一开始赌钱，后来赌面包，再后来赌衣服，玩到最后他连自己也都输了进去，于是被人家从船上抛进了叶尼塞河。我看见过这个人，至今还穿着农庄庄员送给他的裤子和汗衫，他在等待适合他干的工作。有人问他的职业，听到的回答是："掏口袋的小偷儿。"

这些都是乡野之间胡言乱语的传闻。

我现在正重新阅读你翻译的莎士比亚，这本书曾经借给很多人看，看这本书的都是干粗活的，手很粗糙，可是大家对待书都格外小心，书——至今仿佛还是新的。可是你翻译的歌德正在邻近的一个村庄做客，我估计他会回来，如果能回来的话，有可能破损得相当厉害。随他去吧，有人读就好。俱乐部藏书当中最珍贵的是属于我个人的书籍，现在连你的著作我也准备撒手外借了，但愿有更多的人来看书，让更多的人来读书！

亲爱的，我希望你一切顺利，不必为什么事担心。我真的感到不好意思，如果不是相距太过遥远，使我们处在天南地北，我大概不会由于担心你的身体而一再打扰你，让你感到厌烦。距离感超越了所有的羞愧感，使担忧与焦虑变得神圣不可侵犯。恳求你，给我写几句话吧！

你的阿莉娅

1953年8月7日。别列杰尔金诺。

亲爱的阿莉娅！

的确，想到你，读着你的信，你对自己的命运困惑不解，我越来越痛苦，越来越难过！

我做点什么事才能使你的苦难略微减轻一点儿呢？这种停滞不前，毫无变化，特别叫人灰心丧气，本来应该对于近期出现某些变化充满了信心。但你该明白，出现变化只不过是时间问题。可怕的是，受了那么多伤害，恐怕到最后连一点儿力气都没有了。

我和你之间没有任何可比之处，你是神圣的受难者，我是苟且度日，但求无灾无祸，平安舒适，你受的苦难，我缺乏亲身体验，不过，对我说来也没有任何变化，属于我的时代尚未到来。

这一个半到两个月，我翻译歌德的《浮士德》得心应手，自觉自愿地反复推敲，出版社给的期限比较宽松，翻译量很大，有两千多行，我却进度很快，现在可以满怀兴致地继续写日瓦戈了。

等到秋天，9月或10月，如果《浮士德》到那时能出版，我就给你寄一本，不管它能不能准时出版，我都会照例寄钱。

我这封书信内容干瘪,不要怪罪我的冷漠和灰暗。其实它并不冷,恰好相反。想到你,想到还有几个好人和亲人,没有任何罪过,处境跟你一样,我心里怎么能高兴得起来呢?可是,应该高兴。改革,总体的、规模宏大的改革必定会到来。这就是为什么在等待改革的时候,必须身体结实,不能气馁。

我想给把日瓦戈草稿中新补充的两段(写大自然,写夜莺的片段)给你寄去,但是要稍微等一等,让这些片段写得更丰满一点儿。紧紧地亲吻你。

1953 年 8 月 25 日。莫斯科。

亲爱的阿列奇卡,紧紧地亲吻你。我没有给你写信,简直是个不可救药的蠢猪,趁现在感觉还像个人样,正匆匆忙忙把长篇小说刹尾,总是为外来的事情分神,新写了几首诗。再过个半月或两个月,《浮士德》就会出版,我的爱,你务必要把它看一遍。

你的鲍

1953 年 8 月 30 日。别列杰尔金诺。

亲爱的阿柳莎

一个星期以前我填写了汇款单,不料当时稿费没有寄来,因此没有汇款只能拖延。汇款单上的日期是提前写的,跟实际汇款的日子不一致,不过我希望你在 9 月份能收到这笔钱。在汇款单的附言栏里我抱怨说,一直不能以更加关切的方式给你写信,一直找不到时间把长篇小说里的诗歌抄出两三首来寄给你,那是不久前修改《浮士德》译文期间写的一组诗。现在我很高兴跟你稍微谈几句,仅仅局限于这些诗的写作,或许你会喜欢其中的某一句或者某四行。

这个夏天过得很好,写作和其他事情都很顺心。我翻译了《浮士德》,这件事对于我,对于了解我的基本观念,对于清晰了解我的为人具有重要意义。等它一出版,我就寄给你,你要向我保证,一定认真阅读。这里牵涉到诗歌,可能你已经兴味索然,不过是小说采用的伪装,与个人经历具有直接的关联。以前我曾赤裸裸地写个人的经历,现在却觉得不可行,有点儿违背人性。让我高兴的是,我要让构思服从于适度的想象。这样做很可能会削弱最初感觉的新鲜性。但是这种推敲加工源自良好的内在感应。难道这样会带来损失吗?或者在艺术创作中不能这样做?你是怎么想的呢?请把这些诗放在(或抄在)有玛格达蕾娜和冬天相会的那个本子里,你有这个本子吗?

紧紧地亲吻你。

你的鲍

1953年9月12日

亲爱的朋友鲍里斯!收到了您的来信和诗歌,想立刻就回信,不再等待难以寻找的空闲——真正的符合心意的语言同样难以寻找。你知道,我对你有一种可怕的依恋之情,这倒不是由于我天生的性情如此,而是由于,请你不要有另外的想法,由于只要读你的作品,就不由自主地信任你,甘愿受你的驱使,感觉你所说的一切,我都有感觉,都能明白。真是活见鬼!永远也弄不明白,这些话怎么能说出口,为什么要说这些话!在你的作品中从来看不到法国人所形容的那种"手艺的秘密"*,不存在什么"艺术手段",一切都显得单纯和开阔,就像神的世界,有本事你就尽力施展!当然是"得心应手"——完全用不着雕琢词句,原因是你从来不是为写作而写作,你心里总是有一种"明亮的忧伤"。你心里哪儿来的这么多光亮呢?什么人用什么方法帮助你有那么多光明的贮存?是凭借"天才"吗?可是,才华总是一种负担,永远是十字架,

* 此处原文为法语。

大部分作家借助才华赢得读者、听众和观众,可是跟你在一起,总是呼吸轻松,仿佛你把所有创作中的艰难沉重,还有生活本身,全都转化成了读者"期待的光明"。我还没有来得及认真深入地看那些涉及你的履历的注释,没有细读那些跟你的经历多多少少有关或者无关的诗歌作品,我的上帝啊,你——永远是你,不管是哪一年,或者哪个时期,只要打开你的作品,不管你是自我封闭还是敞开心扉,立刻就能认出作者是你。(写到这里,情不自禁笑了起来,因为忽然想起了《鳄鱼》杂志上的一幅漫画,画的是狮身人面像,题词是:"在我们之后的建筑全都发生了变化——可是帕斯捷尔纳克依然是帕斯捷尔纳克!"[①]你还记得吗?)你永远保持着自己的本来面目,同时又总让人感到新颖,对不起,我在这里胡乱比喻,称赞希瓦和布哈拉,是太阳给了我提示,太阳是恒定不变的,永远放射光芒,不会受到浮云批评的操控。

前面那个笔记本我还保留着。我把这一本跟那一本合并在一起。现在当然不指望能有见面的机会了。很快我会再写信。我们这里有过阳光明亮的夏天,可惜它已经过去了。不过,我们的房子四周依然还生长着紫菀花和金莲花,它们不怕严寒。

我很累,越来越老,在刑法与民法法律条文里,我像花朵一样凋零了,我确实已经衰老了,我的心对此已经淡漠。谢谢你,亲吻你,为你骄傲。请保重身体!

你的阿莉娅

1953年10月12日

我亲爱的鲍里斯!我们这里——又将出现漫长的黑夜,短暂的白天和罕见的寂静——这里的冬天让一切都失去生机,奇怪的是总不下雪。南风甚至

① 漫画出自库克雷尼科斯之手,题词的是阿·阿尔罕格尔斯基。

吹跑了北极光。秋天很怪,像春天一样让人忐忑不安。轮船开走了,鸟儿飞走了,叶尼塞河上没有冰凌,心灵也没有结冰。自然界不按进度图表变化,实在是很好的现象！不久前我又重读了《安娜·卡列尼娜》,已经不知道是第几次读这部小说,可读起来仍然像读一部新小说一样,一边读一边想你和托尔斯泰的亲属关系,这是我想不清楚,可又觉得毋庸置疑的问题。前不久我曾经读过你的小说,可是我的生活过于单调,几乎天天为了些鸡毛蒜皮的小事跟别人吵架,这让我忘记了很多要紧的事情。岂止是忘记,简直是丢失了理解文学作品的钥匙,你明白我说的话吗？顺便说,你有什么必要从我这里收回这篇小说呢？我喜欢反复阅读一部作品,也许你会觉得奇怪,头一次阅读,诗歌比小说更容易接受,我读你的书常常读得着迷,可恰巧是你的书让我失去了重读的机会。我下不了决心请求你寄过的书能再寄一次,我觉得你不会忘记这件事,等找到机会就可能寄来。可是你跟托尔斯泰不一样,至于说什么有亲戚关系,有些相像全都是胡说,让我生气的是,现在我正盲目地打转,甚至摸索不到该走的路。唉,我的上帝呀,其实我一直就处于这种盲目的状态,总是到处碰钉子,不仅什么正常的事情都做不成,甚至谈不上有正常的头脑进行思维。这种生活实际上是许许多多的碎片,每一天都是这样的碎片,无人需要的碎片,这种日子正不可逆转地把我变成个不折不扣的傻瓜。你已经发现了这一点,虽然我尽了一切努力想让你觉得我还聪明,可是你给我写信越来越少了。

不久前在纪念托尔斯泰的一期《星火》杂志上,看到了你父亲的水粉画,我立刻回想起在梁赞美术学校图书馆里欣赏你父亲一本蓝皮画册的情景,颜色明亮,线条柔和,那是个奇妙的世界,我放下了手头的工作,贪婪地观赏。他的炭笔画和粉彩画特别有力度和个性,他突破了并且改变了十八世纪法国和十九世纪德国绘画那种柔和甜美的风格,他不愧是一位大师！我尤其喜爱他为《复活》画的那些插图,还有给你画的好看的肖像,所有跟托尔斯泰有关的绘画作品，所有素描，还有他画的夏里亚宾我都喜欢。我还想起了一个玩具小白熊，是你父母送给穆尔的礼物，那时候穆尔还很小。穆尔给小熊起了个名字叫“木木斯”，抱着它睡觉，带着它出去玩，不停地跟小熊亲吻。我还想起了那些才华出众、心灵纯洁的人肩负着伟大而艰难的使命，他们能超越时间，比一般人活得更长久；还想起了真理和人性具有取之不竭、无往不胜的伟大力量。或许，你跟托尔斯泰的亲戚关系就恰恰体现在这一点上？本来我不想跟你写这些，你自己说过，一定要写自己真正了解的东西。我很感谢你的来信，请你原谅没有立刻回信。可是有什么办法呢？我一直想写的就是这些不着调的胡言乱语——而且一定要写给你看！

热烈地亲吻你。

你的阿莉娅

1954年1月12日

鲍里斯我亲爱的！这是对新年迟到的祝贺，祝你身体健康，灵感不断，有更多的机会让灵感转化为诗篇。我刚收到莉莉娅的来信，她告诉我说，你翻译的《浮士德》[①]已经出版，可是在“莫斯科根本买不到，他本人（指你）也不赠送”，她提出请求，如果在图鲁汉斯克能买到，就寄给她，我答应给她寄一本。我想，从这里寄路途太远，再说这里当然也买不到。简短说吧，你找一本《浮士德》送给她，越快越好。她是你最忠实、最善良的朋友之一，这还用我来提醒吗！

我先不给自己要，等你有空的时候，亲自给我寄一本。

我要干很多活儿，累得要命，简直像狗一样，因为在这里使用狗拉水，拉劈柴。这是我长久沉默不给你写信的原因之一，另一个原因是你很长时间不写回信，当然，我并不因此而感到委屈。

---

① 歌德《浮士德》，鲍·帕斯捷尔纳克译，莫斯科，1953。

可是我一直想念你，你和我两三个见不到面的亲人一样亲近，距离再远仿佛也跟我在一起，正是由于这个原因，我才能在非常孤独的困境里忍耐到现在。

我在这里已经是过第五个冬天了。熬过每一个冬天都很难，这倒不是因为这里的冬天天气恶劣，而是忍耐力越来越弱。最主要的是耗费的这些时间没有任何意义，也让人压抑。这样的冬天过多了，人就麻木了，感觉就迟钝了，现在我能察觉，正在虚掷岁月。

一般情况都还不错。特别让我高兴的是，贝利亚被揭露出来了，我甚至梦见克里姆林宫里安置好的枞树，梦见自己庆祝这两个节日。

亲吻并热爱你。最重要的是——身体健康！

你的阿莉娅

1954年2月18日。莫斯科。

我亲爱的阿莉娅

在你面前，我简直是头可恶的猪！不要以为我忘了你，或者坏情绪影响了我的写作。不过我确实忙得要死，这段日子身体不错，除了应付每天的杂乱事，利用一切空闲时间写作，想赶快把小说的最后部分写完。优秀散文作品的写作，充满了自我陶醉，耗费了大量的精力！写完的片段不时会一笔勾销，还要反复抄写几遍，这里展现出新意，那里要稍作修改。几乎是在原地踏步，很难向前推进，跟写诗完全是两码事。

我这段时间保持沉默的原因，除了没有空闲时间，就是忙于写作。可同时愿意给你和阿霞写信，再就是想给你寄钱了。我把两个心愿捆绑在一起，它们不可分开，而实现第二个愿望的日期总往后拖。对不起，现在我要逼迫自己去做，也可以给你寄点什么，不过，我认为还是找个合适的时机更好，这

阿里阿德娜·谢尔盖耶夫娜亲手绘制的祝贺新年、寄给朋友的明信片

个日子不会拖延太久。

最后解释一点,什么事对不起你和阿霞。我曾经设想把浮士德寄给你们,寄给你,寄给她,每人一本。书是出版了,可是印数并不多,我几乎买不到,费了好大的力气才弄到手。

请原谅我所有的过失,不要对我感到失望,我会想办法弥补。过去常有这种情况。忽然发现我并不可靠,办事能力很差,可后来一切都变化了。这次也会这样。祝身体好,别生气。

吻你。

你的鲍

1954 年 4 月 20 日

我亲爱的朋友鲍里斯!我简直是猪,至今还没有感谢你寄来了《浮士德》。说感谢——其实不够,我想写很多很多话,可是却无话可说。我又有了万般苦恼,我又被"压缩精简"失去了工作(这已经是第三次了),暂时还在干活儿,活儿还很多,没有人承认这种权利。这种做法让我厌烦到痴呆的地步,我累了,麻木了,没有给你写信就是这个缘故。等我稍微清醒一点儿,就给你写,现在写起来很困难,头脑迷迷糊糊的。

浮士德简直让我惊呆了。这是巨人的著作,非凡的天才,你明白吗,一方面我感到无比遗憾,你把很多精力和时间投入了翻译歌德的作品,还不如创作个人的作品,另一方面,又觉得很好,因为这部作品是你翻译的。你太棒了——既有才华,又特别勤奋,这样的人在俄罗斯一百年才遇到一个,而且并不是每个世纪的都能遇到。我非常羡慕你,因为你——这么有才华,无论如何我也做不到,我没有这样的能力和毅力。我能做的就是阅读。不过,在图鲁汉斯克,能读这本书的人也很罕见!附带说,这里有四个人,特别喜欢你,只要能找到你的著作,他们都愿意读,这一次他们遗憾地说,可惜是译作。现在,《浮士德》在手递手地传阅。我非常珍惜你的书,也许正因为这一点我才愿意把作品借给他们看。你自己的作品快出版了吗？我觉得快出版了。最奇妙的感觉是有那么多人喜欢你的著作。你生病的时候,很长时间不写信,我向认识你的人、读过你的著作的人和听说过你的人打听你的情况(因为在这里我们共同认识的人几乎没有一个),他们给我的回答都充满了对你的关心和爱护——说往医院里打过电话,了解你的病情,至于说了什么,你自己知道,自己能感觉到那种爱和关切。

5月初(那时候常有暴风雨)我会或多或少像个人一样给你写信,现在打住,再次感谢歌德,感谢你。

亲吻你。

你的阿莉娅

书印得好极了,这也让人高兴!

1954年4月27日。莫斯科。

亲爱的阿莉娅

谢谢你,你给我写的信很随意,不太长,也不过分勉强自己。从伊丽莎白·雅可甫列夫娜那里了解到,你生活平稳,我不再为你的无声无息感到担心,也不会责备你。我自己就没有工夫跟别人通信。无论就年龄还是环境而言,当前都是真正的转折关头。必须抓紧时间赶快做,没有写完的不能半途而废,也不该陷入混乱无序的状态。

亲爱的,我知道你没有钱,也不可能有,你处于极度的贫困。很快就给你汇款,相信我,跟从前一样。不过,要预计到各种不测与变数,冬天收入会减少,至今这种状况没有得到改善。但是不能再这样下去了。稍微忍耐一下,等过一个月,我会恢复到往常的做法。

请不要再给我议论浮士德了。该写的,你都写了。分析《浮士德》里的人物,分析毕巧林的性格,哈姆雷特的个性,叶甫盖尼与达吉雅娜的关系,这样的分析论证比创造这些形象本身还要艰难。让上帝拯救你,免除这些苦役才好。我什么都知道,我的阿列奇卡。热烈地亲吻你。

你的鲍

1954 年 6 月 3 日

亲爱的朋友鲍里斯!原谅我很长时间没有给你写信。接到你的信,让我觉得特别伤心,我想找个空闲的时间,把憋在心里气愤放肆的话统统都对你说出来。等我头脑清醒的时候,我一定要做这件事。因为我已经知道了萨·达①死亡的噩耗。去年我知道他的病情②,但是希望他能康复。现在没有一点儿指望了。亲爱的,你知道吗,我早就生活得异常艰难,无论过去、现在还是将来都难以忍受这样的损失,每一次都像从我身上砍去了一块肉,可是不可能有任何反抗。我活着,就仿佛被砍去了四肢,只剩下脑袋,很快就要完蛋!

奇怪的是,很久以来我觉得好像没有脑袋也能将就着活下去。

据说,他的妻子已经嫁给了别人。看来,她不可能没有反抗,或许,她本人就进行了反抗?

一切都没有变化,还像从前。冰凌流走了,大雁、野鸭,还有其他的小鸟比如红腹灰雀,全都飞回来了。这些小鸟在水面上低低地飞行,它们在水里

① 萨姆伊尔·达维多夫·古列维奇,1952 年被枪毙(参见序言中有关他的情况)。

② 暗示萨姆伊尔·达维多夫被捕。

的倒影就像是一群游动的鱼，我在刹那间觉得世界翻了一个个儿：叶尼塞河高悬在空中，那些鱼儿都变成了飞鸟。

看来，我又返回了童年。

春天灰蒙蒙的，阴天，很冷。这预示着夏天也将是这种样子。说真的，叶尔马克有什么必要非开辟这条河流不可呢？

有人告诉我说，《旗》杂志第4期刊登了你的作品[①]，但是从图书馆借不到，一直在读者手里流传。

我想读爱伦堡的《暴风雨》，可是无论如何也读不下去。他的语言是翻译腔，并非地道的俄语，情节无聊也像翻译作品（“杰吉莱老头儿只承认两样东西：共产党和美酒”——“我的妻子从事冬季运动”等等）。有很多插入的琐碎情节——好像无声影片里高声的解说。读了英国作家奥尔德里奇[②]的《外交官》，很满意。你读过吗？我觉得很好。

我亲爱的，吻你并且爱你。给我写信，哪怕只有几个字也好。

你的阿莉娅

我甚至不感到苦闷，自己也不知道是什么使我发生了变化，是什么在我的心里逐渐沉淀结晶。大概我已经变成了盐柱，戳在从所多玛和蛾摩拉[③]去耶路撒冷的道路上。你应该写写这根盐柱，要知道她原本也是个好人呐！

---

① 《旗》杂志1954年第4期刊登了鲍·帕斯捷尔纳克的长篇小说《日瓦戈医生》中的诗歌，有《白夜》、《春天的泥泞》、《城市的夏天》、《风》、《啤酒花》、《晴和的初秋》、《离别》、《邂逅》、《婚礼》等。

② 詹姆斯·奥尔德里奇(1918— )，英国作家，主要作品有长篇小说《外交官》、《人和武器》、《危险的游戏》等。——译者注

③ 所多玛和蛾摩拉，圣经神话中的两座城市，位于约旦河口和死海西岸，因居民荒淫堕落，被天火毁灭，上帝派天使拯救义人罗得一家，罗得的妻子回头看罪孽的城市，变成了路上的一根盐柱。

1954 年 7 月 2 日。莫斯科。

亲爱的阿莉娅!

终于把为数不多的一点钱寄给你了。汇款的时候匆匆忙忙,未能在汇款单上写几句话。不要误以为这是漠不关心。

我好了,但活动仍然受到限制,已经开始工作。感谢上帝,没有什么可抱怨的。当然,如果没有这种隔段时间就爆发的病痛,那就更加开心了。

有些情况你以前不了解,我能跟你说什么呢,我的亲人。请原谅我这些短信的空洞无聊。

紧紧地亲吻你。

你的鲍

1954 年 7 月 22 日

亲爱的朋友鲍里斯!非常感谢你的来信。我知道要办成这两件事特别困难,尤其是在这么炎热的时候。何况平时就很难办。这之前很长时间不能给你写信,因为我被"驱赶"到邻近的另一个集体农庄储备青饲料,我刚从那里回来,差不多都快累死了,但留下了新的印象。

现在这里真正成了光明的地方,可惜这个季节很快就要结束了。房子破破烂烂,歪歪扭扭,眼看就快要倒塌了,可是仍然勉强地支撑着,里面都还住着人——而最让人吃惊的是大部分房子都还保留了革命之前的一些特征,比如雕花的窗框、护窗板、雕刻的公鸡以及其他一些装饰图案。就像在一次地震之后,到处都有一些过去遗留下的痕迹——这里曾经有一座教堂,但后来被拆毁了,在原来的地方修建了面包房,又被一场大火烧毁了,如此等等,这样的事例很多。

革命前图鲁汉斯克就是流放地,当时它就坐落在那个地方,而现在我们居住的这个村子(当地人称为站)并不在叶尼塞河畔,而是位于叶尼塞河的支流图鲁汉河旁边。这里的居民抱怨说,生活非常无聊,甚至看不见轮船。今年这个农庄头一次办起了托儿所,就在农庄办事处旁边,还建起了红角(图书室),为外来客人住宿的客房。管理托儿所的女人在铁炉子上做油炸饼,两个姑娘当保育员,她们俩穿着一身红衣裳,像木偶一样坐在演出用的木台子上,分别抱着两个吃奶的小孩子。两个小孩子也都穿着红衣裳,也都像木偶一样。其他的孩子(全都一样,不穿裤子)在肮脏的地板上爬来爬去,互相争抢着炸油饼,惟一的玩具是木匠用坏了的刨子。在一个角落里有人正拉手风琴,另一个角落里,一个身材高大、红褐色头发的德裔女人正在骂农庄会计,会计是格鲁吉亚人,平时很文静,去年让他感到聊以自慰的是年轻的时候有个好朋友拉甫连蒂,今年他不知道,还有什么指望。不过,所有这些细节都是透过蚊帐的网眼看到的,因为这里的天空、大地、房舍、托儿所、孩子、炸油饼、会计和他的理想,以及世上所有的人和物都被乌云一样的蚊虫所笼罩。的确是这样啊,同志……

经过了长久的寻找与等待,我终于借到了那一期《旗》杂志,看到了你发表在上面的诗,非常喜欢这些作品,喜欢你。我亲爱的朋友,但愿你能知道我为你的命运该多么揪心,我又为你的命运有多么骄傲!

一切都还是老样子。我快要累死了。听人说,有一项规定,从5月1号开始撤销我们这里所有人的流放,可是一切幸运都该是及时兑现的——我害怕自己已经没有力气重新开始新的生活——再去一个地方,在我这样的年纪再找一份工作,跟我同龄的人都有了住宅、别墅、女仆,有了孩子,甚至有了孙子。而可怜的我才刚刚“开始生活”,像个终身流浪的人,四处漂泊,居无定所。

为你,我亲爱的。稍微轻松的时候,请给我写信。

你的阿莉娅[①]

1954年8月20日

亲爱的朋友鲍里斯！在这封书信的开头我想告诉你,我们已经收到官方的通知,撤销对我们的判决,9月领取新的身份证(跟我们出发到这里来[②]之前的证件一样,不管怎么说,还是要说一声：谢谢!)。我和阿达(我和她一起从梁赞来到这里,几年来一直住在一起)想来想去,一致决定在下次通航之前,就在这里过冬。除了回莫斯科,实际上我们无处可去,任何地方都没有人愿意收留我们,贸然迁移显然是不明智的。也许,上帝保佑,这个冬天能等到彻底平反,那样事情就好办多了,如果还是得不到平反,我们就没有办法为阿达,也为我自己找工作(她原来是大学老师,教过英语),我不知道自己适合干什么。这个冬天我们要尽力攒钱准备路费,卖掉我们的小房子希望不大,因为离开这里的人很多,都在卖东西——什么都卖,可是没有人买。你有什么想法？你觉得这样的决定可行吗？要不是冬天的飞机票贵得发疯,我一定会坐飞机回莫斯科休假,为了这欢乐的旅程,起码要花费两千卢布,这样一笔款项,拼了命也能凑齐,可是到夏天日子就难过了。我多么盼望能尽快见到你们啊！由于这几年的苦难,这里的每一天我都不会忘记。

---

① 1954年7月31日帕斯捷尔纳克给他的表妹奥尔加·弗莱伊登堡写信说:“……收到你的来信,同时还收到了一封信,写信的人是1941年上吊自尽的玛丽娜·茨维塔耶娃的女儿,她被流放到图鲁汉斯克已经十八年。我和她用‘你’称呼,是非常要好的朋友。三五年我在巴黎看见她的时候还是个小姑娘。她天资聪颖,这个不幸的女子,写的书信极有才华,经受了无尽无休的磨难,居然还不失幽默,表现出顽强的精神。因此我想把她的来信寄给你看看,因为你们俩有些相似之处,都是我从心里珍惜的人。她对自己的要求极其严格,不知道她为什么要这样做,不晓得她究竟想要干什么。转寄这封信有点不好意思……”(鲍里斯·帕斯捷尔纳克,与奥尔加·弗莱伊登堡的通信,《新世界》(英语版),1981年,页323)

② 暗指流放。

还有一件事——最近检查身体,医生发现我得了肺结核病,好在是非开放型的。我忽然明白了,为什么最近一年来,我总是感觉不好,一直浑身乏力,非常疲惫。看来是割草的时候过度疲劳,现在发病了,很长时间发高烧,随后转成了低烧,体温仍然不正常。我已经是第二个月不干活儿了。在这遥远的北方,有很多其他地方找不到的药品和试制的新药,我吃过各种各样味道很苦的药,对有没有疗效却没有信心(按照老传统,我相信燕麦粥,奶油和"上帝赐予的食物"),每天服用两次链霉素。我和所罗门王一样,相信"苦难都会过去",因为在我的所有品质当中最为突出的——是骆驼般的承受力和苦命人的忍耐力。(其他方面的品格照妈妈的话说:"羊羔一般聪明,蛇一样温驯。")

想到在这里熬过的五年,心里不寒而栗,这五年我什么都没有做,只是"为生存而挣扎"——说好听点儿是为了生活,其实是为了活命,是苟且偷生。我哪里还有力气谋划未来呢?我没有未来的计划,忍受的苦难也不想说(为自己也为别人考虑)。亲爱的,看看我的书架,这几年你的书在不断增加(不包括长篇小说),我心里想,你真是了不起的英雄,真是杰出的大作家!我知道,这几年对你来说意味着什么。简直是困难重重,一言难尽!我觉得我们俩毋须言词,就能够相互沟通,彼此了解。可是,见鬼去吧,无论如何还是渴望跟人面对面交谈!(你太忙!我劝你说话,跟我说话。)

热烈地吻你,爱你。

你的阿莉娅

1954年8月29日

亲爱的朋友鲍里斯!今天我收到了妈妈的一个朋友[①]寄来的一千五百卢

① 塔吉雅娜·谢尔盖耶夫娜·西科尔斯卡娅(1901—1984),翻译家,疏散期间认识了玛·伊·茨维塔耶娃。

布,她和妈妈是在叶拉布加认识的(你曾经劝过我跟她联系,以便了解妈妈的情况),这些钱恰好购买从图鲁汉斯克到克拉斯诺亚尔斯克的往返机票,可是我想坐火车(我这里有你寄给我的一大笔让我用来买书的钱),如果一切顺利,我可以短时间去莫斯科休假,那就是一个奇迹了。最有可能在 11 月。到时候我可要强占你两个小时,让你暂时放下小说创作、文学翻译、家人和其他事情,我觉得自己不仅有理由这样要求,而且还因为我的苦难熬到了头。我将乘飞机出行,目的只有一个,就是为了见到莉莉娅和你,我心里的惟一的家人,为此,从现在开始我就要一扫脸上的苦闷愁情。我知道,你不能忍受外来的干扰,尤其是最近一个时期,不过,我还是要做一次侵犯者阿提拉[①],事先告诉你,好有个思想准备。也许只要一个小时,也许一个半小时,免得让你厌烦。

就这样,明年春天我还要再次变换劳动地点,到土壤不同的地带去,究竟去哪里,只有天知道,经过这些年的磨练,我已经对米丘林学说,对冻土带的地质结构积累了不少感性知识,已经习惯于在沙石土壤带生存——对于能不能适应正常的气候,反倒产生了疑问。这一切将会有怎样的结果呢?会不会发现小小的花朵?浆果?还是这些纯属过去的幻想?顺便说句实话,星期天我因为生病没有出工,有个去割草的人回来说他看见了检察员手里拿着一束花,不由得惊叫起来:“想不到有花儿,将来必定有浆果!”这句话是对检察员的友好称赞。

我还不能出工,我被治疗得昏头涨脑都快变成个傻子了,我们这些病号都成了药物实验的标本,惟一看得出来的结果是打针的地方,都留下了青紫的瘢痕。我对给我治病的肺结核医师(过去是疗养院的大夫)始终怀着敬意,但是对于能不能完全治愈,说实话,没有一点儿信心。

又跟你说了一大堆蠢话。对不起。

---

① 阿提拉(?—453),匈奴首领,曾率领匈奴大军对东罗马进行毁灭性的打击。——译者注

阿里阿德娜·艾伏隆在图鲁汉斯克文化馆办公室

吻你，爱你，你不知道我有多么想念你！最重要的是身体健康，其余的都是次要的。

你的阿莉娅

1954年9月1日。别列杰尔金诺。

亲爱的阿莉娅

刚给你寄走了一封信，就收到了你最近的一封来信，真有点儿后悔，你这封来信叫人高兴，其中提到你收到了从叶拉布加寄给你的汇款，还谈到了你新的计划。所有这些消息都好极了。未来实在让人难以猜测，假如命运安排我们有机会见面，那就请听听我的建议。

济娜想让我留在别墅过冬。今年冬天城里的住宅进行修理，这里的设施比城里的房子还要完备。不过，这里的过冬设备还从来没有使用过，不知道能不能达到预期的效果。

虽然我从来都不向往城市里的冬天，离开莫斯科留在这里一定很无聊，不过我不反对留在别墅。今年究竟住在哪里，我并不在意，因为我忙得要命。(这句话我不是说给你听的，接下来你会明白我会有多么忙乱。)

如果到时候你能来莫斯科，就住在我们的别墅里，那可太美妙了。你会有个单独的房间。哪怕是每天你都去市里办事，早晨可以乘坐电气火车，有几天坐汽车，跟你需要找的人会面，傍晚的时候返回别墅，晚上，可以工作或学习，我可以陪着你，至于时间长短，要看情况而定。你看，这样安排该有多么美满啊。

上一封信我跟你说到了钱的事。如果你在我身边，这件事会变得更轻松，你需要多少，就给你多少，你可以用来买东西，当路费或者做其他用项。

暂时没有别的话想说了，只盼你能如期到来，让我的建议变成现实，我已经在想象这个冬天了。

吻你。

你的鲍

1954年9月10日。别列杰尔金诺。

亲爱的阿莉娅!

我有点儿后悔,刚给你寄走了一封信,就收到了你最近一封来信,你很高兴,收到了来自叶拉布加的汇款,还谈到了你的计划。这些信息都好极了。未来难以预测,如果我们碰到好运气,我愿意说说我的打算。

济娜希望我在别墅过冬。那里的房子进行了修理以便冬天能顺利,各种设施比市里还要方便。不过是不是能够抵御严寒尚未经过检验,不知道能不能达到预期的效果。

虽然我并不留恋在市里过冬,离开莫斯科毕竟会觉得寂寞,可是我不反对留在别墅。今年在哪里我都觉得无所谓,因为我忙得要命。(这些话我不是说给你听,你很快就会看到随之而来的作为。)

如果你能来莫斯科住一段时间,那就太好了!你就住在我们的别墅里。你将拥有单独的房间。每天早晨你乘坐电气列车去城里办事,有几天坐汽车,会见你所要找的人,傍晚的时候返回别墅,晚上我会抽时间陪你,工作、散步或者读书。你看,这样该有多好啊!

上一封信里我跟你提到了钱。如果你能在我的身边,有关钱的事也会变得轻松。你需要买东西,路费和其他的支出,你要花多少,我都能够为你提供。

期待你到这里来,我拿定了主意,已经想象在这里过冬了,其他的话就不想多说了。

吻你。

你的鲍

1954年9月24日

亲爱的朋友鲍里斯！对不起，没有给你立刻回信，我的病假期满了，该上班干活儿了，可是正赶上所有的其他同伴都被动员去集体农庄抢收土豆，我一个人留下来不得不包揽了所有的内务劳动，也就是说，每周两次擦洗地板（代替清洁工），每天生炉子（代替火炉工人），代替检察员在门口值班，接收交来的钱款，并存入银行，还要负责查看正在执行的各项措施思想正确无误……大家对我的工作很满意，我自己也很高兴！帮助抢收的人们终于都回来了，又开始了一段无所事事的日子，我又回到了自己的生活轨道。

万分感谢你的邀请，这将是一次真正的奇迹，还有，我的假期很短，我觉得你都来不及厌烦，我就该告别了。我开始习惯于一种奇妙的想法，这是不久之前还不敢想象的，觉得美好的心愿一定能实现。我还有一件开心的事，虽然还没有完全实现，不过已经接近实现。我收到了阿霞一封来信，内容很沉重，她哪儿也去不了，有人约请她去做客，可是她没有固定收入，哪怕是很低微的工资也没有，鉴于她是流放人员，管理部门就剥夺了她的残疾人救助金。我去这里的社会保障处了解有关退休金的情况。原来在她这样的年纪，工龄不满二十年的（她有工龄，但遗憾的是没有证明文件），要是在农村地区生活，可以领取退休金……每个月十八卢布！我想啊，想啊，究竟该怎么办？恰巧在这个时候我在文学报上看见一幅照片，爱伦堡正亲吻某个国外民主作家，就给他写信讲了阿霞的艰难处境，问他有没有可能通过文学基金会想些办法给她些资助，哪怕数目很少也好。我当时对他是否回信没有抱太高的期望，因为这些年来他也有了很大的变化，不料他很快给予回应，并且也很关心,这让我很受感动,十分高兴。他把阿霞的情况告诉了文学基金会的主席列昂诺夫,这位主席答应把阿霞的困难情况作为问题提交到基金会讨论,希望尽快有个妥善的解决办法。这也是我的希望。这也是件很奇妙的事情,这样一来阿霞觉得心情好多了,身体状况也有好转,有了信心,因为她知道,以后生活每个月都会有一定数目的补助,其他的困难就都不在话下了。到了她这样的年纪,身体衰弱,又很孤独,生活却没有着落,还要为早餐的一块面包揪心焦虑,这实在是最可怕的困境了。

从今天到 11 月 7 号我会拼命地干活儿,然后,上帝保佑,立刻出现在莫斯科!但愿会是这样!所有的人(除了你和莉莉娅)都在骂我,斥责我的想法太荒唐!你!出行!度假!你!花钱!那么多钱!我必须积攒!我不想无声无息地溜走,不想低声下气,也不想一门心思只顾省钱。重要的是究竟去什么地方!大家都劝说,随便去哪里都行,先找个地方安顿下来,重要的是必须尽快甩掉阿达,可是我跟她在这里一起生活了六年,她为人善良,在困难的日子里帮助过我,可是现在有人对我说,每个人都自己顾自己,说什么,只要有人帮助我,她自己的事由她自己想办法。我的天,没有人明白,我是怎么努力工作,才赢得了享受假期的资格,我挣来的钱都是辛苦钱,我要在生活中哪怕只有一次花钱不是为了必须的面包,而只是为了享受快乐。

此外,我有一种预感,不久就能找到适合自己的工作。真的,我不必一定要自我推荐有何特长,会干什么,这样的工作机会一定会到来。哦,我多么需要一份恢复名誉的平反证书啊!

谢谢你,亲爱的。莫非我真的很快就能看见你了吗?我不会妨碍你,我很安静。吻你。

你的阿莉娅

1955 年 1 月 10 日。寄自图鲁汉斯克

亲爱的鲍里斯！你看，在给你写信之前，我一直跟你进行着思想对话。图鲁汉斯克再次把我拥入熊的怀抱，除了劳动，不给我留下任何一点时间。在我外出的这段时间，积攒了很多该干的活儿，放假的时候我又想偷懒，因此无论如何也干不完，也就不能真正进入正常生活的轨道。过去步行、坐车走的都是宽阔的大路，所有的人都不习惯图鲁汉斯克狭窄的小路，走起来趔趔趄趄，遇到雪堆常常摔跤，摸索着干活儿，心里想的是别的事。我的头脑已经跟当地那些婆娘们的头脑没有差别，糊里糊涂，理不出头绪，这是我最大的不幸。这种状态让我一辈子总干愚蠢的事，只有过了一段时间，才有可能找寻借口自我辩解。

我亲爱的朋友，在莫斯科再次与你相见，这让我感到无限幸福。我们很少见面，上次见面与这次见面间隔的时间很久，中间发生了很多事，要把那些事都记在心里十分困难。可是我们应该记住那些事，我们失去的东西实在太多！你最近写的诗歌，我所知道的作品当中，哈姆雷特是我最喜欢的一首，其中有句“度过一生——并非走过原野”。有一次我们见面最难忘。那一次你在宾馆里满怀忧愁（现在我还记得那个房间：左边有窗户，靠近窗户是宽大的床铺，右边是必不可少的大理石壁炉，壁炉上面放着一摞毛边书，书上面摆着橙子。你坐在床上，我在一个角落里眨巴眼睛，另一个角落里站着圆滚滚古铜色的拉胡蒂。因为觉得热，他光着脚）。还有一次，我和你坐在茹尔卡斯商店对面的街心花园里，当时伏·艾刚离开不久。① 那时候是秋天，那里有一些孩子，四周显得可爱又平静，毕竟那是戈夫西曼公园，当时很想喝杯酒。过了几天有了喝酒的机会。那一次我从梁赞来看望你，走进你的房间，那是片温馨的天地，没有想到我有幸能回到那里，墙上有你父亲的画，窗帘外面就是莫

---

① 指伏·艾·梅耶霍德被捕不久。

斯科,桌子上还有一只奇妙的蓝色小酒杯,它忽然让我想起了童年——如果问我小时候喜欢什么颜色,那肯定就是这样的瓷酒杯的蓝色!你还记得我妈妈写弟子的组诗吗?每次跟你见面,我都觉得自己是你的弟子,是真正的弟子,像圣经里面的弟子,穿越时间、空间、战争、沙漠,经过种种考验,最终找到源头,走到老师面前。不久再次上路,四周一片寂静。时间仿佛隐藏起来了,准备来一次跳跃。现在,我和你再一次见面,我又听着你说话,看着你不变的金色的眼睛。假如没有你提供的源泉——善良、光明、才华,假如没有你这样的老师,或者更简单地说,假如没有你,我就没有力气从这取之不竭的杯子里一口接一口地畅饮。

其他的一切也都很好,比如你的别墅,济·尼说过,这座别墅胜过雅斯纳亚·波良纳,别墅周围有寂静的松林,重要的是还有一棵纤细的花楸树,它坠落一地的果实能引来许多红腹灰雀。这一切都好极了,能够在你们家里短暂逗留,让我万分高兴。

回想起里瓦诺夫[①]很愉快。他的声音那么优美、清晰,像演出一样悄悄地说话,他告诉我有关某些院士所做的荒唐事,他们追名逐利,像汤姆·索耶[②]一样敢冒风险,却要装出彼得大帝的样子。不过,他讲的这些事我都爱听,因为他嘲讽的是院士,而不是我。他要是讽刺我,大概我就不喜欢了。

我们这里的暴风雪连续不断已经刮了两周了,没有一天不刮风的时候。打水——就是折磨,路都被雪埋住了,到处是雪堆。我们尽量少喝水,用雪(当然融化成水)洗脸。可是一切都还顺利。

给我写几个字,说说你的生活和工作情况。不想让你看我的模样,我变得太丑了,你会不愿意给我读也不让我读你新写的作品。当然,这都怨我自

---

① 鲍里斯·尼古拉耶维奇·里瓦诺夫(1904—1974),苏联人民功勋演员,莫斯科艺术剧院演员。

② 美国作家马克·吐温(1835—1910)的小说《汤姆·索耶历险记》中的同名主人公。——译者注

己。我不想勉强地请求你,免得你把这当成“普通人的声音”(这是果里采夫[①]的说法)。

谢谢你所做的一切。

亲吻你。

你的阿莉娅

请向济娜伊达·尼古拉耶夫娜转致衷心的问候。

1955年3月24日

我亲爱的鲍里斯!谢谢!看到你飞扬灵动的笔迹,读着你亲切的话语,高兴,真高兴。你的沉默让我很不安。这样遥远的距离总是让人忧伤和烦恼。哦,至于说到钱,总是让人喜欢,因为钱毕竟是钱,它又总让人伤感,因为会联想到为了钱而工作,最基本的时间受到剥夺,联想到赡养你的人和你该赡养的人,联想到很多你不愿意想的事情。

应该谢谢你所做的一切。

过的日子荒谬、紧张,像工厂女工一样劳动,浑浑噩噩不用头脑思考。没有时间思索,我害怕,万一有了时间,反倒不会思考了。无论做什么事,我总是难以做到一半。至于未来的安排,我什么都决定不了,一直等待检察机关的最后答复,等多久,我也不知道,最主要的是不知道会有怎样的答复。这两个“不知道”都是我个人无能为力的事情。因此我像个机器人一样活着。除了大自然,其余的都让我或多或少感到厌恶。像河水上涨一样,白天越来越长,雪橇滑出的轨道、车辙,沟壑里都出现了春天蓝色的阴影,房檐上挂着水晶般的冰锥,太阳每天都聚积力量,毫不费力地越升越高。所有这一切都很

① 维克托·维克托洛维奇·果里采夫(1901—1955),批评家,负责编辑格鲁吉亚诗文集俄译本,受他的委托,玛·伊·茨维塔耶娃翻译了普沙维尔的诗歌。

好,无人触动,洁白,辽阔!早晨天空白茫茫的。接近中午时天空呈现蓝色,傍晚时是耀眼的浅蓝色,随后很快夜幕降临。这里的忧愁是特殊的忧愁,不像莫斯科的愁情,不像梁赞的苦闷,也不像中部地区的忧郁!这里的忧愁来自原始森林,像叶尼塞河上咆哮的狂风,它像阴暗的连绵秋雨,拉雪橇的狗,白色的鹿,消瘦的母牛的眼睛,都流露出这种忧愁,母牛凸出的褐色眼睛跟古代希腊人的眼睛有些相像。这里的忧愁,噢—噢,一言难尽!这里大小轮船呜呜响的汽笛声里有忧愁,贴近地面飞行的飞机嗡嗡声里有忧愁,天鹅与大雁来回飞行时的鸣叫声里也有忧愁。跟俄罗斯其他地区不一样,这里没有歌声。这里的人们不会创作,没有童话故事与歌谣,这里的人们像哑巴一样不说话,他们没有出路,没有希望。

不过,忧愁归忧愁,滑稽可笑的事倒也常有。比如——列宁先进农庄副主席,是位萨满,是真正富有战斗精神和实干精神的领导人!正是他勇于"联系群众",他当众发誓赌咒,动员所有庄员采取各种措施,包括签订合约——超额完成征购皮毛任务。

我给你看一首诗,这是一位"有文化"的可爱的姑娘,当着我的面,在一张送给一个同样可爱的年轻人的照片上题写的四行诗:

可能我们难以再相见,
我们的命运如此悲惨。
就让我这好静的个性
给你留下小小的纪念。

我就以这样的个性来结束这封仍然显得混乱荒唐的书信。

热烈地吻你,爱你。向你全家的亲人问好。

你的阿莉娅

伏·伊万诺夫怎么样庆祝自己的寿辰？没有任何来宾参加？太遗憾了！

1955年3月28日。寄自图鲁汉斯克

我亲爱的鲍里斯，我得到了平反，恢复了名誉，你祝贺我吧。重审案件拖延了很久，差几天整整两年，我都觉得没有指望了。“因缺乏犯罪证据”，案件得以推翻。现在我拿到了“清白的”身份证（这是今年发给我的第三份证件了），我可以去莫斯科。我感到奇怪的是，自己居然不是那么高兴，因为并没有得到彻底的平反。

事情牵涉到我，往往不能及时解决，在这急剧变动的时代，我的情绪麻木，已经有点像粗野的石头雕像（或者别的笨拙雕像）。

我可能坐船去莫斯科，我在那里没有房子，没有立锥之地，可是我仍然认为那是属于我的城市。

一句话，“在悬崖下面，让太阳晒干我湿淋淋的衣裳”①。

鲍里斯，即便我离你很近，永远也不会妨碍你的写作，也不会常去做客给你添麻烦，甚至不会给你打电话（当然到达之后，先向你炫耀一下我的新身份证，热烈地亲吻你，然后再遵守这些跟你保持距离的条件）。喏，假如这样做会占用太多的时间，那么我就依照老习惯，给你写一封非常有才气的书信，你自己给我回个电话，告诉我，你很忙，也很爱我。我总是准备好写点有条理的东西，可结果往往很荒唐。

热烈地吻你。

你的阿莉娅

① 引自普希金的抒情诗《阿里昂》。

阿里阿德娜·谢尔盖耶夫娜和流放到偏远乡村的姑娘们合影

1955 年 6 月 21 日

亲爱的鲍里斯，我来到这里已经一个星期了。非常渴望见到你，因为很久很久没有收到你的回信，也没有你的问候。只有茹拉甫廖夫[①]对我说过你的一些情况。请给我写信，告诉我什么时候可以去看你，尽可能不会妨碍你，告诉我到你那里怎么走——有一次你曾经跟我说过，可我给忘记了，因为我来的时候坐汽车，你给我讲解怎么去你家的那封信放在行李里面，和其他东西一道托运，现在还没有运到莫斯科。

非常非常热烈地亲吻你。向济娜伊达·尼古拉耶夫娜致以亲切的问候。

你的阿莉娅

我住在梅尔兹利亚可夫巷，19 号楼 27 宅，顺便告诉你电话以防万一：K-4-95-71

（已经写信了——甚至是面带微笑写的！）。

1955 年 8 月 17 日

亲爱的鲍里斯！一包文件和一个卷宗已经在玛丽娜·卡基米罗夫娜那里了（当时我不知道应该给她两包文件。我想，一包足够她用的了，需要的时候再给她第二包）。我和济娜姑妈（带着济娜伊达·米特罗方诺夫娜）去了德列兹金斯基画廊，在那里遇见了玛丽娜·卡基米罗夫娜，并请她到我们家里坐坐。我非常喜欢她，很高兴是她帮助你打印稿件。只不过她说话的声音还有她的消瘦都让我害怕，她是不是患有什么病症？今天我给阿霞写了封信，也尽可能讲到了有关玛格达蕾娜的事。我收到了她寄来的一张明信片，最近几天她一直等着安德列，他应当回来休假两三个星期。这究竟是什么样的假

---

① 德米特里·尼古拉耶维奇·茹拉甫廖夫（1900—1991），苏联人民演员，擅长朗诵。伊丽莎白·艾伏隆一直是他的指导教师。

期呢？我不明白。在“外祖父的博物馆”认识了一个老太太[1]，她丈夫是修建博物馆的建筑师，已经过世。她从1912年就在博物馆工作，认识外祖父，也认识我妈妈和阿霞。她跟我说，在最艰难的时期（博物馆里有些这样的人）收集外祖父的档案——大约有九千封书信和很多其他资料。她对现任的博物馆馆长赞赏有加，建议去见见他，并请求博物馆出面帮助阿霞得到退休金。需要稍稍等待——馆长出差去了中国。我要跟老太太保持联系，因为我自己也很想通过博物馆得到这样的退休金。那对阿霞说来就是长久的帮助，长久的喜悦。

我想向你说一件很久以前的事：在我十四岁的时候，那年整个夏天是在布列塔尼的若斯考夫小城度过的，跟布列塔尼别的小城镇一样，这座小城也很古老。那里的教堂不知为什么是马甫里坦风格，钟楼里的钟据说是两只海豚从英国驮来的，当地的居民都相信这个传说，我也相信。

跟蓝幽幽的山丘一样，那里的各种景物都是灰蓝色的——老房子、道路、天空、海洋、天气，甚至连续不断地刮风，这一点很像图鲁汉斯克。海水退潮的时候，离海岸几公里以内的岛屿，都可以徒步走到岛上去，涨潮的时候，海浪重新返回来，冲击着海岸，冲击着墓园，布列塔尼的墓园看上去仿佛就在海上，海浪还拍打着岸边的房子，其中离海水最近的是玛丽娅·斯图尔特的楼房。住在这座房子里的玛丽娅是王子的未婚妻。涨潮时海浪轰隆隆喧响着涌来，退潮时又轰隆隆喧响着离去，大海像穿着木鞋，跟布列塔尼所有的居民一样。楼房有三层，又高又窄，楼房中间从地面到顶层有根脊椎一样的棕褐色的立木做柱子，上面雕刻着花纹。在成串的葡萄和葡萄叶子之间，穿行着一些小小的圣徒，长着大手和笨拙的大脸，身穿没有皱纹的衣服。围绕柱子

---

① 娜杰日达·尼古拉耶夫娜·克列因（1882—1972），建筑师拉·伊·克列因的遗孀，阿里阿德娜·艾伏隆遇到她的时候，她是普希金造型艺术博物馆档案部负责人。

有螺旋形的楼梯。玛丽娅的房间在最高层,三个又高又窄的窗户朝向大海,她从那里看着海洋。一个个窗棂很小很小,只能用脑门贴着窗棂朝外看。楼房下面是古老的码头,左边是王子修建的小教堂,为的是让他的未婚妻能为他祈祷。在那个时代若斯考夫是个很大的商业港口。是的,我讲这些是为了说明,那时候在那个地方,由于有这样一个小城,有这样的楼房,地球上有这样让时间凝固下来的地点,伸出赤裸的双手就能触摸到它——我才有机会认识那个真正活着的、普通平凡的玛丽娅·斯图尔特,至今还没有人描写过她。(这里所说的"还没有人描写",大概是我过于放肆无礼!可能是由于我什么都没有读过。我们那里有个无知无畏的年轻人,他说:"我不明白,达尔文的学说是什么意思,但是我不同意他的说法!"这是不久之前的事,离现在很近,那时候我就明白了。我们生活中间的很多差别与基础,都被人为地破坏了。当然不是所有的差别与基础,但是遭到破坏的很多很多。是的,不久之前她住在那座楼房里,从窗户里看着大海。她写诗:"别了,我可爱的祖国,法兰西![*]"她让我觉得特别亲近,就好像她不是那个时候被砍掉了脑袋,而是就在不久前刚刚被枪毙。很久以前发生的事是难以补救的,不久之前发生的事也难以挽回,今天发生的事跟昨天发生的事一样荒谬到难以补救的地步。

我就像临近死亡一样,感觉什么都亲切。为什么会有这样的感觉呢?是的,的确如此,比如此刻,如果有机会,我就极其渴望阅读你翻译的《玛丽娅·斯图亚特》[①]。我想知道,席勒所写的玛丽娅是否曾经在我看见玛丽娅的那座楼房里居住过?哦,女人的生活,女人的命运,女人的死刑!你知道夏洛蒂·科黛[②]写的最后一封书信吗?下面就是这封信:

"对不起,亲爱的爸爸,没有得到您的允许,我决意进行反抗;我要为众多

---

* 这一句原文是法语。

① 德国作家席勒(1759—1805)于1801年创作的悲剧。——译者注

② 夏洛蒂·科黛(1768—1793),法国大革命期间刺杀马拉,被判处死刑。——译者注

的无辜牺牲者复仇，预防产生更多的不幸。当人民睁开眼睛，他们会因为摆脱暴君的统治而欢欣。我曾极力想让您相信，说我要去英国，只不过想隐瞒自己的姓名，现在这一点是做不到了。我希望，您不要过于伤心。我想，您在卡昂能找到支持者，我请了居斯塔夫·居尔律师为我辩护，尽管在这个案件中，不允许任何人为我辩解，这不过是表面的形式罢了。永别了，我亲爱的爸爸，请您忘了我吧，不然就为我的命运高兴，因为我的目的是高尚的。亲吻我心爱的妹妹，亲吻所有的亲人。不要忘记高乃依的诗句：

耻辱的是犯罪，而不是断头台。

明天，7 月 16 日八点钟，我将受到审判。"（阿·艾翻译。——编者注）

亲爱的鲍里斯！关于长篇小说我有些弄不明白，这是不是意味着可以阅读手稿？也就是说，这样做得到了你的允许？如果是这样，那么我害怕接触手稿，万一出点什么差错，造成的损失不可弥补，想想都觉得可怕。也许有人读的是传抄打印出来的稿件？——玛·卡会把所有的打印稿全部都交给你吗？难道你自己会把打印稿分发给别人阅读吗？事关手稿，我不太相信别人，妈妈的手稿我看得很严，甚至不给任何人看到。免得丢失，损坏，或被毒眼窥视发生意外。即便是莉莉娅带着稿件去别墅阅读——带的也是复制的稿件，复制件从来不会发生什么意外。如果可能的话，就这件事给我写张明信片。

热烈地亲吻你，爱你。

你的阿莉娅

是不是你还没有把手稿交给玛·卡打字，自己正在看？你好像写信说，文件以后再给她。是不是现在她手里有文件，可以工作？

1955年8月15日。别列杰尔金诺。

亲爱的阿莉娅!

请不要忘了给阿霞写信。请她原谅我没有办法给她写信,而且估计很长时间也不可能写。如果你愿意,就跟她提一下有关玛格达蕾娜的诗,——不过,这并不重要。所有的文稿,两个卷宗和一包手稿,过一段时间,找个机会转交给玛丽娜·卡吉米罗夫娜·巴朗诺维奇。她在市里的电话,我告诉过你,没有错。再给你一个别墅的电话: И-1-30-10加拨40。叫她女儿娜斯佳接电话,因为玛丽娜·卡吉米罗夫娜本人嗓子有病,声音说话很轻,她还耳背,几乎听不见声音。手稿在她那里。可是那种样子的稿子能读吗? 我觉得不行。不知道那里是怎么回事。再过一个月我需要那稿件。

紧紧地亲吻你。

你的鲍

1955年8月20日,鲍尔舍沃

亲爱的鲍里斯! 现在我来分析妈妈的诗歌,我想提醒你注意这首"玛格达蕾娜"——也是你跟我说过的那样的头发,那样的罪孽!

热烈地亲吻你,莉莉娅和济娜也向你问好。

你的阿莉娅

妈妈的笔记本和草稿本里有很多文字写到你。我为你抄写出来,其中有很多大概你都不知道。她是多么爱你,爱得多么长久——整整一辈子! 让她始终不改一直热爱的人只有爸爸和你两个人。对你们俩从来也不过分称赞。凡是过分称赞的,后来都放弃了,断绝了来往。

## 玛格达蕾娜[①]

### 1

我们相隔着——十条戒律：
熊熊燃烧的十堆篝火。
自身的血液力图躲避，
对于我，你是异样的血液。

但愿在传播福音的岁月
我就在那些女人当中……
（异样的血——求之不得，
女人很多，我自有个性！）

我爱慕你，身体虽虚弱
却匍匐在地，毛色明亮！
尽力躲开恶魔的眼睛，
愿意像香膏一样流淌——

扑向你的双脚，心甘情愿
化作你脚底下的沙尘……
情欲早已向商贩出售，

① 参见玛丽娜·茨维塔耶娃诗集《离开俄罗斯以后》，巴黎，1928年，页113—114。

玛格达蕾娜，一译有罪的女人或抹大拉的马利亚，参见《圣经新约·路加福音》第七章第三十六至四十七节。有个法利赛人请耶稣吃饭；耶稣就到他家里去坐席。那城里有一个女人，是个罪人，知道耶稣在法利赛人家里坐席，就拿着盛香膏的玉瓶，站在耶稣背后，挨着他的脚哭，眼泪湿了耶稣的脚，就用自己的头发擦干，又用嘴连连亲他的脚，抹上香膏。耶稣赦免了她的罪孽。——译者注遭人唾弃,放荡的女人!

用双唇的唾液为你洗脚,
用饱含着柔情的汗……
再用苔藓般的头发擦拭,
把你的双脚擦干!

像一块布铺在你的
脚下……是他?竟然是她!
各种妖魔让烈火烧死,
他说:妹子,站起来吧!

1923年8月26日

## 2

毛发有三倍的价值,
激情的汗水与泪滴,
一直用她的头发
擦拭,而那个人

在干燥的红土上,
写出了显现福音的文字:
“玛格达蕾娜!玛格达蕾娜!
不必像这样奉献自己!”

1923年8月31日

### 3

你的过失我将不再追究，
好心人，善心自有善报。
我赤足，你用泪水
为我洗脚，用头发
为我擦干双脚。

我不想问你——
这些香膏价值几何。
我的双脚赤裸，
你为我清洗，
如同浪波。

我用手指抚摸你的身体，
比水还静，比草更低。
我直立，你跪拜，
温柔地匍匐在地。

用你的头发为我擦拭
不用亚麻布把我包裹。
拿香膏的女人！我何苦要用香膏？
你为我清洗，
如同浪波。

1923年8月31日

1955 年 10 月 3 日

鲍里斯,我在妈妈的一个笔记本里找到了下面一段文字(可能她写你的散文里有这一段?不知道——二十年没有重读过妈妈的笔记了):

“有两种类型的诗人:一种是帕尔纳索斯山诗人,另一种是维苏威火山诗人(维苏威火山人?不,维苏威火山诗人:韵律,疯狂)。维苏威火山,几十年酝酿,突然间以全部力量爆发!(爆发——大自然一切现象都具有的特征——通常都很难预料。)这样的爆发有何必要?所幸在自然界(艺术也不例外)无人提问,只有答案。鲍·帕爆发成了奇珍异宝。”

鲍里斯,这不就是在说你的长篇小说吗!(尽管这是 1924 年的札记。)

我亲爱的,你生活怎么样?吻你并爱你。

你的阿莉娅

有关长篇小说你什么也没有回答我:重新抄写完了吗?还是重写?什么时候我能够看到?

1955 年 10 月 15 日

我亲爱的阿莉娅!

谢谢你的来信和从妈妈笔记本里摘引的片断。对不起,现在匆忙写的这几行文字并非对你的答复。我觉得在最近的一个星期二,18 号、25 号或者 11 月 1 号,我可能在莫斯科,会给你打电话,尽力想办法跟你见面。但是这个建议还难以最后确定,因此不要束缚你,把你困在家里。如果你有什么事需要离开城市,那就不要顾及这些模棱两可的建议,该去什么地方就去什么地方。

我当然知道奥[1]跟你的谈话。你不用到这里来,要想见我,完全不必用这种办法。不过,我觉得你也不想来。我不太愿意让你和你亲戚当中的什么

① 指奥·伊文思卡娅。

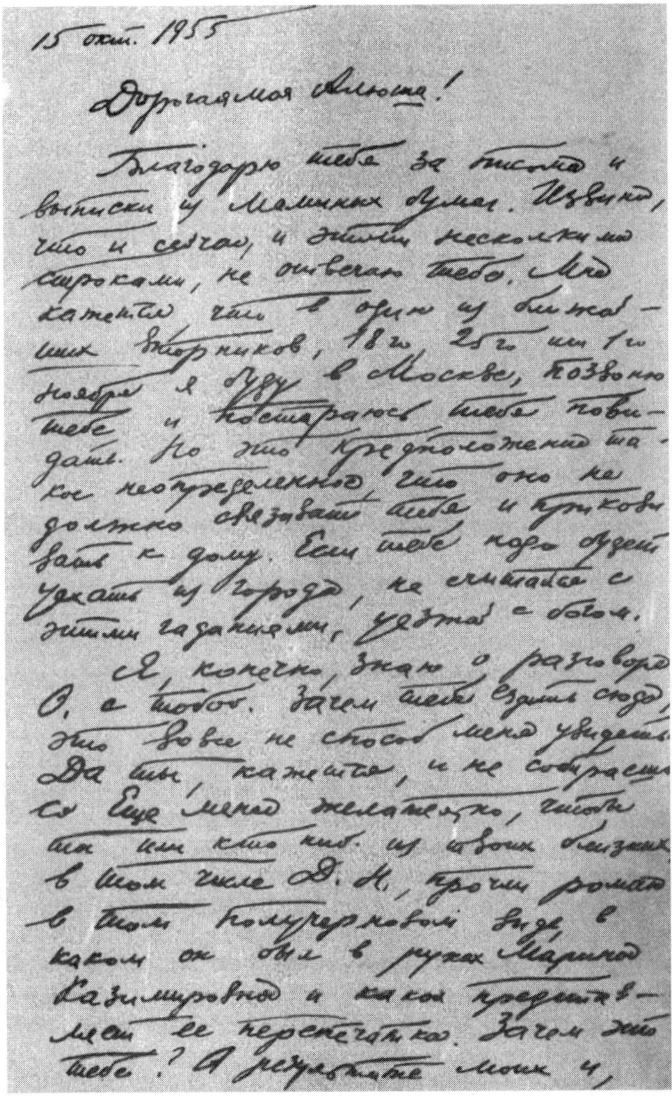

15 окт. 1955

Дорогая моя Аля!

Благодарю тебя за письмо и выписки из Маминых дум. Извини, что и сейчас, и этими несколькими строками, не отвечаю тебе. Мне кажется, что в один из ближайших вторников, 18го, 25го или 1го ноября я буду в Москве, позвоню тебе и постараюсь тебя повидать. Но это предположение такое неопределенное, что оно не должно связывать тебя и приковывать к дому. Если тебе надо будет уехать из города, не считайся с этими гаданиями, уезжай с богом.

Я, конечно, знаю о разговоре О. с тобою. Зачем тебе ездить сюда, это вовсе не способ меня увидеть. Да ты, кажется, и не собираешься. Еще менее желательно, чтобы ты или кто-нибудь из твоих близких, в том числе Д. Н., прочли роман в том получерновом виде, в каком он был в руках Марины Казимировны и каком представляет ее перепечатка. Зачем это тебе? А результаты моих и,

鲍·列·帕斯捷尔纳克书信手迹

人,包括达·尼[1],读小说的草稿,小说初稿在玛丽娜·卡基米罗夫娜那里,我请她帮忙打字。你何必要看这样的书稿呢?再稍等一段时间,经过我的推敲修改,估计到年底就能会有从第一页到最后一页完整的定稿,到时候让你跟梅尔兹利亚可夫巷的亲戚和瓦赫坦戈夫剧院的朋友来读这样的稿本,不是更好吗?

请原谅我在这封书信里语言的直率。

热烈地亲吻你,向伊丽莎白·雅科甫列夫娜、济娜伊达·米特罗方诺夫娜和茹拉甫廖夫夫妇转致衷心的问候。

你的鲍

1955年10月26日

我亲爱的鲍里斯!对不起,我简直是头蠢猪,没有立刻给你回信。姑妈莉莉娅病得很重,我总往她那边跑,帮忙照顾她做点事,去找叶果罗夫取药,夜里再返回莫斯科。有人告诉我,你来过电话,说你在一点半(星期二)之前在拉夫鲁申斯基巷,我给你打电话打了将近一个小时,可是你已经不在那里了。

叶果罗夫一直劝我,不要着急,可是他没有看见莉莉娅,只是看见了我,根据我说的情况,未必能确诊莉莉娅的病情。

鲍里斯,我们期待读你的长篇小说,你想让我们读什么样的稿本,我们就读那样的稿本,这些都取决于你的意愿,我们,只不过是读者,早就做好了阅读的准备。至于时间,那要看你什么时候方便,什么时候轮到我们都行。这是奥莉娅把我弄昏了头,她说已经可以从玛·卡那里去取小说稿子了。最近有一个可爱的姑娘来看我,她喜欢文学,推崇我妈妈的诗歌,也模仿她写诗,

---

① 达·尼·茹拉甫廖夫。

她告诉我说,她认识的一些“男孩子”(也是诗歌爱好者和尝试写诗的年轻人)已经有了你的长篇小说手抄本,至于他们从哪里弄到的手稿以及怎么样重新打印的,我不知道,怎么会是这样呢?是不是有这种可能,读者中间早就有“手抄本在流传”?或者他们从某个地方弄到了接近完成的稿本?

是的,我决不急于见到你,决不会“强迫”你跟我见面,我不想去看你,我非常了解,也能明白,写作期间你很忙,而休息时——要好好休息,每个多余的人和并非多余的人对你说来都是横穿过道路的猫,这也是我非常爱你的一个原因。可能说得不对——不仅是由于这一点!即便我不是离你这么近,仿佛伸手就能够到,我也爱你,因为我知道,你更爱我,更了解我,原因是我们之间永远有一道难以逾越的鸿沟,处境不同,有很远的距离,不可能是另外的一种样子。这已经成了传统。

在鲍尔舍沃别墅冷得要命,我在那里得了感冒,现在正生病,光想发脾气。

准备为妈妈出版诗集的工作已接近完成,做起来非常困难,你知道这是什么原因。塔拉先科夫[①]以出乎意料的热情主动提出愿意帮忙,好心肠的卡扎凯维奇[②]也给予关注,此外就无人关心了。看来,塔拉先科夫自有盘算,如果诗集能出版,那么人们会说是他的功劳,如果出版不了,他躲在一边,也不会有什么坏处。他们都是善于投机钻营的下流痞。在我妈妈的手稿里有一个很厚的卷宗,里面都是你写给妈妈的书信,这么说吧,这些信从来没有让莉

---

① 阿纳托利·库兹米奇·塔拉先科夫(1909—1956),批评家,图书鉴赏家,图书编目专家。1940年至1941年认识了玛·伊·茨维塔耶娃。阿里阿德娜写这封书信的时候很气愤,后来她在塔拉先科夫家里看到了他从克鲁乔内赫那里打印的茨维塔耶娃几封书信。从此她很感激塔拉先科夫为推动茨维塔耶娃诗集出版所给予的帮助,她在给艾·卡扎凯维奇和其他人的书信中几次提到这件事。

阿里阿德娜·艾伏隆9月初请求塔拉先科夫给与帮助,到了11月茨维塔耶娃诗集稿件已交给出版社。

② 阿里阿德娜·艾伏隆为艾·肯·卡扎凯维奇写了回忆录,1984年在莫斯科出版了《回忆艾·卡扎凯维奇》。

莉娅和济娜看过,这些信件这些年就保存在她们那里,她们的脑子里从来没有动过阅读这些书信的念头。我这一辈子也不会触动这些书信,还有妈妈珍惜的那些人的书信我也不会触动。我死了以后,五十年没有人会读这些信件。我本该把这些信都还给你,可是你总是丢三落四,粗心得要命。你以为保存你书信的人已经去世了,可是你还活着,你并不珍惜她给你的书信,随便送给跟你不错的一些人看。你最好亲手把这些书信统统烧毁!我的上帝啊——妈妈永远是我的伤口,很多人很多事让我永远替她感到屈辱。你不要因此生我的气,因为你一切全都明白。

吻你并爱你。

你的阿莉娅

1956年10月1日

我亲爱的鲍里斯!我永远爱你,即便几个月不给你写信,也看不见你,仍然爱你。爱你跟"即便"这个词无关,根本用不着这个"即便"。有时候一段时间不给你写信,但愿你不会因此而感到苦恼,那都是表面现象,其实我一直把你牢记在心里,我无言的思想总是默默地跟屈指可数的几个人交谈,很少很少的几个人,不管遇到什么事情,总在心里思念他们。我从童年开始,就用心思考,而不是用语言。显然,我不是在思想,而是在感觉。前不久我去看望玛丽娜·卡基米罗夫娜,她用嘶哑的声音谈你的情况,跟我说了很长时间,她非常可爱,她做了癌症手术,可以说是到那个世界转了一圈又返了回来,复活了童心,言谈中闪耀着动人的光彩,总而言之,这些事难以细致转述了。无论去那个世界还是重返人间,她都怀着对你的爱——你是她在人世间惟一的牵

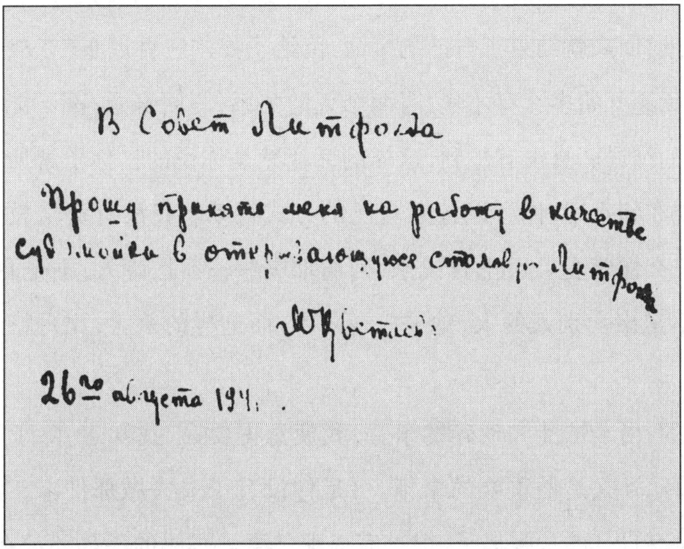
В Совет Литфонда

Прошу принять меня на работу в качестве судомойки в открывающуюся столовую Литфонда.

М. Цветаева.

26го августа 1941.

茨维塔耶娃致作家基金会委员会的便条。“作家基金会委员会：兹申请担任即将开设的作家基金会食堂洗碗工工作，敬请接纳为荷。玛·茨维塔耶娃。1941年8月26日。”利季娅评论道：“由于一连串的死亡和意想不到的继承，有一张小纸片落到了我的手上。很轻的一张纸——甚至不是一张，而是半小张纸，从学生作业本上撕下来的。纸上的笔触急剧、清晰、均匀、苍劲，仿佛在蹂躏这张可怜的小纸条一样……”

挂。她给我看了你为一本书写的序言[①],——好极了,有关妈妈的文字也很好,只是你把妈妈的名字跟阿谢耶夫的名字并列在一起,让我难以接受。你应该知道,这样是不行的。这两个名字放在一起,就如同该隐与亚伯、莫扎特与萨列里的名字放在一起,没有人会像你这样做。你这样对待她——会让她受到伤害！如果她处在你的位置,她肯定不会这样写。对于这一点,你该好好想一想,不要忘记了奇斯托波里和叶拉布加,不要忘记妈妈曾经向阿谢耶夫请求帮助,回来就结束了自己的生命,留给了穆尔三百卢布(在战争时期!)和手稿。无论开始多么有才华,写两个人的关系,写回忆录,都不能也不应该隐瞒这样的结局。真没有想到,这样的话竟然是你说的！你了解所有的来龙去脉,从现在到永远,你可以按照自己的方式行动。我没有资格教给你怎么样写作,怎么样感受。对于我说来,阿谢耶夫——不是诗人,不是自己人,不是敌人,不是出卖别人的人,他是——凶手,而这样的杀害,比丹特士的杀害更残忍![②]

亲爱的,由于忙乱和琐碎的事务,我疲惫得要命,我知道,除了这些纠缠不清的杂务,什么是最重要的事情,可是你没有工夫去做那件事。没有自己的住处,没有自己的一张桌子,很难完成那件事。妈妈的手稿还放在箱子里,我们躺在箱子上面睡觉,把箱子当座位,难道那是手稿应有的位置吗？莫斯科当局拒绝给我一个房间,理由是我过去没有房子——没有作为依据的房

---

① 这是为帕斯捷尔纳克一本诗集写的序言。但是诗集未能出版。后来以《人与事》为题发表在《新世界》杂志,1967 年第 1 期,并收进了鲍里斯·帕斯捷尔纳克的文集《航线》(莫斯科,1982)。

② 阿里阿德娜·艾伏隆从流放地回到莫斯科之后,她听到了有关茨维塔耶娃自尽的各种传闻,一时难以分辨事实的真相。很多人指责阿谢耶夫,说他跟特列尼约夫一样,拒绝帮助茨维塔耶娃在奇斯托波里落户,拒绝她在食堂当洗碗工的请求。后来的事实说明,阿里阿德娜对待阿谢耶夫的态度有失公正。(详情参见利季娅·楚科夫斯卡娅的文章《临终之前》,载《地平线》杂志,1988 第 3 期,页 41)阿谢耶夫未能完成玛丽娜·茨维塔耶娃的临终嘱托,未能照顾她的儿子穆尔,使阿谢耶夫一直受到良心的自责。

契！我想说，我的外曾祖父曾任省长将军，他的官邸恰好就是现在莫斯科苏维埃所在的大楼！或许，应当依据这个理由跟他们打官司讨回那所房子？我活到现在从来没有自己的房间，看来今后也不会有了——可是我的祖辈在莫斯科还有两三处单独的住宅，这还不包括外祖父的博物馆，如今我要进博物馆每次都得花三卢布购买门票。说实话，这是外祖父无论如何也想不到的！不得不想办法寻找一个栖身之处的是我。

现在你正做什么呢？你的情况怎么样？你儿子好吗？他是不是要到外地去游玩？济娜伊达·尼古拉耶夫娜怎么样？你的小孙女马琳卡好吗？全家人都好吗？日瓦戈医生过两天就能从别墅带到这里来，我要重新再读一遍，如果你一定坚持要这本书，我就给你寄回去，要是你能像过去答应过的，把这本书送给我们，那就太好了。那时候这部小说还没有写完，你曾慷慨地应允过。

亲吻你，我亲爱的。我还像过去一样，写什么都在深夜，写得又慢又粗心，你不要生气。

你的阿莉娅

如果你在市里有半小时的空闲，给我打电话，我去看你——我们这里混乱不堪。我们的新电话是——K-5-59-94。

1957年4月3日

鲍里斯，亲爱的！你的情况，我都尽可能了解，其他的只能猜测。我知道，现在情况正在好转——因此我们都在心里默默地祈求你能从疾病中赶快康复！最主要的是，你什么也不用担心（这是人们最愚蠢的劝告，也是最难实现的！）——我们这里确实是一切情况都很好，钱够花的，什么东西也不缺少。这一方面你就不必再操心了。

春天来了,我亲爱的,白嘴鸭、云雀、椋鸟都飞回来了,你赶快好起来吧!我在塔鲁萨住了两天,倾听各式各样鸟儿的叫声,只有你能描述这些奇妙的鸟鸣,在晴朗的天空,几乎能看见云雀歌声留下的美妙花纹,积雪下面看不见的溪流已经汩汩有声初试嗓音,公鸡此起彼伏地喔喔喔打鸣,我听见了这些在你的诗中还不曾描写的声音。

快好起来吧,我们的信念,我们的爱,会让你更坚强、更有力。

我很高兴,你能在克林姆里宫医院治疗,在那里治疗,可能比在任何医院好得都快,不过,让我感到遗憾的是,你不在家里,就不能偷偷去看你,我一次又一次地相信,尽管你很痛苦,但是你仍然开朗、乐观、英俊,永远年轻,上帝会保佑你尽快康复,我们不久就能见面,请原谅一个粗鲁女人的胡言乱语,吻你,亲爱的,祝愿你什么地方都不疼痛。

我的姑妈莉莉娅和济娜亲吻你,爱你。柳波芙·米哈伊洛夫娜·爱伦堡启程去日本前夜让我向你问好(爱伦堡本人已在日本),祝你尽快康复。

你的阿莉娅

1957年8月28日

我亲爱的鲍里斯!一千年不给你写信,要紧的事却了如指掌——你感觉自己好多了。感谢上帝!还有一次去莫斯科时间很短暂,在国家文学出版社听说,你的诗集今年一定能出版。我想知道的是:内容编排有没有重大改变?还想了解有关序言的情况。请给我写封短信,哪怕只有两行也好,说说你的情况。在西伯利亚养成的惯性,一直把你挂在心中——心里只有你,这让我感觉很好,那时候距离遥远,还有很多各种各样难以克服的苦难因素,而现在则完全不同了(从来不曾这样,真是变化万千!)[①],真的,没有必要根本不见

① 这是茨维塔耶娃剧本《奇遇》里的人物甘丽艾达所说的一句台词。

阿里阿德娜·艾伏隆在塔鲁萨河畔。她的双手从不停闲,有空时喜欢织毛线活。安娜·萨基扬茨拍摄。

面,甚至不通信。

我的好朋友,你生活得怎么样?你的腰和膝盖都好了吗?你在做什么?有关你的诗集和序言有很多传闻,究竟是怎么回事?《医生》怎么样?还有,关于这本书有什么评论?再有,你现在气色怎么样?能出去散步吗?

我在塔鲁萨,离那座庄园不远,你在那篇序言里提到过它,茨维塔耶娃姊妹就在这个小城塔鲁萨度过了自己的童年和少年岁月,那里除了奥卡河水,过去的一切都已消失。茨维塔耶娃的一个曾祖父曾在其中担任神甫的教堂,如今变成了俱乐部,曾祖父的住宅成了缝纫工厂所在地,外祖母的房子变成了幼儿园,古老的家族墓地——变成了城市公园。妈妈和阿霞出生的那所小房子保存完好,几乎没有什么变化,那里居住着疗养所的职工和“招待员”。在茨维塔耶娃的前辈搬进那处房子之前,那里居住的是鲍里索夫-穆萨托夫,他就终老在那所房子里,妈妈说过,给孩子们住的房间,虽然墙壁经过粉刷,依然显现出鲍里索夫-穆萨托夫绘画留下的色彩,因为他晚年只能躺着画画,这样房间的墙壁和天花板无形中变成了他的调色板。为什么惟独那条河没有变化呢?究竟是什么原因?为什么那条河里的水早就不是原来的河水了呢?过去在这里生活过的人全部不在了,一个都没有剩下!乌尔夫家族不在了,茨维塔耶夫家族不在了,波列诺夫和鲍里索夫-穆萨托夫都不在了,可爱的巴尔蒙特不在了,巴尔特鲁沙伊季斯也不在了,很多很多独一无二的人都不在了!可是那条河还在——现在我就看着河水流淌,多亏它的恒久不变,我才能亲眼目睹,才能触摸和饮用这河水,它就是母亲创作最早的源泉啊!这就是母亲最初看到的河水,终生难忘的河水,在这里诞生了她的诗篇,诞生,是为了永恒。这就是那些树木,花楸树和接骨木,是她一辈子牵挂的树木,苦涩的果实,鲜艳的果实!这就是那些有“悲剧性姿态”的树木,河流——也有生命,忘川,依然也还是生命。

我毕竟熬过了很多岁月——感谢命运,感谢上帝,感谢很多人。我活到

鲍里斯·列昂尼多维奇·帕斯捷尔纳克。1957 年。

了能跟你见面的时候，活到了有机会再一次目睹妈妈的出生地和她开始创作的源头，活到了自我历史的史前期！活到了能够阅读你的小说和读你的诗集的序言，你在其中写到我妈妈，写得那么深刻，那么简练——所有这一切，都是奇迹中的奇迹！每当我想要抱怨几句的时候，这些奇迹立刻会劝阻我，不允许我成为心胸狭隘的小人……唉，鲍里斯，我们所有的人都很渺小！正因为如此，**写作**才显得尤为重要，须知所谓奇迹就蕴含在**写作**当中，而我们还渴望出版著作，也就是说，让奇迹成倍增加！好啦，亲爱的，但愿我们能活到那一天，但是更重要的是，你和我妈妈的著作能活到我们现在只能猜想的那些后代的读者，你们可以用“你”来称呼他们。今天付出的代价，都是为了活在明天，永世生存。

紧紧地亲吻你，祝你健康！

你的阿莉娅

1958 年 4 月 9 日

耶稣复活了，亲爱的朋友鲍里斯！

吻你，亲爱的，祝愿你春天幸福，身体健康，永远爱你，一直痴心不改地惦记你。请原谅我表面上对你关心不够——生活太艰难，把我的时间吞噬得几乎一点儿不剩，现在整天纠缠于琐碎的小事，顺心的事不知跑到哪里去了，等也等不来。我长期陷于迷雾当中，工作与操心的事忙得不可开交，各种各样的工作，各种各样操心的事，交织成了摆脱不掉的单调！就像一匹瞎马在兜圈子。多么盼望哪怕给你写封信，或者去一趟，跟你说说好不容易积攒起来的开心事和高兴的事，可是却找不到宣泄的出口，就烧成了灰烬，堆积在我的心上。

需要做很多工作，可是没有地方工作，因此就像一只被开水烫伤的猫，在

阿里阿德娜・艾伏隆在塔鲁萨附近的别霍夫公墓

莫斯科与塔鲁萨之间来回奔跑,不管在那边还是在这里,总是陷入惊恐不安与进退失据的困境,结果是就连绞尽脑汁翻译诗歌,译出来的诗行也萎靡不振,色调灰暗,该翻译的诗歌多得数不胜数,而报酬却少得可怜。就是由于这种种原因,亲爱的,导致我对你关心不够,尤其在你生病又连续遭遇"挫折"的日子里,这让我自责和内疚,因为在我生活陷于绝境的那些岁月里,你一直是我的精神支柱,物质上的接济者,在我没有任何朋友的时候,你是我真正的朋友,在我无路可走的时候,你为我指出了道路。请原谅我这些"表面上"的粗心大意,请相信我无形的内在忠诚!

你的病情怎么样?医生们是否已经确诊?治疗是否有效?是不是仍然像过去一样,你自己应付,再加上靠上帝的保佑?可是我问你这些又有什么用处呢,反正你也已经再也不给我写信!我自己什么都明白。不久我要到莫斯科去几天,想办法弄些钱,也许运气好我能见到你,或者在电话里听到你的声音,不然就打听你的情况。

跟你在那里一样,这边春天也来到了,可是我很少看到春色,只是偶尔听见白嘴鸦的叫声,再就是看到点点滴滴的水珠儿,才意识到春天来临了。

吻你,亲爱的,连吻三次。最主要的是祈求上帝保佑你身体健康。

你的阿莉娅①

1959年1月1日

我亲爱的鲍里斯!新年头一天,我给你写信——我多么希望这新诞生的一天给你带来幸福、平静、内在的自由!我一直在思念你,思念你们两个人,

---

① 1958年4月9日同一天,阿里阿德娜·艾伏隆给伊文思卡娅和叶梅里扬诺娃写信说:"奥丽娅,亲爱的,请把这封字迹潦草的书信转交给鲍里斯,狗一样的日子不允许写体面的书信,好在他是个聪明人,什么都知道,都能理解。"

原来感觉悄悄提示的话语,如今变成了坚定的信念。

在这一次打压当中[①],所有的人都在改变态度,以便确定自己的真正立场。事情也只能是这样。对真正有价值的作品评价发生了重大转折,这是对感情是否牢靠、言行是否一致的一次重大考验。这是属于**你**的节日——你一定理解我的意思。正因为这样的原因,在情感激动的一周当中才产生了复活节。这是——属于我们的节日,是跟你真正站在一起的人们的节日。不同的人有不同的节日,这是属于亲人的节日。因此我们应当庆祝！对于奥卡河,我的态度是矛盾的——就像这条河本身充满了矛盾一样,有时是轻盈坦荡的,偶尔又是轻浮率性的,像这样双重性格的人,你会喜欢吗？什么地方对,什么地方错——你看得很清楚。只要我在思考,我就祈求上帝赐给你幸福。现在这一点已经清楚,已经确定不移。奥卡河在这些日子里轻松,质朴,自然,"不言自明",今后也永远如此,她愿挺身而出,分担你的忧伤;奥卡河胸怀宽广,勇敢直率,她像孩童一样,伸展开双臂拥抱你的苦难,她的立场十分明确——跟你站在一起,肩并肩,心连心。

现在一切都趋向明朗,一切都逐渐袒露,一切优秀的品质都正在呈现,一切真实、忠诚、可靠的人都留下来,像空气、粮食和水一样。哦,上帝,这是多么幸福啊,这是从一团混沌中得来的幸福,从大海浪花中得来的幸福,如同亚当的胸腔取下肋骨做成他的女人,妻子,永远跟亚当站在一起,面对世世代代的审判,现在有一个这样的女人,愿意站在你的身边,跟你一道反抗所有的卑鄙无耻、出卖叛变、花言巧语和空话连篇。

---

① 此处指与诺贝尔文学奖有关的事件,1958 年 10 月 27 日阿里阿德娜·艾伏隆给季·米·施尔凯维奇写信说:"跟鲍·列通过电话,他很疲惫,明天我去看他。这一切未来怎么发展,现在还说不清楚,但是仍然有机会让局面明朗,步入理智的渠道。惟一担心的是他的身体在这些日子会难以支撑。

留在他身边的朋友现在少了,但都是真正的朋友。敌人越来越多,也都是真正的敌人。其余的站在中间,随风倒！这些人永远不会成为真正的朋友或敌人。作协理事会已经开过两次会研究开除事项,但尚未形成决议,结局要等到明天。"

到塔鲁萨这里来吧。这里有你的朋友康斯坦丁·戈奥尔基耶维奇[1]，有我和你都认识的叶莲娜·米哈伊洛夫娜和尼古拉·达维多维奇[2]，他们满怀着友情，愿为你提供各种帮助，让你有房子、有劈柴，窗外有辽阔的风光，只要你来到这里，他们会帮助你安顿下来，过上简朴安适的日子。叶莲娜·米哈伊洛夫娜和尼古拉·达维多维奇在塔鲁萨有一座很漂亮的别墅，到了冬天，其中一半房间闲着没人住，其中不缺少必要的家具，取水——他们愿意尽力给予协助。别墅有两个门，因此你跟房东可以彼此互不妨碍，如果愿意在一块儿坐坐，敲一下墙壁就行。房间里有我们这地方很少见的电话。最重要的是这些人真诚、聪明、可爱，我相信你们会成为朋友的。如果不想跟别人交往，甚至不想见朋友，这也可以做到。总之，只要是力所能及的，都会尽力去做，因为这些人爱你，敬重你，了解事情的来龙去脉，了解你的痛苦感受，即便是那个所谓的作家协会把你开除。1月5号叶莲娜·米哈伊洛夫娜将去莫斯科待两三天，她可能跟奥尔嘉就一切安排详细商量。

如果在旧历新年之前你能来这里，那就太好了，我们大家迎接一个美妙的、童话般的新年！

来这里休息休息，也可以写作，随便看看，不妨先就这样，其他事情等着将来再说。

康·戈目前正在雅尔塔疗养，他有病，感觉很不好，我们怕他生气，不忍心把你的情况告诉他。《新世界》杂志粗鲁地拒绝刊登他的自传体长篇小说(《久远的岁月》最后一部分，敖德萨，二十年代，巴别尔等章节)，遭受这样的打击，他的身体状况越来越差了。我想等过一段时间给他写封信，现在不合适，时间太早。

---

① 康斯坦丁·戈奥尔基耶维奇·巴乌斯托夫斯基(1892—1968)，作家，散文集《金玫瑰》的作者。

② 叶莲娜·米哈伊洛夫娜·戈雷舍娃(1906—1984)，翻译家。尼古拉·达维多维奇·奥登(1907—1983)，作家。这夫妇俩是阿里阿德娜·艾伏隆在塔鲁萨的朋友。

阿・谢・埃夫隆之墓。塔鲁萨。

一切都会安排妥当，只盼你们俩能来。别的不说，我只想让你认识这些出类拔萃的人，他们跟奥尔嘉一样单纯，开朗，让你们在朋友家里休息休息，喘口气。一切都会很顺利，安宁、平静，你们可以把烦心的事都抛在一边，不闻不问，自己过自己的日子。

紧紧地吻你，我亲爱的，爱你，永远跟你在一起。

你的阿莉娅

# 译后记

（苦难选中这母女作喉舌）

写下译后记的标题《苦难选中这母女作喉舌》，须先说明这句话的来历。

2011年6月，我用了将近两年时间翻译的传记《玛丽娜·茨维塔耶娃：生活与创作》（安娜·萨基扬茨，上中下三卷），列入魏东先生策划的“文学纪念碑”丛书，由广西师范大学出版社出版。不久从网上看到了凌越先生写的书评《苦难选中这女人作为喉舌》。当时我还不认识这位书评家，看了他的文章，我很感动。现摘引两段文字如下：

“三卷本的《茨维塔耶娃：生活与创作》我连续看了几整天，我的心情追随着她动荡的命运而沉浮，为她早年相对安宁的岁月而欣慰，为她和艾伏隆的重逢而喜悦，也为她遭受的悲惨命运而扼腕痛惜。这就是一个真正诗人的命运吗？苦难就是她辉煌的冠冕。整套书的扉页上引用了茨维塔耶娃女儿阿里阿德娜·艾伏隆的一句话：‘这是诗人中最悲惨的遭遇，它让真正的诗人永远感受恐惧。’她没有看到的是，茨维塔耶娃的命运也在激励着真正的诗人。

茨维塔耶娃是缪斯不朽的女儿,而缪斯原本就是记忆女神的女儿,那个残酷时代的罪行在茨维塔耶娃美妙的诗句中被完整地记录,这是美对恶的报复。”(该文刊载于《时代周报·时代阅读》,2011 年 6 月 20 日)

安娜·萨基扬茨用了二十多年写作这部八十余万字的传记,翻译这部书稿,起初我很犹豫,书太厚重,怕力不胜任。当时曾打电话给高莽老师谈及此事。高莽老师跟我说:“那么大部头的作品,翻译出来有多少人看呢? 二十个?”我知道,高莽老师是为我着想,担心耗费了太多时间和精力,却得不偿失。

看了凌越先生的评论,我很高兴,有一种他乡遇故知的欣慰,他为这部传记花费了几整天的时间,其真知灼见让我佩服,尤其是那句“这是美对恶的报复”! 格言一样掷地有声!

此后不久,我通过魏东先生的帮助,得到了凌越先生的手机号码,打电话向他表示由衷的感谢。那时候才知道,他不仅是评论家,还是诗人,对俄罗斯白银时代的诗歌情有独钟。

此后不久,2011 年 11 月 25 日,魏东先生给我寄来了茨维塔耶娃女儿的回忆录,建议我通读并进行翻译,由于前面译过那部传记,对茨维塔耶娃母女的生活有所了解,所以读这本书相对容易一点,不过心情却很沉重。

茨维塔耶娃的女儿阿里阿德娜·谢尔盖耶夫娜·艾伏隆,小名阿莉娅,1912 年 10 月 5 日出生于莫斯科,十岁跟随妈妈出国寻找父亲,在捷克布拉格郊区生活三年,在法国巴黎市郊生活十二年,一直过着清贫的日子。她在法国的实用美术学校学习绘画,后来在杂志社找到了工作,画插图,当翻译。1937 年 3 月独自回到苏联时,她才二十五岁。随后她父母和弟弟相继返回苏联,1939 年 8 月 27 日,她第一个被捕,紧接着内务部警察又逮捕了她的父亲谢尔盖·艾伏隆。以“法国间谍”的罪名判处她八年徒刑,在集中营劳动改造。1941 年她母亲在中亚小城叶拉布加上吊自杀,父亲被处决,她都不知道任何消息。1948年8月27日刑满释放后，按规定不准返回莫斯科，她在梁赞一所艺术学校当美术教师，不料只过了一年半的自由生活，便再次被捕，罪名依然是“间谍”，终身流放到叶尼塞河流域的图鲁汉斯克，直到1955年才获得平反。经历了十五年的监禁磨难，终获自由后，她开始整理母亲的手稿、笔记，为出版母亲的著作奔波忙碌，1975年因心肌梗塞在塔鲁萨医院去世。阿里阿德娜只活了六十三岁，其中十五年在国外漂泊流离，十五年在监禁中痛苦煎熬，二十年整理母亲的遗稿，因此她写的一篇文章标题是：“我过的不是自己想过的生活！”一句话有无限感慨！

她的命运比母亲更坎坷，经历的苦难更多。因此，我借用凌越先生书评的标题，稍作修改，以“苦难选中这母女作喉舌”作了译后记的题目。

阿里阿德娜像母亲玛丽娜·茨维塔耶娃一样聪颖早慧，从五岁就开始写日记，写诗。母亲给她写过不少诗歌，其中有这样四行：

在严酷的未来，
你要记住我们的往昔：
我——是你的第一个诗人，
你——是我最好的诗！

茨维塔耶娃还把阿莉娅小时候写的二十首诗作为附录收进了她的诗集《普叙赫》当中。

阿莉娅从小文静，懂事，妈妈写作时，从不打扰，她会自己看书、写字。出国后，生活艰难，她成了妈妈的好帮手，不仅分担家务，打水，捡树枝，收拾房间，做饭洗碗，还学会了编织毛衣，挣钱补贴家用。但是随着年龄的增长，她和母亲之间也产生了矛盾，甚至冲突，母亲的直率，武断，让她越来越难以容忍，实际上她跟性格温和的父亲更亲近。1935年2月2日，母女俩吵了一架，阿莉娅在父亲默许之下离家出走，这成了她两年后独自回国的序曲。

阿里阿德娜的回忆录大致分为回忆和书信两个部分。“回忆片段”主要是童年回忆，写在莫斯科的生活。“往日回忆片段”回顾在国外的经历。“笔记与书信摘抄”，是她写给阿赫玛托娃、爱伦堡、沃洛申等人的书信。“与鲍里斯·帕斯捷尔纳克的通信”则集中展示了她跟帕斯捷尔纳克长达十年之久的往来通信，这仿佛是茨维塔耶娃与帕斯捷尔纳克十余年通信的继续。原著出版时，这一部分包括了阿莉娅的七十封书信，帕斯捷尔纳克书信十五封。编者说明，帕斯捷尔纳克给阿莉娅的有些书信要封存到2000年才能解密。

翻译完这本书稿以后不久，我在Яндекс网上看到《旗》杂志2003年第3期刊登了帕斯捷尔纳克给阿莉娅的二十九封书信，正好弥补此书的缺憾。经过跟魏东先生商议，征得他的同意，就把新发现的书信译出来，按日期排列，补编在两个人的通信集当中，这样内容就更趋完整了。这些书信让读者进一步了解阿莉娅在流放期间的痛苦生活以及她的坚韧顽强，也进一步看到帕斯捷尔纳克默默关注他人的高尚品格，阿莉娅把他和自己的姑妈伊丽莎白看作自己的精神支柱和最亲近的人。帕斯捷尔纳克时常给阿莉娅寄钱，接济她的生活，同时把新写的诗篇，把《日瓦戈医生》的章节和其他书籍寄给她，一再称赞她的写作才华，鼓励她勇敢地活下来。俗话说，路遥知马力，日久见人心。阿莉娅与帕斯捷尔纳克这种不是亲人胜似亲人的关系，引人深思，让人感动。

我在翻译这本回忆录的过程中，遇到不少疑难词语，查词典查不到，上网也解决不了，在这种情况下，就向台北淡江大学副教授娜塔莉娅·布罗夫采娃和他的先生龚信贤博士求教。2008年7月至2009年7月，我在台北中国文化大学担任客座教授一年，认识了他们夫妇，知道娜塔莉娅是俄罗斯著名学者阿格诺索夫的研究生，对俄罗斯文学和诗歌有很深的造诣。我在这里要向两位朋友致以由衷的感谢。

济南诗人寒烟，跟我认识时间不久，她特别喜欢茨维塔耶娃的诗歌，告诉我说，她把《玛丽娜·茨维塔耶娃：生活与创作》读了两遍，还想读。当我告诉她我译完了阿莉娅回忆录时，她提出来先看看手稿，同时进行校对，因为她曾在一家杂志社专门做这样的工作。她认真阅读初稿，挑出了不少错别字，我向诗人寒烟鞠躬致谢，她的帮助把关，无疑提高了本书的质量。

魏东先生还特意请他的朋友糜绪洋博士，对照俄语原文审读这部译稿，糜博士对俄罗斯人文地理很熟悉，阅读过很多文学名著，他纠正了我的一些误读误译之处，提出了很好的修改意见。我向他深表谢意。

一本书的出版融合了很多人的共同努力，翻译过程有苦有乐，我感到高兴的是，翻译茨维塔耶娃传和这本书，让我结识了几位真正的朋友，魏东、凌越、寒烟、娜塔莉娅、龚信贤、糜绪洋，这都是茨维塔耶娃和阿里阿德娜介绍我认识的朋友，爱好文学和诗歌的好朋友。

茨维塔耶娃和她的女儿阿莉娅，经受了难以想象的坎坷与磨难，她们把苦难凝注成珍珠般晶莹的作品，奉献给后世的读者，我想，会有人聆听这母女两代人的声音，尽管人数不会太多。我知道，真正的诗人从来不追求轰动效应，而是渴望遇到知音。

谷 羽

2015 年 3 月 27 日

于南开大学龙兴里